国家出版基金项目

抗日战争专题研究

张宪文 朱庆葆 主编

第五辑
战时政治
与对外关系

抗战时期国民政府对国际体系变化的因应

何飞彪 著

江苏人民出版社

图书在版编目(CIP)数据

抗战时期国民政府对国际体系变化的因应 / 何飞彪著. — 南京：江苏人民出版社，2024.7
(抗日战争专题研究 / 张宪文，朱庆葆主编)
ISBN 978-7-214-29102-8

Ⅰ.①抗… Ⅱ.①何… Ⅲ.①国民政府-应变-抗日战争-对外关系-国际关系史 Ⅳ.①D829

中国国家版本馆 CIP 数据核字(2024)第 093987 号

书　　　名	抗战时期国民政府对国际体系变化的因应
著　　　者	何飞彪
责任编辑	张　凉
责任监制	王　娟
出版发行	江苏人民出版社
地　　　址	南京市湖南路 1 号 A 楼，邮编：210009
照　　　排	江苏凤凰制版有限公司
印　　　刷	苏州市越洋印刷有限公司
开　　　本	652 毫米×960 毫米　1/16
印　　　张	32.25　插页 4
字　　　数	376 千字
版　　　次	2024 年 7 月第 1 版
印　　　次	2024 年 7 月第 1 次印刷
标准书号	ISBN 978-7-214-29102-8
定　　　价	116.00 元

(江苏人民出版社图书凡印装错误可向承印厂调换)

教育部哲学社会科学研究重大委托项目
2021年度国家出版基金资助项目
南京大学"双一流"建设卓越计划项目
"十四五"国家重点出版物出版专项规划项目

合作单位

南京大学　北京大学　南开大学　武汉大学
复旦大学　浙江大学　山东大学
台湾中国近代史学会

学术顾问

金冲及　章开沅　魏宏运　张玉法　张海鹏
姜义华　杨冬权　胡德坤　吕芳上　王建朗

编纂委员会

主　　编　张宪文　朱庆葆

副 主 编　吴景平　陈红民　臧运祜　江　沛　宋志勇　王月清
　　　　　张　生　马振犊　彭敦文　赵兴胜　陈立文　林桶法

常 务 编 委　洪小夏　张燕萍　刘　颖　吕　晶　张晓薇

审稿委员会

　　主　任　马　敏　陈谦平

　　副主任　叶美兰　张连红　戚如高　王保顶　王卫星　姜良芹

　　委　员　关　捷　郑会欣　何友良　田　玄　刘金田　朱汉国　程兆奇
　　　　　　黄正林　李继锋　马俊亚　李　玉　曹大臣　徐　畅　齐春风

总　序

张宪文　朱庆葆

日本侵华与中国抗日战争是近代中国最重大的历史事件。中国人民经过14年艰苦卓绝的英勇奋战，付出惨重的生命和财产的代价，终于取得伟大的胜利。

自1945年抗日战争结束至2015年，度过了漫长的70年。对这一影响中国和世界历史进程的重大事件，国内外历史学界已经做过大量的学术研究，出版了许多论著。2015年7月30日，在抗日战争胜利70周年前夕，中共中央政治局就中国人民抗日战争的回顾和思考进行集体学习，习近平总书记发表重要讲话，指示学术界应该广为搜集整理历史资料，大力加强对抗日战争历史的研究。半个月后，中共中央宣传部迅速制定抗日战争研究的专项规划。8月下旬，时任中共中央宣传部部长刘奇葆召开中央各有关部委、国家科研机构和部分高校代表出席的专题会议，动员全面贯彻习总书记的讲话精神，武汉大学和南京大学的代表出席该会。

在这一形势下，教育部部领导和社会科学司决定推动全国高校积极投入抗战历史研究，积极支持南京大学联合有关高校建立抗战研究协同创新中心，并于南京中央饭店召开了由数十所高校的百余位教授、学者参加的抗战历史研讨会。台湾也有吕芳上、陈立文等十多位教授出席会议,共同协商在新时代深入开展抗战历史研究的具体方案。台湾著名资深教授蒋永敬在会议上发表了热情洋溢的讲话。经过几个月的酝酿和准备,南京大学决定牵头联合我国在抗战历史研究方面有深厚学术基础的北京大学、南开大学、武汉大学、复旦大学、浙江大学、山东大学及台湾学者共同组建编纂委员会,深入开展抗日战争专题研究。中央档案馆和中国第二历史档案馆也积极支持。在南京中央饭店学术会议基础上,编纂委员会初步筛选出130个备选课题。

南京大学多次举行党政联席会议和校学术委员会会议,专门研究支持这一重大学术工程。学校两届领导班子均提出具体措施支持本项工作,还派出时任校党委副书记朱庆葆教授直接领导,校社科处也做了大量工作。南京大学将本项目纳入学校"双一流"建设卓越计划,并陆续提供大量经费支持。

江苏省委、省政府以及江苏省委宣传部,均曾批示支持抗战历史研究项目。国家教育部社科司将本项研究列为哲学社会科学研究重大委托项目,并要求项目完成和出版后,努力成为高等学校代表性、标志性的优秀成果。

本项目编纂委员会考察了抗战历史研究的学术史和已有的成果状况,坚持把学术创新放在第一位,坚持填补以往学术研究的空白,不做重复性、整体性的发展史研究,以此推动抗战历史研究在已有基础上不断向前发展。

本项目坚持学术创新,扩大研究方向和范围。从以往十分关注的九一八事变向前延伸至日本国内,研究日本为什么发动侵华战争,日本在早期做了哪些战争准备,其中包括思想、政治、物质、军事、人力等方面的准备。而在战争进入中国南方之后,日本开始逐步将战争引出中国国境,即引向广大亚太地区,对东南亚各国及东南亚地区的西方盟国势力发动残酷战争。研究亚太地区的抗日战争,有利于进一步揭露日本妄图占领中国、侵占亚洲、独霸世界的阴谋。

本项目以民族战争、全民抗战、敌后和正面战场相互支持相互依靠的抗战整体,来分析和认识中国抗日战争全局。课题以国共两党合作为基础,运用大量史实,明确两党在抗日战争中的地位和作用,正确认识各民族、各阶级对抗日战争的贡献。本项目内容涉及中日双方战争准备、战时军事斗争、战时政治外交、战时经济文化、战时社会变迁、中共抗战、敌后根据地建设以及日本在华统治和暴行等方面,从不同视角和不同层面,深入阐明抗日战争的曲折艰难历程,以深刻说明中国抗日战争的重大意义,进一步促进中华民族的伟大复兴。

对于学界已经研究得甚为完善的课题,本项目进一步开拓新的研究角度和深化研究内容。如对山西抗战的研究更加侧重于国共合作抗战;对武汉会战的研究将进一步厘清武汉会战前后中国政治、经济、社会的变迁及国共之间新的友好关系。抗战前期国民党军队丢失大片国土,而中国共产党在十分艰难的状况下,在敌后逐步收复失地,建立抗日根据地。本项目要求对各根据地相关研究课题,应在以往学界成果基础上,着力考察根据地在社会改造、经济、政治、人才培养等方面,如何探索和积累经验,为1949年后的新中国建设提供有益的借鉴。抗战时期文学艺术界以其特有的文化功能,在揭露日军罪行、动员广大民众投入抗战方面,发挥了重要作用。我们尝试与艺术界合作,动员南京艺术学院的教授撰写了与抗日战争相关的电影、美术、音乐等方面的著作。

本项目编纂委员会坚持鼓励各位作者努力挖掘、搜集第一手历史资料,为建立创新性的学术观点打下坚实基础。编纂委员会要求全体作者坚决贯彻严谨的治学作风,坚持严肃的学术道德,恪守学术规范,不得出现任何抄袭行为。对此,编纂委员会对全部书稿进行了两次"查重",以争取各个研究课题达到较高的学术水平,减少学术差错。同时,还聘请了数十位资深专家,对每部书稿从不同角度进行了五轮审稿。

本项目自2015年酝酿、启动,至2021年开始编辑出版,是一项巨大的学术工程,它是教育部重点研究基地南京大学中华民国史研究中心一直坚持的重大学术方向。百余位学者、教授,六年时间里付出了艰辛的劳动,对抗战历史研究做出了重要贡献!编纂委员会向全体作者,向教育部、江苏省委省政府以及各学术合作院校,向江苏凤凰出版传媒集团暨江苏人民出版社,向全体编辑人员,表示最崇高的敬意和诚挚的感谢!

目　录

绪　论 001
    一、选题旨趣 001
    二、概念界定 009
    三、学术前史 012
    四、史料来源与研究方法 024

第一章　全面抗战前国民政府对国际体系的运用 026
    第一节　坚持国联路线 026
        一、以向国联申诉作为优先选择 027
        二、对国联渐趋失望 036
        三、固守国联路线 044
    第二节　力避与日本直接交涉 051
        一、拒绝日本直接交涉的要求 052
        二、反对内部直接交涉的主张 058
        三、直接交涉的失败 069
    第三节　运用国际体系处理"满洲国"问题 076
        一、利用《九国公约》维护国家领土完整 077

二、期待国联能够否定"满洲国" ……… 087
　　　三、对国际体系的基本态度 ……… 098
　第四节　以对苏复交寻求体系外的支持 ……… 103
　　　一、在复交前的顾虑 ……… 103
　　　二、希望以对苏复交开创外交新局 ……… 113
　　　三、各界期待中苏关系能更进一步 ……… 119
　小结 ……… 125

第二章　国民政府对国际体系重组的因应 ……… 127

　第一节　对国联体系变化的反应 ……… 128
　　　一、对日本退出国联喜忧参半 ……… 128
　　　二、期待国联的权威因苏联加入而增强 ……… 137
　　　三、中国争取连任国联行政院非常任理事国未果 ……… 143
　第二节　对日本挑战华盛顿体系的反应 ……… 145
　　　一、将天羽声明视为对中国的"侮辱" ……… 146
　　　二、公开驳斥天羽声明 ……… 149
　　　三、推动国际社会共同抵制天羽声明 ……… 155
　　　四、批驳日本"东亚新秩序"的主张 ……… 165
　第三节　对大国关系重组的因应 ……… 172
　　　一、期待美苏复交能重建东亚均势 ……… 173
　　　二、尽量争取德国的支持 ……… 177
　　　三、逐渐与德意两国划清界限 ……… 183
　小结 ……… 192

第三章　全面抗战初期国民政府对国际体系的运用 ……… 193

　第一节　运动国联制裁日本 ……… 193

一、要求国联对日制裁 ……… 194

二、申诉案提出后进行的努力 ……… 203

三、对国联决议的双重态度 ……… 209

四、九国公约会议失败后再度向国联申诉 ……… 214

五、推动国联决议的落实 ……… 233

六、以日本侵略华南为契机推进国际合作 ……… 239

第二节 进一步深化中苏关系 ……… 249

一、中苏互不侵犯条约的酝酿 ……… 250

二、条约奠定中苏合作的基础 ……… 258

三、尽力消除西方列强的疑虑 ……… 263

四、进一步扩大国际合作 ……… 269

第三节 寻求九国公约会议的支持 ……… 272

一、支持九国公约会议的召开 ……… 273

二、对会议的两手准备 ……… 276

三、在会议期间的积极作为 ……… 282

四、对会议无果而终的省思 ……… 292

小结 ……… 303

第四章 全面抗战中期国民政府对国际变局的因应 ……… 305

第一节 对苏德互不侵犯条约的反应 ……… 306

一、不愿反侵略阵线出现分裂 ……… 306

二、提防英法对日妥协 ……… 316

三、对欧战暂不明确表态 ……… 327

第二节 对德意日三国同盟的反应 ……… 344

一、中国在法国投降后面临的外交危机 ……… 345

二、中国抗战的国际环境获得改善 ……… 352

三、推动国际反法西斯合作 ……… 359

第三节　对苏日中立条约的反应 ……… 371

　　一、条约严重损害了中苏关系 ……… 372

　　二、外交上亲美远苏 ……… 381

　　三、坚定争取抗战胜利的信心 ……… 390

小结 ……… 393

第五章　全面抗战后期国民政府参与构建国际新体系 ……… 395

第一节　积极加入世界反法西斯同盟 ……… 395

　　一、改善与苏联的关系 ……… 396

　　二、强力支持英美联合宣言 ……… 407

　　三、积极促成世界反法西斯同盟的最终形成 ……… 412

第二节　对国际新体系的基本构想 ……… 422

　　一、以中美合作为外交的立足点 ……… 423

　　二、以平等作为国际关系的主要诉求 ……… 433

　　三、呼吁创建强有力的国际组织 ……… 441

第三节　实际参与构建国际新体系 ……… 448

　　一、参加开罗会议 ……… 448

　　二、参与创建联合国 ……… 457

　　三、无奈接受《雅尔塔协定》 ……… 462

小　结 ……… 471

结　论 ……… 472

参考文献 ……… 485

绪 论

一、选题旨趣

20世纪是人类历史发展进程中急剧变化的世纪,其中两次世界大战更是深刻地改变了世界的面貌。虽然两次世界大战的性质完全不同,前者是帝国主义战争,后者是反法西斯战争,但是都在战后形成了深刻影响国际关系格局的国际体系。关于战争对国际体系的影响,赫德利·布尔指出:"从国际体系的角度来看,战争似乎在任何时候都是塑造体系之基本的、决定的因素。正是战争和战争威胁决定某些国家到底是生存还是死亡,崛起还是衰落,边界依旧如故,还是发生变更,民众到底是受这个政府统治,还是受那个政府统治,争端到底是得到解决了,还是悬而未决,用什么样的方式来解决争端,以及国际体系是处于均势状态,还是受一个国家所主导等等。"[①]

长达十四年的中国抗战是在国际体系变化的环境中进行的。

[①] [英]赫德利·布尔著,张小明译:《无政府社会——世界政治秩序研究》,北京:世界知识出版社2003年版,第149页。

中国抗战的爆发、进程以及最后胜利都与国际体系的变化密切相关。对于帝国主义时代的国际关系，毛泽东指出："自从帝国主义这个怪物出世之后，世界的事情就联成一气了，要想割开也不可能了。"①主权国家围绕特定的规则而相互联系、相互作用和相互影响所形成的整体就是国际体系。"以中国为中心之国际问题，为世界问题之一部分。现在世界问题，在种种意义上，俱切迫而紧张，又复互为关联，互相影响，是以中国而言外交方针，亦自以世界为对象。其对某一国之若何肆应，亦自为其全盘方针中之一部分也。"②因此，从国际体系的角度重新审视国民政府在抗战时期的外交决策确有其必要性。

九一八事变后，应对日本的侵略成为国民政府外交决策的中心。国民政府的外交决策受制于国内环境和国际环境。就国际环境而言，主要是指第一次世界大战后形成的凡尔赛—华盛顿体系。在国民革命时期，国民党曾试图通过革命的方式，废除不平等条约，以建立平等的中外关系秩序。国民党第一次全国代表大会在宣言中表示："一切不平等条约，如外人租借地、领事裁判权、外人管理关税权以及外人在中国境内行使一切政治的权力侵害中国主权者，皆当取消，重订双方平等、互尊主权之条约。……中国与列强所订其他条约有损中国之利益者，须重新审定，务以不害双方主权为原则。"③后来，国民政府放弃了孙中山的三大政策，反而基本接受了由凡尔赛—华盛顿体系塑造的国际秩序。对于国

---

① 毛泽东：《论反对日本帝国主义的策略》（1935年12月27日），《毛泽东选集》第1卷，北京：人民出版社1991年版，第161页。
② 《论一般外交方针》，《大公报》，1935年6月7日，第2版，社评。
③ 《第一次全国代表大会宣言》（1924年1月23日），荣孟源主编，孙彩霞编辑：《中国国民党历次代表大会及中央全会资料》上，北京：光明日报出版社1985年版，第20页。

民政府在北伐完成后的政策转变,蒋介石表示:"现在二十世纪时代各国所应有的国际上的惯例和法律,我们中国人自然不能居于例外。"①在这种情势下,国民政府的对外政策和活动自然"在国际体系的限制之内行事"②,不仅受到国际体系的结构限制,而且还深受主要国家对外行为的影响。

凡尔赛体系是由一战的战胜国与战败国签订的一系列条约所构成的,而且主要协调的是列强在欧洲的关系。北洋政府在社会各界的压力下,并未签署最重要的《凡尔赛和约》,但是通过签署对奥和约,成为国联的会员国。国联是根据美国时任总统威尔逊的倡议建立的。威尔逊企图对国际政治进行改造,将"基于均势政治的国际体系改变成基于集体安全原则的国际体系"。③《国际联盟盟约》(以下简称《国联盟约》)确实体现了集体安全思想。《国联盟约》第十条承诺保护遭受侵略的成员国,第十一条将对某一成员国的侵略视作"联盟全体之事",第十二、十三、十五条规定国联及其行政院以仲裁的方式解决国际争端,而第十六条则规定对违反《国联盟约》的行为进行经济或军事制裁。④ 此后,1928 年 8 月 27 日,英美法德意日等主要国家又在巴黎签署《非战公约》,反对以战争的方式解决国际纠纷,而主张以和平方法解决缔约方之间发生的"一切

---

① 蒋介石:《北伐成功后最紧要的工作》(1928 年 12 月 10 日),秦孝仪主编:《"总统"蒋公思想言论总集》第 10 卷,台北:中国国民党中央委员会党史委员会 1984 年版,第 337 页。
② [美]卡伦·明斯特、伊万·阿雷奎恩-托夫特著,潘忠歧译:《国际关系精要》,上海:上海人民出版社 2018 年版,第 132 页。
③ [美]小约瑟夫·奈、[加拿大]戴维·韦尔奇著,张小明译:《理解全球冲突与合作》,上海:上海人民出版社 2012 年版,第 132 页。
④ 《国际联盟盟约》(1919 年 6 月 28 日),世界知识出版社编:《国际条约集(1917—1923)》,北京:世界知识出版社 1961 年版,第 270—273 页。

争端或冲突"。① 美苏两大国都非国联成员国,但皆是《非战公约》的签署国。因此,《非战公约》可以看作是《国联盟约》的某种补充。中国作为国联的成员国,自然享有《国联盟约》所给予的保障。

华盛顿体系实质上是以均势原则为基础的国际体系,主要由《美、英、法、日关于太平洋区域岛屿和领地的条约》《美、英、法、意、日关于海军军备条约》《九国关于中国事件应适用各原则及政策之条约》等条约构成。② 华盛顿体系协调了列强在远东及太平洋地区的矛盾冲突,终结了英日同盟关系,恢复了远东的均势。中国与华盛顿体系关系密切,一方面它打破了日本独占中国的图谋,并恢复了列强共治中国的局面;另一方面为了实现"门户开放"和"机会均等",也暂时形成了尊重中国主权独立和领土完整的国际共识。③华盛顿体系基本上反映了美国的利益和诉求,并且对日本进一步对华侵略形成制约。在无能力利用自身的力量维护国家主权和领土完整的前提下,《九国公约》成为国民政府仰赖的外交工具。

凡尔赛—华盛顿体系当然是由帝国主义列强主导的国际体系,但是其倡导的集体安全原则、均势原则、反对侵略战争、和平解决国际争端或冲突、尊重中国的主权独立和领土完整等原则及共识,有利于中国在抵抗日本侵略的过程中加以利用。日本对中国的侵略,一方面侵犯了中国的领土主权,另一方面也破坏了国际体

---

① 《非战公约》(1928年8月27日),世界知识出版社编:《国际条约集(1924—1933)》,北京:世界知识出版社1961年版,第373—374页。
② 《关于华盛顿会议的条约文件》(1921年11月12日至1922年2月6日),世界知识出版社编:《国际条约集(1917—1923)》,第734—782页。
③ 关于在国际法上华盛顿会议对中国有利和不利的地方,参见祁怀高《战争与秩序:中国抗战与东亚国际秩序的演变研究》,上海:复旦大学出版社2010年版,第86—88页。

系。自1929年的经济危机席卷整个资本主义世界之后,凡尔赛—华盛顿体系越来越受到冲击,并在第二次世界大战由酝酿到全面爆发的过程中走向瓦解。虽然凡尔赛—华盛顿体系越来越无法规范大国的外交政策及行为,但是当时国际关系相互作用、相互影响的客观实际并未改变。在整个抗战时期,国民政府都是从世界整体局势的发展脉络来认识国际变局,并决定相应的政策。因此,从国际体系的视角可以更好地理解国民政府战时外交决策的总体思路。

从国际体系的角度来看,国民政府在抗战时期寻求国际支持是从两方面着手的:其一,以维护《国联盟约》《九国公约》《非战公约》等国际公约的尊严和国联的威信的正义立场,争取国际社会的同情与支持;其二,以日本破坏远东均势,独霸东亚,威胁到英美等西方列强的切身利益,推动联合制日阵线的形成。在国民政府看来,中日问题不仅是中日两国之间的问题,而且是一个世界问题,甚至是"一个世界的中心问题",因此要寻求出路,"一定要先认识世界大局"。[1] 全面抗战后,国民政府力图促成国际变化,推动国际合作,使中日问题变成世界问题,力图将中国抗战"和世界战争连结起来","使远东问题与欧洲问题随今日东亚西欧战争之终结而同时解决"。[2] 正是基于这种思路,蒋介石才会将太平洋战争的爆发视为"抗战政略之成就已达于顶点"。[3]

---

[1] 蒋介石:《政府与人民共同救国之要道》(1936年1月16日),秦孝仪主编:《"总统"蒋公思想言论总集》第7卷,台北:中国国民党中央委员会党史委员会1984年版,第109页。

[2] 蒋介石:《中国抗战与国际形势—说明抗战到底的意义》(1939年11月18日),秦孝仪主编:《"总统"蒋公思想言论总集》第16卷,台北:中国国民党中央委员会党史委员会1984年版,第477—480页。

[3] 《蒋介石日记》(手稿),1941年12月8日,斯坦福大学胡佛研究所档案馆藏。

虽然国民政府期盼从国际体系当中寻求力量支持,但是从九一八事变和七七事变后的历史事实来看,并未达到预期目的。国联虽然介入了中日争端的调处,但是缺乏履行自身使命的"政治力量、法律工具或合法性",因而最终未能制止日本的对华侵略。[1] 日本打破远东均势的行径,确实损害了英美等国的利益,但是它们为了眼前利益而无意强力维护华盛顿体系。有学者表示:"第一次世界大战的毁灭性、混乱性和残酷性,使得人们开始认识到,通过战争来维持均势是一种再也不能容忍的行为。"[2]没有军事力量做后盾的道义力量不可能使侵略者迷途知返,而对侵略者的姑息纵容也将付出更大的代价。毛泽东指出:《九国公约》《非战公约》《国联盟约》等条约虽然表示了和平愿望,但"仅只是一种道德制裁力量",不可能阻止日本的对华侵略,"这些条约在中日战争中,决不会起多大作用,因此也就没有多大的实际政治上的意义"。[3] 国民政府的外交努力虽然没有获得期待的结果,但是打破了日本排除第三方介入中日冲突的图谋,使中日问题始终是国际瞩目的问题。日本军国主义者不断扩大的侵略扩张行径,最终促成了中日战争的国际化。

国民政府如此依赖国际体系与其政权属性密切相关。国民政府作为一个阶级基础极为薄弱的政权,无法从中国社会内部获得广泛的力量支持,所以在抵抗日本侵略的过程中,总是将眼光和希望放在国际社会的支持上。在太平洋战争爆发之前,国民政府始终缺乏依靠中国自身的力量战胜日本的信心和决

---

[1] [美]卡伦·明斯特、伊万·阿雷奎恩-托夫特:《国际关系精要》,第38页。
[2] [美]小约瑟夫·奈、[加拿大]戴维·韦尔奇:《理解全球冲突与合作》,第131页。
[3] 毛泽东:《中日问题与西安事变——与史沫特莱的谈话》(1937年3月1日),《毛泽东文集》第1卷,北京:人民出版社1993年版,第486页。

心,而总是盼望借助国际压力迫使日本让步,或者在国际社会的介入下,达成可以接受的"和平"条件。蒋介石明确表示:"中倭战事问题实为国际问题,非有国际干涉,共同解决,则决不能了结。否则直接讲和,则中国危矣。"①国民政府之所以极力避免在不利的情势下与日本直接交涉,是因为一方面无法接受日本单方面提出的严重损害中国领土主权和民族尊严的条件,另一方面也无力保证日本会切实遵守双方达成的协议。因此,全面抗战前的直接交涉和全面抗战后的秘密议和,都以失败而告终。事实证明,除非彻底战胜日本侵略者,否则不可能迫使其放弃侵华野心。

在凡尔赛—华盛顿体系之外,社会主义苏联是当时国际政治中相对独立的一极,并且在地缘政治上与中日两国关系密切。国民政府虽然始终对苏联抱有疑虑,但是为了抵抗日本的侵略,先后与苏联复交以及签订互不侵犯条约。苏联的对外行为会给国际体系带来巨大的影响,甚至推动国际体系的变化。巴里·布赞指出:"互动能力是理解国际体系如何变化和发展的核心所在。它决定国际体系的规模、范围、速度和发生于其中的过程的容量。"②因此,国民政府不同时期的对苏政策也是本书需要着重考察的内容。

中国抗战是在敌强我弱的客观形势下进行的,因此争取外援极为必要。对此,毛泽东表示:"我们中华民族有同自己的敌人血战到底的气概,有在自力更生的基础上光复旧物的决心,有自立于世界民族之林的能力。但是这不是说我们可以不需要国际援助;

---

① 《蒋介石日记》(手稿),1938年7月28日,斯坦福大学胡佛研究所档案馆藏。
② [英]巴里·布赞、[英]理查德·利特尔著,刘德斌等译:《世界历史中的国际体系——国际关系研究的再构建》,北京:世界知识出版社2015年版,第384—385页。

不,国际援助对于现代一切国家一切民族的革命斗争都是必要。"①毛泽东还在《论持久战》中指出中日战争的性质是"半殖民地半封建的中国和帝国主义的日本之间在二十世纪三十年代进行的一个决死的战争"。有鉴于此,毛泽东认为战胜并消灭日本帝国主义需要三个条件,即"中国抗日民族统一战线的完成""国际抗日统一战线的完成"与"日本国内人民和日本殖民地人民的革命运动的兴起"。② 中国在立足自身的同时,努力争取外援,有助于缩短战争的时间和减少牺牲的代价。毛泽东表示:"战胜日寇主要依靠自己的力量;但外援是不可少的,孤立政策是有利于敌人的。"③日本力图彻底推翻华盛顿体系和建立由其主导的"东亚新秩序",导致其敌人不会只是中国一国。胡适表示:"每当我最吃紧之危机,或暴敌最横行之时,美政府辄予我相当之援助,对我有打强心针之效能。"④争取利害相同国家的支持,甚至共同对日作战,是中国抗战外交的重要使命。毛泽东也指出:"我们正在找寻友军,这是因为日本已有了它的强盗同盟,中国决不能自处孤立。所以我们主张中、英、美、法、苏五国建立太平洋联合阵线。这种联合阵线是援助中国的,同时也是各国互助的。"⑤虽然中间经历了一些波折,但是

---

① 毛泽东:《论反对日本帝国主义的策略》(1935年12月27日),《毛泽东选集》第1卷,第161页。
② 毛泽东:《论持久战》(1938年5月),《毛泽东选集》第2卷,北京:人民出版社1991年版,第447、513页。
③ 毛泽东:《反对日本进攻的方针、办法和前途》(1937年7月23日),《毛泽东选集》第2卷,第347页。
④ 《胡适致陈布雷电》(1941年1月10日),中国社会科学院近代史研究所中华民国史组编:《胡适任驻美大使期间往来电稿》,北京:中华书局1978年版,第92页。
⑤ 毛泽东:《中日问题与西安事变——与史沫特莱的谈话》(1937年3月1日),《毛泽东文集》第1卷,第487页。

在太平洋战争爆发后,中国抗战与世界反法西斯战争完全汇成一流。从国际体系的视角可以更好地揭示中国抗战与世界反法西斯战争的关联性。

基于上述思考,本书选择以抗战时期国民政府对国际体系变化的因应为题展开研究。抗战时期国民政府对国际体系变化的因应主要体现在两个方面:其一,主动利用国际体系当中有利于中国的公约、规则、组织以及国际矛盾等,营造有利于中国抗战的国际环境;其二,正确认识及应对国际体系本身的变化,分辨敌友关系,以达到"寻求与国"与"孤立敌人"之目的。对敌友关系的判断,蒋介石表示:"凡协助我抗战独立,而能以平等待我者,中国必以患难之交待之,当永久不忘其所施,必以德报善;以附和敌人妨碍我抗战,而以恶意加我者,中国亦必以其所加于我者报之。中国所恃者,惟国格与正义及公理,而不惜与一切强权斗争,以求得真理之实现与恩怨是非之分明。"[①]原则虽是如此,但是国民政府常因有求于人而经常作出妥协。本书希望从国际体系的视角把握国民政府战时外交决策的总体特征,阐释国际体系变化对中国抗战历程的影响,并在力所能及的范围内拓展研究的视野和领域,以期对既有的研究做一些补充。

二、概念界定

国际体系是国际关系学、国际政治学等学科常用的学术概念,也是本书最核心的概念。国际体系是一种国际政治的分析系统,并在这种系统内提供分析各国对外活动的框架。在对国际体系进行界定之前,必先明确体系的含义。卡伦·明斯特认为广义上的

[①] 《蒋介石日记》(手稿),1938年11月23日,斯坦福大学胡佛研究所档案馆藏。

体系是"单位、客体或部分经某种形式有规则的活动而联结起来的集合"。① 虽然目前学界对国际体系的定义并不完全一致，但是普遍认可其包括国际行为主体、国际力量结构、国际互动规则和国际机制等要素。② 综合学者们的定义，并结合本书的实际，将国际体系界定为主权国家按照一定的规则相互联系、相互作用、相互影响而形成的整体。③ 国际体系体现了"在一定的权力分配关系下的国际统治秩序"，也是"在大国的实力对比关系下的世界性管理"。④ 国际体系是历史的产物，将随着客观情势的改变而改变。从纵向来看，国际体系具有共识确立功能、共识维护功能和行为规范功能。⑤ 国际体系内部的相互影响体现在两个方面：其一，"体系的整体结构对国家的对外关系产生了功能性的影响"；其二，"国际体系内各国的对外行为相互影响"。⑥

与国际体系相近的概念还有世界体系、世界秩序、国际秩序等。世界体系是由美国新马克思主义代表人物伊曼纽尔·沃勒斯坦提出的，目的是取代民族国家成为新的分析单元，用以解释资本主义的发展历程。沃勒斯坦将世界体系定义为"一个社会体系"，"有着它的边界、结构、组织成员群体、合法的规则和一致性。它的生命由冲突的力量用其牵制力量聚合在一起的，而当每个群

---

① ［美］卡伦·明斯特、伊万·阿雷奎恩-托夫特：《国际关系精要》，第109页。
② 夏立平：《当代国际体系与大国战略关系》，北京：时事出版社2008年版，第3—4页。
③ 李滨：《国际体系研究：历史与现状》，南京：南京大学出版社2000年版，第9—10页；秦亚青等：《国际体系与中国外交》，北京：世界知识出版社2009年版，第72页；李少军等：《国际体系——理论解释、经验事实与战略启示》，北京：中国社会科学出版社2012年版，第1页。
④ 李滨：《国际体系研究：历史与现状》，第10页。
⑤ 秦亚青等：《国际体系与中国外交》，第45—48页。
⑥ 李滨：《国际体系研究：历史与现状》，第10页。

体不停地寻求为其利益重组它时,就会将其分裂瓦解。它有着一个有机体的特点,具有一定的生命周期,在其中它的特点在某些方面有变化,而其他方面则保持稳定。人们能够以他的机能的内部逻辑发展判定它的结构在不同时代是强还是弱。"① 世界秩序是指在任何特定时间占主导的价值观、规则和规范,它们界定全球管治的条件,并赋予国际社会形态和实质。② 国际政治格局是指一定的历史时期内,世界主要战略力量之间构成的一种相对稳定的战略关系和结构状态;国际秩序是指在一定的历史时期内,国际社会主要战略力量之间围绕某种目标和依据一定规则相互作用运行的机制,是指处理国与国之间关系的准则和行为规范。特定的国际秩序总是与特定的国际格局相对应,并受到后者的影响与制约。③

本书选择使用国际体系这个概念主要出于五个方面的考虑:(1)两次世界大战期间的国际关系客观上受到凡尔赛—华盛顿体系的影响,甚至制约;(2)日本对华侵略不仅是破坏凡尔赛—华盛顿体系的行为,而且甚至是推动凡尔赛—华盛顿体系走向瓦解的重要因素之一;(3)国民政府在对日抗战过程中,相当依赖凡尔赛—华盛顿体系下的国际公约、国际规则以及国际组织等,并从国际体系变化的脉络中分辨敌友关系,选择结盟对象;(4)国际体系的视角有利于揭示中国抗战与世界反法西斯战争的关联性;(5)抗

---

① [美]伊曼纽尔·沃勒斯坦著,郭方、刘新成、张文刚译,郭方校:《现代世界体系(第一卷)——16世纪的资本主义农业和欧洲世界经济的起源》,北京:社会科学文献出版社2013年版,第421页。
② 赵德生著,林立伟译:《中美在战后世界秩序构建中的博弈与合作》,《二十一世纪》2018年4月号,第9页。
③ 徐蓝:《试论第二次世界大战后国际秩序的建立与发展》,《世界历史》2003年第6期,第44页。

战使中国在国际体系中的角色与地位发生巨大的改变,即从边缘角色变成了重要参与者。

此外,本书将八年全面抗战时期划分为初期、中期以及后期等三个阶段。具体说来,初期是指从卢沟桥事变到武汉会战结束,中期是指从武汉会战结束到太平洋战争爆发,而后期则是指从太平洋战争到日本无条件投降。

三、学术前史

本书研究的是抗战时期中国对外关系的一个方面。学界关于抗战时期国民政府的外交政策及活动的研究成果可谓不胜枚举,甚至有不少综述性论著可供参考,故而本书在此只评述与本书最相关的代表性成果。

1. 关于凡尔赛—华盛顿体系的研究。一战结束后,在英法美等列强主导下,人类历史上第一次形成了覆盖全球主要地区的国际体系,即凡尔赛—华盛顿体系。当时的中国虽然只是一个半殖民地国家,但是也利用战胜国的身份参与了这一体系的构建。当然,中国所能发挥的作用极其有限,甚至连自身的正当国家利益都未能获得有效保障。徐国琦认为中国参与一战"促使中国人开始采取新观点和新视角来看待战后和平会议以及方兴未艾的世界新秩序",并标志中国开始"踏上实现国际化的漫长征途"。[①] 当时的知识界也积极思考战后国际体系的构建。郑大华在《欧战后中国知识界对建立国际联盟的思考——以〈太平洋〉杂志为中心的考察》一文中,从思想史的角度,揭示

---

① 徐国琦著,马建标译:《中国与大战:寻求新的国家认同与国际化》,上海:上海三联书店2013年版,第298、302页。

了中国知识精英对建立国际联盟的思考,认为在他们"国际主义的言辞中",实际"表达的是民族主义的诉求"。① 凡尔赛—华盛顿体系建立后,中国的外交方略也开始发生转变。金卫星表示:"中国外交已开始告别传统的'羁縻相安''以夷制夷'方略,转而谋求以国际法制衡列强的侵略。在巴黎和会与华盛顿会议期间,中国的外交方略即经历了从依靠美国和国际会议主持公道,到主动参与制定国际法保护自身权益的重要转折。"② 金卫星的说法并不完全正确。对于中国政府来说,只要能够维护自身的统治和国家利益,就不会排斥任何一种外交方略。英法美等国虽然希望通过凡尔赛—华盛顿体系来维护有利于它们的国际秩序,但是这一体系是不稳定的。陈兼认为凡尔赛—华盛顿体系有四点内在矛盾:(1) 利益分配不均,使世界分裂成"有"的国家与"无"的国家,"从而从一开始便存在着寻求普遍性还是维持片面性的矛盾";(2) 英法等传统欧洲强权衰弱,无力维系以其为中心的国际体系;(3) 排斥苏联,引入了意识形态和社会制度的对立;(4) 属性单一,只是纯粹的和平结构,未考虑国际经济合作问题。③ 国联在人们的巨大期望中诞生,但是并没有使国际关系走向有序化。徐蓝在文章中指出了国联在维护集体安全和制止战争等问题上存在严重不足,大国强权政治依然盛行,"这一切使战胜国通过国际联盟所建立的战后国际秩序残缺不

---

① 郑大华、王敏:《欧战后中国知识界对建立国际联盟的思考——以〈太平洋〉杂志为中心的考察》,《安徽大学学报(哲学社会科学版)》2012年第1期。
② 金卫星:《凡尔赛—华盛顿体系与中国外交方略的转变》,《苏州大学学报(哲学社会科学版)》2006年第3期。
③ 陈兼:《走向全球战争之路——二次大战起源研究》,上海:学林出版社1989年版,第44—48页。

全,在保卫世界和平方面没有作出应有的贡献,反而在客观上助长了侵略"。① 贾烈英认为国联失败的根本原因在于"没能做到大国一致,大国缺乏对国联的认同"。② 华盛顿体系虽然暂时恢复了远东及太平洋地区的均势,但是同样遭遇巨大的挑战。中国革命者对华盛顿会议提出的解决中国问题的方案严重不满,并在国民革命时期力求打破列强对中国的共治局面。王立新表示:"中国国民革命不仅宣布了解决中国问题的所谓华盛顿方案的破产,实际上也动摇了作为华盛顿体系重要构架的大国一致原则,为后来华盛顿体系的崩溃埋下了伏笔。"③日本为了进一步对华侵略,也一直寻找机会突破华盛顿体系的限制,以建立其自身主导的东亚新秩序。史桂芬认为日本从参与华盛顿体系到建设东亚新秩序的转变过程中,西方列强企图以绥靖政策来继续维持现行的国际秩序,"反而助长了日本打破国际现状的野心"。④ 凡尔赛—华盛顿体系是一个短命的国际体系,但是两次世界大战中间的重大国际事件,都直接或与间接地与凡尔赛—华盛顿体系相关联。⑤

2. 关于国民政府向国联申诉及国联介入调处的研究。从九一八事变到七七事变,除非日本的侵略威胁到国民政府的生存,它才

---

① 徐蓝:《国际联盟与第一次世界大战后的国际秩序》,《中国社会科学》2015 年第 7 期。
② 贾烈英:《国际体系、国际联盟与集体安全》,《中共中央党校学报》2010 年第 5 期。
③ 王立新:《华盛顿体系与中国国民革命:二十年代中美关系新探》,《历史研究》2001 年第 2 期。
④ 史桂芬:《第一次世界大战前后日本对外扩张与东亚格局的变化——以华盛顿体系为中心的考察》,《世界历史》2012 年第 4 期;史桂芬:《从华盛顿体系到东亚新秩序——日本对外扩张政策的演进》,《抗战史料研究》2015 年第 2 期。
⑤ 徐蓝:《凡尔赛—华盛顿体系与两次世界大战之间的国际关系》,《历史教学问题》2000 年第 3 期。

会采取抵抗政策,否则的话,基本倾向于妥协退让。为了减轻日本的直接压迫和对国内民众交代,国民政府将希望寄托在国联上。国联在国民政府的申诉下,确实介入了对中日冲突的调处,但是对日本不遵守决议的行为束手无策,导致结果以失败而告终。民国时期就已对国联的调处活动展开资料收集及学术研究,如鲍德澄编译《国联处理中日事件之经过》、求实杂志社编《国联调查团报告书与各方言论》、韦罗贝著《中日纠纷与国联》等。① 韦罗贝的著作系统地阐述了国联调解中日冲突的过程,表示:"无论其为用调解与约束之方法,国联对于调解已证明为完全失败。"他认为国联未能遏制日本对华侵略的主要原因在于"会员国之不愿以有效积极的行动援助国联"。② 彭敦文将申诉外交作为九一八事变后国民政府对日政策的一个重要组成部分加以研究,并揭示了其与抵抗政策及交涉政策的关系。③ 洪岚按照时间的维度探讨了自20世纪20年代到40年代国民政府对国联政策的演变,指出过分依赖国联的政策是"脱离实际的幻想","使中国抗日战争失去了许多主动,给中国带来了许多负面影响"。④ 日本的对华侵略明显违背了《国联盟约》,但是主导国联的西方列强首先考虑的不是如何制裁侵略者,而是将维护其在华利益作为应对的基本出发点。从事实来看,国联在调处中日冲突的过程中具有双重性,"既不完全偏袒日本,

---

① 鲍德澄编译:《国联处理中日事件之经过》,南京:南京书店1932年版;求实杂志社编:《国联调查团报告书与各方言论》,南京:正中书局1933年版;韦罗贝著,邵挺等译:《中日纠纷与国联》,上海:商务印书馆1937年版。
② 韦罗贝:《中日纠纷与国联》,第626、629页。
③ 彭敦文:《国民政府对日政策及其变化——从九一八事变到七七事变》,北京:社会科学文献出版社2007年版。
④ 洪岚:《南京国民政府的国联外交》,北京:中国社会科学出版社2010年版,第216页。

又不完全支持中国,力图调和双方,解决事变"。① 刘建武通过对国联调处九一八事变和一·二八事变的研究,指出国联的实质,批评西方列强将其自身利益"置于世界和平的大局和国际公约的权威之上"。② 崔海波以九一八事变期间中国、日本与国联三方互动的视角,指出九一八事变具有"前所未有的国际化特征";并集中探讨了中日两国的应对策略及其对国联调处所产生的影响,认为"国联和平机制和相关技术程序所能达到的效能反而取决于日本和中国所确定的应对九一八事变的策略如何"。③ 李顿调查团是国联介入中日争端调处的重要实践。陈海懿利用多方档案,揭示了调查团产生的复杂过程及其背后的多方博弈,指出中日冲突的国际性和国联调查团的主体性。④ 大陆学界普遍对国民政府过分依赖国联的政策给予了批判,并对国联的本质进行了揭露。⑤ 中国台湾地区学者则对国民政府诉诸国联的政策进行了一定的辩护。黄自进认为蒋介石对日外交战略的核心就是"拥抱国际主流社会",通过

---

① 俞辛焞:《九一八事变后国联与中日的外交二重性评析》,《抗日战争研究》1993年第3期。
② 刘建武:《有关日本侵占东北后国际联盟调处的几个问题》,《抗日战争研究》1992年第1期;刘建武:《一二八事变后国际联盟的调处活动评析》,《抗日战争研究》1994年第3期。
③ 崔海波:《九一八事变期间中国、日本与国联的交涉》,长春:吉林大学出版社2016年版,第2、6页。
④ 陈海懿、郭昭昭:《国际性与主体性:中日冲突和国际联盟代表团的产生》,《抗日战争研究》2017年第3期;陈海懿:《国联调查团的预演:九一八事变后的中立观察员派遣》,《抗日战争研究》2019年第2期;陈海懿、徐天娜:《九一八事变后的英国与国联调查团组建——基于英国档案文献的考察》,《史林》2019年第4期;陈海懿:《九一八事变后美国的因应和国联调查团产生》,《民国档案》2019年第4期。
⑤ 宗成康:《九·一八事变后南京政府依赖国联制日外交析评》,《民国档案》1997年第3期。

国联机制让日本趋于孤立,"使中国与国际主流社会接轨,即已达成阶段性目的"。① 黄自进还表示国民政府向国联申诉虽然没有成功,但是在"凝聚国际共识、展现国际主流意志上却达成阶段性任务",而日本则"从此被归类为国际社会公敌"。② 国民政府后期已经体认到国联无力约束日本的对华侵略,但是还坚持国联路线,其目的更多的是维护自身的统治,即让国联承担部分责任,而减少民众对它本身的批评责难。张力从国际合作的角度,探讨了中国与国联在文化、医疗与卫生、技术、禁毒以及劳工等具体问题上的合作,认为中国参与国联的经验并非只有失望,而从中获得了实质援助,"也掌握到提升国际地位的机会"。他还表示国联虽然缺乏处理国际争端的能力,也未能阻止日本的全面侵华,但是中国尊重国际秩序的态度赢得国际社会的好感,"故而战时盟国在考虑重建战后国际体系时,自然对中国有更多的期望,也主动支持中国争取'世界五强'的地位"。③ 中国战时国际地位的提高,是全民族艰苦抗战获得的,而不是英美等盟国赐予的。如果中国抗战没有战略价值,即使再尊重国际秩序,也不可能赢得列强的尊重。

3. 关于九国公约会议的研究。《九国公约》是国民政府在《国联盟约》之外,另一非常仰赖的外交武器。在日本官方正式承认"满洲国"后,国民政府曾照会《九国公约》各签字国,希望召开国际会议,讨论日本自九一八事变以来对华侵略行径,落实尊重中国主

---

① 黄自进:《拥抱国际主流社会:蒋介石的对日外交战略》,《抗日战争研究》2014年第2期。
② 黄自进:《诉诸国联公论:国际联盟对九一八事变的讨论(1931—1933)》,《"中央研究院"近代史研究所集刊》第70期。
③ 张力:《国际合作在中国——国际联盟角色的考察,1919—1946》,台北:"中央研究院"近代史研究所1999年版,第307—308页。

权独立和领土完整的原则。直到全面抗战爆发后,经由国联的倡议,《九国公约》签字国才决定在比利时首都布鲁塞尔召开会议。徐蓝探讨了会前各国的方针以及会议的具体过程,进而指出会议失败的原因及其带来的后果。徐蓝认为九国公约会议是"一次彻底失败的会议",一方面助长了日本的侵略气焰,另一方面打击了中国的抗战。① 赵晓红认为围绕1937年九国公约会议,国民政府对西方列强主要采取隐忍退让与协调合作的策略,以最大限度地孤立对手。对于会议的结果,她认为从短期来看对日本是有利的,毕竟"列强并未如中国所愿对日本进行有效制裁";但是从长远来看,日本否定《九国公约》,日趋孤立,而中国则获得"各国最大之同情"。② 九国公约会议失败后,国民政府还是站在维护《九国公约》的立场,并将其作为反对英美等国为与日本达成妥协而牺牲中国主权的工具来使用。

4. 关于蒋介石与抗战外交的研究。抗战时期,蒋介石作为国民政府的最高领导人对于外交的参与是很深入的。张祖䎴表示:"抗战时期的中国外交,以蒋介石亲自主导、参与为特征,以废除不平等条约为先导,以求援、结盟、抗日、与大国平等共存为主要线索,展开了在国际间灵活、积极的外交活动。"③蒋介石不仅决定国民政府的外交战略与重大政策,而且还亲自主导具体的外交活动。这也充分体现了蒋介石的专制作风。长期以来,蒋介石缺乏利用自身力量战胜日本的信心及决心,而希望利用日本与其

---

① 徐蓝:《布鲁塞尔会议与中日战争》,《民国档案》1990年第1期。
② 赵晓红、王倩:《七七事变后中日两国在国际舞台上的外交博弈——以1937年九国公约会议为中心》,《党史研究与教学》2017年第4期。
③ 张祖䎴:《蒋介石与战时外交研究》(1931—1945),杭州:浙江大学出版社2013年版,第1页。

他列强的矛盾,以形成联合对日的局面。李君山以蒋介石对日开战的决策为中心,探讨了全面抗战爆发前后蒋利用远东及太平洋地区列强复杂变动的连环关系,"来牵制、转移,乃至化解日本压力的过程",并指出"一面抵抗,一面交涉"政策在策略上的模糊性,"决策者在其间,经常表现最大弹性,且战且和,时战时和,又战又和,两面都不说死"。① 西方列强在与日本的矛盾彻底激化前,不但不会接受蒋介石联合抗日的提议,反而会不时牺牲中国的利益以绥靖日本。研究蒋介石的抗战外交,必然要涉及对蒋抗战决心的认识问题。周天度以蒋介石在七七事变前后的日记为线索,指出:在事变后,蒋介石坚持抗击日本侵略军的立场,一方面主张抵抗,反对妥协退让;另一方面积极推进国共第二次合作,与苏联签订中苏互不侵犯条约。② 在太平洋战争爆发前,国民政府曾通过多个途径与日本进行秘密接洽。蒋介石虽然反对国民政府内部未经其许可的对日秘密接洽,但是其本人并不笼统地拒绝停战议和,只是要坚守恢复七七事变前状态的底线。③ 杨奎松认为蒋介石在抗战前期的抗日态度是坚决的,但是缺乏持久战的决心,"较多地寄希望于外力的帮助与干预"。④ 沈予认为蒋介石以恢复七七事变

---

① 李君山:《蒋中正与中日开战(1935—1938):国民政府之外交准备与策略运用》,台北:政大出版社 2017 年版,第 217、221 页。
② 周天度:《从七七事变前后蒋介石日记看他的抗日主张》,《抗日战争研究》2008 年第 2 期。
③ 杨天石:《抗战前期日本"民间人士"和蒋介石集团的秘密谈判》,《历史研究》1990 年第 1 期;杨天石:《蒋介石亲自掌控的对日秘密谈判——抗战时期中日关系研究之三》,中国社会科学院近代史研究所民国史研究室、四川师范大学历史文化学院编:《一九三〇年代的中国》下,北京:社会科学文献出版社 2006 年版,第 408—424 页;杨天石:《蒋介石对孔祥熙谋和活动的阻遏——抗战时期中日关系研究之二》,《历史研究》2006 年第 5 期。
④ 杨奎松:《蒋介石抗日态度之研究——以抗战前期中日秘密交涉为例》,《抗日战争研究》2000 年第 4 期。

前的原状为和谈底线是"以民族大义所不容的重大退让谋求妥协",也是军事作战失利后在政治上的动摇,给予其肯定评价是"站不住脚的"。① 鹿锡俊以蒋介石日记为中心,选择从具体个案着手,分别探讨了蒋介石对苏德互不侵犯条约、1940年夏季国际危机、日德意三国同盟、苏德战争等国际变局的反应。鹿锡俊表示蒋介石虽然自视甚高,但是在事关国家前途命运的外交大计上尚会倾听众人意见,而未独断专行。鹿锡俊还认为蒋虽然在对国际局势的总体把握上确有一些先见之明,但是长期陷在日苏必战的迷思之中,进而影响了蒋对国际关系的判断。② 从苏德签订互不侵犯条约到太平洋战争爆发,是国际局势由混沌走向明朗的时期。邓野以这段时间蒋介石的战略布局为中心,围绕中日战争国际化战略思想、力倡建立中美英苏联合阵线、私下策动德日两军夹击苏联、关于德日两军战略方向的观察等问题展开研究,认为蒋游走在大国博弈的夹缝之中,力求将大国关系的演变与国民政府的利益联系起来,"求得自身利益的最大化"。邓野认为在蒋的战略布局当中,"既有精准的预测,也有严重的误判;既有宽阔的眼界,也有仔细的算计;既有政策的坚守,也有适时的调整;尤其遭遇撞墙碰壁之际,既有愤懑与烦躁,也有冷静与忍耐"。③ 蒋介石的抗战外交是中国抗战外交的重要组成部分。蒋对国际关系的认识、分析、预测以及外交决策,不仅有国民政府内部各部门提供的情报和建议,而且还有

---

① 沈予:《抗日战争前期蒋介石对日议和问题再探讨》,《抗日战争研究》2000年第3期。
② 鹿锡俊:《蒋介石对〈苏德互不侵犯条约〉的反应》,《近代史研究》2011年第3期;《蒋介石对1940年夏季国际危机的反应》,《"国史馆"馆刊》(台北)2011年第29期;《蒋介石对德意日三国同盟的反应》,《近代史研究》2013年第3期;《蒋介石对苏德战争的预测及因应——蒋介石抗日外交个案研究之四》,《近代史研究》2014年第1期。
③ 邓野:《蒋介石的战略布局:1939—1941》,北京:社会科学文献出版社2019年版,第1—7页。

体制外精英的建言献策。因此,必须把蒋介石的抗战外交置于当时的历史情境下考察,而不能将所有的成就都归功于他个人。

5. 关于国民政府对国际变局反应的研究。在凡尔赛—华盛顿体系走向解体的过程中,国际关系不断发生分化重组,总体的趋势是侵略与反侵略两大战线相继形成。在世界反法西斯同盟形成前,主要国家的对外行为会推动国际体系的变化。为了避免突然发生的国际变局对中国抗战产生不利影响,国民政府必须谨慎应对。1936年11月,德日两国签订《反共产国际协定》是法西斯国家走向结盟的开始。萧李居通过研究国民政府对德日同盟的反应,指出国民政府虽然尽力维持与德国的军事合作关系,但是已对德国产生疑虑,并企图以中英合作取而代之。他还认为,20世纪30年代的中德关系和日德关系存在本质差异,"前者主要建立在传统官方关系,后者则与纳粹党关系密切"。[1] 国民政府虽然尽力维持与德国的关系,但是德国在中日全面战争后逐渐倒向日本,相继承认伪满洲国和汪伪政府。左双文认为,在德苏之间的中国和中日之间的德国最终在各自国家利益的驱使下,逐渐走向决裂。[2] 由于自身的力量有限,无力左右国际局势的发展,所以国民政府的抗战外交游离在大国博弈的夹缝当中。欧战的爆发,虽然从长远来看,加速了国际两大阵营的分化组合,有利于中国争取民主阵营的支持,但是短期内却面临很大的风险。[3] 国民政府虽然竭力争取英法等国的支持,但是它们却不惜牺牲中国利益与日本达成妥协,其中尤以英国封闭滇缅公路为代表。滇缅路事件发生后,国民政府内

---

[1] 萧李居:《国民政府对德日〈防共协定〉的因应》,《"国史馆"馆刊》2018年第58期。
[2] 左双文:《德国承认伪满问题与国民政府的外交方针》,《史学月刊》2008年第11期。
[3] 王建朗:《欧洲变局与国民政府的因应——试析二战爆发前后的中国外交》,《历史研究》2004年第4期。

部曾有过外交路线的讨论,联德主张一时间甚嚣尘上,但是在蒋介石及亲英美派的压制下,未成为最终的决策。① 中国抗战的国际环境因德意日三国同盟条约的签订而获得了较大的改善。萧李居以国民政府外交部档案为基础,着重探讨了国民政府对于三国同盟交涉期间的观察,以更好地理解国民政府在德意日三国同盟后的决策。他认为国民政府认识到日本将南进,与英美发生直接冲突,故而并未急于表态加入英美集团。② 对于国民政府来说,因应国际变局关键是提防大国为对日妥协而牺牲中国利益。曹艺探讨了《苏日中立条约》对中国抗战及远东国际关系的影响,认为在条约签订后,国民政府在外交上更加倾向美国。③ 在太平洋战争前夕,国民政府积极应对美日秘密谈判,运用所有的外交资源,力劝美国放弃对日妥协让步。④ 当然,美日谈判破裂的根本原因是两国矛盾已经无法调和,而国民政府的外交活动只是起到了一定的辅助作用。

6. 关于国民政府抗战外交总体评价的研究。太平洋战争前,国民政府总体的外交战略是"苦撑待变",要同时处理与英美法、德意、苏联等三类国家的关系。王建朗认为国民政府在抗战前期的外交虽然确有不够成熟与一厢情愿之处,但是基本上是成功的,"其外交活动表现出了近代中国外交所少有的主动性和灵活性"。⑤ 太平洋战争后,中国的国际地位有了很大的提高,成为所谓的"四

---

① 左双文:《转向联德,还是继续亲英美?——滇缅路事件后国民党内曾谋划调整外交路线》,《近代史研究》2008年第2期。
② 萧李居:《国民政府对德意日三国同盟的观察》,《抗日战争研究》2016年第3期。
③ 曹艺:《〈苏日中立条约〉与二战时期的中国及远东》,北京:社会科学文献出版社2012年版。
④ 杨天石:《珍珠港事变前夜的中美交涉》,《近代史研究》2015年第2期。
⑤ 王建朗:《二战爆发前国民政府外交综论》,《历史研究》1995年第4期。

强"之一。国民政府也开始积极参与国际事务,并获得了一定的话语权。王建朗指出国民政府主动进行了有意识的外交努力,认为其抓住了国际体系重组的机会,"成为四强之一,并以联合国安理会这样一个组织机制的形式固定下来"。当然与美苏英等强国相比,中国只是敬陪末座。由于经验缺乏,国民政府在参与国际事务的过程中,确有"若干稚嫩不够圆满之处","有些构想过于理想化,有些举措过于谦恭,有些战略谋划过于保守"。① 陈谦平认为国民政府通过开罗会议表达了自身对战后东亚国际秩序的主张,并基本获得盟国的认可。② 金光耀考察了国民政府参与联合国创建的过程,认为国民政府对联合国始终抱有很高的热情,并将确保中国的大国地位作为参与筹建联合国的首要目标。③ 抗战时期,中国虽然实现了废除不平等条约的目标,但是要与世界强国完全平等还必须厚植国力。王真认为中国战时国际地位的提高具有"有限性"和"表面性",而所谓的大国更多的是"虚幻"的。他表示:"中国人民为中国国际地位的提高付出了巨大而艰辛的努力,但在很大程度上这种地位还是西方大国出于其战略利益的一种给予。只有完全排除这种'给予'因素,中国才能真正获得大国地位。"④ 郑会欣也认为战时中国只能说是大国,而称不上是强国,毕竟在国际政治当中尚处于从属地位。⑤ 国民政府无缘参加对构建战后国际体系至

---

① 王建朗:《大国意识与大国作为——抗战后期的中国国际角色地位与外交努力》,《历史研究》2008 年第 6 期。
② 陈谦平:《开罗会议与战后东亚国际秩序的重构》,《近代史研究》2013 年第 6 期。
③ 金光耀:《国民政府与联合国的创建》,《中国社会科学》2003 年第 6 期。
④ 王真:《现实大国与虚幻大国——抗战时期中国大国地位的二律背反》,《抗日战争研究》2001 年第 2 期。
⑤ 郑会欣:《强国还是大国?——中国在第二次世界大战中的地位》,《贵州社会科学》2016 年第 5 期。

关重要的雅尔塔会议,导致正当的国家利益都无法得到保障,反而沦为大国强权政治的牺牲品。因此,对国民政府抗战外交成就的评价要实事求是,不能人为拔高。

通过梳理学术史,可以发现学界对抗战时期国民政府的具体外交政策及活动已经有了相当充分的研究。这些成果构成了本书展开考察的基础。本书拟从两方面进行突破。其一,利用从南京中国第二历史档案馆、台北"国史馆"以及国民党党史馆等档案收藏机构中挖掘到的大量前人未使用或使用较少的档案,突出军事委员会参事室及国际问题研究所等幕僚机构草拟的分析报告对国民政府外交决策的参考意义,并通过国民政府军政高层电文往来以及会议更加完整地揭示国民政府外交决策的曲折过程。其二,从国际体系的视角,重新审视国民政府战时外交决策的总体特征,并揭示国际体系的变化对中国抗战历程的影响。本书希望在已有研究的基础上,丰富对于国民政府抗战外交的认识与理解。

四、史料来源与研究方法

史料是史学研究的基础。离开了扎实的史料基础,史学研究将成为空中楼阁。本书在充分利用已经出版的各种史料基础上,主要从三个方面拓展研究史料的来源。(1)从南京中国第二历史档案馆、台北"国史馆"以及国民党党史馆等档案收藏机构中,挖掘了大量前人未使用或使用较少的原始档案。(2)系统搜集并整理《申报》《大公报》《中央日报》《新华日报》《解放日报》等主流媒体的社论。(3)从《外交评论》《日本研究》《苏俄评论》《世界政治》等当时出版的专业性刊物中,搜集有代表性的文章。本书力图通过多元的史料来呈现历史的复杂面向。

此外,需要对本书使用较多的两种史料加以说明。其一,秦孝仪主编的《"总统"蒋公思想言论总集》中收录的蒋介石的谈话、文告、演讲等，虽然是以蒋个人名义发表的，但是很多是由王世杰、王宠惠以及陈布雷等人起草，后经蒋修改定稿的。因此，这些史料不仅可以反映蒋个人的认识，而且也在一定程度上体现国民政府的态度。其二，《大公报》部分社评是为配合国民政府的政策而刊发的，尤其是国民政府不便直接出面的时候。①

本书坚持以唯物史观为指导，尽可能广泛地爬梳各种史料，并综合运用历史学和其他社会科学的理论方法，以期做到论从史出、史论结合。当然，要在理论上全面完整地阐释国际体系变化与中国抗战的辩证关系，还有待于更加深入、细致的研究。

---

① 时任国民党中央宣传部长的王世杰在日记中留下了多处请《大公报》配合国民政府政策的记载。1940年4月17日，日记云："关于美国对日供给军需原料事，美国务卿赫尔向我宣传部驻美工作人员 H. Price 表示，希望我方舆论对美为责备之词，以便利政府政策之推进。予因撰一文交《大公报》于明日发表，并拟交美国《纽约时报》驻渝记者拍致美国。"1942年10月1日，日记云："今日约《大公报》《时事新报》总编辑人谈话，告以战事危机，在同盟国将来或在日本未被彻底击败之时，与日本妥协。威尔基氏明日将抵渝，我各报应强调彻底击败日本之必要。"1942年10月5日，日记云："今日予约《大公报》主笔王芸生详谈。予赞同该报发表一篇文章请美国率先即时放弃不平等条约上之特权。王君表示愿即日为文申论此事，以促成威尔基氏及美国注意。"分别见林美莉编辑校订《王世杰日记》上，台北："中央研究院"近代史研究所2012年版，第264、459、460页。

第一章 全面抗战前国民政府对国际体系的运用

国民政府由于自身的政权属性,缺乏社会支持,力量薄弱,故而在面临外患时总寄望于从国际体系当中寻求支持。九一八事变后,国民政府在决定不抵抗的同时,径直向国联提出申诉,期盼国联能够制止日本的对华侵略。国联虽然介入了事变的调处,但是无力迫使日本遵守和执行决议。在国联已经明显表现出虚弱无力的情况下,国民政府依然坚持国联路线。国民政府在实际处理"满洲国"问题的过程中,除了继续向国联申诉,还尝试照会《九国公约》签字国,但是最终结果还是不如预期。国民政府坚持在国际体系内解决中日问题,主要目的之一是尽力避免与日本直接交涉。只要日本军国主义者不放弃对华侵略政策,那么无论采取什么交涉方式,都不可能真正解决中日矛盾。面对日本的侵略,国民政府除了仰赖国际体系之外,也尝试从地缘政治出发,改善与苏联的关系,最终实现了中苏复交。

第一节 坚持国联路线

日本侵略者发动九一八事变,一方面是以武力手段破坏中国主权和领土完整,另一方面也是打破东亚均势及破坏国际体系的行为。日本的侵略行为明显违反了《国联盟约》的规定,所以国联有权利及义务介入。当时的国民政府只是名义上统一了全国,实则内部四分五裂,国民党高层派系斗争,地方实力派据地自雄,故而对武力抵抗日本侵略顾虑重重,甚至毫无决心。在和战两难的情势下,国民政府决定运用《国联盟约》赋予会员国的申诉权利,将日本对中国的侵略行为诉诸国联,以国际压力迫使日军撤兵,并恢复事变前的原状。国民政府为何将向国联申诉作为优先选择?对于国联的处置,国民政府又是如何反应的?在国联路线明显无效的情况下,国民政府为何不顾民意反弹而依然坚持这一路线?本节将围绕这些问题展开论述。

一、以向国联申诉作为优先选择

九一八事变后,国民政府实行不抵抗政策,而将向国联申诉作为优先选择。这是国民政府在历史经验、对国联的期待以及现实处境等因素综合作用下的产物。

1. 从历史经验来看,利用国际力量迫使日本在中日争端中让步是近代中国政府的惯性思维。《马关条约》签订后,日本在俄德法三国压力下,被迫在辽东半岛问题上让步。在华盛顿会议时,日本也在美英等国的压力下被迫签订《中日解决山东悬案条约》《九国公约》等条约。这些历史经验增强了国民政府寻求国际支持的信念。济南惨案发生后,国民政府就曾试图向国联提出申诉。1928 年 5 月 12 日,胡汉民在给蒋介石的电报中表示:"观察形势,日似早对西方舆论有布置,对英有谅解。为占鲁准备,彼对各国以宁案比鲁案,谓护侨外无野心。我宜多方暴露其伪。国际联盟陈箓为行政委员,已与有接洽,请电委其提出,当可受理。"①陈箓是北洋政府派驻国联的代表,因为当时国民政府尚未取代北洋政府在国联的席位。在国联创立之初,国人就盼望这一新出现的国际组织可以"稍减外患"。②

面对日本的侵略暴行,国民政府一旦决定在军事上不抵抗之后,向国联申诉就成为必然的选择,而这不仅便于国民政府避开与日方直接交涉,而且也合乎当时国际关系的基本规则。《国联盟约》承诺保护遭受侵略的成员国,而《非战公约》更是主张"废弃战争作为实行国家政策工具"、国际关系的改变"只能通过和平方法并且作为和平及有秩序调整的结果实现"。③

2. 从国联的历史来看,国联此前确曾成功调处过国际争端。当委内瑞拉与玻利维亚、波兰与立陶宛、希腊与保加利亚等矛盾冲突发生后,国联的介入确实推动了问题的解决。这些事实使国民政府对国联抱有很高的期待。外交部长王正廷表示:深信国联对于日本"此类不顾条约不顾信义之自由行动","亦必有相当处置"。④

日本对中国的侵略是国联行政院常任理事国之一明目张胆地侵略另一会员国领土的重大事件,"设此等背盟毁约之重大行为,而国联不问,或不能问,则先例一开,五十弱小国家刻刻有丧失领土之虞"。日本的行为自然是逆世界进步潮流而动,"欧战后之世界潮流,要厌战而望和,故于形格势禁之中,犹流露一种向上进步之理想,希望平和轨道之确定。日本今日则不然,盖抹杀民族平等

---

① 《胡汉民等电蒋中正济南事件请电委陈箓向国际联盟提出当可受理》(1928 年 5 月 12 日),台北:"国史馆"藏,蒋中正"总统"文物档案,002 - 020100 - 00020 - 043。
② 周鲠生:《万国联盟》,上海:商务印书馆 1922 年版,第 1 页。
③ 《非战公约》(1928 年 8 月 27 日),世界知识出版社编:《国际条约集(1924—1933)》,第 373 页。
④ 《外部纪念周　王正廷报告》,《大公报》,1931 年 9 月 22 日,第 3 版。

之原则,亦不信国际平和之理论,一切政策,纯以武力之计算为出发点。"①美国驻华公使詹森在给其国务卿史汀生的报告中也指出:"日本在满洲所采取的步骤必须限制在战争定义范畴之内",《非战公约》签字国为了对本国及世界负责,"应就日本的侵略行为表态"。詹森认为日本的侵略行为是"有预谋的","而且无视日本作为一个缔约国应与其他缔约国应共同负担的责任"。② 詹森最后并未能说服美国政府采取强硬对策。

此前国联处理的国际纠纷多属小国间的,而非大国侵略小国,因此国联是否能如以往一样发挥实质性作用尚待考验,"盟约所依据的根本的道德和政治观念,第一次遭到了有力的和决然的打击"。③ 据颜惠庆回忆,当时在日内瓦的国际外交圈里面有一个众所周知的信条,即"弱国与弱国,或强国与强国争执,国联均不难平情调处,获得解决。独对强国与弱国争执,国联势将束手无策"。④ 也就是说,唯有双方实力均衡,国联才可扮演好调解人的角色,而在双方实力悬殊的情况下,国联能施展的力道则很有限。事后证明确属实情。

3. 从国民政府现实处境来看,无论和战都有困难。原因主要有三点:其一,国民政府在事变初期无法立即正确判定日本的真实意图。当时中日两国间的局部冲突时有发生,因此国民政府对事变最后演变成日军彻底占领中国东北缺乏思想准备。有学者指

---

① 《请听各国代表之公论》,《大公报》,1932 年 12 月 8 日,第 2 版,社评。
② 《美国驻中国公使(詹森)呈国务卿》,美国国务院编,张玮瑛、张友云、杜继东译:《美国外交文件·日本,1931—1941 年(选译)》,北京:中国社会科学出版社 1998 年版,第 6—7 页。
③ [英]华尔脱斯著,封振声译:《国际联盟史》下,北京:商务印书馆 1964 年版,第 7 页。
④ 颜惠庆著,姚崧龄译:《颜惠庆自传》,北京:中华书局 2015 年版,第 325 页。

出："日本冒险事业的真正性质不是全世界立刻能明白的"，"要辨别日本陆军是不是仅仅想用暴力示威，目的在于使满洲的中国人更加俯首帖耳，或者它是不是怀有更广泛更长远的野心，这是更加不可能的"。① 但是在日本意图完全暴露后，国民政府也没有选择抵抗。其二，国民政府对自身的抵抗力量信心不足。1931 年 9 月 23 日，孔祥熙在国民党中央政治会议上表示："中国如有力量，把日本人打出去就得，还有什么问题？只是现在我们的军队不大好，而内战又复不已，用什么力量去打日本。"在此情势下，孔寄望于透过国际宣传，"说这事不是中国和日本两国的事，而是世界和平的关键"，而日本侵占中国东北，"就是要破坏东亚和平，就是轻视世界，就是看透了世界上没有公理"，以国际压力迫使日本让步。② 孔的话显示国民政府无力承担救国责任，而企图将责任推给国联。其三，国民政府不想与日本直接交涉解决争端，以避免签订城下之盟。9 月 19 日，张学良在给南京中央的电报中表示："此际我方若直接交涉，尚难着手，应先电达国联，请根据盟约召集行政院临时会议，讨论制止侵略办法，以维世界和平，且可唤起各国注意，日方或有所顾忌，不致再有进展。"③可见，张学良作为负有守土之责的军政长官，在事变后也完全没有抵抗的准备。

　　正是在上述因素的综合作用下，向国联申诉，以寻求解决中日争端的途径，成为国民政府处理九一八事变的优先选择。国民政

---

① ［英］华尔脱斯：《国际联盟史》下，第 13 页。
② 《中国国民党中央执行委员会政治会议第二九〇次会议速记录》(1931 年 9 月 23 日)，刘维开编：《国民政府处理九一八事变之重要文献》，台北：中国国民党中央委员会党史委员会 1992 年版，第 180—181 页。
③ 《张学良电蒋中正王正廷谓日军占领沈阳事应先电达国联讨论制止侵略办法并唤起各国注意日方或有所顾忌不致再有进展》(1931 年 9 月 19)，台北："国史馆"藏，蒋中正"总统"文物档案，002-090200-00003-098。

府依赖国联的政策既是决定不抵抗后的结果,同时希望将国联抬出来作为挡箭牌,为其分担责任,以避免统治危机的扩大。

向国联申诉是国民政府高层应对九一八事变的共识,而蒋介石则是最终拍板定策者。9月19日,国民党中常会决议:"根据正式报告,继续对日方提出抗议,并电令驻外代表向国际间宣布。"①在蒋介石未出席会议的情况下,"众意对外仍采诉之国际联盟,请其主持公道"。② 9月21日,回到南京后的蒋介石立即召集干部研商应对方案,并且主张:"日本占领东省事,先提国际联盟与非战公约国,以求公理之战胜;一面则团结国内,共赴国难,忍耐至相当程度,以出自卫最后之行动。"③

虽然国民政府高层的主流意见是倾向于向国联申诉,但是并不意味着其内部没有其他声音。1931年9月22日,陈诚致电蒋介石等人,表示日本的举动真可谓"欺人太甚","国难之急,至今已极,亡国之惨,转瞬即见","愿率所部与倭寇决一死战","宁可致死于亡国之前,不愿偷生于亡国之日"。④ 9月24日,陈诚再电蒋介石,指出国民政府除对日宣战外,"别无瓦全之道"。陈诚认为此次事变乃日本有计划的行动,"绝非时下之秘密外交所能消弭",而且向日本帝国主义屈服,将背离民意,"士气日就消沉,民众离政府亦日远","今犹不唤起民众共同奋斗,更待何

---

① 《中国国民党中央执行委员会第一六〇次常务会议纪录》(1931年9月19日),秦孝仪主编:《中华民国重要史料初编——对日抗战时期》绪编(一),台北:中国国民党中央委员会党史委员会1981年版,第278页。
② 王仰清、许映湖标注:《邵元冲日记(1924—1936年)》,1931年9月19日,上海:上海人民出版社1990年版,第775页。
③ 《蒋介石日记》(手稿),1931年9月21日,斯坦福大学胡佛研究所档案馆藏。
④ 《电呈请缨抗日》(1931年9月22日),何智霖编:《陈诚先生书信集:与蒋中正先生往来函电》上,台北:"国史馆"2007年版,第60页。

时"。① 国民党元老吴稚晖则主张以战谋和。10月19日,吴稚晖在国民党中央纪念周上表示:"国际联盟,仍是一团黑云,别无光亮","希望国联能有良心之表示,而此亦无碍于吾人之拼命,下一周内能在白云里放出一点光亮来,也未可定,但是我们如不谋抵抗,则和平无望"。② 陈、吴等人的意见未能主导国民政府的决策。而时任特种外交委员会委员长戴季陶则始终对国联寄予厚望。10月26日,他在中央纪念周上表示:"我们相信无论一个国家一个民族,立于世界,应以道德为立国基础,为一切政策的标准,始能长久存在。此次国联能坚决议护国际公约,保障国家道德,而有第二次决议,可知世界人道公理,尚未灭绝,世界和平前途,尚有光明。"③ 特种外交委员会是九一八事变后国民政府专门设置的外交决策机构,其领导者的认识与态度如此,自然不可能作出符合绝大多数民意期待的决策。

蒋介石认可并拍板决定优先向国联申诉的原因主要有两个。其一是相信国联定会对日本的违约行为做出公正裁决。蒋介石说道:"日本此次举动,不仅乘我之危,违反国际道德,且极端破坏国际联合会规约及非战公约之精神","凡国际联合会之参加国及非战公约之签订国,对于日本破坏条约之暴行,必有适当之裁判"。④ 其二是对现状的悲观认识,并且坚持"攘外必先安内"的错误政策。他认为:"内乱不止,叛逆毫无悔祸之心,国民亦无爱国之心,社会

---

① 《电呈请速明令对日宣战》(1931年9月24日),何智霖编:《陈诚先生书信集:与蒋中正先生往来函电》上,第61—62页。
② 吴稚晖:《救国问题与对日外交》,《中央党务月刊》,第39期,第205—206页。
③ 《伸张公理保障和平　戴传贤在中央纪念周演说》,《大公报》,1931年10月27日,第3版。
④ 周美华编注:《蒋中正"总统"档案·事略稿本》(12),台北:"国史馆"2006年版,85—86页。

无组织，政府不健全，如此民族，以理论决无存在于今日世界之道，而况天灾匪祸相逼而来之时乎"①，因此只能"卧薪尝胆，教养生聚，忍辱负重"②。

在决定向国联申诉之后，蒋介石便严厉要求各军政官员严守秩序，静候国联裁决。蒋介石在给山东省主席韩复榘的电报中表示："切不可有激烈反日行动及报复暴举，使日更有所借口，使外交益陷困难"，而应"力持镇静，严守秩序"。③ 9月24日，蒋介石还致电陈诚，通报国民政府对事变的处置决定，称："现已由外交部向日政府提出严重抗议，要求立撤日军。并电达国际联盟会，唤起世界注意。"蒋要求陈诚"力持镇静"，"取稳健团结态度，务须避免轨外行动，免为反动所乘，致滋口实，贻害大局"。④ 蒋介石认为主战者或是"血气冲动"，或是因别有目的而"故为高调"，"战则举国家为一掷之孤注"。⑤ 面对敌国入侵，如果做好抵抗的准备，会给对方造成一定的压力。相反，如果完全把希望放在国际支持上，则会变相鼓励侵略者，可谓缘木求鱼。

在国民政府高层作出决策后，外交当局便立即付诸实施。9月19日，外交部致电中国驻国联代表施肇基，指出日本对中国东北的侵略行动，"实为国际联合会成立以后各友邦国交史上所未有之事"，请求国联"立即并有效的依照盟约条款，取适当之措置，使日

---

① 《蒋介石日记》(手稿)，1931年9月19日，斯坦福大学胡佛研究所档案馆藏。
② 《蒋介石日记》(手稿)，1931年9月20日，斯坦福大学胡佛研究所档案馆藏。
③ 周美华编注：《蒋中正"总统"档案·事略稿本》(12)，第82页。
④ 《手谕团结对日以免贻害大局》(1931年9月24日)，何智霖编：《陈诚先生书信集：与蒋中正先生往来函电》上，第61页。
⑤ 黄郛著，任育德主编：《黄郛日记(1931—1932)》，1931年12月4日，台北：开源书局2019年版，第111页。

军退出占领区域,保持东亚和平"。① 9 月 21 日,施肇基正式照会国联秘书长,指出日军以武力侵占中国东北,而中方则竭力忍让。照会要求国联依据盟约第十一条之规定,"立采步骤,阻止情势之扩大",以"恢复事变前原状,决定中国应得赔偿之性质与数额"。②"盟约第十一条"的具体内容是指:"凡任何战争或战争之威胁,不论其直接影响联盟任何一会员国与否,皆为有关联盟全体之事。联盟应采取适当有效之措施以保持各国间之和平。如遇此等情事,秘书长应依联盟任何会员国之请求,立即召集行政院会议。"③

国民政府期待国联能够遵照盟约规定,对日本的侵略行径做出公正裁决。1931 年 9 月 21 日,外交部长王正廷在外交部纪念周中表示:"如国际间是非尚未泯灭,对此次日军之侵略,与我之不抵抗而大规模受攻击,世界当能更予以正当之评判。"④9 月 24 日,王正廷在接见记者时表示中日冲突既已提交国联处理,当静候处理结果,称:"现此事既提出国联,应视国联及非战公约各国如何进行,如日方不接收国联决议,国联方面当有第二步第三步办法,故此案现只有听国联处理,不能直接交涉。"⑤

中国在领土主权遭受侵犯时,行使作为国联成员国的合法权利,向国联提出申诉,确属应当,而错误之处在于几乎将其作为唯一的对策。时论表示:"请国联主持正义,应为国联一分子正当之

---

① 《外交部致日内瓦施代表等电》(1931 年 9 月 19 日),秦孝仪主编:《中华民国重要史料初编——对日抗战时期》绪编(一),第 321 页。
② 《我日内瓦施代表照会国际联合会秘书长》(1931 年 9 月 21 日),秦孝仪主编:《中华民国重要史料初编——对日抗战时期》绪编(一),第 323—324 页。
③ 《国际联盟盟约》(1919 年 6 月 28 日),世界知识出版社编:《国际条约集(1917—1923)》,第 270 页。
④ 《王正廷报告对日外交方针》,《申报》,1931 年 9 月 22 日,第 2 张第 8 版。
⑤ 《王正廷报告交涉经过》,《申报》,1931 年 9 月 25 日,第 2 张第 8 版。

要求,同时对国家领土之保持,权利之恢复,应有其最后之决心,必要之准备。二者并行不悖,然后方有外交之可言,公理之足恃也。"①后来,袁道丰也批评道:"于国联之外,尚有他种途径可以进行,奈何明知国联于我无能为力,而犹思倚若长城,引为己用,是不仅不智,且足以束缚我国之外交活动,而予日人以侵略之机会。"②也就是说,国民政府不应该"过分信赖国际联盟",却不立足自身,以便做好其他应变准备。③ 1932年4月3日,段祺瑞致函蒋介石,称:"知抵抗之必败,诉之国联,宜也。但断无自弃主权,完全听命于人之理。且各国利害不同,决难因我而牵动混战,国联成效大略可睹","我方错信国联太专,若当五条件之提出,即接受商洽,三省之名目不变,损害不至若是之大"。④ 段祺瑞显然低估了日本侵略者的野心,对其让步,不可能换来真正的和平。

应该指出的是,国民党内部的政治斗争也严重影响到国民政府对国难的因应。蒋介石在日记中写道:"当此横逆之来,既要余屈服,又要余负责,而若辈毫无负责勇气;既不顾大局,一意捣乱,而又无能力来组织政府;既不能令,又不受命,且乘此外侮之机,勾结敌国,动摇国本,能不痛心!"⑤事实上,此次国民党的内部分裂起源于蒋介石囚禁胡汉民,但是蒋却将所有责任都推给他人,显示其缺乏真正的反省。

---

① 《国联发言后之辽吉被占事件》,《大公报》,1931年9月24日,第2版,社评。
② 袁道丰:《如何打破中日外交之局势》,中国第二历史档案馆编:《中华民国史档案资料汇编》第5辑第2编,"外交",南京:凤凰出版社2010年版,第217页。
③ 《充实外交》,《申报》,1931年11月27日,第2张第5版,时评。
④ 《段祺瑞函蒋中正略述当前外交政策及应付办法与近况之推测》(时间不详),台北:"国史馆"藏,蒋中正"总统"文物档案,002-080200-00622-010。
⑤ 《蒋介石日记》(手稿),1931年9月30日,斯坦福大学胡佛研究所档案馆藏。

二、对国联渐趋失望

国民政府对国联的基本诉求是迫使日军撤兵,以恢复事变前的状态。如果国联能对日本侵犯中国领土主权以及违反《国联盟约》的行为做出正义的制裁,那更是国民政府所期待的。因为中日两国同为国联成员国,所以日本对华侵略问题,"亦即全世界一严重问题,一发偶牵,全身摇动",国联应当有"应急有效之处置","以表示其最高之权力"。[①] 而《国联盟约》第十条规定:"联盟会员国担任尊重并保持所有联盟各会员国之领土完整及现有之政治上独立,以防御外来之侵犯。如遇此种侵犯或有此种侵犯之任何威胁或危险之虞时,行政院应筹履行此项义务之方法。"[②] 如果国联不能按照盟约规定,保障其成员国的"领土完整及现有之政治上独立",那么必将给其威信带来严重伤害。有学者表示:"结果,人们对作为制止战争的有效壁垒的盟约的信任,大大地动摇了。特别是小国知道了,对国联制度的效力可以怀疑,对大国运用盟约的意志则大可怀疑。"[③]

国民政府对国联有关中日争端的决定虽然有所不满,但是基本可以接受。在接获国民政府的申诉请求后,国联行政院当即召开会议,并于9月22日授权行政院主席勒乐采取三项行动:第一,向中日两国政府发出紧急照会,"务须避免一切足以使事变扩大或足以妨害和平解决之行为";第二,与中日双方代表协商,"使两国立即撤兵,并使两国人民之生命财产不受妨害";第三,将中日争端

---

① 《迫害世界之日军暴行》,《申报》,1931年9月21日,第3张第9版,时评。
② 《国防联盟盟约》(1919年6月28日),世界知识出版社编:《国际条约集(1917—1923)》,第270页。
③ [英]华尔脱斯:《国际联盟史》下,第44页。

的相关情况"通知美国"。勒乐还在照会中特别指出:"余确信中国政府必能依照行政院之请求,采取必要方法,借以避免一切足以使事变扩大或足以妨害和平解决之行为。"①言外之意,接下来就看日本政府的作为了。美国虽非国联成员国,但是与远东关系密切,故而国联才会决定采取第三项行动。对于国联的决定,美国政府鼎力支持。次日,美国国务卿史汀生回电勒乐,表示美国政府"完全同情"国联之态度,并将同步照会中日两国"息争撤兵",以恢复和平。②

国民政府对上述决定不满的地方在于其要求中日两国同时撤兵,而实际上是日军主动进攻中国,因此中国根本无所谓撤兵问题的存在。9月23日,戴季陶在国民党中央政治会议上表示:"是日本侵占了我国领土,只有要日本撤兵,我们怎样撤兵呢?我们撤兵就是拿整个东三省都让给日本!而况我们的兵都被日军缴械完了。国联要两方撤兵,无异认中国也出兵去打日本军队的,打败了才被日本占领许多地方。"③有鉴于此,戴季陶要求外交部立即发表声明,加以澄清。次日,外交部长王正廷回电答复勒乐,表示是日本军队主动向中国进攻,所以中国只有接收日军撤退地区的问题,而无撤兵问题。④

蒋介石或许没有看透国联决议所隐含的意义,故而还颇为满意,甚至将其视为"外交之转机"。蒋在日记中写道:"昨日国际联

---

① 《外部接到国联紧急通知》,《申报》,1931年9月24日,第3版。
② 《美政府赞助国联行动》,《申报》,1931年9月25日,第3版。
③ 《中国国民党中央执行委员会政治会议第二九〇次会议速记录》(1931年9月23日),王建朗主编:《中华民国时期外交文献汇编1911—1949》第6卷,上册,北京:中华书局2015年版,第39页。
④ 《王正廷答复国联通知》,《申报》,1931年9月25日,第3版。

盟会决议,中日两国停止战时行动,双方军队退回原防,听候联盟会派委员查察裁判,此实为一外交之转机,亦对内统一之良机。如天果不亡中国,则此次外交,尚不致失败也。"①社会舆论也因国联决议而深感鼓舞,认为其彰显了现代文明的价值。时论表示:"现代国际关系之所以异于强权侵略时代者,有互遵合作之盟约,有相规相防之公理。正义不可恃而可恃,强力可恃而实不可恃。现代文明之所以成其为文明者,价值在此。"②

国民政府期待日军能遵照国联的决议撤兵,结果日军非但没有幡然悔悟,反而变本加厉,肆意扩大侵略范围,分兵攻略东北其他地区。国联对于事态的恶化未能充分警觉,除了重申"知悉"中日双方的公开保证,还表示:"深信双方政府均愿避免采取任何行动,以扰两国之和平及误解。"另外,只是要求中日双方尽快"恢复两国间平常之关系",以及"随时将关于情势发展之消息,充分供给行政院"。③

国民政府对于国联态度的软化当然是不满意的。10月13日,张学良在接受《北平英文导报》和《德华日报》记者采访时,表示如若国联不能迫使日军撤兵,则其将考虑采取其他办法,称:"如国联不能强迫日本撤退在中国领土之军队,并恢复原状时,将采取某种办法,但因他种原因,此时不便披露。至于目前,则中国一惟信赖国联,并准备遵从其议决。"④

---

① 《蒋介石日记》(手稿),1931年9月23日,斯坦福大学胡佛研究所档案馆藏。
② 《国际公论与中国自处》,《大公报》,1931年9月25日,第2版,社评。
③ 《国联行政院九月三十日决议案》(1931年9月30日),秦孝仪主编:《中华民国重要史料初编——对日抗战时期》绪编(一),第327—328页。
④ 《张学良辞职说无根　张氏对外报记者之谈话》,《大公报》,1931年10月14日,第3版。

国民政府希望国联能够坚持原有的立场,最起码要做到迫使日军撤兵。为了达成这个目标,中国外交人员积极活动。10月23日,中国驻国联代表施肇基在国联行政院公开发表演讲,称:"此次事件,为国联会成立以来最严重之事,将为各国对国联信用如何之试验品。"他还表示:在武力威胁下,"中国决不与任何国家谈判任何问题","中国与任何国家间关于任何问题作任何谈判,必须根据中国依照盟约及非战公约旧有之权利及义务举行之,且须尊崇华盛顿会议所规定之关于中国与各国关系之原则。"①

10月24日,国联行政院再次通过决议,要求日方切实遵照决议的要求撤兵,而中方则负责保护日侨生命财产安全。此外,决议还向中日两国提出建议:其一,"建议中、日两国立即指派代表,商订实行关于撤兵及接收撤退区域各事之细则,俾得顺利进行,不致延缓";其二,"建议一俟撤兵完成后,中、日两国政府开始直接交涉两国间之悬案,尤其因最近事件所发生之问题,及关于因满洲铁路状况而发生之现有各项困难问题,为达此目的,行政院提议双方设立调整委员会,或类此之永久机关"。②

中日两国对国联的上述决议采取了截然不同的态度。国民政府按照决议要求,一方面准备接收事宜,另一方面也接受"设立调整委员会"的要求,以调整中日关系。而日方则不甘放弃既得侵略成果,拒不执行国联决议。驻日公使蒋作宾在给蒋介石的电报中报告日本的态度,称:"国际联盟干涉不足重视,日本此时纵与世界

---

① 施肇基:《中国之态度与对国联之希望》,《日本研究》第2卷第2号,第1—5页。
② 《国联行政院十月二十四日决议案》(1931年10月24日),秦孝仪主编:《中华民国重要史料初编——对日抗战时期》绪编(一),第328—329页。

为敌,亦不足虑,因英不能战,美不敢战,纵俄肯战,亦所欢迎,故决心由广岛等处增派军队赴满,以达其确实占领东省之目的。"①

对于日本拒绝按照国联有关决议主动撤兵的行径,11月25日,顾维钧发表谈话称:"迁延撤兵,足以巩固日本在东省地位,并继续危害远东和平。"他还表示:"国联之首要职责在维持和平,日本在东三省一切行为,不问理由,不加预告,无作战之名,而有作战之实,显然违反其自身对于国联盟约所负不诉于武力之一种严重义务,国联为维持盟约尊严与保持其本身之根本存在计,独不应引用第十六条之经济制裁乎?倘国联确能尽其职责,使将来世界对之不变信用,则应于盟约范围内竭力促成日军撤退,并确保于一定期间内完全撤尽,实为解决此案之第一条件。"②

国民政府在向国联申诉之初确实是满怀期待的,只是随着形势的发展而渐趋失望。国民政府对国联渐趋失望的原因更多地在于其相关决议无法得到有效贯彻。进而言之,国联对日本拒不执行其决议的行为完全束手无策。时论表示:"国联对于中日问题,非不努力,乃以日本之无诚意,卒陷于进退维谷之苦境","事前不能防,事发不能制,徒于事实已成之后,作无力之纠正,或变象之认许,则策之最下者"。③ 11月15日,国民党第四次全国代表大会在对外宣言中,向国联发出质问,称:"国际盟约是否有效,何以日本能不顾盟约之规定,公然违反国联之决议,国联是否应援用盟约第

---

① 《蒋作宾电蒋中正谓日方认为国联干涉不足重视决心增兵赴满确实占领东省及美国提出劝告赞成白里安复牒希迅速撤兵及学生集会示威要求币原喜重郎辞职》(1931年11月6日),台北:"国史馆"藏,蒋中正"总统"文物档案,002-090200-00003-041。
② 《限期撤兵为第一条件 国联应引用第十六条》,《大公报》,1931年11月26日,第3版。
③ 《日本在国联之一变再变》,《大公报》,1931年11月23日,第2版,社评。

十五第十六两条之条款,与以正当之制裁。"宣言呼吁国联按照盟约第十五条及第十六条的规定,"迅速予日本侵略行动以有効之制裁","务使远东及世界和平,不致为日本所破坏;正义人道,不致为武力所屈服;国联及国际条约之尊严,不致因此而失坠"。①

国联无力强制要求日本执行其决议,等于公开暴露了它的弱点。这一方面当然使中国外交陷入僵局,另一方面也将给世界和平带来威胁,毕竟在纸老虎被戳破之前,尚有一定的威慑力,而一旦其真面目被识破,必将带来的是威信扫地,"而祸患所至,实有不堪设想"。② 1931 年 10 月 31 日,代理外长顾维钧在接受记者访谈时表示:"东省事件已非中日两国间之单纯问题,乃中国与国联,日本站在对面之问题,扩言之,即世界对日问题。"③11 月 22 日,顾维钧还发表对外宣言,称:"满洲问题,非仅中国之问题,乃一国际之问题","此问题之解决,与世界前途,实有重大关系,与欧洲之军缩问题,尤有莫大影响。国际和平之诸种保障,如非战公约、国联盟约,皆与此问题密切相关"。④ 顾维钧强调九一八事变的国际性,当然是希望引起国际社会的重视。

对于国联的不足,不但国民政府深有体会,而且就算西方外交人员也不讳言。英国外交人员对张学良部下米瑞风表示:"国联自身本无实力,仅能调解纠纷,不能强判执行,中日事件最好中日能自谋解决办法,如肯直接交涉,国联居中监视。据彼意:中国不至吃甚大亏,果能如此,在各国认为中国受益已多,若专仰国联解决,

---

① 《中国国民党第四次全国代表大会为沈阳事变发表对世界各国宣言》(1931 年 11 月 16 日),台北:"国史馆"藏,蒋中正"总统"文物档案,002 - 020200 - 00012 - 053。
② 《盟约欤废纸欤》,《申报》,1931 年 11 月 22 日,第 3 张第 10 版,时评。
③ 《顾维钧谈:事属世界对日问题》,《大公报》,1931 年 11 月 1 日,第 3 版。
④ 《顾维钧发表对外宣言》,《申报》,1931 年 12 月 23 日,第 2 张第 7 版。

或望其尽何等真实力量,均不可靠。"①

国联之所以无力主要有两个原因。第一,国联体系本身的结构性矛盾,"因保持和平,不得不需要武力以制裁强暴,因需要武力而遂以五强任行政院常任理事,占据特殊之地位。首欲制裁武力,使之就范,一面复崇拜武力,使之抬头,岂非一至可笑之事";另外国联决策程序繁杂,无力对紧急事态做出及时的反应。第二,国联背后的英法等国深陷经济危机,加上中国东北非其主要利益所在,因此它们自然不肯冒与日本发生冲突的风险而为中国主持正义。希腊著名的国际法学家及外交家波利蒂斯对顾维钧表示:"国际关系的决定因素始终是经济利益。国际联盟是上次世界大战结束时在道德和理想的基础上构思而建立的,但是道德和理想永远不会有足够的力量去影响各国改变其政策。"②日本乘着西方经济危机之际发动对中国的侵略,与一战期间其乘西方列强无暇东顾之时对中国提出二十一条,如出一辙,"维护公理与和平之世界列国其注意日人之暴行,其注意日人危害世界之暴行"。③ 陈耀东在《时代公论》上撰文指出:"从事实上,国际联盟是英法两帝国主义的御用机关,其他各国,不过在英法操纵之下受其指挥,或是做他们的外交工具罢了。因此之故,国联处理远东问题,自然以英法之利益为前提,那里还谈到什么国际正义呢?"他还表示:"中国如欲借英法日在满洲的利害冲突,利用国联来解决东北问题,理论上也未必不通。不过现在的欧洲,也是百孔千疮,外受世界经济不景气的影

---

① 《张学良致顾维钧等密电》(1931年11月26日),中国第二历史档案馆编:《九一八事变后顾维钧等致张学良密电选(下)》,《民国档案》1985年第2期,第4—5页。
② 中国社会科学院近代史研究所译:《顾维钧回忆录》第4分册,北京:中华书局2013年版,第152页。
③ 《世界列国其注意日人之暴行》,《申报》,1931年9月22日,第2张第7版,时评。

响,复有军缩战债问题不能解决,以及法意、法德间感情的日趋恶化。这种种大问题,皆足以阻碍英法来积极的干涉东方问题。满洲是世界一大富源,英法诸国何尝不思染指,然而自顾不暇,其如无力顾及远东何。"①

国民政府在对国联失望之余,转而寻求加强与美、苏这两个国联体系外国家的联系。美国虽非国联成员国,却是《九国公约》和《非战公约》的倡议国。美国作为后起的资本主义国家,其对华政策一贯主张门户开放、机会均等,反对各国在华强占势力范围,确可成为国民政府努力争取的对象。事实上,早在日军发动九一八事变之前,他们就已考虑到美国的反应。板垣征四郎在其草拟的《关于满蒙问题》方案中指出:"解决满蒙问题之际,国际关系上最须考虑者当属美国。美国表面的对华政策为门户开放机会均等。盖因美国在中国落后于其他各国,并未获得何等重要利权,为图发展本国经济,对其他国家设有特殊地域获得独占权颇感不便。日本为美国强加于人的行为屡屡付出很大牺牲","在帝国解决满蒙问题之际,对美国之武力干涉须作好充分准备"。② 美国当然没有进行武力干涉,而只是由其国务卿史汀生发表"不承认"声明。③

苏联作为人类历史上第一个社会主义国家,长期以来被排斥在资本主义强国主导的国际体系之外,但是在地缘政治上与远东关系密切。苏联政府对九一八事变极为关注。9 月 19 日,苏联副外长在与日本驻苏大使广田弘毅会谈时,提醒日本不得损害苏联

---

① 陈耀东:《国联不能解决满洲事件之法理观》,《时代公论》第 55 号,第 18—22 页。
② 板垣征四郎:《关于满蒙问题》(1931 年 5 月 29 日),章伯峰、庄建平主编:《抗日战争》第 1 卷,"从九一八至七七",成都:四川大学出版社 1997 年版,第 78 页。
③ 《关于满洲事变,美国驻日大使致日本政府牒文》(1932 年 1 月 8 日),章伯峰、庄建平主编:《抗日战争》第 1 卷,"从九一八至七七",第 148 页。

在中国东北的利益,表示:"该事件绝不能被看成是孤立的事件,认为同1931年9月18日以前的一系列摩擦、误会和谈判没有联系。我们不能不为如此严重的奉天事件感到吃惊,因为它发生在直接临近中东铁路的地区。南满事件的这种或那种进展,毫无疑问,会直接影响到铁路的正常工作,影响到中东铁路区的形势。这迫使我以苏联政府的名义,要求日本方面给我们提供更详细的消息,并对事件作出解释。"①国民政府如能争取到苏联的支持,在战略上可形成对日本军国主义者的压力。但是,当时中苏两国却因中东路事件陷入绝交状态。正是在这种情势下,对苏复交逐渐成为一股巨大的浪潮。

三、固守国联路线

国民政府虽然对国联渐趋失望,但是尚未发展到绝望的地步,毕竟国联路线是国民政府在坚持不抵抗政策情况下所依赖的路径。1931年12月2日,国民党中央执行委员会第九十七次会议通过了戴季陶草拟的报告,认为国联的权威虽因日本的"武力政策之猛进"而有所损伤,但还不至于"因此而倒","因国联乃欧战所产生之唯一国际团体,非世界大局破裂后,决不致于破坏也"。报告认为国民政府此时还是应该表示完全信任国联,"若中国对国联方面,不情到礼到,做尽工夫,将来改变方向时,不易得各国之同情"。②换言之,在国联未对中日冲突表示撒手不管以前,中国都不

---

① 《苏联副外交人民委员同日本驻苏大使广田的会谈纪录》,刘显忠选译:《中苏关系档案选译(1924—1932)》,中国社会科学院近代史研究所《近代史资料》编辑部编:《近代史资料》总138号,北京:中国社会科学出版社2018年版,第260页。
② 陈天锡主编:《戴季陶先生文存》第1册,台北:"中央"文物供应社1959年版,第373—375页。

能放弃国联路线,"设使不幸而国联一旦表示撒手,使中国在国际上、在公理上都不能获得一伸诉之机会,则事实将使中国对公理绝望,惟有起而自行防卫,其结果必至中日两国正式以兵戎相见"。①面对日本的侵略,中国除非武力抵抗,否则将"无以控制事态向前推进",故而希望"国际协约签字之各友邦"能够站在维护集体安全的立场,履行国际责任,"如其不然,则将以毫不犹豫之态度,准备接受无可避免之严重事情之临到"。②

但是在国联已然表现出无力解决中日争端之后,国民政府还坚持国联路线,而不思另谋他策,自然遭到社会各界的强烈批评。1931年9月26日,青年党致书国民党表示:"除无抵抗退却外无他法,除呼吁国际联盟外无他术,坐视封疆沦失而一筹莫展。贵党之误国外交,国人虽欲谅之而无可再谅也。"③11月20日,以陈启修为代表的北平大学教授公开发表抗日救国六项主张,其中第二项即为"对国联表示不信赖,宣告退出"。④ 11月25日,清华大学请愿学生发表宣言,批评国民政府自九一八事变以来的政策,称:"自日军强占东北以来,迄今已阅两月,我军政当局,初则不稍抵抗,再则持以镇静,坐视锦绣山河,任人蹂躏,对外则倚国联如长城,以致一误再误,对内则毫无准备,希图苟且偷安,误国之罪,其岂能辞!"宣言还提出:"如国联对日暴行无积极制裁,中国应即退出国联。"⑤天津抗日救国会也发表通电,认为国联起初一再迫令日本退兵"犹

---

① 《国联之最后关头》,《申报》,1931年10月13日,第2张第7版,时评。
② 《国际协约国当前之重责》,《申报》,1931年10月14日,第2张第6版,时评。
③ 曾琦:《中国青年党暨中国国家主义青年团为日本强占东北事致国民党书》,陈正茂、黄欣周、梅渐浓编:《曾琦先生文集》中,台北:"中央研究院"近代史研究所1993年版,第713页。
④ 《国难日亟　平教育界将发表主张》,《大公报》,1931年11月20日,第2版。
⑤ 《清华学生请愿宣言》,《大公报》,1931年11月26日,第2张第8版。

有仗义执言之色",后来则不断迁就日本,因此要求国民政府为保全"国家人格"和"革命立场","立即决心退出国联,宣言世界"。①

外界的批评责难,在蒋介石看来,是"国民不明国情与国际形势"②,"徒凭一时之奋兴,不惟于国无益,而且徒速其亡"③。蒋的批评是完全站不住脚的。如果国民面对国难而无动于衷,那才是国家真正的危机。虽然面临外界的巨大压力,但是国民政府依然坚持国联路线,其中的缘由何在?

其一,国民政府将国联路线视为和战之外的第三种选择。戴季陶在答复某人的公开电中表示:"昔时因无国际组织,各国间亦无相互遵守之公约,故对于外国之侵略,只有和战两途。现在世界既有国际组织,有国际公约,则当然于和战两者之外,有正当之第三途径,此非中国不武,而实尊重国际信义者所当然应取之道也。"④对国民政府来说,在当时的情势下,无论和战,都极为困难。一方面全国民众普遍反对对日直接交涉,"畏徒然上当","日阀抱绝大野心,有吞并计划,国际劝告且不听,直接交涉有何益"⑤;另一方面当时国民党内部四分五裂,尚未完成政治整合,加上准备未充,因此担心因抗战不力而丧失统治地位。在和战两难的情势下,国联路线事实上成为国民政府应付时局的救命稻草。

其二,国民政府寄望于国联干涉能够使日本政局发生有利于中国的变动。1931年11月4日,蒋作宾致电蒋介石称:"最近日本

---

① 《救国联合会昨电呈国府 请即退出国联对日宣战》,《大公报》,1931年12月21日,第2张第6版。
② 《蒋介石日记》(手稿),1931年10月5日,斯坦福大学胡佛研究所档案馆藏。
③ 《蒋介石日记》(手稿),1931年10月7日,斯坦福大学胡佛研究所档案馆藏。
④ 《戴传贤电中之中央外交方针 和战之外别有正当途径》,《大公报》,1931年12月12日,第3版。
⑤ 《中国亟宜宣布对日整个方针》,《大公报》,1931年12月6日,第2版,社评。

各方面多以反对国际联盟陷于孤立,不欲坚持到底,军阀亦外强中干,内阁拟于屡次声明,无法转圜。若国际联盟态度坚强,势在必倒","现各方拟拥斋藤实组织超然内阁,应付国际环境",届时"或将遵守国际联盟决议案也"。① 11月6日,蒋作宾再电蒋介石,指出日本政局可能在国联的压力下有所变化,称:"最近日本各方面多顾虑国际联盟态度,本有组织超然内阁设法转圜之议,但因军阀强硬,不敢别论。又极欲保全日本体面,不愿即时对外示弱,故暂取观望态度。如国际联盟可以设法和缓,即趁此时机,遂其占领东省之大欲。倘国际联盟真采积极强硬手段,再另行设法对付,届时内阁或将更迭。"②

其三,国民政府希望在国际上营造与日本截然不同的形象,以争取国际社会的同情与支持。事实上,国家立足于国际舞台关键还是自立自强。后来,埃塞俄比亚和捷克的亡国都说明不能将希望完全寄托在国联或者西方列强身上。由于未寻他途,国民政府只能遵守国联的有关决议,而日本则恃强耍横,对国际公论不屑一顾。1932年2月28日,汪精卫在宴请国联调查团时表示:"自从去年九月十八日日本进兵侵占东北以来,中国遵守国际联盟会员国之义务,以此重大事件,取决于国际联盟,所有国际联盟行政院之决议,中国无不诚恳接受,而日本则对于国际联盟行政院之决议,悍然违反。最近且以其陆海空之兵力,蹂躏及于东南,本月国际联盟特别大会之决议,亦不值其一顾,所以日本方面不仅是中国领土

---

① 《蒋作宾电蒋中正日本蔑视国际联盟决议案英美法态度渐趋强硬》(1931年11月4日),台北:"国史馆"藏,蒋中正"总统"文物档案,002-020200-00012-041。
② 《蒋作宾电蒋中正日本现暂取观望态度如国联可以设法和缓趁机占领东省倘国联采积极强硬手段届时内阁或将更迭》(1931年11月6日),台北:"国史馆"藏,蒋中正"总统"文物档案,002-090200-00003-039。

主权之破坏者,而且是国际联盟公约之破坏者。"①国民政府的这种态度也确实赢得了国联当局的同情。李顿在答词中表示:"此次中日事件发生,而中国政府始终信赖国联,国联亦甚表示同情,且余敢说国联会处置此次事件,决不违背破坏任何国家之行政独立土地完整之原则,如有违背此原则者,国联会亦决不予承认。"②换言之,国联能做的只是坚守最基本的原则底线,使中日问题"成为一个全世界的大问题,使侵略者不能不有所瞻望顾忌"③,若要其做出强力制裁,则是不现实的。

因为要坚守国联路线,国民政府自然不可能接受退出国联的激烈主张。1931年11月17日,蒋介石在接见中央大学请愿学生时表示:"中国退出不退出国际联盟,并无多大关系,最好还是要我们自己努力,充实力量,专靠外人是没有用的。"④蒋的话自然是对学生的敷衍之词,而其内心则根本不赞成退出国联。12月7日,监察院长于右任则在国府纪念周的演说中表示:"我们加入国联,是负有维持世界和平的使命,所谓退出国联,在盟约第一条就有明白的限制。我们在此大团体内,应以大团体的力量来维持和平,制裁横暴。现在正要加紧促进国联实行其议决案,其不正当提议,不接受可也。即不幸此世界和平之大团体不能为和平及职责而奋斗,则吾人为生存与自卫起见,亦有应付之方法。"在于右任看来,中国尽可以不接受国联不合理的决议,但是万不可轻言退出,"因国联虽不能为公理以惠我,但亦决不致放弃自己利害关系而厚日。国

---

① 《汪精卫之演词》,《申报》,1932年3月29日,第3版。
② 《李顿爵士答词》,《申报》,1932年3月29日,第3版。
③ 胡适:《我们可以等候五十年》,《独立评论》第44号,第3页。
④ 《蒋接见中大请愿团 对学生要求四点之答复》,《大公报》,1931年11月20日,第3版。

联不可靠,但对世界和平究负有整个责任,世界大团体终可制裁破坏和平者"。①

事实上,不但国民政府反对退出国联,而且主流舆论也反对从一个极端发展到另一个极端,"不可以标榜信赖国联者,一转而怨恨国联"。② 燕京大学政治学教授徐淑希撰文表示:"中国现正在风雨飘摇之中,有需乎外援之日方长。吾人不宜自造厌恶国联,疏远国联之心理,使国人对之,永无真切之认识,驯至不敢再谋合作,而自树孤立之基也。"③北平师范大学助教徐用仪也在给《大公报》的信函中表示:"我国不可恃国联,亦不必退出国联。"他还说:"国联本为各国所组成,完全以各国为背景,且受三五强国之操纵,而日本为常任理事之一员,在此次东北事变发生,诉之国联,只为方法问题,而非目的问题。我全国上下,不谙国际情势,误方法为目的,完全依赖国联,毫不准备,以为国联议决日本退兵,则日本非退兵不可。呜呼! 何国人之无外交常识一至于此。国联既非中日两国之太上政府,亦非中日两国之最高法院,其议决案遂能强暴日以必守乎?"④

虽然国民政府依然坚持国联路线,但是中国民众普遍从客观现实中获得惨痛的教训,民族自救意识日益高涨。《申报》时评表示:"待人救命,终属可望而不可即,公理常在于强者之掌握,谁肯出而作仗义之言。故今日之事,一言可决:惟自助乃能自救,惟奋斗乃能图存,退让即为自杀、即为坐待灭亡,逞日人之野心,势非囊

---

① 《请愿热潮与当局言论》,《大公报》,1931年12月8日,第3版。
② 《国家真到严重关头》,《大公报》,1931年11月22日,第2版,社评。
③ 徐淑希:《吾人有认识国联之需要》,《大公报》,1935年12月8日,第2版。
④ 徐用仪:《国民应明了暴日之野心》,《大公报》,1931年12月5日,第2张第8版。

括我国家、灭亡我民族不止。"①后来，《申报》时评还明确表示："我国民今日宜有最后之自觉，最后之自谋，以必死之心求生，而后乃有生望，以全国之力争国家人格，而后人格乃有保全之望，此则绝非他人所能为力者也。"②颜惠庆也坦言："国联之帮助有限，如真欲得国联实际之帮助，须先亟谋自助，始可因国联非太上机关，其最大作用不过和解，如和解无望，则事实上实难有他法。"③而蒋作宾则对国联观感更差。他甚至认为国联与日本在对华问题上并无本质不同，称："年来国联与日本争持者，表面似为中日纠纷问题，实际日本所争者，在除满蒙共管中国，国联所争者在连满蒙共管中国。"④

《国联盟约》与《九国公约》是维系凡尔赛—华盛顿体系的重要基础。那么国民政府为何在九一八事变发生后，几乎将全部精力都放在向国联申诉上，而不是启动九国公约会议呢？后来，有匿名公法学者从两者的不同性质做出解释，称："就九国公约之性质言，此系一种多边的政治条约。虽此项条约之全部条款，签字各国均有遵守之义务，但与国联盟约颇有不同。盖国联盟约中所有条款，不特限于决定会员国应负何种义务之基本原则，且含有他方面之法律条款。"换言之，《国联盟约》中的某些条款，"其目的不仅在肯定国际法上原则有被会员国绝对遵守之义务，且尤在帮助会员国违反此项原则时国联应有何种救济办法"。因此，他在文中指出：

---

① 《国人乎速猛醒奋起》，《申报》，1931年9月23日，第2张第8版，时评。
② 《国人勿徒倚赖国联》，《申报》，1931年9月28日，第2张第6版，时评。
③ 《颜使由汉抵沪 谈归国观感》，《大公报》，1934年4月3日，第4版。
④ 《蒋作宾电蒋中正报告国联与日本争执情形并指出九国起草委员会审查报告书对我国不利之处及蒋中正电罗文干速派代表力争》(1933年2月13日)，台北："国史馆"藏，蒋中正"总统"文物档案，002-080200-00068-050。

"东北事变发生后,我国所以向国联申诉者,即由于国联盟约不但规定日本对于中国之领土完整绝对尊重,且明白昭示中国得依照合法程序请求国联制止日本之侵略之故。"①

九一八事变对两次世界大战之间的国际关系影响深远,是"侵略祸首对和平世界所发的第一炮",也是"世界法律秩序遭受扰害的第一声","九一八事变的前夕,世界秩序是为凡尔赛条约所支配,远东大局是为九国公约所规律,尤其在国联盟约的范畴内不得以武力解决国际争端,而日本军阀对于这一串世界秩序赖以维系的法轨皆悍然不顾,对中国开炮了;所以它那一炮,直接是侵略中国,而更广大的意义,乃是对世界和平法轨挑战。"这个"和平法轨"是人类社会经过第一次世界大战的惨痛教训后建立的,希望能够维护世界和平,"而竟给日本军阀的一炮打穿了"。② 中国是日本对外侵略扩张的第一个受害者,自应以救亡图存为己任,而不能只是向国际社会求援。

第二节 力避与日本直接交涉

在正常情况下,两国间在发生纠纷或冲突后,应当通过双方外交部门交涉解决。九一八事变后,不管是国民政府,还是多数民众都反对与日本进行直接交涉。国民政府将向国联申诉作为优先选择,而民众则不相信国民政府能够在与日本的直接交涉中维护国家利益。国民政府拒绝日本直接交涉要求的具体原因有哪些? 国民政府内部的意见如何? 此外,又该如何看待国民政府在不得已

---

① 《公法学者发表九国公约会议意见》,《申报》,1934年5月10日,第3版。
② 《动荡之十年》,《大公报(重庆版)》,1941年9月18日,第2版,社评。

的情况下与日本进行的直接交涉？本节将围绕上述问题展开论述。

一、拒绝日本直接交涉的要求

在日本关东军发动九一八事变后，日本政府一方面无法知晓国民政府的态度，另一方面也无法立即判定国际社会的反应。假如国民政府顽强抵抗，或者国际社会激烈反对，日本的处境都将极为被动。毕竟日军所宣称的事变起因于中方破坏南满铁路的说辞根本站不住脚。只要第三方调查一介入，其中的是非曲直自然会大白于天下。因此，在事变之初，日本政府确有与中方直接交涉以解决中日争端的意图。1931年9月24日，日本政府发表关于九一八事变的第一次声明，否认日本对中国东北有领土欲望，表示日本所期望的只是"以其资本或劳力得有参加地方开发的机会而已"。声明还表示日本愿与中国直接交涉解决问题，称：日本将"恪守既定方针"，"务期此次不祥事件不致破坏两国邦交"；"并进而为断绝祸根于未来，探求建设方策起见，帝国政府真诚希望并决心与中国政府协作，以打开目下两国间之难局"。[①] 当然也不排除日本政府想以和平姿态来缓解国际社会接踵而至的批评与责难。

日本政府不仅在公开声明中提出愿与国民政府直接交涉，而且还不断在私下场合向中国驻日公使蒋作宾透露此种意向。

九一八事变发生时，蒋作宾还在赴任途中，对情势了解有限，但是他下意识地认为要与日方直接交涉以解决争端。9月20日，

---

① 《日本政府关于满洲事变的第一次声明》(1931年9月24日)，章伯峰、庄建平主编：《抗日战争》第1卷，"从九一八至七七"，第147—148页。

他与日本驻朝鲜总督宇垣一成会谈时,向宇垣陈说利害,"要求即时停止军事行动",并预备到东京后"正式谈判"。① 在国联第一次决议通过后,蒋作宾更建议蒋介石立即与日方直接交涉,以做好解决善后问题的准备。电称:"国联最后声明我方如已接受,现距十月十日为日无多,对于日军撤退时如何维持治安及如何进行直接交涉,似应及早准备,以免对方有所借口。"②

9月25日,日本首相若槻礼次郎对蒋作宾说道:"此次事变实为遗憾,最初即求收缩,今日之声明书想已见及,希望两国均以诚意相见,早日解决此事,并希望中国政府谅解日现政府历来之好意。"蒋作宾判断日本在国际社会的压力下,或将做出一定程度的让步。他在日记中写道:"今日声明书及复国联牒均已公布,其意系委婉声明以好意待中国,中国以恶意报之。此次出兵系拥护既得权利,无占领土地意,若一切有保障,当然可以撤兵,然现在已逐渐撤退,无另交换意见及派员调查之必要。仍在占领现地以达直接交涉之目的。此次有此让步,未始非国联及美国干涉之功。"③

但是在多种因素的综合作用下,国民政府并未接受日方直接交涉的要求。归结起来,其中的原因主要有以下四点:

第一,国内政治局势的影响。要进行对日直接交涉,必须要

---

① 《外交部电蒋中正据蒋作宾电称见东事战祸扩大当与宇垣一成晤谈陈说维持利害要求实时停止军事行动其允令前方若中国不来攻即不进行推进并望中国履行多种条约等》(1931年9月20日),台北:"国史馆"藏,蒋中正"总统"文物档案,002-090200-00003-106。
② 《蒋作宾电蒋中正我方如已接受国联最后声明请及早准备日军撤退时维持治安方法与进行直接交涉事以防日方有不撤兵之借口》(1931年10月3日),台北:"国史馆"藏,蒋中正"总统"文物档案,002-090200-00003-021。
③ 北京师范大学、上海市档案馆编:《蒋作宾日记》,1931年9月25日,南京:江苏古籍出版社1990年版,第361—362页。

由统一、健全且获得民众广泛支持的中央政府来主持。当时国民党正处在宁粤对峙状态,而在双方谈判过程中,粤方坚持以蒋介石下野作为团结的条件,因此国民政府中枢极为虚弱。蒋介石在日记中写道:"国事危急至此,而若辈尚以敌对态度要胁不止,对国内与中央则施压迫,对倭寇则勾结迁就,是诚无人心矣。呜呼!人心已死,可叹孰甚。"①在野者以卖国为名攻击在朝者,通常会获得民众的同情与支持。即将下野的蒋介石不想背负卖国骂名,因为这将重挫他本人的声望,进而影响其再起的计划。为了维持自己的政治地位和声望,蒋介石也设想过对日强硬。蒋在日记中写道:"如果直接交涉,或地方交涉,则必无良果。我不能任其枭张,决与之死战,以定最后之存亡。与其不战而亡,不如战而亡,以存我中华民族之人格,故决心移首都于西北,集中主力于陇海路也。"②后来,蒋还写道:"倭寇果逼迫于我政府至绝境,而使我民族无独立生存之余地,则成败利钝自不能顾,惟有牺牲一己,表示国家之人格与发扬民族之精神,不能不与倭寇决一死战","与其坐而待亡,何如死中求生也"。③但是上述想法并未付诸实施,一方面蒋本人也确实没有对日抵抗的决心,另一方面他的亲信政学系要员都表示反对。

第二,对日本缺乏信任。首先,对日本政府约束其军方的能力缺乏信任。日本政府虽然表示愿意与中方直接交涉问题,但是其军方却并未停止军事行动,反而乘机扩大侵略范围。事变发生后,鉴于中国东北军力持不抵抗主义,日本驻奉天总领事林久治郎希

---

① 《蒋介石日记》(手稿),1931年10月2日,斯坦福大学胡佛研究所档案馆藏。
② 《蒋介石日记》(手稿),1931年9月26日,斯坦福大学胡佛研究所档案馆藏。
③ 《蒋介石日记》(手稿),1931年10月7日,斯坦福大学胡佛研究所档案馆藏。

望关东军尽力防止事态扩大,以寻求外交途径解决。关东军参谋板垣征四郎则诬称:"此次事件系由中国军队向我军发起攻击所挑起","与我国及我军的威信有关",故"必须彻底予以痛击"。① 在国民政府看来,日本所谓的直接交涉,只是对中国内部进行分化的伎俩。9月26日,蒋介石致电张学良,要求其不得直接与日方人员接洽,以免对方"挑拨离间",否则与日方见面一次,"必多予其一造谣机会"。② 美国驻日外交人员也表示:"日本国内的军事武力分子已经获得对政府的控制,并且赶走了中间调和派分子。"③其次,对日本信守交涉后再撤兵的承诺缺乏信任。唯有日军先撤兵,才有解决中日其他问题的环境。时论表示:"目前解决东北问题,与和缓严重局势之先决问题,首在撤退日军。日军撤退,其他问题,始有考虑之余地,否则即以武力威胁中国订城下之盟,断非中国所能承认。"④而日本则坚持必须等到交涉结束后才撤兵。10月12日,日本外相币原喜重朗对蒋作宾表示:"撤兵恐再起冲突,日侨亦多危险","谈判不必在东省,纵不撤兵亦无妨碍,只须国民政府派一负责代表即可谈判,根本大纲只有四五条,议定后即可撤兵"。⑤

第三,国民政府将向国联申诉作为外交上的优先选择。九一八事变后的第二天,张学良在给南京中央的电报中表示直接交涉"尚难着手",应首先向国联申诉。电云:"此际我方若直接交涉,尚

---

① 《关于"九一八"事变林驻奉天总领事致币原外务大臣急电》(1931年9月19日),章伯锋、庄建平主编:《抗日战争》第1卷,"从九一八至七七",第145页。
② 《蒋中正电吴铁城请张学良不直接与日本公使代办及其他日人见面》(1931年9月26日),台北:"国史馆"藏,蒋中正"总统"文物档案,002-020200-00012-017。
③ 《美国驻日大使福勃斯呈国务卿》,美国国务院编:《美国外交文件·日本,1931—1941年(选译)》,第21页。
④ 《国联竟接受日方调查团之建议耶!》,《申报》1931年11月23日,第2张第7版,时评。
⑤ 北京师范大学、上海市档案馆编:《蒋作宾日记》,1931年10月12日,第369页。

难着手,应先电达国联,请根据盟约召集行政院临时会议,讨论制止侵略办法,以维世界和平,且可唤起各国注意,日方或有所顾忌,不致再有进展。"①时论也表示:"中国今日绝不能接受直接交涉之主张,中国民族今日所抱持之态度为举国家与民族全置于国际协约尊严之基础上,静听公理正义之裁判。"②国民政府在将中日争端提交国联处置后,自然要等到其处理结果出来。如果同时又与日本直接交涉,将会陷入日本排除第三方介入的图谋,甚至也有可能成为国联推卸责任的借口。

近代以来,中日两国曾有过多次交涉的经历,其中有直接交涉,也有间接交涉。历史的经验教训可谓刻骨铭心,"一部中日交涉史,斑斑点点,皆为我国人之血泪","椎心泣血,身之所受,皆未敢一日忘"。③ 由于国民政府不抵抗和对日态度软弱,社会普遍担忧如果直接交涉,"于暴日威迫利诱之中,再订其丧权辱国之条约也"④。学者樊仲云也撰文指出:"强弱异势的二国,进行直接交涉,其结果必是弱者大受其害,而强者大利。且日本此时,占有我二省的领土,他是处在优势的压迫地位,我若与之直接交涉,便无异向彼口头求宥。他可以对我提出种种苛刻的要求,而我则只能与之作还价的磋商。"⑤因此,在有国联路线可走的情况下,国民政府自然不愿意直面日本的压力,毕竟一旦对日妥协,将招致舆论及反

---

① 《张学良电蒋中正王正廷谓日军占领沈阳事应先电达国联讨论制止侵略办法并唤起各国注意日方或有所顾忌不致再有进展》(1931年9月19),台北:"国史馆"藏,蒋中正"总统"文物档案,002-090200-00003-098。
② 《辟直接交涉》,《申报》,1931年10月15日,第2张第7版,时评。
③ 《异哉日政府之声明书(一)》,《申报》,1931年9月26日,第2张第7版,时评。
④ 《抗日会电外部 反对中日直接交涉》,《申报》,1931年12月3日,第4张第13版。
⑤ 樊仲云:《反日救国之最后一步——中国国民应坚决反对中日直接交涉》,《社会与教育》,反日运动特刊第4号,第1—3页。

对派的挞伐。而社会舆论也普遍愿意做国民政府对日强硬政策的后盾,"政府不负国家、不负人民,我全国民众亦断不负政府,当以坚决之行动为政府之后盾,贯彻撤退日军收回失地之主张,恢复九月十八以前之我东北半壁大好山河"。①

此外,舆论也提醒国民政府在国联路线之外,应当注意援用《九国公约》,因为其本身"完全为保障远东之和平、保障中国之权利而缔结","适用此种协约,以处断协约国之一之日本今日对中国所施之暴行与对远东和平肆意蹂躏背弃信义之行为,尤为适合、尤为亲切","九国协约此时而尚不起而发言,为其最后之机会而努力,更待何日"。②

第四,社会舆论的巨大压力。日本所提的直接交涉事实上是指不设前提的交涉,也是企图以既成事实为基础的交涉。这是中国各界所无法接受的。日本不撤兵则不与之交涉,不仅是国民政府的立场,而且也是中国各界的普遍诉求,"在日本不恢复中国领土之完整,使辽吉两省行政机能得以自由行使以前,两国政府无从开始交涉"。③唯有日军先无条件撤兵,然后由中国政府接收其撤退区域,恢复社会秩序,才能真正解决问题。正是因为日本侵略者驱逐中国军警,利用当地土匪,"莠民浪人,麕居一隅,社鼠城狐,奔走搆煽,安者,必使之不安,定者必使之不定,利用军部之势力,阴谋法外之策动,积日弥久,糜烂弥甚"。④日本对外宣传中国东北治安恶化,其侨民生命财产安全无法得到保证,是颠倒因果,"正惟有日兵之驻在,使中国军警无行使职权之可能,乃陷地方于浩劫,中

---

① 《吾人对于国联最后之认识》,《申报》,1931年12月6日,第2张第7版,时评。
② 《九国协约维持远东和平之责任》,《申报》,1931年10月17日,第2张第6版,时评。
③ 《国联发言后之辽吉被占事件》,《大公报》,1931年9月24日,第2版,社评。
④ 《撤兵真乃"基本原则"》,《大公报》,1931年10月27日,第2版,社评。

日人民,同入水深火热之中,此皆日本军阀之罪恶"。因此,中国坚持先撤兵后谈判的原则是"事实之必要",而非"感情之主张"。①

即使没有上述原则分歧,在日本以"以敌国视我"的情形下,民众在情感上也无法接受直接交涉。《申报》时评指责直接交涉论者为"少数因循畏缩安于现状之辈",他们"不能理解当前之严重与前途之危难",结果不仅会丧权辱国,而且还会断送立国的民族精神,因此希望国人"共起而唾其面","严厉制止若辈之谬论"。② 在日本的违法行为未得到依法惩治以前,"其他中日问题,概不能提及,不能并其他交涉为一谈"。《申报》时评还表示:"此时吾国民应当一致主张,非将吾国因日本出兵所受之损害先行解决,不能谈及其他问题。"③

除了社会舆论的巨大压力,国民党内部也反对直接交涉。1931年10月22日,国民党上海市党部致电国民党中央表示:"日本此次出兵东省,显然为战争行为,非先绝对无条件撤兵,并承认赔偿一切损害后,我国绝不应与之作任何谈判,而对于所谓撤兵之条件,更不容提出丝毫之对案。"④

总之,在上述四个因素的综合作用下,国民政府并未接受日方所提的直接交涉的意见。

二、反对内部直接交涉的主张

虽然国民政府内部多数反对直接交涉,但是也确有少数人持此主张。胡汉民就是早期的代表性人物。胡主张在不屈服于暴力

---

① 《中国失疆土国联失存在》,《大公报》,1931年11月19日,第1版,社评。
② 《辟直接交涉》,《申报》,1931年10月15日,第2张第7版,时评。
③ 《我国今日已至最后难关》,《申报》,1931年10月21日,第2张第8版,时评。
④ 《市党部呈中央电》,《申报》,1931年10月23日,第3张第9版。

和不丧失国家权利的前提下,由中日两国外交部门直接交涉解决争端,"吾国在未与日本断绝邦交以前,两国直接交涉,在事实上自不能尽无"。① 他的理由主要有三个:其一,一个国家要想在国际社会生存,必须兼用武力和外交两手,如不能运用武力抵抗,就应当尽量利用外交的力量,否则既不抵抗又不交涉,"不啻任人宰割,自陷国家于绝境";其二,国联华而不实,不可信赖;其三,社会人士普遍欠缺远大的眼光,如"笼罩在反对直接交涉的氛围中习非成是",将会使"切要有力的挽救国难方案"无从实施。② 胡汉民自汤山事件后就沦为国民党内的边缘人员,自然无法参与国民政府中央的决策。

除了胡汉民,徐永昌也是从始至终都力主直接交涉的军政大员。据徐永昌回忆,在九一八事变发生后不久,他就致函蒋介石,希望他效法李鸿章,与日本直接交涉,"需让步时即让步,以速了为是,不然恐吉、黑亦要随辽宁以失"。③ 1931年12月25日,徐永昌在与张学良晤谈时,也建议张在坚守锦州的同时,"外交直接办"。徐永昌认为在国力孱弱的情形下,"主张武力收复失地者,不是浑人便是坏人,不知国家情形力量者是浑人,知而如此主张者是坏人,他不定在想作什么"。徐永昌还表示:"我向不主张要假面子,对外交尤然,且恨国人之不省醒也,以为外侮之来,如无力以争,宁割一地以求平,决不与人订名存实亡之条约(割地可以促人民觉悟,犹之对沉迷者不割其一块肉,终不醒悟也)。今东省事件,是割

---

① 《胡氏之重要谈话》,《申报》,1931年10月17日,第4张第13版。
② 胡汉民:《论中日直接交涉》,《三民主义月刊》第2卷第5期,第18—30页。
③ 徐永昌:《徐永昌回忆录》,北京:团结出版社2014年版,第223页。

了一部肢体,国人其猛醒耶!"①在当时的情势下,不抵抗政策本已遭受广泛的批评,如果还胆敢割地求和,那么国民政府必将无法立足。因此,国民政府最后只有选择以拖待变。

国民政府内部始终存在直接交涉的声音,原因主要有以下两点:

其一,回应日方的主张。虽然如前所述,日方直接交涉的意图因国民政府的抵制而落空,但是日本始终未放弃这方面的努力。1931年10月26日,日本政府发表关于九一八事变的第二次声明。相较于第一次声明,此次声明对中日交涉提出了更加具体的要求,即中日和平五项大纲。前三项基本符合现代国际关系的基本原则,包括"否定互相侵略的政策和行动""尊重中国的领土完整""彻底取缔妨碍相互通商自由和煽动国际之间憎恶对方的有组织的行动"等内容。后两项则是中方的义务,包括保护日本侨民在东三省的"一切和平业务"以及"尊重条约上规定的帝国在满洲的权益"。此外,声明还表示日本已经准备好与国民政府协商,"关于签订确立两国正常关系的基本大纲协定问题和把军队撤回南满铁路附属地内的问题"。② 同时,日本外务省也表示希望国民政府同意"上述日本政府之方针","关于协定确立中日平常关系基础大纲问题,与军队撤回满铁、用地问题,迅速开始商议"。③ 10月28日,

---

① "中央研究院"近代史研究所编印:《徐永昌日记》第2册,1931年12月25日,台北:"中央研究院"近代史研究所1991年版,第480—482页。
② 《关于满洲事变的第二次政府声明》(1931年10月26日),复旦大学历史系日本史组编译:《日本帝国主义对外侵略史料选编》,上海:上海人民出版社1985年版,第43—44页。
③ 《蒋作宾电蒋中正日本将答复撤兵接收及解决满洲事件方针尽速商议》(1931年10月31日),台北:"国史馆"藏,蒋中正"总统"文物档案,002-020200-00012-038。

日本首相若槻礼次郎在枢密院会议上,答复质询时表示:"缔约当事国既系南京政府,只可以南京政府为交涉之对方,南京政府若派员负责代表,无论何时均与之开始交涉","无论如何,帝国总以直接交涉解决此次纷争,倘中国不与日侨以安全保障,满洲驻兵断不能撤退"。①

面对日本步步紧逼的态势,"其陆军盘据[踞]辽、吉,相机扩大,其海军驶入我江海要口以示威,各处侨民复游行以寻衅",顾维钧主张"速定全盘方针","拟就具体办法从容逐步应付"。顾维钧甚至主张不妨以日本所提和平大纲为谈判基础,"惟声明对于将来日本提出之大纲具体条件有关我国主权者,保留修改或反对之权"。②

在日本提出和平大纲后,国民政府立即着手准备对策。日方所提议的五项原则,在国民政府的决策层看来,"前三条说得冠冕堂皇",而"第四、第五两条便如毒药一般"。经过特种外交委员会讨论,针锋相对地提出中方的五项原则:(1)"保持中国领土主权之完整及行政之统一";(2)"主张东三省门户开放,机会均等,日本不能破坏这原则";(3)"以后两国间无论有何事故发生,不能以武力为解决之手段,要遵从国联盟约、非战公约及其他国际公约办理";(4)"中日间一切问题,都要根据上述三项原则,由两国政府将过去条约,酌量修改";(5)"在国联协赞之下,中日两国不能解决一切问

---

① 《蒋作宾电蒋中正日本各顾问官对若槻礼次郎币原喜重郎诘问辽案办法问答情形》(1931年10月29日),台北:"国史馆"藏,蒋中正"总统"文物档案,002-020200-00012-035。
② 《顾维钧致张学良电稿》(1931年10月14日),中国第二历史档案馆编:《九一八事变后顾维钧等致张学良密电选(上)》,《民国档案》1985年第1期,第11—12页。

题时,要用其他国际方法解决"。①

　　双方的原则可谓天壤之别,又岂可达成妥协。因此,10月26日,蒋介石在给张群的电报中指出:"现时对外所急应表示者,即日本如不撤兵完毕,则我国决不与其直接交涉之方针,此为今日外交成败党国存亡之惟一关键,请公等须于此点有一共同精神之表现,其他则非今日外交之所急需也。"②

　　其二,日本对华侵略迫在眉睫,而国联调处却缓不济急。事实证明,因为国联本身没有力量,所以只能评判是非,而"决没有制裁日本的权威和能力"。③ 1932年1月29日,蒋介石将对日政策的原则定为"一面预备交涉,一面积极抵抗","交涉必须定一最后防线与最大限度,此限度最少要不妨碍行政与领土完整,即不损害九国公约之精神与不丧失国权也。如果超此限度,退让至不能忍受之防线时,即与之决战,虽至战败而正亦所不惜,必具此决心与精神而后方可言交涉也"。为了交涉顺利进行,一方面在正式接洽前,"必须明悉其最大限度";另一方面援引国际助力,"交涉开始以前,对国联与九国公约国先与接洽;及至交涉开始时,同时向九国公约国声明"。④

　　蒋汪合作体制建立后,对日外交主要由行政院长汪精卫站在

---

① 《中国国民党中央执行委员会政治会议第二九四次会议速记录》,刘维开编:《国民政府处理九一八事变之重要文献》,台北:中国国民党中央委员会党史委员会1992年版,第196—199页。
② 《蒋中正电张群国内最近并无退出国联之要求不必有此驳词否则反使国联怀疑现时对外应统一表示日本如不撤兵完毕我国绝不与其直接交涉等》(1931年10月27日),台北:"国史馆"藏,蒋中正"总统"文物档案,002-090200-00003-135。
③ 鲁成:《论中日直接交涉》,《救国周报》第8期,第8—10页。
④ 《蒋中正手书对日本外交原则一面预备交涉一面积极抵抗》(1932年1月29日),台北:"国史馆"藏,蒋中正"总统"文物档案,002-020200-00015-006。

前台负责。汪多次表示只要日本放弃不切实际的幻想,即迫使中国签订丧权辱国的条约,国民政府就可考虑与其直接交涉。1932年2月13日,汪精卫在演说中表示:"日本所希望于我者,签字于丧权辱国之条件耳! 然自去岁九月十八日以来,南京政府随时可以签字,而终不肯签字,最近宁可迁都洛阳,以作长期抵抗之计,而终不肯签字,则中国之决心,亦可概见。"因此,在汪看来,"日本终必放弃此不可得之希望,而后乃有中日交涉之可言也"。① 汪认为国民政府应"以外交为当前之应付",而"以军事为最后之抵抗",交涉与抵抗并用,"在职者固不必说软话,在野者亦不必唱高调",并确定交涉底线,"于不丧权辱国之条约,则签字,于丧权辱国之条约,则不签字"。② 1932年5月,汪精卫对《大公报》记者表示待淞沪停战协定谈判结束后,"将公开向日本交涉东北问题"。《大公报》虽然认为良机已失,但还是对汪的负责态度颇为赞许,"为解决国是计,为对世界和平尽责计,自须与日本经一度之交涉,以讨论关系两国之整个问题"。③

虽然国民政府内部始终存在主张直接交涉的人员,但是在淞沪停战谈判前,中日双方一直未能实现直接交涉。而淞沪停战谈判能够顺利进行的重要原因是国际势力的公开介入。那么,国民政府内部直接交涉的主张受挫的缘由何在? 总的来看,主要有以下三点:

第一,没有直接交涉的环境。日本一方面要与中国直接交涉,另一方面又不断扩大对华侵略。"直接交涉,须有直接交涉适当的

---

① 《汪精卫之演词》,《申报》,1932年2月14日,第2张第6版。
② 《徐警部纪念周　汪精卫之演词》,《申报》,1932年2月17日,第2张第6版。
③ 《外交问题之两点》,《大公报》,1932年5月2日,第2版,社评。

环境和时机。必是当事两国对于问题的解决都俱有相当的诚意，而不是想借交涉来损害对方的利益，交涉始有可能。"①1931年11月3日，蒋作宾向蒋介石报告日本政情称："军阀不愿与国际联盟为敌，但不肯退出东省，现在决计极力与美国拉拢，而与苏联开衅。倘苏联强硬与日开战，则日本既得延不撤兵，并可增兵东省"，"现在若槻恋栈，极力求与军阀妥协，故其态度较前强硬"。② 日本看准英、法、美等西方大国无暇东顾，有恃无恐，"认为国际联盟干涉不足重视，日本此时纵与世界为敌，亦不足虑。因英不能战、美不敢战，纵俄肯战，亦所欢迎，故决心由广岛等处增派军队赴满，以达其确实占领东省之目的"。③

日本继发动九一八事变后，又发动一·二八事变，入侵国民政府统治的核心区。1932年3月，日本在李顿调查团来华调查前夕，扶植成立"满洲国"，更是成为中日交涉的阻碍，"是以今日中国或有人希望与日本开交涉，国联或有人希望为中日任调解，实则此等希望，殆属过去，在现状之下，对日直无可交涉！盖日人毫无悔心，自认事实既成，殊无接受好意，转圜退让之余地。"④毕竟东三省对中国的意义重大，国民政府不可能"仅以保持形式上之宗主权为满足"。⑤ 在日本步步紧逼的情况下，国民政府又怎能与其直接交涉。

---

① 微言：《论中日直接交涉》，《平明杂志》第3卷第8期，第4—5页。
② 《蒋作宾电蒋中正日本军阀极力主战不肯退出东北》（1931年11月3日），台北："国史馆"藏，蒋中正"总统"文物档案，002-020200-00012-040。
③ 《蒋作宾电蒋中正谓日方认为国联干涉不足重视决心增兵赴满确实占领东省及美国提出劝告赞成白里安复牒希迅速撤兵及学生集会示威要求币原喜重郎辞职》（1931年11月6日），台北："国史馆"藏，蒋中正"总统"文物档案，002-090200-00003-041。
④ 《现状之下对日无可交涉！》，《大公报》，1932年7月2日，第2版，社评。
⑤ 《东三省非西藏外蒙可比》，《大公报》，1932年9月11日，第2版，社评。

第二,国民政府内部无法达成共识。国民党在第四次全国代表大会后只是实现了形式上的团结,而事实上两广地方实力派在胡汉民的领导下,以国民政府西南政务委员会和国民党中央执行委员会西南执行部的名义继续维持半独立状态。虽然它们只是国民政府内部的边缘势力,但是客观上形成对南京中央的制约和监督。一旦南京中央对日妥协,它们便会公开通电痛斥,甚至还会直接公开致电国联及西方列强,表达其不同于南京中央的主张。①

此外,在中央政府内部,对于蒋汪两人的对日直接交涉主张,也有两派意见。一派认为战既不可行,那就唯有和之一途。徐永昌认为从中国现状来看,对日作战准备不足,"无论其他物质,以全国兵士每人平均不足五百粒子弹,即此一节言之,已足使闻者夺气",所以只能寻求和谈。而与仰赖国联相比,直接交涉"犹两害相权取其轻","我直接交涉而让步,国联或且从旁说话(因怕别人得便宜),若依赖国联,不但图穷匕首可见,徒增日人之恶焰,或且国联中某国受日人之贿,重加我以某种不利"。② 另一派意见则认为与日谋和必无善果,还会严重影响国民政府的形象。顾孟余和王世杰联名致函汪精卫,希望汪"维持政府历来外交政策","必于国联监视或列强居间调停之下,方与日本交涉"。③ 国民党元老李烈钧也持强烈反对意见。他在给蒋介石的电报中表示:日本侵略者得陇望蜀,与其和谈等于是与虎谋皮,不可能成功。他说:"此时战固难者,然必迅筹最后一战;和虽事势处此,尤须沉毅,不可仓皇

---

① 林美莉编辑校订:《王世杰日记》上,1933年5月25日,第1—2页。
② 《徐永昌呈蒋中正概陈华北情势紧张日谋华加剧请速早定对日抗战准备勿倚赖国联应当机立断》(1935年11月3日),台北:"国史馆"藏,蒋中正"总统"文物档案,002-080103-00026-004。
③ 林美莉编辑校订:《王世杰日记》上,1933年5月25日,第1页。

应之。盖马关条约既和矣,廿一条复辱困,而日人横行甚。度其意,非使中国再和、三和,以迄于亡。则所云'和'者,仍不能止其侵略也。"①

第三,中国社会内部反对直接交涉的声音高涨,导致主政者不敢撄其锋。只要一有国民政府对日直接交涉的消息传出,就必然招致舆论的挞伐。1931年12月初,顾维钧在担任外长后,曾与日本驻华公使重光葵有过接触。12月3日,重光葵对顾维钧表示:"日方对于中国极表诚意,已撤兵至铁路区域,希望中国亦撤兵至山海关,俾缓和空气,进谋其它问题之解决。"顾维钧则回应道:"如日军怀疑驻锦军队之用意,可由中国向国联保证,声明此项军队不往前进,并可由视察员建议办法,使此项保证发生效力。如此办理,日军既已撤至铁路区域,吾军可不前进,则冲突之危险可完全消除。"②

顾维钧与重光接触的消息一经传出,就立即遭到各界的严厉批评。龚德柏表示人言不虚,顾氏确为"主直接交涉者",因此才会在就职四小时后,"即与重光商谈至三小时余之久","即此一事本身已为直接交涉","国民数月来反对直接交涉之运动者,今日已被顾氏完全推翻矣"。③ 12月4日,上海市农会筹备委员会以顾维钧曾服务于北洋政府的经历,向其发出诛心之论,称:"自公出山,德音未布,而中日直接交涉之声先传,以公平昔殊不类此,岂受豢张氏,恋恩私门,欲为不抵抗之懦夫,存祭则寡人之政乎? 抑甘厕曹

---

① 《李烈钧电蒋中正称日人横行国际务得良友速筹备等语》(1935年7月24日),台北:"国史馆"藏,蒋中正"总统"文物档案,002 - 090200 - 00017 - 004。
② 《顾维钧致张学良密电稿》(1931年12月3日),中国第二历史档案馆编:《九一八事变后顾维钧等致张学良密电选(下)》,《民国档案》1985年第2期,第10页。
③ 龚德柏:《直接交涉成功矣》,《日本评论》第9期,第4—5页。

汝霖之列,而自绝于国人耶!"①12月6日,上海多个同业公会联名致电顾维钧,以五四运动的前例加以威胁,称:"自公就职外长,中日直接交涉说,甚嚣尘上,锦州设中立区之议,遍传四陲,全民震骇,不可终日,祈将最近外交方针,明白宣示,以释群疑。顾目下之民气较五四时代何如,曹、章、陆之殷鉴不远,愿公熟筹,临电惶惶,不尽所言。"②

甚至国民党上海市监察委员会还向中央监察委员会提请罢免顾维钧,称:"查顾维钧前以依附军阀媚外辱国,早为国民所唾弃;今国民政府不念旧恶、破格擢用,允宜如何凛遵本党之政纲,努力自赎以求晚盖,乃不此之图,依然故态复萌,为此丧权辱国之举,毁弃本党之政纲,实属罪无可逭,应请钧会迅予稽核该外长就职以后之政绩,转咨国府立予罢免,以谢国民而保国权。"③

面对外界的批评声浪,顾维钧多次对外作出解释,以求澄清。12月4日,顾维钧在记者招待会上表示:"中日间悬案在武力占领之前者,自须撤兵问题先决,方及其他,日军占领各地,非特违法,人民痛苦亦深,故撤军愈早愈好。至方针则待外委会决定,以现今情势言,离开谈判固尚远也。"④12月7日,顾维钧在答复上海友人的电文中,表示其与重光接触"并非交涉性质",只是说明双方的意见,毕竟中日两国并未断绝外交关系,"自不能阻日使之来部,既来不能阻其发言","彼既发言说明日方之主张与见解,我亦不能不说明我方之意见与见解"。⑤

---

① 《各团体警告顾维钧》,《申报》,1931年12月5日,第4张第14版。
② 《电请查办顾维钧》,《申报》,1931年12月7日,第3张第9版。
③ 《电请查办顾维钧》,《申报》,1931年12月7日,第3张第9版。
④ 《顾维钧谈外交方针》,《大公报》,1931年12月5日,第3版。
⑤ 《顾重并无交涉》,《大公报》,1931年12月8日,第3版。

此外，国民政府也多次对外说明，以求释疑。12月4日，国民政府文官长发表谈话表示："日本不撤兵决不与之交涉，为我国早经宣布之绝对不变的方针。政府决定东三省事件，应积极进行于国联切实保证之下解决。最近复重申此意，电达施代表在日本武力侵略之下，决不与之直接交涉也。"①12月5日，教育部特别致电北平各大专院校称："与日本交涉问题，我国早定方针，如日军不撤兵，决不与之直接交涉。"②12月6日，国民党中宣部副部长程天放在新闻招待会上表示："直接交涉之说，系因日使重光来京，与顾部长道贺，且有两度晤见，而外间遂揣测为中日已开始谈判，吾人相信在现在国民政府之下决无由秘密直接交涉以解决中日问题之可能。"③12月11日，国民党中央秘书处在答复粤方代表时，矢口否认对日直接交涉，称："日本之蛮横，为诸先生所知，若在日军未撤之先，与之直接交涉，恐将成为城下之盟之变相。中央始终不取此途，重光来京，绝未与之作任何谈判。"④

拒绝对日直接交涉，一方面可以避免签订丧权辱国的条约，以及使日本对中国的侵略始终处于非法状态，"暴日虽蛮横，未必即能灭亡我全国，而在国际监视之下，暴日即有无理要求，亦未必肆无忌惮，公然出口"⑤；另一方面可以打破日本排除国际社会介入的图谋，"日帝国主义希望我们接受城下之盟，我们宁可遭更大的牺牲，决不向他委曲求和。日帝国主义要避免事件扩大，我们则必须

---

① 《民情激昂中　府文官长谈话》，《申报》，1931年12月5日，第2张第8版。
② 《教育部电北平各校解释中央外交方针》，《大公报》，1931年12月7日，第4版。
③ 《首都学潮波澜壮阔　上海亦将卷入漩涡》，《大公报》，1931年12月7日，第3版。
④ 《中央复汪电》，《申报》，1931年12月12日，第4张第13版。
⑤ 《抗日会电外部　反对中日直接交涉》，《申报》，1931年12月3日，第4张第13版。

使事件扩大成为重大国际争端，方能引起国际的干涉，我们方不至孤立。日帝国主义不愿第三国容喙，我们便必须使局面发展，各国都出来干涉。"①因此，国民政府内部的直接交涉主张并未主导决策。蒋介石认为日本要求中日直接交涉，是为了使国际无从干涉，进而为所欲为。对国民政府来说，与其屈从日本意见，还不如以拖待变，"中日交涉一日不决，则中国固不能安，而倭寇亦不能定，否则，倭定而华更不能安"。②

前有外长王正廷被殴，后有顾维钧被提请罢免，在高涨的民气之下，主其事者何敢率尔为之。从甲午战争到九一八事变，中国的发展虽然受到不平等条约体系的束缚，但是在政治、经济及国际观等方面都取得了长足进步，已不可能再容忍李鸿章式的人物来签订丧权辱国的条约。"日本除非以武力征服全中国，杀尽四万万人，则欲中国有人承认日本手造之满洲国，签立条约，永矢信守，直是梦话。盖此约朝签，政府夕倒，可断言者。当今之世，谁敢为李鸿章，又谁能为李鸿章。"③国民政府在对日问题上表现出来的态度，确实很难让民众相信其能够在与日本直接交涉中维护国家利益。民众基本认定国民政府一旦与日本直接交涉，必定会妥协退让。

三、直接交涉的失败

拒绝直接交涉，虽然可以避免签订丧权辱国的条约，但是并不能真正解决问题，甚至会衍生出其他枝节。随着日本看透国际社

---

① 胡愈之：《尚欲维持中日邦交乎？》，《社会与教育》，反日运动特刊，第2—5页。
② 《蒋介石日记》（手稿），1932年9月3日，斯坦福大学胡佛研究所档案馆藏。
③ 《今日岂容再有李鸿章》，《大公报》，1933年3月14日，第2版，社评。

会无力干涉的本质,在对华侵略问题上越来越我行我素,同时也愈加不顾及国际观瞻,不断挑战凡尔赛—华盛顿体系,最后甚至不惜退出国联。因此,不管主观意愿如何,要想真正解决中日争端,客观上还是得尝试直接交涉。虽然国民政府内部及社会主流意见都反对直接交涉,但是这一主张仍然不绝如缕。《大公报》批评国民政府因"迎合群众"而"因循坐误,漫无主宰",从而推行不负责任的外交政策,"直至拖无可拖,内外瓦解"。①《大公报》希望国民政府当局"从远大处建功立名",迅速改变外交政策,"从倚赖外交变为自主外交","以国家之利害,定国策之从违,依本身之努力,促与国之提携"。② 袁道丰也批评国民政府高层缺乏定见,"易为外界之偏激情感所支配"。他还表示:"日本侵略东省为何等严重事,不求诸直接交涉,而乃乞怜国联,是无异作茧自缚,自毁主权。老实说,中日交涉愈早举行则愈妙,愈拖延则为害愈大。"③

1932年1月,北京大学政治学系教授张忠绂在《大公报》上撰文批评国民政府的外交政策,"每逢事变临头,遂筹应付之方,今日抗英,明日仇俄,终至列强皆成敌国,无一友邦,列强联成一致之阵线以敌我,我国孤立,即列强之阵线不能联成一致,我亦无一与国"。他将中国未来数十年的外交政策划分为四期,表示:第一期,"与各国妥协,尤以与日本妥协为最要,借以排除外力之障碍,以求组成强有力之统一政府";第二期,"继续与各国妥协,务求集中全力,努力建设,充备实力,以达到能有单独战胜日本之把握";第三期,"运用外交手腕孤立日本,务使在未来之中日战争期中,他国不

---

① 《真爱国者不应误国》,《大公报》,1931年12月28日,第2版,社评。
② 《倚赖外交与自主外交》,《大公报》,1932年4月21日,第2版,社评。
③ 袁道丰:《如何打破中日外交之局势》,中国第二历史档案馆编:《中华民国史档案资料汇编》第5辑第2编,"外交",第216—218页。

致援助日本";第四期,"驱逐日本势力于我国境外,必需时,当诉诸武力,以恢复我四万万黄帝子孙在东亚与世界上应得之地位"。①在张氏看来,在第一期时,国民政府在外交上不妨对日直接交涉,以妥协来换取时间。从长远的角度谋划外交战略,确定不同时期的政策重心,本属应当,但是问题在于日本侵略者又岂会坐待中国从容发展。由此可见张忠绂意见的理想化。

与张忠绂原则性的主张不同,1932年5月31日,《大公报》社评提出了中日直接交涉的具体方案。基于以往的经验,《大公报》提出了两个方案:其一,仿照华盛顿会议交还青岛的前例,"令中日出席国联之代表,在欧洲签立政治的协定,由日本声明尊重中国领土行政主权之完整,交回侵占各地";其二,根据《九国公约》的精神,以中日淞沪停战协定谈判时的办法,"由远东有关系之各国,连俄国在内,互相邀约,在中国开一国际会议,进行中日争议之调解,请两国依友邦之献议,以自动的形式,派代表签订上述原则的条件,而后商定实施细则"。② 6月12日,《大公报》社评进一步建议以日本所提中日和平基本大纲为基础,展开谈判,"至其协商方式,或在欧洲由中日代表非正式交换意见,待至商洽成熟,然后由国联正式调停,签订大纲;或由国联主持,在远东召集一种国际会议,于各国好意周旋之下,由中日两国商订解决办法"。③

可见《大公报》所提方案,有别于一般意义上的直接交涉,其实质是国际介入下的交涉。这是国民政府最能接受的方案。毕竟对国民政府来说,如能在国际体系中解决中日争端,自是善之善者。

---

① 张忠绂:《中国外交政策》,《大公报》,1932年1月7日,第4版。
② 《对日新方针之确立与进行》,《大公报》,1932年5月31日,第2版,社评。
③ 《对日外交之新阵容新战略》,《大公报》,1932年6月12日,第2版,社评。

正如罗文干所言:"我国已签字华府条约、非战公约、国联盟约,又曾接受历次议决,故对各约及议决有遵守之义务。"①但这又是日本不可能接受的。

胡适是当时持直接交涉论的代表性人物。因此,对于《大公报》的主张,胡适极为赞同,认为其不避毁誉,"甘犯清议",向国民政府做出负责任的忠告。胡适在《独立评论》上撰文呼应《大公报》,并批评国民政府内部反直接交涉者不明世界大势,只图利用国联来逃避责任,"从不会运用国联的组织和国际的同情来做外交上的奋斗",实在误国不浅。胡适还在文中提出九点对日外交方针,其中不乏"自动的主张东三省的解除军备"、编遣在关内的东北军、解决日本在东北修筑铁路及土地商租等包含巨大让步的建议。②

胡适不仅公开撰文主张中日直接交涉,而且还特别致函外交部长罗文干,指出:除非中国决心与日本拼死活,不然就应"早早打算一个挽救目前僵局的计划";只要能够取消"满洲国",恢复中国东北的主权,就应断然与之交涉。胡适认为:"此时如果有人敢作直接交涉,其所得之条件必较任何国际处理所能得之条件为更优",因为"日本自币原下台以后,所争在直接处理远东事件而不受第三方面之干涉"。③ 罗文干则认为时机未到,须待日本受到更大的国际压力,方易着手进行。他在给胡适的回函中称:"现在日本正在得意时候,我们亦不必急急,总要在国际有些变化时候,或日

---

① 《罗文干与裴克谈话纪录》(1933年3月8日),台北:"国史馆"藏,蒋中正"总统"文物档案,002-080200-00071-081。
② 胡适:《论对日外交方针》,《独立评论》第5号,第2—5页。
③ 《胡适致罗文干》,中国社会科学院近代史研究所中华民国史研究室编:《胡适来往书信选》中,北京:社会科学文献出版社2013年版,第495—496页。

满更倒霉,则交涉尚易开口,彼此尚有价可讲。目前我们最重要的,是不好将我们的气馁下去。国民的抵制,义勇军的捣乱,拿笔杆的口诛笔伐;最好拿枪杆的不要看命看得太重;有钱的拿钱接济义勇军;守土者总要学学做狗,贼来不咬一口,亦要吠两声;果能如此,坚持一、二年,不怕小鬼不来请我们交涉。"①

后来,胡适还致函外交部次长唐有壬称:"此时应该由政府正式宣布愿意依据去年十月中日本所提出的五项原则,开始交涉。此项正式表示,愈早愈好,决不可再延迟。"其理由三点:第一,向世界宣示中国愿意与日本交涉;第二,阻止日本承认"满洲国";第三,在国联调查团报告书公布前打开局面。胡适认为直接交涉与国联路线并不冲突,"我们愿意在国联周旋之下直接交涉,既可以替国联指出一条国联最可以效劳的路子,又可以防备国联大会时或大会前日本因反抗国联而先承认伪国作成'既成事实'的僵局"。胡适还在信中表示:"中国若不为国联开一新路,国联必不能替中国开一先路。"②

当然,胡适的直接交涉主张是有原则底线的,那就是不能破坏中国的领土主权完整。这一方面是维护国家利益所必须做到的,另一方面也是与国际主流社会保持一致,"我们要对得住国联和美国的'不承认主义'"。胡适还表示:"国家的生命是国际的,世界的,不是孤立的;我们不可因为怕一个强暴的敌人就完全抛弃了全世界五六十个同情于我们的友邦","我们此时也许无力收复失地,但我们决不可在这全世界的道德的援助完全赞助我们的

---

① 《罗文干致胡适》,中国社会科学院近代史研究所中华民国史研究室编:《胡适来往书信选》中,第496页。
② 《致唐有壬》,季羡林主编:《胡适全集》第24卷,合肥:安徽教育出版社2003年版,第138—139页。

时候先就把失地签让给我们的敌人"。①

随着形势的演变,国民政府力避与日本直接交涉而不可得,最终还是迈出了这一步。虽然面临巨大的反对压力,但是国民政府在华北事变后先后与日本进行了地方和中央层面的直接交涉。在华北问题上,国民政府先后与日本签订塘沽协定及何梅协定。两者都是在日本军事压力下被迫签订的。塘沽协定签订后,黄郛在给蒋介石的电报中表示:协定非其所愿,"其时环境之险恶,较之当年在济南城时之程度有过之无不及"。黄郛认为国际援助即使不是"一篇空言",也必定远水救不了近火,或者只是杯水车薪。②

国民政府在与日本直接交涉过程中始终避免承认"满洲国"和签订正式的文字协定。1935年11月,国民党第五次全国代表大会后,因汪精卫遇刺,蒋介石取代汪担任行政院长,被迫走到对日外交的前台。蒋任用大量具有留日背景的人士出任行政院要职,企图利用他们的人脉,与日本缓和关系。对此,张群后来回忆称:"蒋先生组织这样一个政府,就是因为国际间对于日本侵略中国,无法加以阻止和制裁,唯有利用我们各人的关系,设法延缓中日间的紧张情势,直接与日本办交涉,调整中日关系,甚至希望与日本暂时取得妥协。"③张群在担任外交部长后,改变以往的政策,直接就中日间的全盘问题,与日本外交部门协商,进行所谓的"国交调整"。但是因为双方分歧过大,最终导致无疾而终。张群后来表示双方

---

① 胡适:《我们可以等候五十年》,《独立评论》第44号,第4—5页。
② 《黄郛电蒋中正愤慨两年来国事败坏系因对内欲求国人谅解对外误信国际援助而协商停战乃不得已惟绝不卖国涉及承认伪满事并愿担负成败责任》(1933年5月27日),台北:"国史馆"藏,蒋中正"总统"文物档案,002-090200-00010-215。
③ 张群口述,陈香梅笔记:《张岳公闲话往事》,台北:传记文学出版社1978年版,第44—45页。

立场天差地别,自然无法达成共识。他说:"当时中日之间的问题,主要关键是东北问题,日本却以既得利益避而不谈,而对华北、内蒙,日本又步步进逼,制造分裂,策动自治;对我们提出的恢复河北行政完整,放弃在内蒙的阴谋活动,又往往避重就轻,拒不讨论,反过来要我们跟他经济提携,承认他的特殊利益,还要我们取缔排日思想,真是欲亡人之国,无所不用其极。"①

国民政府虽然与日本进行了直接交涉,但并不意味着放弃在国际体系内寻求中日争端的解决途径,而是将其视作不得已的选择。塘沽协定后,国民政府内部曾有过一次关于外交政策的讨论,并达成了共识。首先,决定根本方针不动摇:"根据三大公约及国联决议案继续努力,冀达国际解决之目的。此为根本方针,不宜摇动,但于步骤上应随时加以考虑","我国须估量国际上之力量,以为相机之处置"。其次,强化与英美苏等国的关系,向它们诚恳说明内情,"以期谅解","希望英美对我为建设上经济之援助",以及"勿使中苏关系再趋恶化"。最后,尽量缓和中日关系,不得已时暂时搁置东北问题,以及避免由国民政府直接出面支持东北义勇军,以拖延中日全面战争的到来。② 在汪精卫看来,塘沽协定前,国民政府的外交政策是"打锣求救","然国际方面,已明示吾人,除道义上之同情外,即经济封锁亦难办到。则实力之救助,已成空想",因而此后就转为"困守待援"。③ 对于汪精卫"困守待援"的消极政策,

---

① 张群口述,陈香梅笔记:《张岳公闲话往事》,第85页。
② 《汪兆铭电蒋中正对日外交应谨慎行事不宜轻易提出经济制裁或绝交等提案及待国强民富之时再行解决东北问题并拉拢英美苏以牵制日本等外交问题建议》(1933年6月21日),台北:"国史馆"藏,蒋中正"总统"文物档案,002-090102-00004-011。
③ 汪精卫:《报告外交情况》,国民党中央政治会议第三八六会议速纪录,《中央执行委员会第386次政治会议议事录》,台北:中国国民党文化传播委员会党史馆藏,馆藏号:中央0386。

国民政府内部当然也有不同意见。孙科在给蒋介石的电报中表示："中国对日和须真和,抗则力战,应迅有彻底之决定,再不能如今日之做法,引启强邻之轻视,而无以满其欲,内失国民之信仰,而无以维其心,以日即于陵夷灭亡之路也。"①

国民政府对日直接交涉的结果要么是妥协退让,要么是不欢而散,而完全未能如事前期待的那样真正解决两国间的问题。因此,从总体上看,这一实践是以失败而告终的。事实上,只要日本不放弃对华侵略政策,无论采用什么交涉方式,都不可能真正解决中日争端。

第三节 运用国际体系处理"满洲国"问题

九一八事变后,日本无视国联决议,拒绝恢复事变前的原状。为了永久占据中国东北,日本关东军扶植溥仪等傀儡成立了"满洲国",并于1932年9月15日由日本官方正式加以承认。日本公然破坏中国领土完整的行为,一方面违背了《九国公约》的原则,另一方面也使国联对中日冲突的调处陷入困境。国民政府虽然无能力利用自身的力量来收复失地,但是坚决不承认日本以武力造成的既成事实。国民政府在处理"满洲国"问题的过程中,除了继续遵循国联路线外,也尝试利用《九国公约》的原则来捍卫国家领土完整。国民政府的外交努力并未能迫使日本取消"满洲国",而只是使其处于非法状态。本节将围绕国民政府运用《九国公约》和国联处理"满洲国"问题来展开论述,并从中透视国民政府对国际体系

---

① 《孙科电蒋中正称对日方针应早定与党人团结和西南切商合作大计统一内部务使人尽其才等语》(1935年7月17日),台北:"国史馆"藏,蒋中正"总统"文物档案,002-090200-00017-005。

的基本态度。①

一、利用《九国公约》维护国家领土完整

1922年2月6日,华盛顿会议所通过的《九国公约》,在其第一条明确规定:"除中国外,缔约各国协定:(一)尊重中国之主权与独立,及领土与行政之完整;(二)给予中国完全无碍之机会,以发展并维持一有力巩固之政府;(三)施用各种之权势,以期切实设立并维持各国在中国全境之商务实业机会均等之原则;(四)不得因中国状况,乘机营谋特别权利,而减少友邦人民之权利,并不得奖许有害友邦安全之举动。"日本以武力侵占中国东北,扶植傀儡政权,将东三省彻底变为日本的附属地,一方面破坏了中国主权与领土完整,另一方面也在事实上关闭了东三省的门户,违背列强在华门户开放和机会均等的共识。换言之,日本的行为明显违背了《九国公约》第一条的规定。对于签约国的违约行为,《九国公约》本身并未规定制裁程序,只是在第七条规定:"缔约各国协定,无论何时,遇有某种情形发生,缔约国中之任何一国,认为牵涉本条约规定之适用问题,而该项适用宜付诸讨论者,有关缔约国应完全坦白互相通知。"②这条规定有利于国民政府将"满洲国"问题诉诸国际,以寻求其他签约国的支持。

在国民政府无能力利用自身的力量来收复东北失土的前提下,自然只能寄望于国际社会的介入。《九国公约》对中国的现实

---

① 关于中国社会各界对"满洲国"问题的反应,参见拙文《中国社会各界对伪满洲国问题的反应》,《北华大学学报(社会科学版)》2018年第3期。
② 《九国关于中国事件应用各原则及政策之条约》(1922年2月6日订于华盛顿,1925年8月5日生效),世界知识出版社编:《国际条约集(1917—1923)》,北京:世界知识出版社1961年版,第767—768页。

意义在于它以列强共同的名义承诺尊重中国领土完整和主权独立。中国本身不能保护自己的主权，而却要靠列强来确保，对于有民族自尊心的中国人来说，自然是颇为心酸的。但是它客观上成为国民政府捍卫国家权益的外交工具。对国民政府来说，能否利用《九国公约》达成自身目标的关键是美国的态度，毕竟美国才是华盛顿体系的实际主导者。

国民政府确实希望能够借助美国来对日本施压。在国民政府看来，美日两国对待华盛顿体系的态度截然相反。美国政府在公开场合的言论，确有表现出维护《九国公约》的意愿，但是尚无实际行动。1932年1月7日，美国国务卿史汀生同时照会中日两国政府，表示美国不承认以武力造成的情势变迁，称："美国政府不能认许任何事实上的情势的合法性，也不拟承认由中日政府及其代理人间所缔订的有损于美国或其在华国民的条约权利——包括关于中华民国的主权、独立或领土及行政完整，或违反关于通称为门户开放政策的对华国际政策在内——的任何条约或协定；也不拟承认用违反1928年8月27日中日美三国均为缔约国的巴黎公约之条款与义务的方法而获致的任何局势、条约或协定。"①史汀生"不承认主义"政策的实质是从消极角度维护《九国公约》。

8月8日，在纽约外交讨论会上，史汀生发表了拥护《非战公约》的演说。史汀生在演说中指出，《非战公约》的意义在于确认整个世界不分东西南北，"战争当为非法之举矣，战争不复为权利之渊源矣，战争不复为国家义务权利行为所出之原则矣"，"苟有两国从事于武力之冲突，则或彼或此，或竟彼此两方，均为背谬，均为违

---

① 《史汀生国务卿致驻日大使(福博斯)》，世界知识出版社编：《中美关系资料汇编》第1辑，北京：世界知识出版社1957年版，第476页。

反公约,我人不复欲曲予宽恕,不复以为偶触决斗法条,而目为小疵无损大德,反之,我人将科以抗法坏纪之罪,而举世唾弃之矣"。史汀生还在演说中多次指责日本非法侵略中国及不配合国联调处,并宣示美国立场道:"愿郑重不苟,以维护公约,以使公约为有价值之宝,吾侪决不放弃自己应有之一份子地位,以奋勉致力于此事业也。"①

史汀生演说发表后,确实在日本国内引起"轩然大波"。8月13日,美国驻日大使格鲁向史汀生报告称:日本将演说内容"视为对他们的具体指控",并且可能在故意利用这次演说来"重新燃起民众暂时平息了的反美情绪","这种局面使我想起了德国政府1914年通过诬蔑中伤其他国家而在公众中煽动战争情绪的活动"。格鲁认为日本政府在国内煽动反美情绪的原因有以下两点:一方面是对外宣示不顾国际社会,尤其是美国的反对,"加强其在满洲的军事冒险行动";另一方面是为了转移其国内人民的视线,因为日本侵占中国东北的行动非但没有直接改善其国内的经济状况,反而更加深陷在经济危机的泥淖中。格鲁在报告中特别提醒美国政府"应该对未来可能发生的事情保持警惕"。②

当时日本虽然逐步通过实际行动打破华盛顿体系的束缚,但是对美国还有一定的忌惮之心。"满洲国"成立前夕,日本关东军的内部文件明确指出:"无论在《九国公约》,或在《国际联盟规约》上,皆不允许日本采取使其与中国本部脱离之直接行为;但在中国人自身在其内部分离则不与上述条约相背驰,亦不在能加以干涉

---

① 《史汀生非战公约演说词全文》,《外交评论》第1卷第4期,第1—11页。
② 《美驻日大使(格鲁)呈国务卿》,美国国务院编:《美国外交文件·日本,1931—1941年(选译)》,第31—33页。

之范围以内。"①后来,日本内阁所决定的《满蒙问题处理方针纲要》中也表示:"关于建立满蒙政权的措施,考虑到《九国公约》等国际关系,应尽量采取以新国家方面的自主愿望为基础之方式推行。"②换言之,正是因为顾虑到国际关系,日本才无法如同吞并朝鲜一样,直接将中国东北纳入其领土版图。

日本侵略者以"满洲国"作为其规避《九国公约》义务的障眼法。1932年8月25日,日本外相内田康哉在议会发表演说,公开表示日本政府准备承认"满洲国"。他声称:"日政府深信日本之承认此新国,乃固定远东永远和平之唯一方法。"内田还辩称日本在中国东北的侵略扩张行为并未违背《九国公约》,因为日本没有"在东三省或他处有任何开拓疆土之谋略","东三省之独立,乃东三省人民天然的志愿所造成"。此外,为了降低西方列强的敌意,内田竟公然代表"满洲国"宣称:"依照国际公法与习惯,接受现有条约之义务,尊重外人已有之权利,保护其人民与财产,欢迎外人,不分种族,予以同等待遇。遵守开放门户主义,提倡国际贸易,并助成世界经济之发展。"③这当然是谎言。后来日本凭借特权完全控制了中国东北的市场,并迫使苏联出售中东路,以至于其他国家也根本无法立足。美国驻日大使格鲁在给日本的照会中指出:"记得在日本人占领满洲时,日本政府表示在满洲会保持门户开放。但是,在该地区的主要经济活动则由特许的公司控制,这些机构则又由日本人控制,这些公司持有特许执照,享有优越条件和特殊地位。

---

① 《日本参谋本部机密作战日志(摘译)》(1931年11月—1932年1月),1932年1月4日,章伯锋、庄建平主编:《抗日战争》第1卷,"从九一八至七七",第274页。
② 《满蒙问题处理方针(纲要)内阁决议》(1932年3月12日),章伯锋、庄建平主编:《抗日战争》第1卷,"从九一八至七七",第286页。
③ 《荒谬狂妄之内田对华外交言论》,《申报》,1932年8月26日,第2张第8、10版。

大部分以前在满洲营运的美国企业已因该地区的不公平政策而被迫撤出。"①

从日美两国官方的公开言论当中,可以看出两者在对待华盛顿体系问题上处在针锋相对的立场。胡愈之表示:"最近一年中华盛顿政府几次向日本帝国主义用言辞进攻,尤其是最近史汀生的著名演说,再给予日本以重大打击",而日本便以内田演说还以颜色,对美国进行"更凶猛的还击"。② 美日之间的矛盾,客观上为国民政府提供了外交活动的机会。

内田的演说当即遭到了中国朝野各界的挞伐。8月26日,《中央日报》社评指出内田演说预示着"日本外交家之政治才能与道德之破产",因为他们为了在合法权利之外,"另为本国开疆拓土,攫取权益,借以满足军人之欲望",就只能不顾"国际公约之尊严",不理"国际舆论之责备",一再发表"专为军人辩护之言论"。③ 胡适撰文指出内田演说是对国际体系的挑战,"大体上可说是赤裸裸的正式宣示日本的强暴政策,毫不客气的向世界的舆论挑战,抹煞一切国际条约的束缚","这样露骨的蛮横外交,在现代外交史上确是开一个新局面"。④

国民政府以客观事实为依据,并结合《九国公约》的原则,对日方的论调给予严厉驳斥。8月29日,中国外交部长罗文干在外交部纪念周中发表演说,针锋相对地指出:从地理、历史、人民心理上看,"东北三省终为中国领土不可分之一部,东省同胞将永为中华

---

① 《美国驻日大使(格鲁)致日本首相兼外相(近卫)》,美国国务院编:《美国外交文件·日本,1931—1941年(选译)》,第370页。
② 伏生:《史汀生与内田的斗争》,《生活周刊》第7卷第35期,第646—647页。
③ 《内田康哉之演词》,《中央日报》,1932年8月26日,第1张第2版,社评。
④ 胡适:《内田对世界的挑战》,《独立评论》第16号,第2—3页。

民国忠实之国民",日军一旦撤退,则"傀儡组织必将随之瓦解",因此日本的行为无疑"违反九国条约尊重中国领土行政完整之规定"。为了解决东北问题,他在演说中宣布了国民政府的四项原则:

一、中国政府与人民绝无排外思想,但在日本武力侵略造成之现状下,而欲中国人民对日本人民表示最敦睦之友谊,诚属万不可能,改进与恢复中日两国人民之关系,是在日本自为之。

二、中国绝对不因武力之压迫而放弃尺土寸地或主权之一部,同时对于武力之侵袭,决意尽其力量,予以抵抗。

三、任何解决东北事件之办法,苟以由日本武力创造维持与支配之东省伪组织为前提者,中国绝对不能同意。

四、中国深信将来解决东北事件之合理的办法,必以不背国联规约、非战公约、九国条约之文字与精神,与夫中国之主权,同时又确能巩固远东永久之和平者为必要之条件。①

除了在言论上进行驳斥外,国民政府还积极在外交上劝阻日本承认"满洲国"。内田演说发表后,中国驻日公使蒋作宾就开始积极奔走,向日本政界高层晓以利害,尽力劝阻日本承认"满洲国"。8月25日,他明确告诫近卫文麿:如果日本承认"满洲国","将来发生如何变化,日本应负其咎,吾国当以全力反对之"。② 蒋作宾的苦口劝说并未能改变日本军国主义者企图彻底掌控中国东北的意志。9月10日,日本陆相荒木贞夫以威胁的口吻对蒋作宾说道:承认"满洲国"已然成为日本政府的"既定方针","万难更

---

① 《罗文干驳斥内田演词》,《申报》,1932年8月30日,第4版。
② 北京师范大学、上海市档案馆编:《蒋作宾日记》,1932年8月25日,第466页。

动","纵令引起世界战争,日本变成焦土,亦所不惜"。①

蒋介石对日本承认"满洲国"一事的态度相当轻忽,甚至认为"于事实无甚关系","以其果欲取消,则随时皆可取消也",而关键在于中国自身要奋斗得法,努力自强。② 因此,蒋在9月8日在罗文干的电报中,只是例行性地要求他与行政院长汪精卫在筹谋相应的对策时,注意参考"美国宣言与国联决议","双方兼顾,尽量发挥"。③ 其他的意见,则未见提及。9月10日,罗文干致电蒋介石报告其与汪精卫、宋子文等人商议后所决定的政策,其中第三项为照会《九国公约》签字国,说明"日本此举为其继续的破坏该约行为之最严重之一幕,应即时举行该约当事国会议,迅筹应付日本违法举动造成之局势"。蒋介石回电表示同意,并希望外交部门"放胆行之"。④

蒋介石支持行政院决定的原因在于他自己也力图在国际体系内解决"满洲国"问题,而避免与日本驻华外交人员直接交涉。其中缘由何在呢？从蒋介石日记来看,他主要有两个考虑:其一,坚持攘外必先安内的错误政策,要最后才"对付倭寇",目前则只准备应付突发事件⑤;其二,打破日方强迫国民政府承认既定事实的图谋,以拖待变,"中日交涉一日不决,则中国固不能安,而倭寇亦不能定,否则,倭定而华更不能安,故决与长期周旋,以期最后胜利"。蒋还表示:"倭寇目的以脱离国联,中日直接交涉,使国际无从干

---

① 王正华编注:《蒋中正"总统"档案·事略稿本》(16),台北:"国史馆"2006年版,第390—391页。
② 《蒋介石日记》(手稿),1932年8月27日,斯坦福大学胡佛研究所档案馆藏。
③ 王正华编注:《蒋中正"总统"档案·事略稿本》(16),第310页。
④ 王正华编注:《蒋中正"总统"档案·事略稿本》(16),第329—331页。
⑤ 《蒋介石日记》(手稿),1932年8月31日,斯坦福大学胡佛研究所档案馆藏。

涉,则彼乃可以为所欲为。察倭近状,鉴于其经济困难,欲急求东北伪满利益实现,令我忍耐与屈服,进而强制取消抵货、消灭义勇军之举,是其梦想。"①

在日本政府正式承认"满洲国"后,国民政府便将此前的决策付诸实施。9月15日,日本与"满洲国"签订《日满议定书》,正式承认"满洲国",并在国内大肆庆祝,"举国若狂,几不知世界上尚有其他国也"②。日本外务省在承认"满洲国"的宣言中,露骨地说:"满蒙为日本曾赌国运救其危急之地","该地方为国防及国民生存上,与日本结成不可分离之关系","日本政府鉴于满洲国对于内外之态度及满蒙为日本国防之生命线地,决意承认满洲国,促进该地安宁,永远确立远东和平"。为了拉拢西方列强,以减少国际社会对日本脱序行为的批评,宣言还冠冕堂皇地表示:"日本希望各国人于机会均等条件之下,从事经济活动,开发满蒙地方。"③

15日晚,罗文干将与行政院代理院长宋子文商洽的方案报告蒋介石,除向日本表达抗议之外,还提出"依照九国公约第七条之程序,将严重事态,照会各签约国,请取有效应付方法"。④ 次日,国民政府向《九国公约》签字国发出照会,其中指出:"一年以来,日本所为种种国际罪恶,连续不已,不仅劫夺中国之主权,抑且违背最重要之国际条约,包括一九二二年在华盛顿签订之九国条约",因此中国政府不得不提醒各国,"对于因日本承认满洲国而引起之严

---

① 《蒋介石日记》(手稿),1932年9月3日,斯坦福大学胡佛研究所档案馆藏。
② 北京师范大学、上海市档案馆编:《蒋作宾日记》,1932年9月15日,第473页。
③ 《日本外务省关于承认满洲国之宣言》,张篷舟主编:《近五十年中国与日本(一九三二——一九八二年)》第1卷,成都:四川人民出版社1985年版,第304—305页。
④ 《罗文干电蒋中正关于日本承认伪国我方对付办法》(1932年9月16日),台北:"国史馆"藏,蒋中正"总统"文物档案,002-080200-00055-135。

重局势,予以深切之注意"。如果各国对日本明显违背《九国公约》之行为,不予以相当制裁,则等于"坐视该公约之成为废纸",也必然无法维持其他国际条约的"神圣不可侵犯性",结果将导致国际关系完全陷入无序状态。因此,中国政府提请各签字国政府对日本自九一八事变以来"造成之事态","采取正当及有效之应付方法"。①

《九国公约》是由美国主导的华盛顿体系的重要基石,故中国政府发此照会最主要的目的是要争取美方的同情与支持。国民政府期待美国能够从言论走向实际行动,出面制止日本的违约行为。虽然美方确已意识到了日本的威胁,并且有维护《九国公约》的意愿,但是最后并没有真正付诸实际行动。其中的原因,主要有以下三点。其一,对深陷经济危机背景下的美国政府来说,当务之急是要恢复国内经济,包括远东问题在内的国际外交问题并不是优先事项。其二,美国政府推脱责任,认为必须等到国联的态度明确后才表态,"在国联对李顿调查团报告书有所行动之前,对'满洲伪国'亦不欲发表任何言论"。② 其三,当时正逢美国总统大选,胡佛政府基本进入看守阶段,自然不宜在外交上采取重大行动,以免给新政府制造难题。

对于美国政府的缄默态度,国民政府事先也有心理准备。9月8日,针对蒋作宾建议召集九国公约会议,蒋介石答复称:"九国会议,似不易实行,即使美国能即召集,如无实力为继,恐日本亦未必

---

① 《外交部为日本承认伪国事致九国公约照会全文》,1932年9月16日,《外交月报》第1卷第3期,第15—16页。
② 《对内田外交演说 美英态度暂守沉默》,《申报》,1938年8月27日,第2张第8版,国外要电。

遵行接受。"①明知成功的可能性不大,国民政府还是决定照会《九国公约》签字国,其目的是要在国际社会凸显日本是国际体系破坏者的形象。正如《大公报》社评所指出的:"国联公约、非战公约、九国公约,为今日国际关系之重要规范,而数主要国所借以互维均势,及领袖一般弱小维系现局之工具也",而今日本却公然以武力侵略的手段割裂中国的领土,就是要"毁弃三大公约","然三大公约推翻后,全世界各部分及各问题,所受精神的及实质的影响,则不可胜论"。②

对于国民政府提请召开九国公约会议之举,中国舆论普遍持赞同态度,认为是外交上应有的举动。如《申报》时评就指出:"此项办法,原不能谓不善,且亦为外交上应有之举动","今日本强占东省,承认伪国,又确与若干国家发生利害之冲突,则吾国正可利用此机会,利用此条约,以敏捷稳妥之外交手腕,与日本相周旋"。③甚至还有舆论责备国民政府援引《九国公约》过迟。《时事新报》在评论中指出:"日本违背九国公约,始于九一八,或始于九一八之前,国民政府至今日始拟援引之,至日本之将承认伪国而始援引之,事非不可为,顾不甚迟欤?援引之实效如何,姑不置论,自外交方面迂回行事,又不甚误欤。"④

总之,面对日本分裂中国领土及违背《九国公约》的行为,不论是国民政府,还是民间基本都支持诉诸国际,尤其期待美国仍能如十年前一样,召集各有关国家,召开国际会议,以便遏制日本的对

---

① 王正华编注:《蒋中正"总统"档案·事略稿本》(16),第314—315页。
② 《日本承认伪国后之国际影响》,《大公报》,1932年9月10日,第2版,社评。
③ 微:《九国公约果能保障我领土乎》,《申报》,1932年9月16日,第3版,时评。
④ 《日本承认伪国与九国公约》,潘公弼:《时事新报评论集(1932年)》,上海:四社出版部1934年版,第447页。

华侵略行动。但是,当时美国外交的主流是孤立主义,而非国际主义,故对中方的照会自然是束之高阁。时论表示:"如其国自身之利权不受损害,则中国领土完整与否,与彼何涉,宁肯作无谓之牺牲,为我国代抱不平。"因此,照会《九国公约》签字国只能是"外交上一种必须经过之手续",而"决不能视为吾国抗御外侮之唯一护符"。要想抵御外侮解除国难,"惟有自己努力,抱宁为玉碎不为瓦全之决心,以与侵略我者相周旋"。①

二、期待国联能够否定"满洲国"

从日本扶持成立"满洲国"到日本官方正式承认它,国民政府一直不断向国联提出申诉,并全力配合李顿调查团来华实地调查,甚至基本接受并不完全满意的李顿报告书,从而构建了与日本截然不同的国际形象,赢得了国际社会的普遍同情。国民政府这一时期在国联体系内所积极开展的国际外交活动,结果虽然并不尽如人意,但是在较长时间内阻止了"满洲国"获得更大的国际承认,并使日本的侵略者形象在国际上更加凸显。这也正是胡适在评价九一八事变后两年的中国外交时所指出的,"在事实上虽然没有多大的挽救,但在精神上却可说是有了很大的成功,就是使中国问题变成了世界的大问题,使中国得着世界的文明国家的道德的援助,使我们的敌人成为整个文明世界的道德贬议之下的罪人"。②

1. 将日本违背盟约的行为诉诸国联

1919 年 6 月 28 日,巴黎和会所通过的《国际联盟盟约》,在其第十条中明确规定:"联盟会员国担任尊重并保持所有联盟各会员

---

① 微:《九国公约果能保障我领土乎》,《申报》,1932 年 9 月 16 日,第 3 版,时评。
② 胡适:《世界新形势里的中国外交方针》,《独立评论》第 78 号,第 4 页。

国之领土完整及现有之政治上独立,以防御外来之侵犯。如遇此种侵犯或有此种侵犯之任何威胁或危险之虞时,行政院应筹履行此项义务之方法。"①1932年3月11日,国联大会决议案重申解决中日冲突完全适用三项原则:第一,"严格尊重条约之原则";第二,"联合会会员,担任尊重并保持所有联合会会员领土之完整,及现有政治上之独立,以防御外来侵犯之诺言";第三,"将彼此间所有一切争执,以和平手续解决之义务"。②

日本假借民族自决的名义,操纵建立"满洲国",公然破坏中国的领土完整与主权独立,既违反《国联盟约》,又违背国联决议。尤其是抢在国联调查团来华之前,成立"满洲国",更是企图强迫国联接受既成事实,为国联接下来的调处制造了巨大的障碍。

"满洲国"一成立,国民政府就表达了强烈的反对。中国外交部当即照会日本驻华公使重光葵,表示:"日军非法侵占东北各地,显系破坏中国领土行政之完整","在该项日军未撤退期间,中国政府对于该处建立所谓独立或自主政府之举动,即令中国人民参加此种傀儡之组织,仍绝对不能承认,应由贵国政府负其全责"。③ 此外,国民政府还发表宣言:首先,表示决不承认日本"利用少数叛徒"成立的非法组织;其次,揭露伪政权的实质,"在日本以武力侵占东北各地所造成之状态之下,所有一切伪政府之组织,皆为日本方面胁诱而成,其实权则操诸所谓日本顾问、咨议及其他日人之手";再

---

① 《国际联盟盟约》(1919年6月28日),世界知识出版社编:《国际条约集(1917—1923)》,第270页。
② 《国联大会的决议(2)》(1932年3月11日),秦孝仪主编:《中华民国重要史料初编——对日抗战时期》绪编(一),第337页。
③ 《外交部为东三省成立伪组织事再致日本驻华公使重光葵照会》(1932年3月10日),秦孝仪主编:《中华民国重要史料初编——对日抗战时期》第6编,傀儡组织(一),台北:中国国民党中央委员会党史委员会1981年版,第49—50页。

次,谴责日本的行为"破坏中国领土主权之完整,违反国联盟约、九国公约及国联行政院迭次决议案";最后,重申中国政府的立场,"在日本军队非法占领东三省期间,所有该处政治组织,中国政府始终认为叛乱机关;同时并认为日本政府之变相的附属机关,对于其一切非法行为,绝对不能承认,并应由日本政府负其全责"。①

针对中国政府的照会及公开宣言,日本外务省则回应称:"此次在满洲成立之独立政府,纯出于中国人之自决,帝国政府对之并无任何关系,自不应负任何责任,为理所当然。"日方所言当然是掩耳盗铃,因为该照会还明确提出:"惟帝国政府对于满洲政局之推移,甚为关心,倘该独立政府尊重帝国在满洲之权利利益,则予以同情。"②日本所谓的"关心""同情",其实就是幕后操纵的代名词。可见,单凭国民政府自身完全不可能促使日本取消"满洲国"。

李顿调查团来华之后,日本侵略者不断给调查团赴东北实地调查制造障碍,甚至抢在报告书公布前抢先正式承认"满洲国",企图强迫国际社会接受既成事实。面对日本无视国联权威而悍然承认"满洲国"的举动,行政院指示外交部向中国驻国联代表颜惠庆发出如下训令:

(一)自九一八以来,日本继续施行其暴力的残杀的征服的政策,其惟一目的,即在扩张领土。种种暴行,日益加厉,至

---

① 《国民政府对于东三省成立傀儡政府始终认为叛乱机关其一切非法行为并应由日本政府负其全责宣言》(1932年3月12日),秦孝仪主编:《中华民国重要史料初编——对日抗战时期》第6编,傀儡组织(一),第53—54页。
② 《日本外务省表示满洲成立独立政府不应负何责任致我驻日使馆照会》(1932年3月19日),秦孝仪主编:《中华民国重要史料初编——对日抗战时期》第6编,傀儡组织(一),第54—55页。

今日乃有正式承认伪组织之举。日本政府之承认伪组织,实系对历来在东三省侵略中国领土完整之一切行为,自划招供,自承责任,而国联盟约第十条,固明明规定应尊重并保持所有会员国之领土完整者也。

(二)傀儡组织,纯为日人一手制造,一手操纵,所有实权,尽归日人掌握,由日本承认傀儡,无异自己承认其侵略行为。

(三)日本与伪组织间之所谓议定书,纯属片面性质,仅为日本国遂其在东三省建设保护国之野心而已。

(四)依照日伪所订议定书,日本不啻有担任伪组织国防之权。今后日本实行此项规定,其对于中国及世界之威胁,至为严重。

(五)自中日争执提交国联以后,各方俱静候解决。今调查团报告书,尚未披露,国联并再三告诫,不得扩大局势,乃日本仍悍然不顾一意孤行,制造伪组织,而承认之,蔑视国联之权威,已达极点。

鉴于上述日本违反《国联盟约》的情形,中国政府提请国联"加紧工作","采取最有效之方法,以对付目前之局面"。[1] 虽然盟约载有制裁条款,但是英美等西方列强却以静候调查团报告书的公布为由加以推脱。罗文干向蒋介石报告称:"自日本承认满洲国后,各国政府大抵皆采沉默态度,静待李顿报告。"[2]

虽然国联的缺陷在调处中日冲突的过程中已经暴露无遗,但是国民政府仍然抱住国联路线不放,其中的缘由主要有两点。其

---

[1]《日本承认伪组织 外部通知国联》,《申报》,1932年9月17日,第3版。
[2]《罗文干函陈日本承认满洲国后各国反应并应注意之点》(1932年9月21日),台北:"国史馆"藏,国民政府档·党国名人上蒋中正函(五),001-016142-00052-015。

一,忠实履行作为国联成员国的义务,以唤起国际社会的同情。国民党官方报纸《中央日报》辩称:"日本无端侵占中国之领土,举兵进攻,组织伪国,显然违反国联规约。国联倘不出而干涉,是违反其维护规约之义务,放弃其保全国联之权利。同时在中国方面,如不诉诸国联,率尔对日开战,虽属防御之战,其违背规约也与日本正同。"①这当然也是国民政府坚持不抵抗主义的托词。其二,利用国联制造国际压力以促使日本让步。1932年8月22日,蒋作宾向蒋介石报告称:"日本所最不愿意者,中国要求国联干涉;所最恐惧者,英美联合成一战线。值此中日纠纷尚未得一解决办法时,联络英美信赖国联,亦实为扼要之图。惟在此十一月国联接到调查团报告尚未开会以前之期间,须善为运用,能得到直接解决之方法,即在国联以前决议案之下直接解决之,是为上策,否则或受国联处分,或惹起世界大战,均于我国大不利也。"蒋作宾还表示:"日本政界目下似无一人或一派能单独负责解决辽案,非至各方均感觉前途危险,及欧美列强态度强硬之时,东省伪组织不易取消。"有鉴于此,蒋作宾认为中国要双管齐下,"一面运动日本有力各派,使之积极设法,促其军部改变态度;一面运用欧美及国联,使其对日采取最有效之干涉",以迫使日本让步。② 蒋作宾低估了日本侵略者的决心,同时也高估了国联及英美的作用。日本为了维护既得利益,又岂会接受国联此前的决议?

2. 基本接受李顿报告书

历经近半年的实地调查,备受关注的国联调查团报告书终于

---

① 《日本逼我益急!》,《中央日报》,1932年9月14日,第1张第2版,社评。
② 《蒋作宾呈蒋中正联络美英信赖国联实为解决满洲国问题之上策及国内中央政府须早日重行组织》(1932年8月22日),台北:"国史馆"藏,蒋中正"总统"文物档案,002-080200-00054-101。

在1932年10月2日正式对外公布。报告书只有同时获得中日两个当事国的接受才能发挥效力,因此只能左右逢源,"徘徊于矛与盾之间,欲求出一个公式,将矛与盾都对付过去"。① 这种矛盾态度在"满洲国"问题上表现得尤为明显:一方面指出"满洲国"的产生并非出于当地人民的自决,反对继续维持"满洲国";另一方面又屈从于现实,不支持恢复事变前的原状。报告书明确指出:"满洲国"的产生是"日本军队之在场及日本文武官吏之活动"的结果,而"不能认为由真正及自然之独立运动所产生",甚至在当地大多数人民心目中,"直是日人之工具而已"。② 报告书确实揭露了"满洲国"的本质,使日本侵略者的图谋无所遁形。此外,报告书还完全确认中国对东三省的主权,"自各方面言之,现今在满洲耕种之数百万汉人早已使满洲成为中国领土由关内向关外之延长;且从种族文化及国民情绪各方面言之,东三省之为中国东三省,直与其大部分移民所自来之邻省河北山东无异"。③

报告书一公布,外交部长罗文干就抓住其中有利于中国的两点,发表宣言称:一、"九一八日及九一八以后之一切日本军事动作,均无正当之理由,不能认为自卫之手段";二、"所谓'满洲国'者,并非真正及自然之独立运动所产生,而为日本军队及日本文武官操纵造作之结果"。④ 但对其他部分则暂时搁置。

---

① 傅斯年:《国联调查团报告书一瞥》,《独立评论》第22号,第2页。
② 《国联调查团报告书》(1932年10月2日),秦孝仪主编:《中华民国重要史料初编——对日抗战时期》第6编,傀儡组织(一),第620—622页。
③ 《国联调查团报告书》(1932年10月2日),秦孝仪主编:《中华民国重要史料初编——对日抗战时期》第6编,傀儡组织(一),第626—627页。
④ 《外交部长罗文干对国联调查团报告书宣言》(1932年10月3日),秦孝仪主编:《中华民国重要史料初编——对日抗战时期》第6编,傀儡组织(一),第642页。

国民政府对李顿报告书的认识可谓是一则以喜一则以忧。喜在报告书在事实陈述部分揭露了日本的侵略事实,尚称公允。忧在其所提建议部分,过分迁就日本以武力侵略造成的既成事实。在国民政府看来,报告书提出的建议方案完全背离原则,"一方面顾及国联原则,及关于中国一切条约之精神及文字,以及和平之一般利益","在另一方面,仍不忽视现存之事实",其实质是以中国东北特殊化、日本在华权益条约化为代价来解决中日争端。[①] 国民政府对李顿报告书虽然并不满意,但还是决定基本接受。

从军政大员给蒋介石上呈的意见看来,除了邵元冲和居正,大多数人均主张委曲求全。居正批评报告书"侵害中国主权""违背国联决议之精神""评论失当"。邵元冲则认为报告书的建议"关系于中国前途之生死存亡","决不能稍事让步";如若无原则地让步,将危及国民党的政权。其他人的态度则完全不同。照报告书的建议,中国对东三省的主权当可确保,但在治权上当有相当让步。这种让步,在罗文干看来,毕竟比由日本占领的现状好。他在意见中表示:"按照报告书建议,东省之名存实亡,较现在名亡实亡为优,变相国际共管,较现在之日本武力独占为胜。"顾孟余认为报告书"虽有诸多使人不满意之处",但是"应避免表现我方吹毛求疵之批评","应以友谊精神视之","我方对报告书,可于保留之下大体接受之"。何应钦主张在向国联提出部分修正意见之后,"一切仍听国联公正之解决",而"据理力争,作强烈之反驳,固可不必,亦且无用"。叶楚伧认为如果日本能按照报告书的意见取消"满洲国"以及停止军事行动,那么中方不妨接受报告书,以实现中日争端的解

---

① 《国联调查团报告书》(1932 年 10 月 2 日),秦孝仪主编:《中华民国重要史料初编——对日抗战时期》第 6 编,傀儡组织(一),第 632—640 页。

决。贺耀祖的意见与上述诸人大体相仿。① 行政院长汪精卫虽未明确表示对报告书的态度,但字里行间仍是倾向于忍辱负重地接受。他认为从报告书可以看出"国联虽有公平的观察及对于正义之同情心,而其制裁力不足以副之",所以对中国而言,最佳的选择是"接受国联对于我之同情心","而于其制裁力之薄弱,则求所以矫正而增益之","以期得最后之胜利"。②

经过综合考虑,10月17日,蒋介石正式发表对报告书的意见。蒋在意见中指出:"在目前情势之下,中国政府为取得国联及一般国际舆论之同情起见,对于报告书自宜采取温和态度,不可表示过度之反抗。"具体来讲,主要包括四点:第一,在报告书审议通过前,"中国政府自尚须为最大之努力以期改正";第二,观察目前情势,日本不会接受报告书,因此中国不可让步太甚,以免"徒为将来交涉或行动上增加拘束,且将引起国内重大攻击";第三,要兼顾国民党作为革命政党的立场,否则的话,"本党信用与本党所领导之不平等条约废除运动,将受重大打击";第四,具体到报告书内容本身,可接受前八章事实叙述部分,而对后两章建议部分提出"必要之修正"。③

从总体上看,国民政府高层虽然对报告书有所不满,但是多倾向于基本接受。其中的原因,大致有以下三点。

---

① 《军事委员会委员长行营秘书长办公室呈九一八事变国联调查团报告及各方意见与外交委员会委员对于李顿报告书意见》(1933年),台北:"国史馆"藏,蒋中正"总统"文物档案,002-080103-00012-008。
② 《汪兆铭对报告书意见》(1932年10月20日),秦孝仪主编:《中华民国重要史料初编——对日抗战时期》第6编,傀儡组织(一),第651—652页。
③ 《蒋委员长对报告书意见》(1932年10月17日),秦孝仪主编:《中华民国重要史料初编——对日抗战时期》第6编,傀儡组织(一),第648—651页。

第一,从政权属性来看,国民政府代表的是大地主、大资产阶级的利益,无法从中国社会内部获得广泛的力量支持,故而始终对国联寄予不切实际的希望。可是国联能做的只是不承认日本以武力造就的既成事实,而根本不可能迫使日本做出让步。李顿就直接对顾维钧说道:"此次双方讨论报告书能否得有结果,全视日本态度如何","现在列强自国正值多故,决不愿强人民再作重大牺牲,故国际联会只能本其公平之主张发表宣言,引起世界舆论之注意与评论,以待将来之变化"。① 所以,国民政府对国联寄予的希望最终也只能落空。对于这一点,杨虎在给蒋介石的电文中说得很直白。他说:"今我国既不能武力收回东北,若对国联调停方案加以拒绝,则外交上将整个失败",因此对报告书"宜在原则上接受,在细则修正"。②

第二,从利害关系来看,国民政府认为李顿报告书虽然与中国的期待不符,但是对日本更加不利。10月5日,罗文干致电蒋介石称:"第九、第十两章各建议,于中日均属不利,惟日之不利多于我,在我大体上尚可讨论,在日与其迷梦相差悬殊。"③10月9日,在看完报告书后,蒋介石表示:"李顿对调停之主张亦太怕倭寇矣,但报告书前八章调查之日本责任,尚属公道。余对此认为有修正或保留之接受,而不拒绝。呜呼!以弱国而谈外交,又欲于外交中图自

---

① 王正华编注:《蒋中正"总统"档案·事略稿本》(16),第532—533页。
② 《杨虎电蒋中正据夏奇峰函称李顿报告书发表后沪粤中委群起反对情形并认为在无法武力收回东北下不应拒绝国联调停等内容》(1932年10月19日),台北:"国史馆"藏,蒋中正"总统"文物档案,002-090200-00004-313。
③ 《罗文干电蒋中正询对调查团报告书之意见及蒋作宾电称调查团欲中国自行宣布东省自治隐然承认伪组织及复以在政府未决定应付方针前对外不宜有所表示》(1932年10月5日),台北:"国史馆"藏,蒋中正"总统"文物档案,002-090200-00003-195。

主自强之道，乃非此不可。"①

第三，从外交形势来看，日本将拒绝接受报告书。不可否认，日本对报告书的态度将在很大程度上反过来影响国民政府的应对。10月7日，驻日公使蒋作宾致电蒋介石称："日本对于李顿报告，恐不能接受，国际联盟，亦无办法，势将拖延。"②在确定日本将采取不接受的态度后，为了避免给日本"分谤"和"做一种应有尽有的外交姿势"，国民政府接受的意愿自然更高了。③ 中国青年协会总干事余日章致函蒋介石称："对于李顿报告书，无论吾人如何感觉不满，目前须守缄默，任日方提出种种反对，引起全世界之不悦，使其陷于完全孤立地位。"④

果不其然，后来日本政府发表了长篇大论来批驳报告书，指斥其引用"仅限于不利于日本"的证据，还表示："中国问题，尤其是满洲问题之复杂性及变则的特色，为无可比拟之特例。故处理此问题时，自难完全适用普通国际问题之一般方式。"⑤因为国联非但没有全盘屈从日本的要求，反而逐渐成为日本进一步对华侵略扩张的绊脚石。因此在国联大会通过李顿报告书后，日本便断然退出国联。

国民政府虽然将国联通过李顿报告书视为外交胜利，但

---

① 《蒋介石日记》(手稿)，1932年10月9日，斯坦福大学胡佛研究所档案馆藏。
② 《外交部电蒋中正据蒋作宾电称日本恐不接受李顿报告书国联亦无办法中国若不觉悟仍为个人私斗又无健全政府列国态度恐于中国不利》(1932年10月7日)，台北："国史馆"藏，蒋中正"总统"文物档案，002-080200-00058-120。
③ 傅斯年：《国联调查团报告书一瞥》，《独立评论》第22号，第5页。
④ 《余日章函蒋中正美国有名人士对东三省问题意见四点》(1932年12月23日)，台北："国史馆"藏，蒋中正"总统"文物档案，002-020200-00012-103。
⑤ 《日本政府对李顿报告书之意见书》(1932年11月21日)，秦孝仪主编：《中华民国重要史料初编——对日抗战时期》第6编，傀儡组织(一)，第655—672页。

是其内部在进一步的政策问题上发生了分歧。颜惠庆、顾维钧等外交人员建议国民政府采取断然措施,召回驻日公使,并与日本断交。他们在给外交部的电报中表示:"现报告书通过,我已胜诉,应早日宣布绝交,以正世界视听","倘我本身不认为日本从事战争,断不能使他国作如是看法,如仅撤回公使,仍留代办,在法律上毫无意义,徒示我无决心"。① 而国民党中央国防会议也确实通过了召回蒋作宾的决定,"先以要事备咨询为理由,俟日本对国联提出退出通知书时,再正式宣布召回"。② 蒋介石非但没有接受这一对日强硬主张,反而要求行政部门加强对日防范,称:"国联报告书既经通过,倭寇当有特别举动,如其对我下哀的美敦书或宣战或对我沿江沿海各埠突然封锁,皆为意中事,我政府应有严密准备各种处置,不致临时仓卒。"③ 蒋还表示:"国联报告书通过后,倭情更急,事实已入军事状态,务令各部会切实戒备,对于交通机关与各铁路更应注意防范。"④ 由此可见,在对

---

① 《罗文干电蒋中正已将各公使暨国联会员国关于实行撤回驻日公使案意见提出中央国防委员会讨论并提外交委员会审议》(1933年2月28日),台北:"国史馆"藏,蒋中正"总统"文物档案,002-090200-00010-157。

② 《罗文干电蒋中正现已密召蒋作宾返国据国联代表团建议与日本绝交应先撤回使馆人员再者发给日领事护照要求限时回国并予日侨日商保护等》(1933年3月4日),台北:"国史馆"藏,蒋中正"总统"文物档案,002-090200-00015-176;《叶楚伧电蒋中正国防会议决定以咨询名义要求蒋作宾回国俟日本正式退出国联后再正式宣布召回另张学良去留问题请予指示》(1933年3月5日),台北:"国史馆"藏,蒋中正"总统"文物档案,002-090200-00015-177。

③ 《蒋中正电宋子文罗文干国联报告书既经通过我政府应准备因应日本有对我宣战或封锁沿海等举动》(1933年2月26日),台北:"国史馆"藏,蒋中正"总统"文物档案,002-090200-00010-276。

④ 《蒋中正电宋子文国联报告书通过后前线军情更急务令各部会切实戒备并注意交通机关铁路情形》(1933年2月26日),台北:"国史馆"藏,蒋中正"总统"文物档案,002-090200-00010-315。

日政策上,蒋介石几乎是国民政府内部软弱派的代表。每当外交人员提议以对日强硬来影响国际时,蒋总是亲自出面否决。

应该指出的是,对于国民政府依赖国联处理"满洲国"问题,国民党内部是有不同意见的。胡汉民指出:"东北问题之最终解决,不在国联,不在所谓公约,而在我国人民最后之自决。"他还表示:"领土之完整,主权之确保,非白纸黑字之条文所能担任,非现时之国联所能负担,能胜任负担者,厥为我国民坚决之意志,与抵抗之精神。"①国民党中执会西南执行部及西南政务委员会也公开发表通电,批评报告书"不惜自抛弃其所根据之公约,及所认定之事实,不顾立言之矛盾,以迁就强权",进而抨击南京中央"不图抵抗,而倚赖国联",主张"下坚决之意志,本牺牲之精神,以为继续之抵抗,而求失地之恢复"。②

三、对国际体系的基本态度

国民政府在处理"满洲国"问题的过程中,首次同时运用了国联体系和华盛顿体系,而此前国民政府则将主要精力放在向国联申诉上。毕竟国联作为一个国际组织,有一套完整的申诉机制,而《九国公约》仅仅是规定了一些原则。《九国公约》要发挥作用,靠的是签约国,尤其是美国的强硬态度;而国联根据盟约必须受理其成员国的合法申诉。除了仰赖国际体系,国民政府在"满洲国"问题上几乎就没有其他的对策。后来,蒋介石甚至在日记中写道:

---

① 《胡汉民对报告书意见》(1932年10月13日),秦孝仪主编:《中华民国重要史料初编——对日抗战时期》第6编,傀儡组织(一),第645—648页。

② 《中国国民党执行委员会西南执行部与国民政府西南政务委员会通电指摘国联调查团报告书之谬点》(1932年10月11日),台北:"国史馆"藏,蒋中正"总统"文物档案,002-080200-00059-102。

"日寇非消灭国民党势力与政府,则不肯罢手。此后对之,惟有以东北失地任国联以政治方法解决,不愿以武力反攻收回。如其欲在关内再进,则必死力抵抗,虽被其全国占领封锁,亦所不恤。如能从此缓和,则必使缓和为有益于国也。"①事实上,后来日本向关内再进的时候,国民政府并没有"死力抵抗",而是步步退让。

国民政府在处理"满洲国"问题上为什么如此依赖国际体系呢?归结起来,原因主要有以下两点:

其一,国民政府自身没有抵抗的能力和意愿。面对日本的侵略,国民政府总是强调双方实力对比悬殊,认为中国无力单独抗日。事实上,中国有中国的困难,而日本也有其自身的困难。古今中外,以弱胜强的例子不胜枚举,端赖于一方面采取正确的政策,团结内部,进行最广泛的动员;另一方面采取正确的战略战术。由于国民政府本身的阶级属性,看不到最伟大的力量就蕴藏在民众当中。自由主义知识分子普遍支持国民政府的这种错误政策。丁文江表示:"凡一个国家不能保卫自己的领土,而要倚赖旁人,当然不是办法。但是在我们没有能够恢复自卫的能力以前,当然应该要利用国际上的情势,来增加我们的能力,和缓我们的危急。凡知道日本军阀的计划的人,都能相信在这一年以内,国联和国际的公论已经给了我们不少的帮助。我们在这个时候,决不可得罪国联,决不可失去世界的同情心,决不可自杀。"②丁文江观点的错误之处在于:其一,错估了敌国日本,它不会坐等中国恢复"自卫能力";其二,高估了国联和国际舆论同情的实际作用。

---

① 《蒋介石日记》(手稿),1933年3月14日,斯坦福大学胡佛研究所档案馆藏。
② 丁文江:《自杀》,《独立评论》第23号,第4页。

其二,国民政府始终对国联寄予不切实际的期待。蒋介石认为日本的对华侵略可以"试验国际间有无正义或公理,及世界各国有无制裁横暴确保世界和平之决心"。① 蒋还表示:"我们更应相信国际有公约,人类有公道,我们要以和平的心理去遵守,以牺牲的精神去拥护。横暴不足畏,威武不足屈,我们要和平奋斗,以捍御此次的国难,以拥护国际的公法。"②事实已经明白告诉了蒋介石,西方列强没有维护世界和平的决心,而在强权面前,国际公理正义往往不堪一击。国际体系毕竟是由西方列强主导的,故在其自身的实际利益受到损害以前,它们会做的只是空言议论,而不会为了中国而去开罪日本。只要蒋介石不改变"攘外必先安内"的国策,就必然不会放弃对国际体系的依赖。蒋介石在给张学良的电文中表示:"盖国联虽不可尽恃,亦非尽不可恃,此案发生后,中央所以尽力于使国联负解决此案之责任者,因维持中国在国际上之地位,与减少日本直接压迫中国之力量,途径惟在于此。"③可见,蒋希望依靠国联来达到"维持中国在国际上之地位"和"减少日本直接压迫中国之力量"等两个目的。国民政府面对外敌入侵却不抵抗,不可能赢得国际社会的尊重,而日本也不会减少对中国的压迫。

九一八事变后,日本以中国非有组织的国家为由,主张在中日争端中不适用国际法和国际规则。而国民政府的内部分裂,以及地方实力派之间的内战,确实给日本提供了口实。李顿报告书公

---

① 周美华编注:《蒋中正"总统"档案·事略稿本》(12),台北:"国史馆"2006年版,第85—89页。

② 蒋介石:《拥护公理与抗御强权》(1931年10月12日),秦孝仪主编:《蒋公思想言论总集》第10卷,台北:中国国民党中央委员会党史委员会1984年,第468—472页。

③ 《蒋中正电张学良愿与日商洽接收办法认为日仍顾忌国联正研究使国联负解决责任等内容并邮寄施肇基建议对国联应采方针》(1931年10月6日),台北:"国史馆"藏,蒋中正"总统"文物档案,002-090200-00004-234。

布之际,正值四川二刘及山东韩刘内战。蒋介石多次亲自致电参战各方,要求他们保持克制,不可轻启内战,以免被敌方利用。10月5日,蒋介石致电刘湘云:"李顿报告书冬日①方公布于世,国联即将实行讨论,全球咸注视中国问题,今日万不可再起内战,致贻人口实。"②10月7日,蒋又致电韩复榘、刘珍年,转述外界对于中国不统一、秩序混乱的评论,强调:"今强寇即以此耸动国际之视听,外报复大肆恶劣之宣传,倘烈燃箕之祸,必遗噬脐之忧。"③10月8日,蒋再次致电四川军政大员,表示日方对中国内战情形"热嘲冷笑之致","李顿报告书方公布于世界,其中叙述虽未尽当,而于我国今年发展之过程颇有相当之同情,而日本即据我当前现状持为抹杀一切及应施宰割之口实,以资反驳",希望他们"各守原防,力避接触,迅求和平解决"。④ 10月9日,蒋介还致电两广的陈济棠、李宗仁等人表示:"日本方面正援引我国当前种种情况,以为抹杀一切,应加宰割之佐证,冀以淆惑国际视听,而遂其吞噬之狡谋。值此国家存亡呼吸之时,寇仇之毁蔑,旁观之称誉,固皆无关根本之计。要唯视吾辈负有国家地方责任人能否精诚团结实心实意以共赴国难而已。"⑤蒋介石一边要求地方实力派不可轻启内战,另一边却调集重兵"围剿"红军,可谓以五十步笑百步。

加强国内的政治整合,是应付国难的必要之举。无论和战,均须国内团结一致,不然的话,"言和平则乱唱高调,无裨实际;言战

---

① 冬日是电报日期代码,即2日。
② 王正华编注:《蒋中正"总统"档案·事略稿本》(17),台北:"国史馆"2005年版,第31—32页。
③ 王正华编注:《蒋中正"总统"档案·事略稿本》(17),第45—49页。
④ 王正华编注:《蒋中正"总统"档案·事略稿本》(17),第62—64页。
⑤ 王正华编注:《蒋中正"总统"档案·事略稿本》(17),第85页。

争,则又不能自整其一致之阵"。① 外交老宿王正廷还告诫国人,外交完全以国家力量为后盾,"在此外交严重之际,国内应力谋团结,努力自存,不可专恃国联"。②

从处理"满洲国"问题的过程中,可以看出国民政府完全依赖国际体系,甚至在事实已然证明国际体系不可恃之后,还不思改弦更张。以《独立评论》为代表的自由主义知识分子普遍支持国民政府的这一政策。蒋廷黻认为:"国联不但是我们联合世界一致对日的好工具,且是帮助我们实行现代化的一个好机关。"因此,站在中国的立场,应当努力"培养国联的力量"。蒋廷黻对此表示:"别国不信任国联的时候,我们要特别信任它。别国事事处处要破坏国联的威信的时候,我们一举一动都要尊崇,要提高国联的威信。别国的人如说国联盟约是废纸,我们就要说盟约是天经地义。别国的人如说国联只能管欧洲的事,我们就要说国联是全世界的仲裁者。别国的国联同志会会员如有三百万,我们就应该有三千万。别国如把国联作为外交家专门研究的题目,我们就应把国联的历史、组织、目的作为中小学的必修课。无论国联提倡什么,我们都竭力合作。无论国联召集什么会议,我们必派代表出席,且派国内最有资望的人去。"③胡适认为中国外交应当尽量顾到"日本""苏俄""美国"及"国联"等四条路线,"最上策是全顾到这四线;不得已而思其次,也要顾到四线中的三线",因此必须尽可能维持国联路线。④ 国

---

① 《汪兆铭对报告书意见》(1932 年 10 月 20 日),秦孝仪主编:《中华民国重要史料初编——对日抗战时期》第 6 编,傀儡组织(一),第 652 页。
② 《王正廷对报告书意见》(1932 年 10 月 4 日),秦孝仪主编:《中华民国重要史料初编——对日抗战时期》第 6 编,傀儡组织(一),第 643 页。
③ 蒋廷黻:《长期抵抗中如何运用国联与国际》,《独立评论》第 45 号,第 3—4 页。
④ 胡适:《世界新形势里的中国外交方针》,《独立评论》第 78 号,第 3 页。

民政府与胡适等人在对国际体系的认识和态度上是基本一致的,但是却与社会大众的意见相距甚远。

第四节　以对苏复交寻求体系外的支持

十月革命后,社会主义苏联虽然被西方列强孤立,但是在战胜国内外的反对势力后,以计划经济的模式迅速恢复和壮大国力,成为国联体系之外的重要大国。九一八事变后,国民政府原本期待国联能够制止日本的对华侵略,结果以失败而告终,进而开始思考寻求苏联的支持。毕竟中苏两国在应对日本对外侵略扩张问题上利害一致。改善中苏两国自中东路事件后极度恶化的关系,恢复正常邦交,成为客观形势的要求。国民政府在复交前是如何考虑的?国民政府希望通过复交达到什么目的?国民政府对复交后的中苏关系又是如何思考的?此外,国民政府又是如何从国际体系的角度处理对苏关系的?本节将围绕上述问题展开论述,以期更完整地理解国民政府应对九一八事变的外交战略。

一、在复交前的顾虑

苏联是当时世界上唯一的社会主义国家,也是被凡尔赛—华盛顿体系排斥的国家。大革命后期,国民政府也追随西方列强的反苏步伐,逐步断绝与苏联的关系。最后因为中东路事件,中苏关系甚至发展到公开武装冲突的地步。国民政府之所以考虑对苏复交,当然是为了因应日本的对华侵略。对苏复交意味着国民政府务实地从地缘政治出发来处理中苏双边关系。国民政府在对苏复交的过程中始终存在两个顾虑:其一,是否会得罪当时主导国际体系的西方列强,毕竟两者的社会制度及意识形态存在对立;其二,是否会影响正在进行的"剿共"行动。对蒋介石来说,就算是大敌当前,也依然不放弃消灭中共。显见蒋介石并未将国家民族的利益放在第一位。

九一八事变一发生,国民政府内部就有人提出以对苏复交来应对日本的侵略。毕竟如果日本彻底占据中国东北,也将给苏联的东部边疆带来现实的威胁。1931年9月23日,在国民党中央政治会议上,中央执行委员会委员王柏龄提出:"如在外交上说,我们现在对俄国还是可以复交。除俄国之外,没有人会来帮助我们的。这也不是说俄国独厚于中国,因为日本是中俄两国共同的敌人。苏俄远东的利益,是和日本起正面的冲突的。而且外交上今天绝交明天复交,并不算什么一回事。"①国民党中央政治会议也认为中苏复交"倘令早日实现",必"可使我国国际地位焕然一新"。②

一·二八事变后,对苏复交的声浪更加高涨,而在国民政府内部,尤以粤系的孙科等人态度最为积极。1932年4月24日,孙科公开发表《抗日救国纲领草案》,其中对于外交政策,提出"以联合世界上以平等待我之民族及废除不平等条约,求得中国民族之独立,为外交的基本原则""以彻底抗日为目前外交之主要方针""凡与日本帝国主义利益冲突之国家,均认为我之与国,应与之作切实的互惠的联合""于最短期间,决定对各国外交方针及其实施办法"

---

① 《中国国民党中央执行委员会政治会议第二九〇次会议速记录》(1931年9月23日),王建朗主编:《中华民国时期外交文献汇编》第6卷,上册,第41页。
② 《国民党中央执行委员会政治会议致国民政府函》(1932年6月10日),中国第二历史档案馆卞岩选辑:《1932年中苏复交档案史料》,《民国档案》2006年第2期,第7页。

等四项主张。① 孙氏所言"世界上以平等待我之民族""与日本帝国主义利益冲突之国家",当然指的就是苏联。孙科认为中苏两国利害相同,"日本现占据东北后,复欲谋在西伯利亚东端,利用白俄,树立与东三省相同之缓冲国,以为日本之屏障",故而亟应加强对苏关系。②

虽然国民政府高层内部确实有人主张对苏复交,但是蒋介石、张学良等实权派却并不赞同立即实施。因为当时日方正以中国将要联苏来作为侵占中国东北的借口。1931年10月6日,张学良致电蒋介石称:"顷据密报,日方诬我谓将有联俄之意,拟促成东省敌派独立,积极干涉我国内政等情。查我国报纸间或有此论调,政府尚未抱此方针,日方任意造谣,意图有所借口,除即电驻日蒋使及施代表相机解释外,乞特予注意,并设法嘱沪报宣传解释。"③10月8日,蒋介石在给何应钦的电文中强调"并无联俄之策"。④ 黄郛也赞同蒋介石的意见,主张慎重对苏复交。"得畅卿电,谓中俄复交,中央急办,介石主持重,来征询予之意见,乃作一书复之,条举五项结论,亦主慎重。"⑤电文中提到的"畅卿"系指当时蒋介石身边的核心幕僚杨永泰,与黄郛同属政学系。

事实上,九一八事变之初,苏联政府改善对华关系的态度也并

---

① 《孙科对时局谈话》,《申报》,1932年4月25日,第1版。
② 《孙科招待报界》,《申报》,1932年4月26日,第1版。
③ 《张学良电蒋中正据报日方谣言中国有联俄之意并嘱沪报宣传解释》(1931年10月6日),台北:"国史馆"藏,蒋中正"总统"文物档案,002-020200-00012-026。
④ 《蒋中正电何应钦对日备有最后抗战决心但无联俄之策亦不屈于日军武力压迫》(1931年11月8日),台北:"国史馆"藏,蒋中正"总统"文物档案,002-020200-00012-027。
⑤ 《黄郛日记》,1932年7月21日,黄郛著、任育德主编:《黄郛日记(1931—1932)》,第185页。

不明显。苏联因一时摸不清其他大国的意向,故而"推迟到收到补充情报后再作出"决定。① 后来鉴于"大国的立场除美国外都是消极的"和"中国人已在国联提出问题,国联将在日内审议这一问题"②,斯大林决定苏联不进行"军事干涉"和"外交干涉","因为它只能使帝国主义者们联合起来,而对我们有利的是让他们争吵起来"。③ 当然,后来苏联逐渐意识到日本侵占中国东北对其产生的现实威胁,而在客观上构成改善中苏关系的条件。11月15日,共产国际执行委员会在给各国共产党的指示中指出,日本侵占中国东北将对苏联造成威胁,称"被掠夺领域的扩大有可能引起对苏联的直接军事进攻,法国和英国帝国主义者企图通过军事挑衅的手法把在中国的战争变为同苏联的战争";"在中国发生的帝国主义战争引起了世界各国,甚至与对中国的殖民政策直接有关的国家疯狂地展开反苏运动和加紧备战工作"。④ 在此背景下,苏联对国民政府的支持倾向并不明显。

随着形势的演变,国民政府内部支持对苏复交的力量更趋壮大。关于国民政府中央在对苏复交问题上的两派主张,《大公报》指出:

---

① 《联共(布)中央政治局会议第63号(特字第×号)记录》(1931年9月20日),中共中央党史研究室第一研究部译:《共产国际、联共(布)与中国革命档案资料丛书(13)》,北京:中共党史出版社2007年版,第31页。
② 《卡冈诺维奇和莫洛托夫给斯大林的电报》(1931年9月22日),中共中央党史研究室第一研究部译:《共产国际、联共(布)与中国革命档案资料丛书(13)》,第35页。
③ 《斯大林给卡冈诺维奇和莫洛托夫的电报》(1931年9月23日),中共中央党史研究室第一研究部译:《共产国际、联共(布)与中国革命档案资料丛书(13)》,第36页。
④ 《共产国际执行委员会组织部常设反战委员会关于满洲问题给各国共产党中央委员会的指示》(1931年11月15日),中共中央党史研究室第一研究部译:《共产国际、联共(布)与中国革命档案资料丛书(13)》,第73页。

中央对俄问题,向有两道潮流,即反对复交与赞成复交是也。前者之言曰,我内战甫定,"共匪"向炽,如俄使领馆到处设立,则不啻与共党以护符,将来肃清愈难。后者之言曰,俄之立国已非他国所能动摇,且英日亦与成交,美亦有承认议,吾与俄接境,事实上绝而未绝,成为国际上之变态,不如正式商复交为宜。本来前一派较为得势,胡展堂、孙哲生、张溥泉及一般元老均持此态度,或且此中人尚有与苏俄个人感情问题,亦杂在其中。后一派初时仅某君等数人。近来军人亦渐赞成,最著者如与总部有关系之二三要人,均有是言。①

《大公报》认为对苏复交不会招致西方列强的不满,"在国联系统下之列强各国,对俄邦交早经恢复","站在国联门外之美国,对俄虽未恢复邦交,然最近主张复交之空气亦复日臻浓厚"。有鉴于此,《大公报》呼吁国民政府去除顾虑,大胆行动,"若明知复交有利,徒因希冀示好于列强,故意迁延,则为根本谬误,不敢苟同"。②

国民政府内部有关中苏复交的争论焦点在于是否以外交作为最优先的考量。汪精卫、罗文干等行政部门负责人主张立即无条件对苏复交,以改善外交处境;蒋介石则持有条件复交主张,认为必须得到苏联在中国对外蒙古的主权、缔结互不侵犯条约以及不在华宣传共产主义等问题上的切实保证后,才同意复交。因此,国民政府对苏复交的最大阻力就在蒋介石本人身上。在上述两个顾虑未得到缓解以前,要想蒋介石真正松口难度颇大。而这要等到美国透露对苏复交的意向,以及"围剿"鄂

---

① 《几经研究之对俄方案》,《大公报》,1931年2月18日,第3版。
② 《对俄复交尚何所待?》,《大公报》,1932年6月6日,第2版,社评。

豫皖革命根据地成功后,蒋的态度才转趋积极。

1932年6月6日,国民党中央政治会议正式通过对苏复交的决议。6月18日,国民政府密令行政院,要求妥慎进行中苏复交。密令指出:此时中苏如果先行恢复邦交,利弊互见,"一方固可为互助之张本,而一方或将引起日本绝大之疑虑,甚至宣传苏联有供给我方军火之事,藉以促进日苏之冲突,而令欧美各国信日方之扩大东亚战局为防止中苏之联合挑战",所以复交前应与英法美等国先行接洽,向其保证"中国政府并无与苏联为任何军事或政治上结合之意思",同时还应进行适当宣传,要点为"防共与复交系属绝对二事,而复交与联俄亦属不相关联之问题",以避免国内外产生误解。对于复交方式,国民政府倾向于与苏联缔结互不侵犯条约,"该约一经签订,两国邦交当然恢复"。与双方互换照会,无条件复交相比,通过签订互不侵犯条约恢复邦交,一方面符合《非战公约》及《国联盟约》之精神,另一方面可以向国际社会展现中国的和平诚意,称:"中国领土之完整与行政之独立最近已受日本若是之蹂躏,为防止苏联为同样之侵略,故与该国缔结此项条约;中国并愿与欧美各国均订是项条约,又愿欧美各国间互订是项条约,藉维国际和平,而弭世界战祸。"[①]

随后,行政院长汪精卫、外交部长罗文干等人便积极推进中苏交涉。7月8日,罗文干致电蒋介石,建议接受苏方先复交然后再缔结互不侵犯条约的建议,以免日苏两国率先达成妥协,协以谋我。电云:"经此同兆铭兄与诸同仁商酌后,认为俄事以从速解决为上策,拟即电令颜代表与李维诺夫在日内瓦先

[①]《国民政府密令》(1932年6月18日),中国第二历史档案馆卞岩选辑:《1932年中苏复交档案史料》,《民国档案》2006年第2期,第8—9页。

行复交手续,再商其他。"①同日,汪精卫也致电蒋介石,认为苏方既有对华复交之意,站在国民政府的立场,不妨借坡下驴,乘势答应。电云:"今晨行政院秘密会议讨论此事,皆主张即行复交。前在牯岭谈话,尊意以为不宜由我方表示渴望,现李维诺夫既有苏俄准备复交之声明,情势既有变迁,尊意如何?"②

对于汪精卫坚持无条件复交的态度,蒋介石充满疑虑,"汪氏为人居心叵测,余于此深思研究,斟酌无误,慎以出之,尤须潜移默化,不可急急也"。③ 7月9日,蒋介石回电汪精卫,要求按原定方针进行对苏交涉,"以能否先订互不侵犯条约为标准",而不可"辱及国体"。④ 换言之,蒋不赞同汪、罗等人无条件复交的主张。

九一八事变后,蒋介石对于苏联复交的态度一直都不太积极。早在1932年1月20日,蒋介石就在给何应钦、朱培德及陈果夫等嫡系亲信的电文中表示:"对俄复交,则列强对我不但不助,而且反助日,故东三省问题未决之前,如对俄复交,则不止断送满蒙,是乃断送全国也。"⑤7月25日,蒋介石致电汪精卫,转达国民政府主席林森之意,认为在未得苏联切实保证之前,以暂缓对苏复交为宜。电云:"无条件复交以前,对于互不侵犯条约及限制彼领宣传等事,

---

① 《罗文干致蒋介石齐电》,吴淑凤编注:《蒋中正"总统"档案·事略稿本》(15),台北:"国史馆"2006年版,第407—408页。
② 《汪兆铭电蒋中正关于中俄复交问题现李维诺夫既有苏联准备复交之声明情势既有变迁尊意如何盼示复》(1932年7月8日),台北:"国史馆"藏,蒋中正"总统"文物档案,002-090400-00006-448。
③ 《蒋介石日记》(手稿),1932年7月8日,斯坦福大学胡佛研究所档案馆藏。
④ 吴淑凤编注:《蒋中正"总统"档案·事略稿本》(15),第406—407页。
⑤ 《蒋介石电何应钦、朱培德、陈果夫对日绝交即不能不对苏俄复交是诚国家最大危机及团结问题症结全在胡汉民一人》(1932年1月10日),台北:"国史馆"藏,蒋中正"总统"文物档案,002-090200-00003-237。

务须事前有一确切协商,方不为其所欺,不然复交以后,有利彼损我之事,不易提出,即使提出,彼亦不理。"①实际上,林森的意见代表的就是蒋的意见,只不过借林之口说出而已。汪精卫当然心知肚明,故当天就回电蒋介石,表示:"对中俄复交并无绝对主张,只以权衡利害轻重为着眼点",故赞成暂缓进行。② 至此,交涉陷于停顿状态。

面对蒋介石的强硬态度,汪精卫等人一时间束手无策,转而透过舆论向其施压。7月28日,上海各报转载路透社消息:"据可靠方面消息,莫斯科此次谈判,现在停顿中,俄国主张无条件复交,然后讨论缔结互不侵犯条约,中国则愿于互不侵犯条[约]先获谅解,禁止俄员在华作赤化宣传,并解决两国间之悬案。"③蒋介石对中苏谈判的内幕信息外露极为震怒,特意致电汪精卫、罗文干,要求严惩泄密者。电云:"外交秘密,竟行公开,实属危险万分,应请严密追究泄漏之人,务获惩办,否则此后一切国际关系,必无法应付。"④

中苏交涉陷于停顿,导致复交迟迟无法实现,引起了无条件复交论者的不满。8月3日,张群致电蒋介石,表示:"罗钧任电汉卿谓对俄复交事均主张速办,惟钧座主缓,殊有不利。汉卿欲群联名电恳钧座特予考虑,钧座主缓理由,尚祈电示,以便解说。"⑤罗钧任

---

① 吴淑凤编注:《蒋中正"总统"档案·事略稿本》(15),第555页。
② 《汪兆铭电蒋中正对中俄复交并无绝对主张只以权衡利害轻重为着眼点故暂缓之议亦赞成》(1932年7月25日),台北:"国史馆"藏,蒋中正"总统"文物档案,002-090400-00006-451。
③ 《罗文干拟赴汉协商外交问题》,《申报》,1932年7月28日,第3版。
④ 吴淑凤编注:《蒋中正"总统"档案·事略稿本》(15),第577页。
⑤ 《张群电蒋中正经与张学良进兵热河事并拟派员偕伍希龄谕汤玉麟勿迟延出兵另据罗文干称钧座主缓对俄复交事恐不利张学良欲联名事恳请多释明用意》 (转下页)

即罗文干,汉卿即张学良。8月5日,蒋介石回电张群、张学良,解释中苏交涉停顿的原因是苏方代表李维诺夫离开日内瓦,"不便接洽所致"。蒋还在电文中表示其本人对中苏复交事"始终未尝主张缓办",但是他认为在复交前双方就"禁止宣传共产""互订不侵犯条约"及"俄允派员来华签约并解决各项悬案"等三项问题"先行洽商","得有相当谅解之把握后,乃即行换文",如此既可顾全苏联的面子,又可保障中国的里子,"似较两全稳妥"。最后,蒋介石表示:"弟对俄复交并无任何成见,且愿顺从多数同志一意,初非有所固执也。"①蒋在电文中所云"弟对中俄复交一事,始终未尝主张缓办",其实是托词。因为他始终顽固地坚持在"剿共"完成之后才"准予复交"的主张。②

为了说服蒋介石,9月1日,罗文干专程赴汉口向蒋当面汇报相关事宜,并上呈互不侵犯条约草案。蒋阅后,表示:"此条约,余主张不订,盖我方之目的乃外蒙问题能在此不侵犯条约中解决也。今不列此条,则此约对我有害无利,何我方政治上,人竟糊涂至此,诚可欺焉。"③9月9日,罗文干致电蒋介石,转述中国驻英公使郭泰祺的来电内容。郭泰祺在电文中表示:"英外部对满事现正犹疑不决,对条约义务态度甚冷,尊意所询英方有无交换利益之意一节,现尚谈不到。我方在华盛顿似应加紧活动,

---

(接上页)(1932年8月3日),台北:"国史馆"藏,蒋中正"总统"文物档案,002-090300-00048-321。

① 《蒋中正电张群张学良对中俄复交一事应先对禁止宣传共产互订不侵犯条约及俄允派员来华签约并解决各项悬案等问题先行洽商得相当谅解后再行换文》(1932年8月5日),台北:"国史馆"藏,蒋中正"总统"文物档案,002-090400-00004-033。

② 《蒋介石日记》(手稿),1932年8月30日,斯坦福大学胡佛研究所档案馆藏。

③ 王正华编注:《蒋中正"总统"档案·事略稿本》(16),台北:"国史馆"2007年版,第280页。

美国之战债政策或足以使伦敦不能不与美合作。又据可靠消息,美国无论今冬之选举结果如何,将承认俄国。祺意以早日与苏俄复交为宜。"罗文干还在电文中再次强调自己的意见,加速对苏复交,不然将落在美方之后。电云:"美方关键至为重要,颜惠庆公使尚留欧,未能即刻回任,兹已电嘱施前公使肇基先赴华盛顿一行,稍缓再令颜使回美。与俄复交一节,前已面陈利害,此事总不宜落在美方之后,仍请随时赐示尊见为祷。"蒋介石回电称:"对俄复交,不妨进行,对美活动,更宜加紧努力行之,勿失国礼。"①

或许是担心自己及郭泰祺的意见还不足以真正打动蒋介石,罗文干同日还特别致函杨永泰,希望他向蒋说明加速对苏复交进程的必要性。罗在信函中表示,经过多次与汪精卫、宋子文等人商议,一致认为与"剿共"问题相比,外患更急,不应错失良机。函云:"中俄复交问题,应以满洲问题利害为衡,国际情形千变万化,宜稍予外部及在外代表以相当酌量权限。"②

此外,美国对苏态度的改变缓解了蒋介石的疑虑。9月12日,蒋介石回电罗文干,同意"中俄复交继续进行商洽",还表示:"国际形势瞬变,既与林主席、汪兆铭、宋子文、顾维钧诸公商明,自可授驻外代表以相当之权限,俾赴事机,一切进展情形仍盼随时电示,并祈转知驻外代表随时报告情况。"③

虽然蒋介石已经同意罗文干的意见,但是内心深处仍有一些

---

① 《罗文干齐电》,王正华编注:《蒋中正"总统"档案·事略稿本》(16),第316—317页。
② 《罗文干函杨永泰中俄复交问题应以满洲问题利害为衡请对蒋中正说明一切并稍予外交部在外代表相当酌量权限等》(1932年9月9日),台北:"国史馆"藏,蒋中正"总统"文物档案,002-080200-00619-061。
③ 王正华编注:《蒋中正"总统"档案·事略稿本》(16),第376页。

疑虑。直到9月15日,日本正式承认"满洲国";9月20日,国民党军攻占鄂豫皖根据地的中心区域金家寨,蒋的态度才变得更为积极。蒋介石在给罗文干的电文中,表示:"对俄复交,既决定方针,则不必拘小节,不争面子。"蒋还放弃了其一贯坚持的复交条件,例如互不侵犯条约,表示"不必急提";苏联派员来华协商,"亦不必用文字正式表明,但须事先口头约定为要"。因为既然已经决定对苏无条件复交,"则不必琐碎及失大体也"。① 日本《朝日新闻》在社论中指出:"此次协定,其内容如何,虽莫名其妙,然就其最近之经过,当不外乎中国政府急于打开外交局面,一变其已往之主张,承认无条件之复交耳!"②

在国民政府高层内部意见统一后,中苏关于复交的谈判随之加速,并最终于12月12日在日内瓦正式宣布复交。

二、希望以对苏复交开创外交新局

国民政府期待在对苏复交后,中国外交能够有一个新的局面,"转移国际目光,打开沉静局面"。③ 论者指出:"中俄邦交很明显地含有世界性,所以中俄复交决不只中俄两国恢复邦交而已,势必牵及其他国际方面。"④

国民政府希望对苏复交可以达到以下三个目的:其一,尽量从苏联获得支持,毕竟"满洲国"建立后,日苏两国失去了战略缓冲地

---

① 《蒋中正函罗文干进行对苏俄复交方针既定小节可不拘》(1932年9月20日),台北:"国史馆"藏,蒋中正"总统"文物档案,002-020200-00032-052。
② 《中俄复交》,日本大阪朝日新闻12月15日社论,嵩汀译,《外交月报》第2卷第1期,第1—2页。
③ 《伍朝枢王正廷谈中俄复交》,《申报》,1932年12月16日,第2张第8版。
④ 苑明:《中俄复交对于国际间的影响》,《苏俄评论》第4卷第1—2期,第54页。

带,导致苏联在国防上面临切实的威胁,或将支持中国,以牵制日本;其二,能够对日本形成威慑,从而减缓其侵华步伐,因为日本要防备苏联,就不可能全力对华,"中俄复交为应付日前外交之要着。此事酝酿甚久,方始告成。在中俄两国当然欣慰,在野心国家或因而忌惮";其三,引起西方列强的重视,"以过去与最近事态而论,在道义与公理上,英法均非仗义执言者,斯不能令人无憾",但如果国民政府完全倒向苏联,那也不是它们愿意看到的局面。① 蒋介石在日记中写道:"昨日中俄在日内瓦正式复交矣。余所力持外蒙之主权,得以名义上达到,此为目前之第一步胜利。且与俄复交,足使倭人胆怯,而于我雪耻复国之基,更增强一层矣。"换言之,在蒋看来,对苏复交一方面使中国对外蒙古的主权获得了名义上的保障,另一方面将使敌国日本"胆怯",并且增强了国民政府"雪耻复国"的基础。因此,蒋介石对自己按照既定步骤推进国策,颇为志得意满,称:"自思对于预定计划,其步骤尚未乱也。如能持之以敬,则报国有日矣!"②

　　中苏复交确实对日本产生了一定的冲击。日本舆论普遍将其视为日本的外交挫败。东京《朝日新闻》认为中苏复交"其结果于日不利",将对苏联与"满洲国"的关系产生牵制,"俄满关系势必较前纷纠",批评日本中途无故放弃日苏关系是"无能外交"。日本《报知新闻》更是认为,中苏复交后,中美苏三国将会紧密结合,"如是围绕日本之中美俄三国,势必于日本背后握手,而日本乃成孤立之状"。③ 此外,日本经济界还担心中苏复交后,苏联商

---

① 《伍朝枢王正廷谈中俄复交》,《申报》,1932年12月16日,第2张第8版。
② 《蒋介石日记》(手稿),1932年12月13日,斯坦福大学胡佛研究所档案馆藏。
③ 《东京报纸自认日本外交无能　中美俄三国携手日本乃陷于孤立》,《申报》,1932年12月15日,第3版。

品涌入中国市场,进而"给予日货在华之地位以最严重之打击"。① 日本经济界的担忧可谓其来有自。中苏复交后,上海市商会发表宣言,表示:"吾人惟望两国国民,鉴于悠久之历史与其接壤之关系,能为真挚坦白永久之结合,庶无负此天赋之形势,而苏俄之大量生产,亦永得发展于远东市场,为四亿国民所竭诚接受","当兹远东形势日益惨淡,凡能主持公道之友邦,不问其历史何若、政情何若、地位何若,均将视为四亿国民之良友,予以商业上莫大之便利"。②

蒋介石自始至终就只是把对苏复交作为制衡日本的一种手段。"亚洲目前之大势,中日亲善之道,殊不可通。"③1933年1月3日,蒋作宾致电蒋介石,称:自中国对苏复交后,日本"对华感情日行恶化","着着准备内犯"。蒋作宾提醒蒋介石提早因应,"倘我国应付不得其宜,平津一乱,华北真将出现伪政府"。蒋作宾还表示:"速组健全政府,确定方针,或战或和,当机立断,非徒呼外援,就能免难,亦非空言抗日,就能济事。"④但是蒋介石对蒋作宾的报告却是从相反的角度加以解读的。1月4日,蒋介石在日记中表示:"倭寇既得伪满,其意本足;惟惧世界大战将起,恐我乘势报复,故急强我屈服,成为彼之与国;而又惧苏俄与我联合,共同报复,故更求急进,必先制服我也。夫敌之所最惧者,即我之最上策也,敌之所欲急者,即我之所宜缓也,余今于此中求得制倭之关键矣。"⑤

---

① 《日商大起恐慌 俄货乘机向华倾销 日货销路将受打击》,《申报》,1932年12月15日,第3版。
② 《市商会为中俄复交发表宣言》,《申报》,1932年12月16日,第3张第11版。
③ 《中俄恢复邦交》,《中央日报》,1932年12月14日,第2版,社评。
④ 《蒋作宾电蒋中正日本因中俄复交我决议抗日国联开会期近等故即夺榆关》(1933年1月3日),台北:"国史馆"藏,蒋中正"总统"文物档案,002-020200-00016-030。
⑤ 《蒋介石日记》(手稿),1933年1月4日,斯坦福大学胡佛研究所档案馆藏。

为防止出现中国联合苏联共同对日的局面,日本政府向中国公开发出赤裸裸的威胁。1月21日,日本外相内田康哉在国会演讲时公开表示:"若赤化运动,因中俄复交而更得势力,实足以威胁东方平和,日本即有警卫之必要。中国具有特殊情形,国际法规惯例及盟约不能完全适用。"①也就是说,如果中国完全倒向苏联,那么日本将不惜对华动武。中苏联合是日本极不愿看到的局面,因此后来才会提出"共同防共"的要求。日方对中苏复交的反应,从另一角度证明国民政府对苏复交的决策确属"有益而应做之事"。②

国民政府高层内部普遍对中苏复交持正面看法。行政院代理院长宋子文对中苏复交"极为满意","代表中俄民族之两大系人道主义间,天然有许多同情心,足以制胜国际政治上之幻想"。宋认为中苏合作定然对远东和平大有助力。一向热心支持对苏复交的孙科认为中苏复交实现后,对国际间外交"当有转变"。孙希望国民政府能够将外交的重点由国联转到美苏两国。他认为由于英国袒护日本,所以将中日争端向国联申诉难得"圆满结果",而应当联络美苏两国,"以谋外交之制裁"。另外,孙科还提醒国民政府整顿自己的力量,"以为相当之准备",同时也要防范"俄日缔结互不侵犯条约之急进"。③

另外,值得一提的是张学良的态度。张学良领导的东北军,曾

---

① 《蒋作宾电蒋中正内田康哉谓若赤化运动因中俄复交而得势日即有警卫必要》(1933年1月21日),台北:"国史馆"藏,蒋中正"总统"文物档案,002-020200-00016-046。
② 《伍朝枢王正廷谈中俄复交》,《申报》,1932年12月16日,第2张第8版。
③ 《孙科伍朝枢等昨晋京　孙谈中俄复交后影响国际》,《申报》,1932年12月15日,第3张第10版。

因中东路事件与苏联发生过武装冲突,但是对中苏复交,他也完全是乐观其成。他认为中苏两国在地缘政治上关系特殊,"中俄国境相连,绵延数千里,关系密切,与美对加拿大同"。因此,就算断交后,双方仍然互派有使领,"东三省各地有俄领,俄西伯利亚各地有中国领"。对于中苏关系曾经的恶化,张学良深感遗憾,"今幸恢复常态,定能互以诚意发展友谊,在东亚与世界之今日,可为足资纪念之和平曙光"。①

当然,国民政府内部仍有部分人对中苏关系的改善抱有疑虑。蒋介石都一一加以解释,以期统一认识。12月15日,湖南省主席何键致电蒋介石,表示对中苏复交后的担忧,"默察国内及国际情形,深恐国人原有见仁见智之不同,难免滋生疑议,而英法等国或更以资本主义与社会主义根本冲突之故,克益增其袒敌之决心,利未见而害先行,危惧实甚"。②16日,蒋介石回电何键,表示:"复交后,国际空气大变,裁兵之议,英国让步,是一特征,我国外交新局面,必可从此打开,决无弊害。"③17日,广东省主席陈济棠也致电蒋介石,表示:"报载对俄复交,此间各界极为注意,迭次向职查问。职以不知原委,无从答复,且对于'剿共'工作亦有连带关系,究竟此次复交经过情形若何,有无许可容共,恳即详予电示,俾得明了应付为祷。"④同日,蒋介石立即回电陈济棠,解释道:"对俄复交事,以兄意度之,吾辈有否容共之理,至复交内容,除发表之外交文件

---

① 《张学良之谈话》,《申报》,1932年12月15日,第3版。
② 《何键电询蒋中正恳密示目前外交形势及中俄复交后胜算如何》(1932年12月15日),台北:"国史馆"藏,蒋中正"总统"文物档案,002-090102-00010-194。
③ 王宇高编注:《蒋中正"总统"档案·事略稿本》(17),台北:"国史馆"2005年版,第614页。
④ 《陈济棠电询蒋中正中俄复交经过情形及有无许可容共》(1932年12月16日),台北:"国史馆"藏,蒋中正"总统"文物档案,002-090102-00010-193。

外,绝无任何条件,请兄勿为好谣者所惑也。"①

从何键和陈济棠二人的电文内容可以看出,何键关注的是中苏复交是否会使中国丧失英美等西方列强的同情与支持,而陈济棠则是怀疑中央政府是否以容共为条件换取苏联支持。何、陈两人所反映的问题伴随了对苏复交的全过程。对于前者,王正廷表示:"至此后英法对我之态度,是否改变,以惯例而言,因在国际间甲国与乙国邦交之恢复,照普通事根本谈不到足以引起其他国家之注意,或所谓改变态度。予意英法两国在我国商业上均占有重要地位,想不致自甘割弃固有之好感,而助纣为虐也。"②如果陈济棠担心蒋介石以放弃反共为代价来换取对苏复交,那显然是低估蒋的决心。事实上,陈济棠真正担心的是,国共关系改善后,两广的半独立局面无法继续维持。

中苏复交是对双方都有益的行动。两个反侵略国家间的合作,也有利于促进世界和平。在完成中苏复交后,李维诺夫在对记者的谈话中,表示了苏联对中国人民的对日斗争的同情,称:"苏联各族人民过去和现在都对中国人民,对他为保持国家独立和主权而做出的努力,对他力争获得国际平等抱有深厚的同情。苏联政府做出了许多行动,证明他对中国的友好态度。"③

在抵抗日本侵略的问题上,争取苏联的支持,是外交上的必要举动,但是寄托过高的期待,则注定不会实现。"中俄复交,虽在对日长期斗争中,获得若干安慰,在国际困难环境间,闯出一条新路,

---

① 王宇高编注:《蒋中正"总统"档案·事略稿本》(17),第621页。
② 《伍朝枢王正廷谈中俄复交》,《申报》,1932年12月16日,第2张第8版。
③ 《李维诺夫就苏中复交同记者的谈话》,李玉贞、李嘉谷译:《中苏外交文件选译(1932—1938年)》,庄建平主编:《近代史资料文库》第3卷,上海:上海书店出版社2009年版,第577—578页。

究之乃寻常应办之事,在目前断不宜为何等重大之期待。"①伍朝枢指出:"须知东北失地,非恃中俄邦交之恢复,即能驱出日军","一若外交成功,即可高枕无忧,岂非大谬"。王正廷也指出:"我国已失去数省土地,侵略者又无丝毫觉悟心流露",若不加紧"自谋实力之准备"与"举国一致之团结","窃恐东北版图,将永非我有矣"。②冯玉祥更表示:"好像复交以后,对于已失之地,未丧之土,都有什么办法似的","民众们自己起来,自己组织起来,武装起来,打倒卖国的南京政府!打倒一切帝国主义!与俄国联成一气,不分彼此地向帝国主义进攻"。③

三、各界期待中苏关系能更进一步

中苏复交,揭开了中国外交新的一页,自然会引起社会各界的瞩目。知识精英对中苏复交普遍持肯定态度,"中俄复交的消息一传出来,全国的报纸,不分党派与背景,均一致赞扬政府此举之得时得法"④,使"世界视听为之一新,国民意志为之一振"⑤。

但是若中苏关系仅仅停留在恢复邦交的层次,那显然是不够的。因为有识之士从现状中看到了中日全面战争的必然性。陈诚表示:"中日问题,是中国当前最严重最迫切的问题,是关系中国整个民族生存的问题。其解决的途径,兄弟以为决不在'和'与'战'的争议,而在什么时候战,什么地方战,和怎样战的探讨。"但是,中

---

① 《中俄复交矣》,《大公报》,1932年12月14日,第2版,社评。
② 《伍朝枢王正廷谈中俄复交》,《申报》,1932年12月16日,第2张第8版。
③ 冯玉祥:《谈谈中苏复交》,《冯玉祥选集》上,北京:人民出版社1985年,第118—121页。
④ 蒋廷黻:《中俄复交》,《独立评论》第32号,第6页。
⑤ 完初:《中俄复交后我国应有之准备》,《外交评论》第2卷第2期,第31页。

国单独对日抗战危险甚大,必须谨慎避免。他说:"对日问题,固须有对敌抗战的决心,但日本七十年来的准备如果不分润一点给美俄,单独向我对付,却是很危险的。所以我们务必慎重出之。"①与苏联的全面合作,对于中国抵御外侮的意义不言而喻。因此各界都期待中苏关系能更进一步。

1932年12月25日、31日,《外交月报》社在北平欧美同学会分别组织了两次"中俄外交关系讨论会"。参与第一次讨论的专家学者有:王印川、王明辰、尹寿松、徐箴、王之相、刘奇甫、王芸生、陈博生、周天放、刘敬宜、吴家象、刘泽荣、顾子仁、蒋廷黻、朱绍阳、邹尚友、韩述曾、张忠绂、胡适、刘哲、任鸿隽、周作民、王希隐、陈篆、张君劢、顾耕野、吴瀚涛、何基鸿、金大风、朱子樵、王化一、邱昌渭。第二次讨论会的参与者则有:廖世攻、邹希古、顾子仁、吴涤愆、张玮、刘敬宜、顾耕野、陈言、刘奇甫、王希隐、尹寿松、金大风、赵雨时、胡适、王之相。讨论会分为外交、经济与商业、国防及交通、内政四个主题。从周拙民、徐仲航所记讨论会记录来看,第一次讨论的焦点在于外交方面的三个问题:中国对俄外交宜确立何种政策,苏俄对华外交政策之认识,中俄互不侵犯条约之可能性及意义;而第二次则聚焦在国防及交通,主旨是倡导开发西北内陆腹地。总体来看,参与者普遍支持中苏复交,并主张进一步发展中苏关系,甚至缔结互不侵犯条约;普遍对新疆、蒙古等中国边疆局势保持忧虑,主张以兴建铁路交通为契机,开发内陆腹地。

讨论会的一个核心问题是应当如何正确看待中苏复交以及中苏关系的后续发展?胡适提出了以下四点看法:一、中国对苏复交

---

① 《中日问题——参谋长陈诚对武昌中华大学师生讲》(1936年5月6日),台北:"国史馆"藏,陈诚"副总统"文物档案·陈诚言论集,008-010301-00010-019。

可以"减少国际敌人","在外交策略上,一国不应同时有两个敌人,现在我国既有日本之敌,不应使俄国立于日本之地位","故在减少敌对上,对俄复交实为当然";二、不求依赖苏联,"不希望借他人之力为我国解决根本问题";三、扩大国际合作,"以中俄之平等条约,为我国与他国缔结平等条约之基础";四、增进对苏联的了解,"条约宜建立于互相了解之基础上,方能有效,为收得互相了解之实效起见,两国宜互派专家学者,交换考察其本国情形"。①

《外交月报》社不仅组织座谈会,而且还在第二卷第一期中刊载了8篇有关中苏复交的评论文章。其中,北大政治学教授张忠绂就复交后中国所应采取的外交政策,提出三点主张:其一,认定中国今后一段时期内的大敌是日本;其二,积极联络甚至拉拢美苏两国,"与彼二国商定合作之步骤",因为一方面"俄美二国为中国对日之天然与国",另一方面"日俄或日美间非决无成立谅解之可能",因此"不宜消极的坐以待援";其三,做美苏两国间的桥梁,为其居中斡旋,"早日促成俄美二国间之合作"。② 分析起来,前两点确实合情合理,第三点则显然高估了中国的作用。

在参加座谈会之前,蒋廷黻已于12月18日撰有一文,评论中苏复交,其在座谈会上的发言,与文章主旨基本一致。蒋廷黻认为:"联络邦交是常态,断绝邦交是变态。由变态恢复常态本值不得大书特书。"只是当时正处于国际体系重组的过程中,"就是所谓第一等的强权都在那里大事联络,以求敌人的减少。它们外交的目标是一个时候只有一个敌人,同时希望这个敌人是世界的公

---

① 徐仲航、周拙民:《中俄外交关系讨论会记录》,《外交月报》1933年第2卷第1期,附录,第1—22页。
② 张忠绂:《中苏复交与今后中国的外交政策》,《外交月报》1933年第2卷第1期,第1—4页。

敌","它们如此,我们更不消说了"。在蒋廷黻看来,国民政府此前在外交上同时得罪日苏两大国,"违反了外交的 abc"。基于这一点,蒋廷黻不但完全支持国民政府对苏复交的决策,而且还希望复交只是"联盟的初步",毕竟从长远来看中苏两国确有联合抗日的可能。① 蒋介石或许注意到了蒋廷黻的意见。后来蒋介石还委派蒋廷黻以学者的身份赴苏疏通双边关系。

站在国民政府的立场,在对苏复交后,要进一步深化中苏关系,一方面要处理中苏间的悬案,另一方面进一步缔结商约、互不侵犯条约等。复交前,中苏两国之间就存在通商条约的改订问题、中东铁路问题、对伪满洲国问题、外蒙古问题、防止赤化问题等五项待决的悬案。汉文在《苏俄评论》上撰文主张,中苏复交以后,双方应当以适当的方法"解决中俄间一切的问题","以形成巩固亲密的外交关系","并且须竭力扩大两国关系的作用",以达到遏制日本军国主义者的野心以及维护远东和平的目的。②

中苏复交后,乘势推动中苏关系进一步向前发展是知识界所期待的。完初在《外交评论》上撰文,主张从政治上签订互不侵犯条约、经济上签订通商新约两方面着手。他认为通过签订互不侵犯条约,"积极的可使外蒙重归我版图,消极的伪满自不能再为俄所承认"。另外,他还主张通过与俄签订商约,发展由国家主导的易货贸易,一方面以廉价的俄货"吸收代替各国商品",减少贸易入超,并减轻中国民众的经济负担;另一方面增加中国商品出口苏联,互通有无,互利共赢。③ 知识界普遍支持

---

① 蒋廷黻:《中俄复交》,《独立评论》第 32 号,第 6—8 页。
② 汉文:《复交以后之中俄关系》,《苏俄评论》第 4 卷第 1—2 期,第 20—38 页。
③ 完初:《中俄复交后我国应有之准备》,《外交评论》第 2 卷第 2 期,第 31—35 页。

中苏两国进一步缔结互不侵犯条约。心白在《外交评论》上撰文表示："中俄复交之后，第一件事情，应该促其实现者，当然是中俄互不侵犯条约之缔结。"可见其心态之迫切。他还在文中提出缔结中苏互不侵犯条约的四项原则：第一，"两国应相互尊重各该国之领土完整与政治独立"；第二，"两国全部政治及社会制度，应相互尊重，不得以任何手段加以侵犯或干涉"；第三，"任何性质之争端，应以外交方法解决之"；第四，"外交方法不能解决时，须交调解委员会解决，该会之组织应有相当的规定"。他提出上述原则的原因有三：其一，苏联不是《九国公约》的签字国，故可以弥补华盛顿体系的不足；其二，重申1924年中俄协定确立的原则，保证中国对外蒙古的主权；其三，帮助国民政府稳定国内的统治秩序。中苏国力相差悬殊，要缔造真正平等的中苏邦交，需要全国上下一心，"为民族复兴而努力"，唯有如此，"才能引起人家真正的尊重"。①

客观上讲，中苏两国间的分歧，并不会随着复交就完全冰消瓦解，甚至双方互信的建立都需要一定的时间。为了避免刺激日本而带来反效果，中苏两国都希望在太平洋区域框架下处理双边关系。李维诺夫表示："现今远东的不安宁，在相当程度上是由于太平洋区域国家未能全都维持彼此间正常的外交关系这个实际状况而引起的。"为了安抚日本，李维诺夫还表示："改善同一些国家的关系，并不意味着恶化同另一些国家的关系"，"只有这样的政策才有助于真正巩固普遍的和平，只有各国保持相互间的关系，才真有可能谈到为和平而进行国际合作，谈到维护恪守和平条约和协定

---

① 心白：《中俄复交与互不侵犯条约》，《外交评论》第2卷第1期，第17—23页。

的国际保证,和建立完全可靠的国际组织"。① 中苏两国政府都不时寻求与日本缓和关系,因此,中苏关系要在短时期内更进一步显然是不现实的。1933年6月,国民政府高层内部曾对外交政策有过一番通盘检讨,决定国策基调为"坚忍待时以为抵御",而对苏政策则主要包括以下三点:其一,不论苏联是否将中东路出售给日本,都不要使中苏关系再趋恶化;其二,加强中苏在经济上的联系,"通商会议仍设法进行";其三,"赞成美俄接近之趋向"。② 由此可见,此时国民政府的对苏外交并不够积极主动。

复交之后,中苏关系并未能如预期那样迅速发展,反而停滞不前。1934年2月20日,驻苏大使颜惠庆在北平《外交月报》社发表演说指出:"复交不过是文章之第一段,此后的文章将如何作。复交之后,国内盛传将有经济考察团、实业考察团等赴俄,后竟寂然无闻。本人曾迭电外交部催促,现仍盼望国人将此事实现。"③事实上,《大公报》在中苏复交之初,就建议组织考察团赴俄,"招致专门人才,一同赴俄研究","一方面调查建设,引为师资,一方面交换知识,俾俄人明了中国之历史民情、国际地位,彻底了解中俄提携,别有其道"。而工商界也应赴苏,与其洽商合作开发中国西北,以因应未来长期的对日斗争。④

在中苏双边关系中,中方有求于苏方的更多,所以双方在互动

---

① 《李维诺夫就苏中复交同记者的谈话》,李玉贞、李嘉谷译:《中苏外交文件选译(1932—1938年)》,庄建平主编:《近代史资料文库》第3卷,第577—578页。
② 《汪兆铭电蒋中正对日外交应谨慎行事不宜轻易提出经济制裁或绝交等提案及待国强民富之时再行解决东北问题并拉拢英美苏以牵制日本等外交问题建议》(1933年6月21日),台北:"国史馆"藏,蒋中正"总统"文物档案,002-090102-00004-011。
③ 《颜大使讲演中俄关系》,《大公报》,1934年2月21日,第3版。
④ 《国人宜组织赴俄视察团》,《大公报》,1932年12月15日,第2版,社评。

关系中的地位是不对称的。在这种情况下，国民政府所能着力的地方也有限。陈诚表示："两国相交，正与个人与个人之相交无大出入。朋友须相匹敌，知识能力可以互助，有无可以相通，患难可以相济，然后朋友之情，日切而日深。所谓'毋友不如己者'，实系人情之常。假使一人蒸蒸日上，知力财力与时俱增，一人颓唐堕落，江河如下，原来不是朋友，自永无结交机会，原来纵是朋友，亦相形见绌，而日益疏阔。所以中俄关系，无论如何，总在中国自主自力更生以后，始能对称，目前还谈不到。"①

直到全面抗战爆发后，中苏两国为了共同抵御日本军国主义的侵略扩张才缔结互不侵犯条约，从而真正开启中苏关系史上的一段全面合作时期。"自七七事变以来，苏联对我确有所援助，而中国之力战，确也牵制日本，使之不能攻苏。所以这一段中苏外交史，确是合作互助的美谈。"②

小　　结

九一八事变后，国民政府一方面坚持不抵抗政策，另一方面又极力避免与日本进行直接交涉，因此只能固守在国联路线上。在全面抗战前，除非日本侵略者威胁到它的生存，国民政府才会选择有限抵抗。在九一八事变初期，国民政府企图利用国际压力迫使日军撤兵，以恢复事变前的原状，尚可理解。但是在国联已经明显表现出无力调处中日冲突后，国民政府还坚持国联路线，而不另寻

---

① 《答武大学生问——行辕参谋长陈诚任内时与国立武汉大学学生代表会谈》(1936年1月27日)，台北："国史馆"藏，陈诚"副总统"文物档案·陈诚言论集，008-010301-00010-009。

② 《敌人宣传浅薄可笑》，《大公报(重庆版)》，1941年4月16日，第2版，社评。

他策,显然就是错估了国际体系的作用。国民政府寻求在国际体系内解决中日争端,确实收获了国际社会的同情,但是不可能获得实质性的支持。毕竟日本的侵略矛头尚未直接指向西方列强,故而双方的矛盾尚未激化。在这种情况下,国民政府想要联合西方列强共同对日是不现实的。国民政府不仅在抵抗日本侵略时希望获得西方列强的支持,而且在处理对苏关系时也总是顾及它们的态度。国民政府在处理对外关系时表现出来的总体态度,既是其政权属性的反映,也是中国当时作为半殖民地国家主权不完全独立的体现。

第二章　国民政府对国际体系重组的因应

　　自1929年10月起源于美国的经济大危机席卷整个资本主义世界以来，凡尔赛—华盛顿体系就很难维持其相对稳定性了。尤其是日德意三个法西斯国家在强化对内独裁的同时，相继走向对外侵略扩张的道路，不断挑战凡尔赛—华盛顿体系。日本继退出国联后，又发表天羽声明，与德国建立同盟关系，并提出建立"东亚新秩序"。德国突破凡尔赛体系的限制，退出国联，实行普遍义务兵役制，进军莱茵非军事区，疯狂扩军备战。意大利也开始侵略埃塞俄比亚。与此同时，苏联在与美国复交后，还决定加入国联。整个国际体系开始了一轮重组的过程。在国际体系重组的过程中，国民政府希望国联的权威能够增强、《九国公约》的原则能够维持、东亚均势能够恢复。在因应国际体系重组的过程中，国民政府坚持"争取与国"和"孤立敌人"的原则，希图借助国际力量来增强抗衡日本的实力和底气。

第一节 对国联体系变化的反应

国联对九一八事变的处置当然无法满足中国各界的期待,但是也没有完全屈服于日本的压力,而坚守住了《国联盟约》的基本底线。中日两国政府对国联采取了截然不同的态度。在国联通过李顿调查团报告书后,日本政府正式宣告退出国联。同年,德国也宣告退出国联。就在世人担忧国联体系将分崩离析之际,苏联毅然决定加入国联,而这有利于增强国联的权威。国联对意大利侵略埃塞俄比亚的行动也采取了制裁手段。以胡适为代表的自由主义知识分子将国联体系的变化视为"国联的抬头"。那么国民政府在国联体系变化过程中又是如何反应的呢?本节将围绕这一问题展开论述。

一、对日本退出国联喜忧参半

国民政府对于日本退出国联的举动是缺乏思想准备的。虽然九一八事变后,日本政府多次对外宣称不惜退出国联,但是国民政府都将其视作对国际社会的恐吓言辞。在国民政府看来,日本虽然对国联不满意,但是会选择既不遵守国联决议又不退出国联的应对方式。1933年1月10日,驻日公使蒋作宾致电蒋介石称:"在满日军料定三四年内不至惹起世界战争,决定积极侵略。纵将来各国不容再行让步,亦为得计","对国联不退出亦不照行"。① 毕竟在当时的人看来,国际争端和冲突的解决需要国联这个多边国际

---

① 《蒋作宾电蒋中正据报在满日军判断近年内不致惹起世界大战已决意积极侵华进犯热河平津且有意与苏俄缔结互不侵犯及通商条约等》(1933年1月10日),台北:"国史馆"藏,蒋中正"总统"文物档案,002-090200-00007-027。

组织,因而国联在国际政治当中尚有其特殊的功能。日本退出国联,"即等于脱离目前国际政局"①,"增添世界恶感而已"②。

国民政府缺乏对日本决策层信息的掌握,因此判断出现错误。事实上,1932年8月27日,日本内阁会议就表示:"若国际联盟仍无反省之意,进而推翻帝国之满蒙经营之基本政策,而施以实际压力,有威胁我将来国家命运之情势发生时,日本之参加国联已失去其意义,届时应使世界舆论了解,我方之采取此项行动,系因国联之不当措施使然者。"③当李顿调查团报告书指出:其一,日军发动九一八事变超出了自卫权的范围;其二,"满洲国"的成立是日本操纵的结果,而非当地民众自由意志的展现。日本便认为国联与日本发生重大立场分歧,进而抨击国联"尊重不能适用之法则"及"拥护架空的理论",并表示"今后再无与国联合作之余地"。④ 因此,1933年3月27日,日本政府断然宣布退出国联。

国民政府对日本退出国联真可谓一则以喜一则以忧。具体来说,日本退出国联对中国有利的地方主要有以下两点。

其一,重伤了日本的国际声誉。美国驻日大使格鲁批评日本称:当条约义务与"他们认为的切身利益有抵触时","他们就将按照自己的需要来解释"。⑤ 日本的做法必然会导致其在国际社会日

---

① 《日本与国联》,《大公报》,1931年11月21日,第2版,社评。
② 《日本通告退出国际联盟》,《大公报》,1933年3月28日,第2版,社评。
③ 《日本内阁会议决定针对当前国际情势之时局处理方针》(1932年8月27日),秦孝仪主编:《中华民国重要史料初编——对日抗战时期》第6编,傀儡组织(一),第302—303页。
④ 《日本退出国联通告书全文》,《外交评论》第2卷第4期,第148—149页。
⑤ 《格鲁日记》,1933年3月27日,[美]约瑟夫·C.格鲁著,蒋相泽译,陈宏志、李健辉校:《使日十年—1932年至1942年美国驻日大使格鲁的日记及公私文件摘录》(以下简称《使日十年》),北京:商务印书馆1983年版,第88页。

趋孤立,而这自然是国民政府希望看到的局面。在日本退出国联前,外交部长罗文干就表示:"解决东省问题最有利于我者,厥为日本退出国联,引起国际纷扰","盖不如是,不足以免去国际之调解性质,希冀有收回法律上权利之一日","日本之强横,如能使其在国际愈孤立,使其经济愈破产,则我国将愈有利"。①

其二,客观上促使国联与中国的立场更趋一致。国联调查团报告书的出发点还是希望调和矛盾,一方面遵守国联的基本原则,另一方面也部分迁就日本以武力造成的既成事实。日本却因国联未完全附和其单方面的主张,而选择退出国联,自然会引起国联及其背后英法等国的不满。在退出国联前,日本是国联行政院常任理事国,能够对国联的态度产生很大影响。然而一旦退出,自然无法如之前一样施加影响力。日本的悍然举动客观上造成"国联与中国竟不由自主地被列置于一条阵线上"。② 国民政府一直坚持国联路线,因此很看重国联的态度。对于国联不屈从日本压力而通过调查团报告书,国民政府深受鼓舞。1933 年 2 月 15 日,中国驻国联代表团致电蒋介石称:国联大会通过报告书应无疑义,"是可为中国精神方面之伟大外交胜利,日本现已陷于孤立之境"。③ 蒋介石也在日记中写道:"有国联报告书之决议,则不患倭寇借口宣战,而有国联为精神之声援,如处置得当,则可立于不败之地也。"④

---

① 《军事委员会委员长行营秘书长办公室呈九一八事变国联调查团报告及各方意见与外交委员会委员对于李顿报告书意见》(1933 年),台北:"国史馆"藏,蒋中正"总统"文物档案,002-080103-00012-008,第 18—19 页。
② 《日本退出国联》,《北方公论》第 32 期,第 1—2 页。
③ 《我国代表团自日内瓦来电称此间一般一致之意见厥为十九国委员会通过之报告书及建议书将为国联大会所接受等语》(1933 年 2 月 15 日),台北:"国史馆"藏,蒋中正"总统"文物档案,002-080200-00068-051。
④ 《蒋介石日记》(手稿),1933 年 2 月 20 日,斯坦福大学胡佛研究所档案馆藏。

世界上的事物都是一分为二的。日本退出国联在带给中国上述好处的同时,也将给中国带来一些不利影响。

首先,中国将面临日本更大的侵略压力。日本在退出国联之前,对国际观感尚有一定的顾忌,而退出后则将更加肆无忌惮。蒋介石认为"倭寇横暴必更进一步",此后将更加"蛮横无忌",而"狞狰毕露",故颇为"中国革命前途"和"东亚全局"忧虑。① 蒋还认为中日两国间的冲突是原则性的,根本无法达成妥协,"倭寇之传统政策在并吞满蒙,为东亚之霸主。吾党传统政策乃在恢复朝鲜、台湾等失地,以行王道于世界"。② 事实上,在日本退出国联前夕,就已经不断加紧进攻中国热河。除了军事上的压力外,日本还将向国民政府施压进行直接交涉。在日本看来,国联成为中国的挡箭牌,故而退出国联才可强迫中国接受其主张。日本希望中国再出现一个李鸿章,与其签订丧权辱国的不平等条约,"把东三省像朝鲜那样地在条约明文上送给她","然中国现在之所以不能有李鸿章,她认为是由于有国联使中国可依赖,如果这种冰山失掉了对于中日问题的作用,中国自易俯首于日本大炮之前。日本之退出国联,便是使国联对中日问题不能过问之方法"。③

其次,国联的威信将受到一定的损害,更难以为中国主持公道。众所周知,由于美苏两大国皆非国联成员,英法两国就成为国联体系的支柱,但是这两国都是凡尔赛体系的既得利益者,在自身利益未受到直接损害前,无意为国际正义而强出头。加上其国内深陷经济危机当中,人民普遍重视经济民生问题,反战势力极为强大,更加不愿

---

① 《蒋介石日记》(手稿),1933年2月25日,斯坦福大学胡佛研究所档案馆藏。
② 《蒋介石日记》(手稿),1933年2月19日,斯坦福大学胡佛研究所档案馆藏。
③ 陈清晨:《日本退出国联后中日问题的国际形势》,《青年界》第3卷第3期,第74—75页。

积极介入中日争端。英法两国的不作为本身就已导致国联威信低落。而今日本作为国联的重要成员国又决定退出国联,自然会削弱国联在国际政治当中的作用。在中日两国同为国联成员国的时候,国民政府尚可期待国联能对日本产生一些制约,但是在日本退出后,国联就更难有所作为。"日本未退出国联,国联既不能以较有效之手段对付日本;日本既退出国联,国联当更无力量以制裁之。"①

最后,国际局势将更趋紧张,世界和平也将面临更大的威胁。日本退出国联意味着日本法西斯势力将更加主导日本的决策,必将给国际秩序带来严重威胁。1933年2月23日,美国驻日大使格鲁致电其国务卿称:日本退出国联意味着"日本已准备毁掉它与其他国家之间最重要的联系","这标志着日本稳健派的严重失败和军人权力的绝对优势"。他认为日本已经做好战争准备,称:"为了在对日本极重要的利益方面显示其独立性和避免西方的干涉,日本总是事先或事后造成既成事实来对付国联的每一项重大举措。日本的态度是不怕任何威胁。军人和受军人宣传鼓动的民众不是屈服于道德和来自西方的其他压力,而是做好了打仗的准备。目前,其他国家的道义谴责只会加强而不会改变他们的决心。"②国民政府主观上当然希望尽量推迟中日全面战争爆发的时间,以便中国能够多一些时间做备战工作。③

综上所述,日本退出国联,对中国而言,利弊互见。站在国民政府的立场,自然要趋利避害。大致说来,国民政府的反应主要有以下四点。

---

① 潘飞:《日本退出国联之蠡观》,《大夏周报》第9卷第21期,第414页。
② 《美驻日大使(格鲁)呈国务卿》,美国国务院编:《美国外交文件·日本,1931—1941年(选译)》,第38—39页。
③ 《蒋介石日记》(手稿),1933年3月14日,斯坦福大学胡佛研究所档案馆藏。

1. 采取与日本完全不同的立场,继续支持国联。在日本宣布退出国联的次日,中国外长罗文干立即发表宣言,指出日本此举"不啻故意设法损害大战后维持世界和平之组织","无异明白宣言拒绝以和平方法解决此极重大之国际争执,并强迫中国接受日本欲提出之任何条件"。罗文干指出日本退出国联非但不会损及国联的威信,反而可以减少国联在执行其任务时所遭受的牵制,从而可以更迅速有效地处理中日问题。罗文干还表示:"中国政府深信国联所代表之原则终必战胜,中日问题终必得公平之解决,而彼黩武横行之侵略者,终必受其应得之果报也。"①

除了宣示支持国联的立场,国民政府还抵制了国内退出国联的浪潮。1933年2月3日,《申报》在时评中表示:"自'九一八'事变发生以来,我国政府一心求和,始终忍耐,希望在会议席上伸其冤,抑殊不料仅有三数小国如捷克、瑞士、哀尔兰等,寄我以同情,表示拥护国际之正义,而操有实际权力之大国,则皆不敢有所主张。"因为事实已证明国联无可信赖,所以不妨退出国联,"一切外交上、军事上转可获得充分自由,不受无谓拘束"。② 国民政府对于这种主张给予了反驳。2月8日,中国驻国联代表团秘书徐淑希应国际问题研究会邀请发表演讲,称:日本侵略中国东北,"不仅为欺侮我国,直欺侮全世界,因其所为完全违反国联盟约及九国公约、非战公约之规定也",国联"决不至轻易熟视日人之一手撕毁盟约而无睹"。因此,他批评主张退出国联是"昧于形势"。③ 4月5日,国民党元老李石曾在对记者的谈话中表示深信国联终会有制裁日

---

① 《罗外长发表宣言》,《申报》,1933年3月29日,第3版。
② 晦:《中国退出国联说》,《申报》,1933年2月3日,第3张第10版,时评。
③ 《徐淑希昨演讲国际间形势》,《申报》,1933年2月8日,第4张第14版。

本之一日,称:"余对中日争端不悲观,且深信日本终必失败。就哲学的看法,强横无理者终必失败,和平者必得最后胜利,先例不胜枚举。就国际趋势,中国虽困难多端,但仍能维持,日则处处呈破裂现象,刮夺我四省,公债日跌,我国公债反见稳定腾涨,日已退出国联,对南洋代管地,仍欲把持,不尽义务,徒享权利,各国虽在多事之秋,但余深信终有一日必出而制裁。"①《大公报》也反对中国因一时意气而退出国联,其社评表示:"国联之责任,公理之信用,适与中国之利害,融合一片","国联乃国际道义之集合,世界大同之试验,期之不可太苛,责之不可太重"。②

2. 转变外交政策,积极寻求国际社会的合作与支持。由于外交政策及活动的失误,九一八事变发生时,国民政府客观上处于"环顾世界无一'与国'的孤立地位"。③ 当时,中国一方面与苏联处于断交状态,另一方面驻英美等西方大国的外交人员多有悬缺。外交经费短缺,致使驻外人员捉襟见肘,无法积极开展外交活动。这都是需要检讨改进的事项。

国民政府内部还有人希望利用日本退出国联所造成的有利局势,在国际上酝酿大国联合制日的氛围。中国驻国联代表团建议国民政府以对日强硬表示决心:"完全断绝外交经济关系,与俄美接洽,以求物质帮助,催促国联采取道德外交及经济上同时进行之裁判。"④国民党中央国防会议决定先召回驻日公使以作观察。只

---

① 《李石曾昨抵京谈话》,《大公报》,1933年4月6日,第3版。
② 《愿与国联努力制裁公敌》,《大公报》,1932年2月1日,第2版,社评。
③ 邓子骏:《日本退出国联的检阅》,《不忘》第4期,第31—35页。
④ 《罗文干电蒋中正现已密召蒋作宾返国据国联代表团建议与日本绝交应先撤回使馆人员再者发给日领事护照要求限时回国并予日侨日商保护等》(1933年3月4日),台北:"国史馆"藏,蒋中正"总统"文物档案,002-090200-00015-176。

是蒋介石不同意,表示:"正式宣布召回公使一节,俟日本退出国联后,看情形如何再行决定为宜。"①当时社会上甚至还有更激烈的主张,即以对日宣战来"刺激国际空气",称:"如果吾人不下决心,对日抵抗,只斤斤于国内问题,让日不声不响侵东省,略热河,占华北,则不能刺激国际空气。各国亦都不关痛痒,漠然相视",唯有对日宣战,"不计胜败,坚持到底,让日本在沿海内地搅乱无余,则各国为其自身利害计,必出来干涉,干涉不成,势必引起国际恶感而发动大战"。② 这种主张当然是一厢情愿。国际社会绝不会因中国主动对日宣战就支持中国,反而有可能以此作为其作壁上观和不履行国际义务的借口。

3. 坚拒中日直接交涉,以打破日本推行"亚洲门罗主义"的图谋。明治维新以来,日本师法西方帝国主义,不断寻求对外扩张,独霸东亚成为其孜孜以求之目标。"日本洞悉国联意见歧异,不能加以制裁,可乘机用武力把持,独揽亚洲一切政权。"只是为了防范西方列强的干涉,日本必定会强迫中国承认其合法地位,"然后用此中日直接交涉之条约,骄视国联,使天下之人,不得不承认日本在太平洋及亚洲大陆之霸权,非但有武力之维持,抑且得条约之保障"。此时中国与日本直接交涉,与九一八事变发生之初相较,更加得不偿失,"当时失地不如是之多,人民之涂炭亦不如是之甚,国联之弱点不如是之暴露"。因此,"为今之计,只能极力反对直接交涉,不惜重大牺牲,一方面运用外交,使举世知日本阴谋之险,一方面长期抵抗",以免陷国家前途于不可挽救之中。③ 此外,还须严密

---

① 《叶楚伧电蒋中正国防会议决定召回蒋作宾及有主张严办张学良者》(1933年3月5日),台北:"国史馆"藏,蒋中正"总统"文物档案,002-080200-00071-002。
② 许允中:《日本退出国联后国际形势之预测》,《高中学生》第8期,第63页。
③ 曾宝荪:《日本退出国联以后》,《艺芳季刊》1933年6月,第244—247页。

注视日本的外交活动,防范其与西方列强私下达成妥协。

4. 国难当头,全国各政治势力应当放下私见,相忍为国,以免给日本制造可乘之机。日本在退出国联后,决定"施以某种方法促成中国内乱","酝酿新形势,使中国自感灭亡之危机,答应日本之要求进行中日直接交涉,以达中日满合作抵抗白色人种为最后目的"。① 商震提醒蒋介石注意日本退出国联后的政策动向,称:"自退出联盟后,彼之政策已由豪夺而变为巧取,彼决不愿正式开衅,非独对俄,即对我亦多所顾忌,其唯一之毒辣方策将为煽动内争。"②日本在稳定对中国东北的控制后,不断向华北渗透和扩张,制造各种事端。1933年4月15日,蒋伯诚向蒋介石报告芳泽谦吉的意见,称:"满洲国为日本已定国策,既退出国联,天皇又下诏书,无论何党何派组阁,均不能变化。如中日开始交涉,双方对满洲国均不能让步,故无法进行。"③4月23日,张厉生向蒋介石报告华北地方人士的动向,称他们为防局势恶化,主张局部妥协或划定缓冲区,"平有汤尔和、熊希龄、孙传芳、吴佩孚,津有张志潭、严智怡、陈宝泉、张伯苓等"。④ 5月6日,何应钦向蒋报告其所获日本情报的内容,表示日本在退出国联后有意强化对中国华北的侵略行动,"我政府亟应筹谋应付,以免临时张皇"。电云:"日本自退盟后即

---

① 《今日通告退出国联　日本外交策略》,《申报》,1933年3月27日,第2张第5版。
② 《商震呈蒋中正日本未参加欧战及其退出国联政策中国当忍辱以激起国际同情且调整本国士气》(1936年),台北:"国史馆"藏,蒋中正"总统"文物档案,002-080103-00007-002。
③ 《蒋伯诚电蒋中正报告芳泽谦吉不悦中国朋友避不见面致中日交涉困难》(1933年4月15日),台北:"国史馆"藏,蒋中正"总统"文物档案,002-090200-00008-049。
④ 《张厉生电蒋中正报告张伯苓等主张局部与日妥协或划缓冲并拟解决途径四项》(1933年4月23日),台北:"国史馆"藏,蒋中正"总统"文物档案,002-090200-00008-140。

采对各国各个交涉策略,以求对满洲事件之谅解。讵英美法受中国蛊惑,一切措施有不利日本倾向,并有渐次采用消极经济制裁与策划。日为自卫起见,亟须扩大行动,一则表示日本全然不惧,一则大河以北平原备大战时之基础。"①

面对日本侵华的严峻情势,中国内部再不团结,不仅无以自存,更无以在未来的世界大战中立足。民国以来,中国的外交与内政交织在一起,各派势力多援引列强作为后盾,以图在内争中取得相对于对手方的优势,其结果是导致国权在内耗中不断丧失。而今如要救亡图存,必要改弦更张,形成团结一致对外的局面。潘季东指出:"过去的中国,是对外示弱,对内则示强,因此内战不已,外侵日甚。此后的新生命,我们却是要,对外强硬,对内要弱,由弱而养成一种和平自爱的空气,整个的民族在这和平声中努力追求自强自立之道。这样,我深信将由'勇于私斗,怯于公战'的心理,而转移到'勇于公战,怯于私斗'的自强底态度。"②

日本拒绝执行国联决议,并悍然退出国联,而整个国际社会却几乎一筹莫展,充分证明了国联体系的虚弱无力。

二、期待国联的权威因苏联加入而增强

国民政府从始至终都很支持苏联加入国联。中苏复交后,国民政府就力劝苏联加入国联。1933年2月27日,中国驻苏大使颜惠庆当面向苏联副外长加拉罕建议苏联加入国联。但是加拉罕回应称:"在国联未采取实际动作以前,俄国暂无变更政策之

---

① 《何应钦电朱培德转汪兆铭蒋中正闻日本政策突变积极犯平津扩大行动以示日本无惧各国态度并取得大河以北平原作大战基础及请政府即筹谋应付》(1933年5月6日),台北:"国史馆"藏,蒋中正"总统"文物档案,002-090200-00010-110。
② 潘季东:《日本退出国联与我们今后的态度》,《不忘》第6期,第33—34页。

意。"①后来,苏联甚至有意在国联体系之外,另创维护世界和平的新机制。1934年5月30日,苏联外长李维诺夫在世界裁军会议上表示:世界和平已经面临严重威胁,"各国虽同接受白里安凯洛格公约,而吾人所能目击者则为民族政策之厉行。其实行也,乃藉邻国境内军事行动之发展,其他国家,其强固不足以同样之政策,唯其于武力扩张与占夺外国领土之思想,则鹜驰唯恐不力"。但是国联缺陷甚多,无力负荷维护和平的责任。他说:"国联之任务实觉过多,同时亦受盟约之拘束,接近国联以及取得决议之途径大受规定所限制,同时国联之讲台实能令其更易跨入更为自由,同时更注意于当时之需要。"因此,李维诺夫建议将裁军会议变成"常设而定期举行之和平大会","以避免战争之威胁及其惨烈之结果"。②

中国虽然也对国联的结构性缺陷不满意,但是并不主张另起炉灶,完全舍弃国联体系。"国联不是别的,只是世间受了欧战之教训以后,想出来的一种以会议代秘密外交,以多元代替一个重心之新的国际政治合作机用。"③李维诺夫的主张,在胡适看来,是不明智的。胡适认为苏联与其"期望英法等等欧洲国家搁起一个现成的国联而另起炉灶造出一个变相的国联来",不如"不迟疑的加入国联","把她的新鲜的理想主义和新鲜的勇气灌输进那个最近受了重伤的国联,使他重新鼓起精神来,使那个十三年的世界共主不至于一蹶不振,使那个本来规定有制裁的盟约不至真成为废纸"。如果苏联加入国联之举能带动美国起而效法,那么国联体系

---

① 《外交部呈转颜惠庆二十七日访喀拉罕敦促俄国加入国联及各国撤退驻满驻日使节等事谈话》(1933年3月29日),台北:"国史馆"藏,蒋中正"总统"文物档案,002-080103-00011-015。
② 《第一日总委会席上　李维诺夫演辞全文》,《申报》,1934年6月1日,第3张第10版。
③ 傅斯年:《睡觉与外交》,《独立评论》第114号,第3页。

就更趋于完整,"世界和平的把握就可以更有希望了"。①

具体来讲,国民政府强烈支持苏联加入国联主要是出于以下三点考虑。

第一,国民政府希望苏联加入国联可以增强国联的力量,及完善国联的体制。国联自创立以来,美苏两大国就始终未加入,而其他大国则各有盘算,"在国联的英法两强,不但不肯以实力诚实拥护国联的公共行动,而且各唯私利是图。意德两强无意于维持国际组织,而急思推翻现状以图发展。远东的日本则站在国联的要路,公然肆行侵略政策,作国联的叛徒",最终导致国联虚弱无力,无法发挥令人期待的功用。② 尤其是日德两国相继退出国联,更在一定程度上削弱了国联的权威。如果苏联能适时加入国联,那么对国联来讲,不啻为"大转机","这不是说抽象的国联有威灵,而是国联之组成分子,若能通力合作,可借国联之机能显其威权"。③ 胡适认为苏联加入国联"是一件最可喜的事","可以使国联增加一点新的勇气,打开一个新的生命",使国联成为"世界上维持和平与正谊的真实力量"。④

苏联的加入,将使得国联的组成更加多元,成为不同社会制度和意识形态的国家合作反对侵略的国际合作组织,"不仅消极的可以塞反对国联者之口,积极的还可以抬高国联的声望"⑤。中国驻苏大使颜惠庆在接受中央社记者采访时表示:"苏俄加入国联,为国际间极好现象。苏俄以前视国联为帝国主义之集团,故未加入。

---

① 胡适:《看了裁军会议的争论以后》,《独立评论》第 104 号,第 2—3 页。
② 周鲠生:《国联改组问题之另一观察》,《外交评论》第 3 卷第 3 期,第 12 页。
③ 傅斯年:《睡觉与外交》,《独立评论》第 114 号,第 3 页。
④ 胡适:《论国联大会的两件事》,《独立评论》第 120 号,第 2—3 页。
⑤ 胡适:《论国联大会的两件事》,《独立评论》第 120 号,第 2—3 页。

现因国联处理各事,尚能一秉大公,维持正义,虽未能表现其实际力量,但颇敢直言,故认为仍系国际间之一良好组织,且无论何事,单独站立团体之外者,其力量总觉太小,遇事亦不大方便,此为苏俄加入国联之原因。"①

此外,苏联曾针对《国联盟约》的不足,提出判定"侵略者"的五个标准:(1)"首先宣战者";(2)"不宣战而以武力侵入他国领土者";(3)"以海陆空军轰炸他国之土地或他国之海军及防空设备者";(4)"在本国境内援助侵犯他国之武装团体者";(5)"海陆空军未得他国之准许而通过或降落于其境内者"。如果苏联的主张被国联采纳,那么侵略行为将不辩自明。因此,苏联加入国联,"当能增加国联在远东之力量,多少挽回日德退盟后之颓势"。②

第二,国民政府期盼苏联加入国联可以降低其对日妥协的可能性。苏联成为国联成员国后,理当履行盟约义务,遵守国联对于中日争端的决议。事实上,在苏联加入国联前夕,苏日两方正在为中东铁路出售问题进行交涉。国民政府希望利用苏联作为国联成员国的身份促使其放弃将中东铁路售予日方。因为日本官方隐于幕后,明面上苏联交涉的对象是"满洲国",而国联曾通过禁止成员国承认"满洲国"的决议,如果苏联将中东铁路售予"满洲国",将有承认它的嫌疑,"法理上不能不发生问题"。因此,舆论表示:"苟苏俄以国联会员国之地位,不顾国联之决议,贸然出售,则我可请国联重伸正义,予俄以警诫。如其苏俄态度慎重,不为有害我国权益之行动,则我亦当表示好意,与之联络,免其倾向于日,予我不

---

① 《颜惠庆过京北上　　谈国际重要问题》,《申报》,1934年9月5日,第3版。
② 恒:《苏俄加入国联与互障公约》,《申报》,1934年5月26日,第2张第6版,时评。

利。"①这当然是国民政府的一厢情愿。事实上,国联成员国出于自身的国家利益考虑,与日本达成妥协之事所在多有,而苏联又岂能例外。后来苏联也确实不顾国民政府的反对,将中东铁路出售了。

第三,国民政府希望苏联加入国联以便在国联体系的框架下处理对苏关系。国民政府在对苏关系中,总是顾虑西方大国的态度。但是在苏联加入国联问题上,中国与英法等国的立场完全是一致的。7月13日,英国外交大臣西蒙在议会发表宣言,表示对苏联加入国联"热烈之赞许",并称:"英国向不赞成欧洲各国分成集团,互相倾轧,但各项措置,在集体制度之范围内,足以谋和平之实现者,英国政府无不乐于赞助。东欧一切公约,均应使俄国参加,且俄国尤应以国联会员国之资格,参加东欧公约。"②法国为了维护凡尔赛体系,更是极力拉拢苏联加入国联。中国驻苏大使馆给外交部的电报中表示:"此次苏联加盟,一切奔走接洽,法外长最具热肠,举凡苏联要求各条件,无不曲意承旨,且于大会场上力任辩护,法国为友可称尽力。"电报还表示:"年来国联自德日退盟,声光大减,而修改和约重划国界之声日复尘上。法国为和约盟主,亦为国联柱石,国联盟约原为和约之一部,而条约之修改及现存领土之尊重又均详切规定于盟约,和约与盟约固有互相联系之用",因此法国想要以国联来维护凡尔赛和约,"自不得不谋充实国联,重赋生气"。但是环顾世界舞台,在国联体系外的大国,除了美德日三国外,也唯有苏联最可能加入国联,故"法国对之极意拉拢"。③ 苏联

---

① 恒:《日俄妥协之可能性》,《申报》,1934年9月26日,第2张第5版,时评。
② 《英外相宣言赞同俄入国联》,《申报》,1934年7月14日,第3张第9版。
③ 《我国争取连任1934年国联理事会非常任理事国席位情形》(1934年6月7日),台北:"国史馆"藏,外交部档案·国际联合会理事会席位(三),020-990600-2065,第113—115页。

加入国联,意味着其与英法等资本主义国家间的关系进一步改善,自然也利于国民政府更大胆地发展对苏关系。

1934年9月17日,国联第十五届大会一致通过对苏联加入国联的邀请,称:"鉴于国联会主要之使命为维持与缔造和平,而此种使命有需于一切国家普遍之合作,是以邀请苏维埃联邦共和国加入国联会,并请其予国联以可贵之合作。"同日,苏联外长李维诺夫发表复文,表示同意接受国联的邀请,"成为国联会之一会员国,而在国联会中取得其应有之地位"。① 苏联一加入国联,就获得了行政院常任理事国的席位,显示了国联对其地位的重视。颜惠庆表示:"国联之容纳苏俄入盟,并畀以常任理事一席,其国际地位之增进,自不待言。倘非苏俄建设之进步,内政之改革,外交之努力,亦决无今日之收获,而为世界各国所重视也。"②

在苏联加入国联后,中国各界普遍希望美国能够效法苏联之举,组成世界反侵略阵线,以消弭正在酝酿中的战争危机。毕竟要真正发挥国联的功用,就必须获得世界主要强国的鼎力支持。"国联之组织,初非一太上国家,其所以能卓然树立者,端赖强大国家之真诚拥护。故吾人欲国联能发挥其维持世界和平与合作之效率,必须先培植其根本,欲培植其根本,则至小限度,首须全世界强大国家一体加入。"③

苏联加入国联确实带来了国际政治的新气象,有学者甚至将其视为"战后世界政治演进中具有头等重要意义的事件"。④ 但是,对于中国来说,要在短时期内推动国联制裁日本仍然是不现实的。

---

① 《国联与苏俄正式换文　合作维持世界和平》,《申报》,1934年9月17日,第3版。
② 《颜惠庆对苏俄入盟感想》,《申报》,1934年9月21日,第3版。
③ 《美国宜即加入国联》,《大公报》,1934年9月28日,第2版,社评。
④ [英]华尔脱斯:《国际联盟史》下,第117页。

苏联驻华大使鲍格莫洛夫对吴鼎昌表示："中日同为国联会员,日本尚毅然毁盟寻隙,现已脱出国联,更何能因苏联加入国联有所顾虑。"①

三、中国争取连任国联行政院非常任理事国未果

与苏联一加入国联就成为行政院常任理事国相比,中国却连争取非常任理事国的连任都以失败告终,"这两大邻国的荣辱的相形之下,我们当然更感觉我们的国家的羞愧"。②

国民政府希望能够在国联当中发挥更大的作用,因此会前曾极力争取连任行政院非常任理事国。在英法意等国征询国民政府对苏联加入国联并被推举为国联行政院常任理事国一事之意见时,中国外交部政务次长徐谟就再三向其表达中方争取连任的意愿。8月29日,徐谟对法国驻华使馆秘书杜康杰表示："不过中国至少与苏联有同样之理由,可以要求在国联行政院常有代表权","中国深信此次可得连任,因国联对东北问题始终未有切实办法,国内一部分人民对于国联信仰未免稍有摇动。此次若并连任而不得,将使国中一部分人民愈为失望。此种情形想各国深能体谅,故对于连任问题,必能赞助"。9月4日,徐谟再对英国驻华使馆参事贺武表示："自东北问题发生后,中国仅自国联获一道义上之胜利,此外并无得到若何赞助。若此次行政院连任问题,不能令我满意,则国人中对于国联之效用与公平必有发生怀疑者,故中国如同意于苏联加入行政院,则当然假定

---

① 《吴鼎昌电蒋中正与鲍格莫洛夫晤谈中东路事彼云两星期前险恶万状日本或以武力夺路近稍缓但谈判仍未继续及不能容忍日本势力侵入新疆与蒋经国在俄情形等》(1934年9月14日),台北:"国史馆"藏,蒋中正"总统"文物档案,002-090400-00007-040。

② 胡适:《论国联大会的两件事》,《独立评论》第120号,第3页。

中国仍系行政院理事之一。"①

会前,国民政府对于连任一事可谓信心满满。9月6日,中国首席代表郭泰祺对各国新闻记者发表谈话称:"中国要求连任理事,非特合理,抑且势所必然。"他在谈话中提出了三个理由。第一,从国际政治的现实来讲,国联作为一个全球性组织,理应考虑地域分配,中国作为东亚第一大国,并且已成为"远东方面维持国联盟约之主要国","是以现在远东形势之紧张,适足增进中国为行政院一代表之需要"。第二,从国联与中国技术合作的前途来看,"此事于中国及国联双方均属关系甚大","中国自应仍在行政院占一席,盖国联对于此事之责任实由行政院最后担负之也"。第三,从法律及道德上看,国联需要国民政府配合以落实相关决议内容,"在此时而竟使中国在国联之地位受影响",实乃不智之至。②

然而事与愿违,中国最终落选了。这种结果自然引起了国民政府高层的不满。孙科在国民党中央政治会议上表示:"国联对亚洲事如此冷淡,而对意阿纠纷复现如许窘态,久已为人所唾弃。我国只宜以不即不离之态处之。取得院席,徒自属烦恼;况争而不得,口出忿言,尤为举世齿冷。"在会议上,有人附和孙科的意见,进而主张中国退出国联。主持会议的汪精卫表示:"实际主持国联者为英法,而英法与我国关系较深,中国此时正宜树援,何必自陷于孤立。"③

---

① 《我国争取连任1934年国联理事会非常任理事国席位情形》(1934年6月7日),台北:"国史馆"藏,外交部档案·国际联合会理事会席位(三),020-990600-2065,第74—78页。
② 《郭公使发表宣言 力争国联理事席》,《申报》,1934年9月7日,第3版。
③ 《我国争取国联理事会为中国特设一席非常任理事国》(1934年9月29日),台北:"国史馆"藏,"外交部"档案·国际联合会理事会席位(五),020-990600-2067,第70—72页。

虽然国民政府对国联的表现确有不满,但是仍然恪守成员国的义务。1935年10月,意大利发动对埃塞俄比亚的侵略。国民政府顶住意大利的压力,毅然支持国联通过对意制裁的决议。蒋介石在给汪精卫的电报中表示:"对意大利制裁,只有投赞成票,以明大义。"①后来,有人为争取意大利的支持,建议国民政府在国联会议上提议取消对意大利的制裁。胡适批评道:"此议我期期以为不可行!我们必须抓住苏、英、美三国,万不可贪小便宜,失去世界的同情!!'雪中送炭'是下闲棋而收远效。万不可自弃其所守,蒙世界的唾骂,而实无利益可沾也。"②此外,国民政府还拒绝承认意大利并吞埃塞俄比亚。顾维钧向英法外交人员解释中国的立场道:"因我国有东省问题及目前日本之继续侵略,若国联所决定之不承认用武力变更领土之原则,随便放松,未免有损我国之立场,而鼓励侵略,危及国际秩序。"③

第二节 对日本挑战华盛顿体系的反应

日本退出国联后,虽然摆脱了国联体系的束缚,但是并未能够实现使国民政府彻底屈膝的目标。面对日本的侵略威胁,国民政府积极加强国际合作,整理内政,发展经济。为了防止中国在国际社会的支持下壮大起来,日本发表天羽声明,以东亚霸主自居,威

---

① 《蒋中正电汪兆铭对意大利制裁只有投赞成票以明大义》(1935年10月10日),台北:"国史馆"藏,蒋中正"总统"文物档案,002-080200-00255-041。
② 《致翁文灏》,耿云志、宋广波编:《胡适书信选》,北京:外语教学与研究出版社2012年版,第266页。
③ 《顾维钧孙科等电蒋中正汪兆铭孔祥熙英法两国对意大利与阿比西尼亚战争之看法与中国应对政策并附义阿战争概要说明》(1935年12月28日),台北:"国史馆"藏,蒋中正"总统"文物档案,002-080107-00002-001。

吓其他国家。天羽声明是对《九国公约》原则的挑战,也就等于直接挑战华盛顿体系。日本一直希望打破远东均势局面,并建立由其主导的"新秩序"。本节将以天羽声明的提出及其反响为中心,探讨国民政府对日本挑战华盛顿体系的反应。

一、将天羽声明视为对中国的"侮辱"

中国作为主权独立的国家,有权按照自身的国家利益要求,加强国际合作。面对日本的侵略,中国又岂可坐以待毙,而完全无所作为。日本却出言恫吓,不仅在法理上完全无法站住脚,而且还是对中国国家尊严的侮辱。

日本退出国联之后,在国际上陷入孤立境地,与此同时,中国则加强国际合作。国际社会对中国的技术、资本等援助,客观上增强了中国的国力,不利于日本进一步对华侵略,因此引起日本当局的嫉视。重光葵后来在回忆中表示:"我们的中心目的是要让世界列强认识到,日本是安定东亚的势力。但是,英美等国际联盟的态度,不仅不承认日本的现实地位,反而硬要使日本回到满洲事变以前状态。他们对日本提出的不要向中国提供武器和借款的要求,根本不予理睬,与日本方面的希望距离甚远。"① 换言之,日本发表天羽声明的目的就是要西方列强承认日本在东亚地区的霸权地位,并且不能支持中国。日本对华盛顿体系的不满由来已久,毕竟它对日本的对外侵略扩张形成了一定的制约。有学者认为日本是在国际压力下被迫接受恢复"太平洋上的战前力量平衡","这即使不是一个公开的失败,无论如何也是对它的野

---

① [日]重光葵口述,天津市政协编译委员会译:《重光葵外交回忆录》,北京:知识出版社1982年版,第129页。

心的严重抑制"。① 因此,天羽声明的发布可以看作日本对华盛顿体系长期不满的公开表露。

1934年4月17日,日本外务省情报部长天羽英二在与记者谈话时,公然提出日本在东亚具有特殊的地位与责任,反对"中国方面利用任何他国势力以图抗拒日本之任何举动"以及"中国所采可利用一国以制他国之任何行为"。尤其对外国与中国间的军事合作,"以军用飞机供给中国,在中国建造飞行场及派遣军事教练官或军事顾问前往中国,或承募借款供给政治用途之经费",日本更将反对到底。归根究底,日本最担心的是中国通过与外国合作加强国防军备,从而削弱日本对华军事优势,有碍于日本进一步侵华。只是中国作为主权国家,与其他国家和国际组织开展国际合作,从事国防建设,并无违背任何国际公法,实不容日本置喙。日方所持在东亚具有特殊地位与责任以及中国从事国防建设将"扰乱东亚之和平与秩序"之理由,于法无据,于理不通。②

天羽声明一方面蔑视了中国作为独立国家的主权,另一方面也挑战了《九国公约》所确立的基本原则。日本简直就是要中国束手就擒,以供其任意欺凌。这不能不引起国民政府的愤怒。蒋介石将天羽声明视作日本独霸东亚图谋的公开表露,同时也是对中国的莫大侮辱。4月18日,他就在日记中写道:"倭寇昨对列国宣言,不许卖枪械与飞机供给我国,痛乎!"③次日,他对日本不许各国

---

① [英]E. H. 卡尔著,徐蓝译:《两次世界大战之间的国际关系 1919—1939》,北京:商务印书馆2010年版,第16页。
② 《日本外务省非正式声明》(1934年4月17日),张篷舟主编:《近五十年中国与日本(一九三二——一九八二年)》第1卷,成都:四川人民出版社1985年版,第347—348页。
③ 《蒋介石日记》(手稿),1934年4月18日,斯坦福大学胡佛研究所档案馆藏。

介入中日争端,企图独霸中国,再次表示"痛愤盍极"。① 4月23日,蒋在抚州出席"北路剿匪总司令部"扩大纪念周时,对天羽声明表示:"最近我们全体国民,又受了日本一个最大的侮辱。"蒋认为天羽声明"就是等于说要我们中国做日本人的保护国","将我们当作朝鲜、台湾这些地方一样!不许我们有一点自由,不承认我们中国是一个独立的国家"。因此,在蒋看来,"日本此次的声明,就是公开宣言要来灭亡我们中华民国"。② 蒋介石认为日本就是要反对国际社会的对华援助,"倭寇阻止国联助华之威胁,终不能停止,其必欲与世界决战,以建其东亚门罗主义之野心决不改变也"。③

事实上,在天羽声明发表前,蒋介石就对日本独霸中国的图谋有所察觉。1934年3月5日,蒋介石在南昌北坛官邸发表演讲,指出:在东亚国际舞台上,英美以"门户开放机会均等"为口号,推行"利益均沾之均势主义";而日俄两国则以"门罗主义或世界革命"为口号,推行"欲求利益独占之独霸主义"。对于日本,他则论断道:"日本向持之国策有二:一曰北守南进之海洋政策;一曰南守北进之大陆政策",然而最终目的"皆在于独霸东亚"。④ 3月18日,蒋介石在各省高级行政人员工作检讨会议上,更是明确指出九一八事变以后东亚形势的变化,"日本的独霸主义已抬头猛进","凡关于东亚的事情,除日本以外,无论何人都不容过问",而中国也由

---

① 《蒋介石日记》(手稿),1934年4月19日,斯坦福大学胡佛研究所档案馆藏。
② 蒋介石:《日本之声明与吾人救国要道》(1934年4月23日),秦孝仪主编:《"总统"蒋公思想言论总集》第12卷,台北:中国国民党中央委员会党史委员会1984年版,第199—201页。
③ 《蒋介石日记》(手稿),1934年4月24日,斯坦福大学胡佛研究所档案馆藏。
④ 蒋介石:《东亚大势与中国复兴之道》(1934年3月5日),秦孝仪主编:《"总统"蒋公思想言论总集》第12卷,第95—99页。

"列强均势之下的苟存局面"变成"日本独霸势力压迫的局面"。①因此,天羽声明可说是将蒋介石之前察觉的日本政策动向以及东亚国际局势变化公开表露出来,并未超出他的预料。蒋介石判断日本的对华政策有三个要点:"甲、实行廿一条要求,乙、反对白人助华一切行动,丙、随时取军事行动。"②有鉴于此,坚持并尽量发挥《九国公约》的原则,有助于中国在国际舞台上与日本争夺话语权。

二、公开驳斥天羽声明

面对日本侵门踏户式的言论,国民政府当然不能无动于衷,而是立即给予有力的回击。4月19日,外交部向蒋介石报告三项应对方策:第一,"电令驻日蒋公使向日当局诘问,说明中国立场";第二,"电驻日内瓦胡处长及驻英美法德各使,向国联及驻在国政府探询各该国态度";第三,"由本部发表非正式说明,明日可见各报"。③ 同日,国民政府外交部发言人就发表声明,从三个方面对其驳斥道:第一,从国际法上来讲,"世界无一国家得在任何地方主张有独负维持国际和平之责任";第二,从中国自身来讲,中国作为国联会员国之一,"倡国际合作,促成国际和平与安全",乃应有之义务,"从无欲中伤任何他国之意,更无扰乱东亚和平之念",因此"他国对中国苟无野心",则"对于中国力谋建设及安全之政策"不必过虑;第三,从改善中日关系角度看,中日两国要实现真正的和平,

---

① 蒋介石:《今后改进政治的路线》(1934年3月18日),秦孝仪主编:《"总统"蒋公思想言论总集》第12卷,第126页。
② 《蒋介石日记》(手稿),1934年4月23日,斯坦福大学胡佛研究所档案馆藏。
③ 《外交部电蒋中正日外务省十七日发表非正式声明关系重要除已饬蒋作宾向日方询问并说明中国立场外本部亦发表非正式谈话明日可见报》(1934年4月19日),台北:"国史馆"藏,蒋中正"总统"文物档案,002-090200-00015-216。

"总须建设在善意与互相谅解之基础之上",而不能强求中国屈服于日本。①

由于第一次声明遭受到国际社会的广泛抨击,4月20日,天羽英二在答记者问时,希图加以"澄清"。天羽在谈话中表示:日本"无意侵犯中国的独立和权益",但前提是中国的统一和繁荣,"有待于中国本身的觉醒和努力,不能依靠别国利己主义的开发"。天羽还表示:"日本无意侵犯第三国的权利",但是"日本反对各国采取任何形式以导致扰乱东亚和平和秩序的行动",而东亚和平秩序的维持主要是日本和东亚各国,"尤其是和中国分担责任","其他外国和国际联盟对于中国实行利己本位政策的时代,已经过去了"。② 天羽谈话的实质并未改变,一方面反对其他国家介入东亚事务,另一方面也反对中国利用国际合作壮大国力。日本所谓的要和中国分担维护东亚和平的责任,其实就是要中国向它完全屈服。

4月23日,日本外相广田弘毅公然站到前台,为天羽背书,指责外界曲解天羽声明的本意。他在谈话中明确支持天羽声明中的两点核心主张:其一,"阐明日本在东亚之特殊位置、责任及利益,促列国再确认";其二,日本将"排击"蔑视日本在东亚特殊地位,"离间中日,毁损东亚大局之和平",以及"借对华援助之名,阻害日本政治上经济上之利益或威胁日本国防之安全"的行为。③ 次日,日本政府还发表正式声明,声称日本政府不反对"列强加于中国之

---

① 《国民政府外交部发言人声明》(1934年4月19日),张篷舟主编:《近五十年中国与日本(一九三二——一九八二年)》第1卷,第348—349页。
② 《天羽英二答记者问》(1934年4月20日),张篷舟主编:《近五十年中国与日本(一九三二——一九八二年)》第1卷,第349—350页。
③ 《日外相广田弘毅谈话(节录)》(1934年4月23日),张篷舟主编:《近五十年中国与日本(一九三二——一九八二年)》第1卷,第350—351页。

非政治援助"以及"文化援助",但是反对带有政治色彩的"外国之金融的或技术的襄助",尤其"不能容许他国军用飞机或军火对华之输入"。①

由于在现代化步伐上领先于其他东亚国家,日本当局长期以来自认在东亚占有特殊地位。1932年11月3日,内田康哉在日本全国在乡军人会所举办的时局大会上发表演说,称:"关于外交方面之事,政府自应深察,我国在东洋之特殊地位及对于世界之立场,而努力增进与列强之友好关系,惟仍须坚持确固之方针,务必维持其远东之特殊地位。"②

面对日方不断升高情势的言论,4月28日,中国外交部发言人发表第二次声明,称:"中国之主权与其独立之国格,断不容任何国家以任何借口稍予损害。中国与他国或与国联之一切关系,无不合于法律,无不以中国自身之发展与安全为基础,断不容任何国家以任何借口稍加干预。"日本的声明显示其"欲排除他国与中国合法之关系",动摇门户开放主义。声明强调中国政府在外交政策上"致力于国际安全之保障及国际条约如《国联盟约》及《九国公约》之维护",呼吁各关系国共同维护国际公法之尊严。③

对于日本挑战《九国公约》的言论,国民政府除了由外交部发言人发表针锋相对的驳斥外,驻日公使蒋作宾也积极奔走,向日方表示关切,并阐明中方的严正立场。面对日本的步步紧逼,蒋

---

① 《日本政府声明》(1934年4月24日),张篷舟主编:《近五十年中国与日本(一九三二——一九八二年)》第1卷,第351页。
② 《日在乡军人会　内田讲外交方针》,《大公报》,1932年11月3日,第4版。
③ 《国民政府外交部发言人第二次声明》(1934年4月26日),张篷舟主编:《近五十年中国与日本(一九三二——一九八二年)》第1卷,第352—353页。

作宾建议国民政府迅谋对策。4月19日,蒋作宾致电外交部称:"国际联盟援助中国,最为日本军部少壮派所疑忌,认为国民党之国民政府无与日本合作之可能","日本政治渐失统御,少壮派亟欲登台,老辈亦不肯放手,老少斗争,中国将为牺牲品,是不可不确定应付方针"。①李择一也在给蒋介石的报告中表示:日本的外交政治中心完全在军部,"其中心可分为二部分,对中俄策略,则操诸陆军之手,对英美策略,则操诸海军之手,至外务省之外交,惟军部之马首是瞻,而施行其策略"。②

4月20日,蒋作宾向国内报告各国驻日外交人员对天羽声明的看法,称"此间各国人士直为骇然,认为所未见之强硬态度"。在意大利领事馆举行的舞会上,各国大、公使均认为意义"绝对重大","是无异使中国为被保护国","且有谓日本正与中国商谈,忽有此举,可谓不智"。③

4月21日,蒋作宾与日本外相广田弘毅在观樱会上会晤,并就天羽声明进行了直接的会谈。广田表示事前完全不知情,认为"时机不宜","且惹起国际反响甚大,美国尤甚";并将责任完全推给军部,表示军方唯恐中国被西方国家利用,"加以近来上海方面离间中日感情者,大有人在,所谓国际合作计划,甚嚣尘上,益使军部不安"。蒋作宾则向广田解释,称:"中国与国联合作毫无政治意味,

---

① 《外交部电蒋中正日本外务省天羽英二发表非正式声明已电令蒋作宾向日当局诘问说明中国立场》(1934年4月19日),台北:"国史馆"藏,蒋中正"总统"文物档案,002-080200-00161-076。
② 《李择一呈闽变后渡台回忆录,附九一八事变后第十四次东游回忆录摘要》(1934年),台北:"国史馆"藏,蒋中正"总统"文物档案,002-080101-00048-003。
③ 《外交部电蒋中正据蒋作宾电谓各国若有离间中日友谊破坏和平之协议日本惟有反对之及天羽英二声明意指日本应单独负维持东亚和平责任等》(1934年4月20日),台北:"国史馆"藏,蒋中正"总统"文物档案,002-080200-00161-104。

购械聘员完全为我国独立主权,无论何人不得干涉,况完全为国防设备,并无攻击日本之意"。①

4月24日,蒋作宾与重光葵等人会晤。从蒋作宾对国内的报告看来,日方态度颇为和缓,甚至表示天羽声明不代表日本官方态度。他在报告中表示:天羽在发表声明前,"并未交广田阅看,亦未经阁议通过","不料国际竟发生如是重大反响,广田颇怒天羽,故廿一日又由天羽发表辨明谈话","现正设法和缓,试探结果,对华方针恐仍无变更"。重光葵还向蒋作宾解释称:天羽声明只是代表了"外务省有一部分人如此主张",不能代表外务省,"更何能代表政府","欧美各国因日本脱退联盟,与日本主张相反,其误解,故不足惜,所可惜者,贵国亦适于此时遭此误解,然稍缓自可了然,仍望中日两国随时有专人来往,痛谈一切。满洲问题非不可谈,不过此时非宜,须俟时机耳"。②

可以看出,日本外交部门在与蒋作宾交涉初期表现出了低姿态。但是后来日本政府完全屈从其军方意见,进而公开出面为天羽声明辩护。4月25日,日本驻南京总领事须磨弥吉郎奉其驻华公使有吉明之命,向中国外交部门解释"十七日声明书之旨趣","谓并无损害中国独立及各国利益之意,只反对各国以共同之力共管中国"。③ 4

---

① 《外交部电蒋中正顷接蒋作宾电称广田弘毅又发一声明谓天羽英二声明无干涉列强在华之利权亦无侵犯我国独立之意等语》(1934年4月21日),台北:"国史馆"藏,蒋中正"总统"文物档案,002-080200-00161-110。
② 《外交部电蒋中正据蒋作宾电称广田弘毅对上海英文报登载天羽声明引起国际重大回响正设法和缓对华方针恐无变更等》(1934年4月24日),台北:"国史馆"藏,蒋中正"总统"文物档案,002-080200-00162-028。
③ 《汪兆铭电蒋中正驻华日使有吉明以书面解释天羽英二声明旨在反对各国共管中国事及孔祥熙来晤对交付日方宁案息款及减轻海产物关税事重申叮嘱》(1934年4月26日),台北:"国史馆"藏,蒋中正"总统"文物档案,002-080200-00162-053。

月27日,蒋作宾报告与重光葵和广田弘毅会谈的情形,表示两人都为天羽声明辩护,认为只是手续不当,而内容并无不妥。重光葵还对日方不公开否认天羽声明的立场做出解释,称:"本非正式声明,不过系依日本之外交政策对新闻记者之一种谈话,何所用其否认,况此完全为与中国合作之一种精神。"而广田弘毅更是一改4月21日的态度,并将天羽声明的主旨明确为下列六点:

(1) 我外交方针已尽于一月二十三日广田外相之外交方针演说,此后亦绝对不变更;(2) 对华政策以与友邦中国共同努力维持东亚全局和平为精神,东亚和平之实现,即所以贡献于世界和平;(3) 是以帝国政府此次声明系扩大此种旨趣之当然归结,与中国门户开放机会均等领土保全并无任何抵触;(4) 帝国政府对于各国之对华援助,如以庚子赔款兴办文化事业及与中国由经济的贸易上交涉以外,不带政治的色彩为限,乐于欢迎;(5) 唯最近对华之财政的或技术的援助有动辄带政治意味之倾向,自东亚重大立场上,不得不反对之;(6) 特于输入军用飞机军械,以其阻害中国和平统一与中国分负责任,担任保持和平之帝国系在不容默视之立场。①

可以看出,为了降低外界的敌意,广田弘毅将日本反对中国与各国合作的范围限定在"带有政治色彩"的经济合作和军事合作。但是本质上还是对中国主权和国家尊严的侵犯。由于实力对比关系,日本能对中国动辄施以言话恐吓和军事威胁,却没有足够的实

---

① 《外交部电蒋中正转蒋作宾报广田弘毅对十七日声明表示近来欧美财政技术援助中国对于中日关系东亚和平有不利影响故反对之等现本部已饬蒋公使再切实质问》(1934年4月26日),台北:"国史馆"藏,蒋中正"总统"文物档案,002-090200-00015-211。

力贯彻其独霸东亚的意图,除非其打算与其他大国公开撕破脸。在这种情况下,日本对中国与第三国合作的态度有稍微的松动。1934年1月23日,广田在贵族院发表关于外交方针的演说,确曾提出日本为"维持东亚和平唯一础石",但是并未如天羽英二那样公开反对中国与第三国合作。①

三、推动国际社会共同抵制天羽声明

近代以来,西方列强将中国作为原料产地、商品销售市场和资本输出地,在华利益盘根错节。尤其是1929年至1933年间的经济大危机,它们更希望扩大对中国的商品输出,不可能坐视日本独占中国。"中国丝毫不能影响欧美之对日关系,但日本在华之行动,其本身足导演欧美对日关系之变迁。"②因此,天羽声明发表后,遭到了西方主流舆论的严厉抨击。4月18日,《纽约论坛报》在社论中表示:日本破坏中国独立与主权,乃至"成为日本之保护国",其来有自,"二十一条与石井所倡之日本门罗主义,固早已昭示于前矣";但假如西方国家纵容日本开此先例,则必然破坏《九国公约》。社论还表示:日本发表此声明等于公开表示其视业已被破坏的《九国公约》为"僵死之物",并且不看重西方国家的态度。日方的言行也从侧面证明了国联所加于日本的"精神上孤立之判决为更正确合理"。③ 4月19日,据路透社报告,国联方面对于日本发表独霸中国的声明"并不引为惊异",并认为日本的声明"实含关闭中国门户之政策"。④

---

① 《广田演说外交》,《申报》,1934年1月24日,第6版。
② 《从国际上看中日问题》,《大公报(天津版)》,1935年11月30日,第2版,社评。
③ 《美报评日本对华野心》,《申报》,1934年4月20日,第3版。
④ 《日欲独霸远东　以武力恫吓各国》,《申报》,1934年4月20日,第2张第7版。

天羽声明发表后,日本驻外使节也不断向其国内报告驻在国的舆情。4月21日,日本驻英大使松平恒雄向广田外相报告英国主流报纸《泰晤士报》《卫报》《先驱报》等对于天羽声明的反应,其中《先驱报》社论表示:"日本乘外国困难之际,表明其对中国实行经济统治之意旨,尽管此举与尊重中国之独立背道而驰。"①4月26日,松平还向广田报告了英国外交大臣西蒙在议会回答议员质询的情形,西门表示应当阐明英国政府的立场,"有必要对日本政府提出意见"。② 4月21日,日本驻美大使斋藤博致电外相广田,摘要报告《纽约时报》《巴尔的摩太阳报》对于天羽声明的评论。《纽约时报》指出:"日本欲成为远东和平之保护者,拟在中国拥有不仅显然违反国际法,且亦违反条约之权利与义务。"《巴尔的摩太阳报》也批评日本政府妄自尊大,称:"日本企图依据此次声明告知全世界对中国全土享有保护者之地位,即反对外国对中国进行军事援助或政治贷款。"③日本驻法大使佐藤尚武也摘要报告法国舆情,表示除《巴黎回声报》《日报》为日本有所辩护外,《喉舌报》也指责日本道:"日本之政策非以条约为依据,而系根据日本关于维持远东和平之特殊地位。日本利用欧洲政局险恶、美国出现危机等全世界混乱之会,拟以中国无政府状态

---

① 《驻英大使松平恒雄致外务大臣广田弘毅电》,马斌译校:《天羽声明与欧美各国之反响——日本帝国主义侵华资料选译(二)》,中国人民抗日战争纪念馆编:《中国人民抗日战争纪念馆文丛第三辑》,北京:北京燕山出版社1992年版,第259—260页。
② 《驻英大使松平恒雄致外务大臣广田弘毅电》,马斌译校:《天羽声明与欧美各国之反响——日本帝国主义侵华资料选译(二)》,《中国人民抗日战争纪念馆文丛第三辑》,第260—261页。
③ 《驻美大使斋藤博致外务大臣广田弘毅电》,马斌译校:《天羽声明与欧美各国之反响——日本帝国主义侵华资料选译(二)》,《中国人民抗日战争纪念馆文丛第三辑》,第266—269页。

为借口而获得一种行动权。"①

国际主流舆论对天羽声明的恶感，为国民政府争取国际支持创造了良好的环境。4月21日，蒋介石在给汪精卫的电报中表示："对彼外务省宣言，不能轻视，请预定以后应付步骤，并令我国驻使竭力向各国活动，表示反对日本独霸东亚与破坏门户开放之条件。此后彼不久必对我有所要求，务请预防并彻底研究对策。"②4月22日，汪精卫回电称："日外务省声明书已引起各国报纸抨击，而各国政府当局则尚默默无言，现去电切嘱各国驻使努力宣传并刺激其政府当局，同时电约英美两使来京会晤。"③

天羽声明发表后，中国驻外人员在外交部的指令下，积极与驻在国政府联络，酝酿国际联合制日的氛围。4月25日，驻英公使郭泰祺报告与西蒙会晤情形。西门向郭泰祺表达了拥护《九国公约》的立场，称："今日英外部已致牒日本谓：按照九国公约，对中国之技术与财政协助，均一切处于平等地位，不因日本之片面声明有变更。"郭泰祺向西门表示希望英国在应付欧局之时，不要忽略远东局势的恶化，毕竟中国"力薄势孤"，"难与长期抵抗"，"盼英国领导各国"共谋对付。④ 同日，驻法公使顾维钧也报告了与法国外交次

---

① 《驻法大使佐藤尚武致外务大臣广田弘毅电》，马斌译校：《天羽声明与欧美各国之反响——日本帝国主义侵华资料选译（二）》，《中国人民抗日战争纪念馆文丛第三辑》，第269—272页。
② 《蒋中正电汪兆铭对日本外务省宣言请预防并彻底研究对策》(1934年4月21日)，台北："国史馆"藏，蒋中正"总统"文物档案，002-010200-00112-026。
③ 《汪兆铭电蒋中正日外务省声明书已引起各国报纸抨击而各国政府当局则尚默默无言现去电切嘱各国驻使努力宣传并刺激其政府当局》(1934年4月22日)，台北："国史馆"藏，蒋中正"总统"文物档案，002-090200-00014-024。
④ 《外交部电蒋中正据郭泰祺电称访晤英外相关于日本天羽英二声明推翻九国公约及国联技术合作之两方答谈情形》(1934年4月26日)，台北："国史馆"藏，蒋中正"总统"文物档案，002-080200-00162-058。

长晤谈情形。顾维钧否认了中方事先同意声明的谣言,并询问法方为何不明示态度。法方虽以未接日方正式通知加以搪塞,但是也表示法国在"对远东与中国之态度"上将坚持一贯政策,"除有条约特别规定外,仍维持公法上通常关系",并且断然不会同意日方独占中国的立场。①

4月27日,郭泰祺再次报告与美英苏等国外交人员接洽情形。苏联大使对其表示:"苏联对远东情势极重视,惟因我华府签字国,不便取外交上步骤,但更当继续军事上准备,认为俄日战事终不能免"。因英美双方外交人员的接洽,两国将协调一致,向日方提出措辞强硬的质问。②

中国外交人员除了积极与驻在国政府接洽,还广泛利用国际媒体揭露日本的阴谋,并针对性地回击日方的宣传,以唤起国际社会的重视。

4月21日,顾维钧对来访的世界社记者发表谈话称:天羽声明"实暴露日本力谋向亚洲大陆扩展之侵略政策,尤以向中国方面扩展之野心,更为显明","证实其企图损害中国之主权,及排斥其他列强在东亚所有天然富源,与夫中国市场之利益"。日本的侵略政策,"实有背于远东和平主旨","决不能赞成日本独揽亚洲主权之主义","而其他列强亦决不能为其威逼而接受之"。要想维护远东和平,只能是日本遵守条约义务,"放弃其残忍之帝国侵略主义"。③

---

① 《外交部电蒋中正据顾维钧电称经与法外次长晤谈表示未接日本通知谈天羽英二声明事及对中国向持公法上通常关系等情形》(1934年4月26日),台北:"国史馆"藏,蒋中正"总统"文物档案,002-080200-00162-060。
② 《外交部电蒋中正据郭泰祺电称俄大使认为俄日战事终不能免及美大使愿促进英美对日合作另英外相谓已要求日外务省解释天羽英二声明等情》(1934年4月28日),台北:"国史馆"藏,蒋中正"总统"文物档案,002-080200-00162-104。
③ 《顾维钧之谈话》,《申报》,1934年4月22日,第1张第3版。

4月25日,驻英公使郭泰祺在对哈瓦社访员的谈话中指出:日本的侵华政策乃其民族心理有以致之,因为明治维新以后,日本对外战争皆以胜利告终,"其人民遂以战争为有利而可贵"。当前远东并未有力量能够阻止日本违反《九国公约》向外扩张,其结果"中国全部将被侵入,西方各国商业亦必为之破产","故各国不欲阻止日本发展则已,否则,即须起而行动"。

4月26日,顾维钧在接见美国驻法媒体时,指出日本所倡导的门罗主义与美国门罗主义的区别,"实不啻豺狼与警犬之分",因为日本以武力为后盾,"意图在太平洋上独操霸权,实行强权即公理之主义"。他还表示:"此项企图,已将其独霸太平洋东岸之野心,暴露无遗,并显示远东和平将受危害之起源。"①

对于天羽声明引发的国际众怒,日本驻外使节当然不会坐以待毙。他们积极向国际社会阐明日本的政策意图。4月23日,日本驻美公使斋藤在接见美联社记者的谈话中表示:"日本最能判断何者足以扰乱东方之和平,故不能容忍国联或任何国家对于东方安宁有关之问题,自处于评判者之地位","日本愿与列强及中国共同荷负维持东方和平之责,惟须别国之政策无自私之作用而后可"。他还说,日本将反对外国"足以扰乱东方之安宁"的行动,而"各国对华来往,应与日本磋商"。日本驻国联领事横山发表声明,表示:"日本为东亚和平之自然保护人,并欲反对有害于日本利益之中国任何奥援。"他对天羽声明解释称:"日本之宣言,为对于中国有关系各国之一种友善警告,即要求中国不再以扰乱远东和平之工具给予中国",中国与国联的合作,"须不含政治作用,或不利

---

① 《顾公使抉别日美门罗主义　实豺狼与警犬之不同》,《申报》,1934年4月27日,第3版。

日本"。他甚至还赤裸裸地表示天羽声明的目的"在确定日本与东方各国合作,以负东方事件责任之意向",而东方的范围则包括"日本、中国、印度、暹罗、'满洲国'及菲律滨群岛"。①

只是日本驻外人员的辩驳,非但不能缓解国际社会对日本的疑虑,反而火上浇油,将日本的野心进一步暴露。这客观上为中国外交人员展开国际宣传提供了更多的素材。4月25日,中国驻国联代表团办事处处长胡世泽对当地报界发表宣言,专门驳斥横山4月23日所发表之谬论。胡世泽表示:"日本驻日内瓦代表四月二十三日发表之宣言,证明日本有独霸亚洲及太平洋之计划,使日本之野心更为之昭然若揭。日本之意,乃欲攫取完全监视中国之权,对于中国内政以及其与国联会或列强之关系,皆欲横加干涉,固不仅以满洲一地为限也。"胡世泽直指日方的险恶用心,"日本之所患者,正为中国繁荣,正在中国开放门户,任人通商,于是借口于中国与国际合作之有危险,而阻挠之"。他还批评日本企图在中国造成特殊地位,"外国之对华援助,何者有害于和平及秩序之维持,而足以扰乱之,日本欲独为判断",而这种特殊地位"乃与中国主权及国际条约不能兼容,尤足以破坏华府九国公约者也"。②

由于天羽声明切实威胁到西方列强的在华利益,加之社会舆论的压力,以及国民政府的外交运作,英美两国政府向日方明确表达了反对立场。4月25日,美国驻日大使格鲁拜访广田外相,表达美国对天羽声明的关切。广田向格鲁表示:"在新闻记者的询问之

---

① 《日本驻日内瓦领事将与国联接洽》,《申报》,1934年4月25日,第3版。
② 《顾公使抉别日美门罗主义　实豺狼与警犬之不同》,《申报》,1934年4月27日,第3版。

下,天羽在未告知他且未得到他同意的情况下,发表了这份声明,可能使世界对日本产生了完全错误的印象。"广田还向格鲁表示:"日本没有任何在中国谋求特殊利益、侵害中国领土与行政完整的企图,也未试图阻扰其他国家与中国之间真正的贸易往来。"最后,广田还向美方保证:"日本不会蓄意采取任何针对其他国家或有悖九国公约条款与精神的挑衅行动。"①

可见,广田对美国的询问有意采取了低姿态。虽然天羽事先未征得其同意,但是内容并未违背他的政策。事实上,在天羽声明发表前,即4月13日,广田在给日本驻华公使有吉明在电报中,就提出了日本对于"对华国际合作之态度"。其中的根本精神与天羽声明基本一致。比如其中提出:"维持东亚和平秩序乃自己之责任,单独完成此一任务乃当然之结果,帝国有决心完成此项使命";中国的统一有待于"中国自身之觉醒及努力",要击破中国"利用他国以夷制夷之政策";列强与中国财政、技术等方面的合作,"必然包含政治意义","帝国在原则上不得不表示反对";日本将反对"扰乱东亚和平及秩序之性质(例如提供军用飞机,或建立机场、派遣军事顾问、提供政治贷款等)"的活动。②

4月28日,美国国务卿赫尔致电格鲁,要求他照会日本政府,称:"正如我们同日本及其他国家的关系一样,支配美国与中国关系的是普遍认可的国际法原则以及美国作为缔约方所签订的条约。在国际法、公平本身及条约效力上,美国与中国有着某些权利

---

① 《格鲁致国务卿》,王建朗主编:《中华民国时期外交文献汇编1911—1949》第6卷,下册,北京:中华书局2016年版,第965—966页。
② 《外务大臣广田弘毅致驻华公使有吉明电》,马斌译校:《天羽声明与欧美各国之反响—日本帝国主义侵华资料选译(二)》,《中国人民抗日战争纪念馆文丛第三辑》,第258页。

和某些义务。……美国人民和美国政府认为,在涉及权利、义务及他国合法利益的情况下,没有其他国家的许可,任何一个国家都不能擅自按自己的意志行事。"①

在国际社会的压力下,日本不得不做出有限的让步,对天羽声明做出三点辩白,表示:第一,日本无意破坏中国的独立,并希望中国实现统一与繁荣,"而中国本身之保安统一及繁荣,宜委诸中国本身之觉醒及努力";第二,日本无意侵犯第三国的在华利益,"如第三国以善意与中国为经济通商上之交易,有利于中国,日本无任欢迎之,日本固支持中国门户开放机会均等主义者,又系遵守现行有效诸条约及协定者也";第三,日本不能漠视任何形式"违反东亚和平及秩序维持之行动","日本鉴于东亚之地理的地位,关于该方面之和平及秩序之维持,有最紧切之关心。是以关于中国问题,无论如何之第三者,并无考虑此种事情而反利用之,以实行其自己本位之政策,可不得默过"。② 可见,日本对天羽声明的修正仅仅只是言辞上的,而其本质精神并未改变,因此蒋廷黻认为两者只有"轻重之不同"。③

日本政府完全低估了天羽声明的影响力,未料想到列强会做出强烈回应。重光葵晚年将其原因归之于外国记者的夸大宣传,"外国记者中有的报道说什么日本宣布了东洋门罗主义,有的说,日本无视门户开放、机会均等原则,企图把英美势力从中国赶出去

---

① 《国务卿致格鲁》,王建朗主编:《中华民国时期外交文献汇编1911—1949》第6卷,下册,第966—967页。
② 高素兰编注:《蒋中正"总统"档案·事略稿本》(26),台北:"国史馆"2006年版,第21—23页。
③ 蒋廷黻:《论"日本和平"》,《独立评论》第100号,第3—5页。

等等,夸大其词地向世界进行宣传"。① 九一八事变以来,日本在侵略中国的道路上基本上未遇到大的阻碍,一则是国民政府准备不充分,恪守有限抵抗,乃至不抵抗政策;二则西方列强忙于国内经济危机的治理,无暇顾及远东。因而,日本的侵略野心更加膨胀,开始肆无忌惮地挑战国际体系。

国际社会对天羽声明的反应确实给了中国一定的慰藉。胡适表示:"这个世界确还有一点正谊,一点公道,一点对我们的同情心。我们也不能不感觉这个世界的贬议是有一点力量的。"②国民政府内部甚至有人主张"乘多国对日本愤激之时,即行抵抗",打破日本独霸东亚的企图;继续维持与国联间的合作,并"督促九国公约签字国共同制裁日本"。③ 国民政府的意图当然并没有实现,毕竟当时日本与西方列强之间的矛盾尚未发展到不可调和的阶段。胡适表示:"我们在今日切不可妄想 4 月 17 日的霹雳已过去了,也不可妄想世界的大国在这个时候听见了我们的几个外交官的喊叫,就会拼死命来替我们打退强盗,救出这哭喊的婴孩","我们要彻底明白中国今日的局势是一个空前最严重的局势"。④ 而要解除国难和收复失地,"尚有待于国人之励精图治,努力建设"。⑤

天羽声明"是一个划东亚历史时代的声明","它的意义的重要,正和一八九九年九月六日美国的海约翰氏的门户开放、机会均

---

① [日]重光葵口述,天津市政协编译委员会译:《重光葵外交回忆录》,第 130 页。
② 胡适:《今日的危机》,《独立评论》第 99 号,第 2 页。
③ 《汪兆铭电蒋中正中央政治委员会议讨论外交建议乘各国对日本愤激时即行抵抗打破日本独霸东亚之企图及继续与国联合作等处理情形》,台北:"国史馆"藏,蒋中正"总统"文物档案,002-080200-00164-010。
④ 胡适:《今日的危机》,《独立评论》第 99 号,第 4 页。
⑤ 袁道丰:《日本声明与英国提出质问之原因》,《外交评论》第 3 卷第 5 期,第 17—21 页。

等的声明和一九一五年五月七日的二十一条最后通牒一样",因为它"使几十年来欧美帝国主义者们为在远东维持势力均衡而立下来的信条,撕毁无余了"。① 有识之士从中看到了未来世界大战的危机。1935年6月20日,胡适在给王世杰的信函中提出了两个预测:第一,当前的局势,"在最近期间,日本独霸东亚,为所欲为,中国无能抵抗,世界无能制裁";第二,未来太平洋地区将发生世界大战,"在一个不很远的将来,太平洋上必有一度最可惨的大战,可以作我们翻身的机会,可以使我们的敌人的霸权消灭"。胡适还表示:"我们的政策,眼光可以望着将来,而手腕不能不顾到现在。"②6月27日,胡适在另一封给王世杰的信函中表示:中国要准备付出巨大牺牲,"我们必须咬定牙根,认定在这三四年之中我们不能期望他国加入战争,我们只能期望在我们打得稀烂而敌人也打得疲于奔命的时候才可以有国际的参加与援助。这是破釜沉舟的故智,除此之外,别无他法可以促进那不易发动的世界二次大战。"③

华盛顿体系是维护远东和平的重要国际体系架构,而今却遭到日本的挑战,"为侵略中国以图独霸东亚而声明废除华盛顿条约"④,预示着国际社会中维持现状和打破现状两派间的冲突将日益加剧,世界大战爆发的可能性极大。1934年7月5日,陈诚对庐山军官训练团全体学员发表演说称:"第二次世界大战,很快就要

---

① 王纪元:《震动世界之日本声明与中国》,《申报月刊》第3卷第5期,第9—14页。
② 《与王雪艇书(二)》,胡颂平编著:《胡适之先生年谱长编初稿》第4册,台北:联经出版事业公司1984年版,第1382—1383页。
③ 《与王雪艇书(三)》,胡颂平编著:《胡适之先生年谱长编初稿》第4册,第1387—1388页。
④ 蒋介石:《政府与人民共同救国之要道》(1936年1月16日),秦孝仪主编:《"总统"蒋公思想言论总集》第7卷,台北:中国国民党中央委员会党史委员会1984年版,第114页。

爆发了","目前的形势,正和一九一一年的欧洲一样,表面虽然静止,战机仍在酝酿,一触就要爆发了"。① 世界大战无论是在东方或是西方爆发,都与中国的存亡密切相关,"如果在西方爆发,日本一定抄袭上次大战的故智,趁列强无暇东顾,来灭亡中国;若在东方爆发,无论日俄日美之挑衅,结果必以中国为战场","如果我们不知道振作,必然做战胜国的牺牲品"。② 在陈诚看来,在未来的世界大战中,中国危险甚大。他说:"国际问题,犹如家庭问题。我国好像一个破落户,日本是强盗,俄国是无赖,美国是一个为富不仁的主老,英国是土豪劣绅。我国今日正在家道中落,兄弟阋墙于内,强盗、无赖、土豪环攻于外的时候,其危险可想而知。"③

四、批驳日本"东亚新秩序"的主张

长期以来,日本对由华盛顿体系构建的东亚国际秩序都相当不满,而一直企图将其彻底打破,以建立由其主导的"东亚新秩序"。天羽声明只是初试啼声。此后,日本不仅不断扩大对华侵略,而且还退出海军协定,扩充军备。日本的举动引起了整个国际社会的关注。1934 年 10 月 25 日,美国国务卿对其参与海军限制军备谈判的代表团团长戴维斯表示:"日本无视全世界的形势,不愿意讨论不符合本国意愿的任何事项,意味着他们正在摆

---

① 《陈诚在陆军军官训练团对全体学员讲话:第二次世界大战与中国之危机》(1934 年 7 月 5 日),台北:"国史馆"藏,陈诚"副总统"文物档案·陈诚言论集,008 - 010301 - 00005 - 015。

② 《陈诚在军官团教育讲话集会全体官长学员讲话:最近国际形势与吾人应有之努力》(1934 年 11 月 17 日),台北:"国史馆"藏,陈诚"副总统"文物档案·陈诚言论集,008 - 010301 - 00006 - 028。

③ 《陈诚对驻贵州军官讲词:从国际形势说到整理国军》(1935 年 5 月 25 日),台北:"国史馆"藏,陈诚"副总统"文物档案·陈诚言论集,008 - 010301 - 00008 - 018。

脱所有的限制,正在放弃在国际关系和世界和平领域寻求真诚合作的努力。日本要求在亚洲拥有至高无上的责任和权力,要求改变为维护远东和平而达成的协议和军备比例,除了荣誉观和命定说,他们没有提出任何理由。为什么世界各国不能在华盛顿各项条约奠定的安全与和平的基础上继续前进,日本没有讲出充足的理由。"①美国认为日本肆意破坏远东均势,称:"我们认为日本的观点表明它希望在东方获得优势地位,从而得到各种特权,破坏亚洲的政治和经济平衡,这种平衡是由《九国公约》和其他国际条约规定的原则和政策确立起来的。"②

全面抗战爆发后,日本更是无所顾忌,封锁长江航道,轰炸粤汉铁路,进占越南,企图彻底切断中国与外界的联系,并最终将中国变成其独占殖民地。格鲁表示:"他们作战的目的之一,虽未明说,实际上就是要取代英国在中国的势力,步骤也许是渐进的,但终究还是一定要取而代之。"③其实日本何止是要取代英国势力,简直就是要将整个中国都变成"满洲国",以便由其完全主宰。1938年10月6日,格鲁照会日本政府称:"美国政府现在担心,在被日本军队占领的中国其他地区,自中日战事发生以来也出现了和满洲相同的情况,即对美国贸易及竞争不利的情况。"④由于日本侵华切实威胁到英美等国的利益,美国政府内部也开始酝酿援华抗日。1938年11月14日,美国国务院政治顾问亨贝克在备忘录中指出:

---

① 《美国代理国务卿致美国代表团团长(戴维斯)》,美国国务院编:《美国外交文件·日本,1931—1941年(选译)》,第65—66页。

② 《美国国务卿致美国代表团团长(戴维斯)》,美国国务院编:《美国外交文件·日本,1931—1941年(选译)》,第67页。

③ 《格鲁日记》,1938年3月31日,[美]约瑟夫·C.格鲁:《使日十年》,第349—350页。

④ 《美国驻日大使(格鲁)致日本首相兼外相(近卫)》,美国国务院编:《美国外交文件·日本,1931—1941年(选译)》,第370—371页。

让日本完全控制中国不符合美国的国家利益,应该支持中国继续抵抗下去;美国与日本的正面对抗迟早会到来,应该考虑采取措施削弱日本对中国的军事进攻能力。①

1937年11月13日,胡适在纽约外交政策协会的演讲中指出:中日冲突具有双重属性,一方面是"日本帝国主义与中国国家主义合法渴望的冲突",另一方面也是"日本军国主义和新世界秩序道德的限制之间的冲突"。②

此后,日本将"东亚新秩序"作为其对华武装侵略的掩护工具,以及分化中国抗战阵营的诱降武器。

日军攻占武汉、广州之后,抗战进入相持阶段,日本无力彻底消灭退居西南大后方的国民政府,转而采取政治诱降。1938年11月3日,日本首相近卫文麿发表第二次对华政策声明,表示日本对华作战的目的在于"建设确保东亚永久和平的新秩序","此种新秩序的建设,应以日、满、华三国合作,在政治、经济、文化等各方面建立连环互助的关系为根本,希望在东亚确立国际正义,实现共同防共,创造新文化,实现经济的结合"。日本希望中国能够分担建设东亚新秩序的责任,"如果国民政府抛弃以前的一贯政策,更换人事组织,取得新生的成果,参加新秩序的建设,我方并不予以拒绝"。③

后来,随着情势的发展,日方还将"东亚新秩序"的内涵进一步

---

① Memorandum by the Adviser on Political Relations (Hornbeck),FRUS,1938,Vol. 3,pp. 572-573.
② 胡适:《远东冲突的后面》,季羡林主编:《胡适全集》第22卷,合肥:安徽教育出版社2003年版,第588—593页。
③ 《日本近卫内阁第二次对华声明》,复旦大学历史系中国近代史教研组编译:《中国近代对外关系史资料选辑(1840—1949)》第2分册,下卷,上海:上海人民出版社1977年版,第93页。

具体化。12月22日,日本近卫内阁发表第三次对华声明,声称将"始终一贯地以武力扫荡抗日的国民政府","同时,和中国同感忧虑、具有卓识的人士合作,为建设东亚新秩序而迈进"。声明还表示:"日、满、华三国应以建设东亚新秩序为共同目标而联合起来,共谋实现相互善邻友好、共同防共和经济合作","日本只要求中国作出必要的最低限度的保证,为履行建设新秩序而分担部分责任"。[1] 这一声明的实质就是要求国民政府放弃抗日国策,而完全听从日本摆布,并承认"满洲国"。此外,日本对中国抗战阵营的分化意图也更加彰明。

自从日本提出"东亚新秩序"的概念后,蒋介石在不同的时间和场合分别从中国及世界两个角度加以驳斥,以期引起国内外的重视。

从中国角度来看,"东亚新秩序"的本质就是完全控制中国。1938年12月26日,蒋介石在重庆中央党部的总理纪念周上发表题为《揭发敌国阴谋阐明抗战国策》的演讲,作为对近卫第三次对华声明的回应。蒋介石在演讲中开宗明义地指出:近卫声明"是敌人整个的吞灭中国,独霸东亚,进而企图征服世界的一切妄想阴谋的总自白","也是敌人整个亡我国家,灭我民族的一切计划内容的总暴露"。所谓"东亚新秩序",在蒋介石看来,就是"推翻东亚的国际秩序","造成奴隶的中国,以遂其独霸太平洋、宰割世界的企图的总名称"。蒋认为近卫提出"建立东亚新秩序"实在是包藏祸心,"就是要强迫我们中国自己来破坏门户开放、机会均等的原则","要我们中国自己来破坏国联盟约、九国公约,以至于中苏不侵犯

---

[1] 《日本近卫内阁第三次对华声明》,复旦大学历史系中国近代史教研组编译:《中国近代对外关系史资料选辑(1840—1949)》第2分册,下卷,第94—95页。

条约等一切国际条约"。① 蒋介石认为日本倡导"东亚新秩序"是企图"使中国断绝一切国际关系",以便任其予取予求。②

蒋介石的告诫终究未能改变长期以来对抗战欠缺信心的汪精卫的求和意志。12月30日,国民党副总裁汪精卫发表艳电响应近卫声明,走上叛国的不归路。1939年1月下旬,国民党召开五届五中全会,以统一党内意志。1月21日,蒋介石在开幕演讲中再次强调所谓"东亚新秩序"只是日本企图控制全中国的烟幕,"目前如果妄想妥协,希求侥幸的和平,就无异自投罗网,自取灭亡",而唯一正确的方略就是持久抗战,奋斗到底,打破日本"速战速决"和"速和速结"的阴谋。③ 正是因为看透了"东亚新秩序"的本质,蒋介石当然不可能接受以其作为中日媾和的基础。4月17日,蒋介石在接见中外记者时指出:"建立东亚新秩序说,是日本并吞中国的新名词","近卫所谓建立东亚新秩序,就是日本要独霸东亚,不仅要消灭中国,而且是要消灭各国在太平洋一切势力的毒计"。在此情形下,中日之间绝无和平可言。④

从世界的角度来看,"东亚新秩序"就是要将欧美势力排挤出东亚,从而实现日本的独霸意图。1939年7月7日,蒋介石在《抗

---

① 蒋介石:《揭发敌国阴谋阐明抗战国策》(1938年12月26日),秦孝仪主编:《"总统"蒋公思想言论总集》第15卷,台北:中国国民党中央委员会党史委员会1984年版,第569—582页。
② 《蒋介石日记》(手稿),1939年4月15日,杂录,斯坦福大学胡佛研究所档案馆藏。
③ 蒋介石:《以事实证明敌国必败及我国必胜》(1939年1月21日),秦孝仪主编:《"总统"蒋公思想言论总集》第16卷,台北:中国国民党中央委员会党史委员会1984年版,第8—23页。
④ 蒋介石:《驳斥汉奸国贼之卖国谬论—日本军阀如不觉悟东亚永无和平可言》(1939年4月17日),秦孝仪主编:《"总统"蒋公思想言论总集》第38卷,台北:中国国民党中央委员会党史委员会1984年版,第120—122页。

战建国二周年纪念告日本民众书》中,告诫日本民众要识破日本军阀所倡"东亚新秩序"的谎言。蒋说:"你们要明了所谓新秩序的内容,就是要把大中华民国征服了,同时把各国排出去。侵中国要战争,排各国也当然要武力,你们可以算一算,日本究竟共有多少壮丁,多少武力?"如果继续盲从军阀的宣传,日本将陷入四面楚歌的境地,"把日本国家拖向万丈深渊"。蒋还表示:"各国对华关系,受着九国公约的拘束,日本侵华是日本弃约背信,英美法诸大国不附和日本,而守九国公约立场"。① 在蒋介石看来,要建立真正的东亚新秩序,"必先建立太平洋各国集体安全"。②

蒋介石在同日发表的《告世界友邦书》中对上述观点做了更加完整清晰的阐述。蒋介石指出:日本发表东亚新秩序的宣言证明其侵华无论假借什么名义,目的都是要"驱除欧美各国在亚洲之权益","以达成其独霸太平洋之目的"。中国作为被侵略的国家,自然要不惜一切代价,维护国家主权和独立完整,"打破日本扰乱东亚与排除各友邦在远东权益之企图"。同时蒋也希望各友邦"及时执行所负之义务","尽其神圣之职责","以根绝侵略者所谓建立东亚新秩序之妄念,而恢复国际之秩序,确保世界永久之和平"。③

1940年1月,在高宗武、陶希圣将日汪密约公之于众后,日本所谓"东亚新秩序"的实质内涵才真正为外界知晓。故而,蒋在1月23日的告友邦书中指出汪精卫与日方所签《中日新关系调整要

---

① 蒋介石:《抗战建国二周年纪念告日本民众书》(1939年7月7日),秦孝仪主编:《"总统"蒋公思想言论总集》第31卷,台北:中国国民党中央委员会党史委员会1984年版,第89—90页。

② 《蒋介石日记》(手稿),1939年6月7日,斯坦福大学胡佛研究所档案馆藏。

③ 蒋介石:《抗战建国二周年纪念告世界友邦书》(1939年7月7日),秦孝仪主编:《"总统"蒋公思想言论总集》第31卷,第102—105页。

纲》比二十一条的性质更加严重，"充分证明日本军阀政府将进一步欺骗各友邦,且将根本取消各友邦在华之权益"，"换言之,日本必悍然不顾一切,以从事于其所谓'东亚新秩序'之建立,侵略野心,至此乃暴露无遗"。蒋还表示：

> 日本于其主权以外之区域内,擅行规定"新秩序"之条件及情势,而自认为该区域内权力之渊源,及时运之主宰；并拒绝以正义及理智为根据,与各关系国,依自由谈判及协议之合法程序以解决各种问题。此均足以证明日本,决无丝毫诚意,尊重各关系国家合法公允之权益。

因此,蒋介石在文告中对各友邦提出三点希望：第一,彻底认清日本的侵略野心,乘日本国力疲敝之际,先行解决日本侵略者,"倘舍此不图,任令日本坐大,则将来即使以千百万人类之生命,亿万兆金钱之代价,恐不能挽此滔天之浩劫"；第二,以不同的立场处理欧洲问题和远东问题,"无论其对欧洲事件之见解与利害是否异同"，在远东问题上都应该开诚布公,"共同合作,迅采有效之行动,制止日本之侵略,勿因其他枝节问题,而影响在远东根本之合作,竟予日本以坐大之机会,而贻留莫大之祸根"；第三,切实援助中国抗日,并实行对日禁运,"断绝日本物资及武器原料之来源"，"俾远东合法秩序,得以早日恢复"。①

"东亚新秩序"是日本对外侵略野心的公开表露。不仅国民政府反对由日本主导的"东亚新秩序"，"无论如何不能摇动余不妥协之政策"②；而且,西方列强也强力反对,"美国对敌致牒,不承认东

---

① 蒋介石：《为日、汪协定告友邦人士书》(1940年1月23日),秦孝仪主编：《"总统"蒋公思想言论总集》第31卷,第143—148页。
② 《蒋介石日记》(手稿),1938年12月3日,斯坦福大学胡佛研究所档案馆藏。

亚新秩序,其措词坚决,亦足以打击敌人"①。1939年10月19日,格鲁在美日协会发表演说称:"美国人民根据他们得到的一切绝对可靠的证据,有充分理由相信,日本是在为一己之利而力图控制亚洲大陆的广大地区,并在这些地区推行一种排外的经济制度。"②因此,美国希望中国能够战胜日本。格鲁表示:"我们要蒋介石打胜,是因为他合法地、正当地代表中国。此外,蒋得胜后,不管我们的权益会有什么遭遇,反正不会比目前日本统治下正在发生的情况更坏。"③中国与英美等国在反对"东亚新秩序"问题上的共同立场,为反法西斯同盟的形成创造了重要的条件。蒋在日记中写道:"共同对倭,反对东亚新秩序,恢复九国公约。"④

第三节 对大国关系重组的因应

经济危机结束了自凡尔赛—华盛顿体系建立所形成的资本主义相对稳定时期。在进入20世纪30年代后,对国际体系变化深具影响的大国间关系开始分化重组。社会主义苏联与西方资本主义国家间的关系逐渐改善,并为共同反对法西斯主义而加强合作。为了打破凡尔赛—华盛顿体系,德意日三个法西斯国家逐渐勾结到一起。面对由大国关系重组所推动的国际体系变化,国民政府是如何因应的? 本节将以全面抗战爆发前的美苏复交和德日同盟为例,探讨国民政府对大国关系重组的因应。

---

① 《蒋介石日记》(手稿),1939年1月1日,上星期反省录,斯坦福大学胡佛研究所档案馆藏。
② 《"直接听来的"》,[美]约瑟夫·C.格鲁:《使日十年》,第294页。
③ 《格鲁日记》,1940年10月5日,[美]约瑟夫·C.格鲁:《使日十年》,第349—350页。
④ 《蒋介石日记》(手稿),1940年10月31日,斯坦福大学胡佛研究所档案馆藏。

一、期待美苏复交能重建东亚均势

均势是指一种任何国家都不享有主导地位和对他国发号施令的状态。"局部均势的存在,可以防止一个地区主导国家吞并或者支配特定区域的国家,从而维护这些国家的独立地位。"①九一八事变后的日本,犹如庚子事变时完全侵占了中国东北的沙俄,都企图打破均势局面,以确立自身在东亚的霸权地位。国民政府希望东亚均势能够恢复,以便对日本的侵略扩张形成制约。因此,国民政府对美苏复交的态度是一贯的,"赞成美俄接近之趋向"②。毕竟日本如若在东亚变成独霸,必将对中国造成更大的威胁。蒋介石为东亚均势被破坏而担忧不已。1933年8月2日,蒋介石在日记中写道:"均势既破,对内制度,对外政策,均应详讨,务求其能在此均势破裂之下,适合于国家生存也。"③8月4日,他还写道:"均势既破,世界大战必起,吾国国情与人心,如此散漫懒惰,数年之内,如欲应此大难,势必不能。"④8月7日,蒋再写道:"九一八以后,均势既破,国家人民之所以不绝如弦者,惟此忍辱与谨慎乃能保持一时也。国人党员与政府犹醉生梦死如故,仍抄袭九一八前之口号、态度、政策以救国,安得而不速其亡也。"⑤蒋介石惯于将责任推给他人,而不反思己过。既然明知世界大战必不可免,那么就应该改弦更张,努力增进中国内部的团结。

---

① [英]赫德利·布尔:《无政府社会——世界政治秩序研究》,第80—84页。
② 《汪兆铭电蒋中正对日外交应谨慎行事不宜轻易提出经济制裁或绝交等提案及待国强民富之时再行解决东北问题并拉拢英美苏以牵制日本等外交问题建议》(1933年6月21日),台北:"国史馆"藏,蒋中正"总统"文物档案,002-090102-00004-011。
③ 《蒋介石日记》(手稿),1933年8月2日,斯坦福大学胡佛研究所档案馆藏。
④ 《蒋介石日记》(手稿),1933年8月4日,斯坦福大学胡佛研究所档案馆藏。
⑤ 《蒋介石日记》(手稿),1933年8月7日,斯坦福大学胡佛研究所档案馆藏。

美苏两国是国民政府在国联体系之外必须努力争取获得支持的大国,"以现势而言,中国利害之最深切者,厥惟美俄二国"。① 如果美苏两国始终立于敌对状态,那么必将给国民政府的外交活动制造障碍,因此国民政府乐见美苏复交。美苏复交后,国民政府就可以在外交上多线并进,尤其是可以更加大胆地加强对苏关系,增加外交运作的空间。

罗斯福在就任美国总统之后,排除重重阻力,于1933年11月16日正式与苏联恢复邦交关系。美苏复交成为"1933年国际问题最重大之事件",毕竟美国是"资本主义之巨头",而苏联则是"共产主义之先锋",而今重行携手,将给国际局势带来巨大的影响。②"在政治上,或将从此引起太平洋方面之新形势,使日本更陷于外交的孤立。"③

国民政府希望美苏复交能够为中国外交创造有利的外部环境。汪精卫表示:"就国际形势观之,美俄复交,足以促成日俄之对峙,不久将来,势必发生变化;变化之结果,或即为中国求得一新生路之机运。"④蒋介石也在日记中写道:"美俄复交,倭受威胁,国势转变,求存之道乃在于此,应时刻注意于美俄倭之变化,勿使稍纵即逝也。"⑤1933年10月24日,吴铁城致电蒋介石表示:自德国退出国联后,欧洲局势日趋紧张,"美国罗斯福总统亦于此时邀请苏

---

① 马寿龄:《日本退出国联又如何》,《心力杂志》第2期,第13页。
② 陈训慈:《美苏复交》,上海图书馆整理:《申报丛书捌》,上海:上海科学技术文献出版社2012年版,第379—380页。
③ 实:《美苏复交之时机》,《申报》,1933年8月5日,第3张第9版,时评。
④ 汪精卫:《报告外交情况》,国民党中央政治会议第三八六会议速纪录,《中央执行委员会第386次政治会议议事录》,台北:中国国民党文化传播委员会党史馆藏,馆藏号:中央0386。
⑤ 《蒋介石日记》(手稿),1933年10月29日,斯坦福大学胡佛研究所档案馆藏。

俄代表至华盛顿。国际间认美此举为欧洲形势变化所促进,并为美俄复交第一步。"吴铁城还提醒蒋介石注意运用可能的国际变化,称:"德退国联,美俄又忽接近,至国际间形势变化遂有急转直下之势,此吾国不能不特别注意,而图有以运用之。"① 罗文干认为美苏复交给中国外交带来了重要转机,称:"我国欲收复失土决非单恃己力所能成功,必须利用国际利益冲突之机会","方今日俄关系日趋紧张,俄美接近,尤予日以打击,我国处境似已较前略有发展之余步,倘能利用时机,善为应付,未始非我外交之新机"。② 为利用好这一有利时机,罗文干与中国驻苏大使颜惠庆在苏联积极活动,希望通过缔结中苏同盟,以共同应对日本的对外侵略扩张行为。③

国民政府决策层态度相对持重,未放手让罗文干等人进行运作,最终导致他们的计划胎死腹中。11月1日,汪精卫致电蒋介石表示:"美俄复交自足使日本有所顾虑,但美俄现在所商仅为经济关系,美欲借此缓和远东形势则有之,共同抗日为期尚远","我国对此自应注视及相机进行,惟若如钧任来电之躁急从事,则不但徒招日忌,且亦为美俄所不愿闻也"。蒋介石基本赞同汪精卫的主张,回电称:"美俄复交自以互谋两国经济之发展为本义,若即视为

---

① 《吴铁城电蒋中正查德国退出国联希特勒政府有亲日趋向及美俄关系转亲近请速筹对策以应危局》(1933年10月24日),台北:"国史馆"藏,蒋中正"总统"文物档案,002-090103-00016-016。
② 《汪兆铭电蒋中正转陈罗文干详述国际大势各情之电文》(1933年11月1日),台北:"国史馆"藏,蒋中正"总统"文物档案,002-080200-00130-039。
③ 《何应钦电蒋中正汪兆铭据报日政府以颜惠庆罗文干现在苏联积极活动图利用中苏攻守条约向日压迫谓为中国对日亲善仍无觉悟因之对中国之善意尚须加以考虑》(1933年10月30日),台北:"国史馆"藏,蒋中正"总统"文物档案,002-090400-00006-472。

共同抗日之形成,未免神经过敏。"蒋认为此时此刻美苏两国都无意于对日作战,称:"目前美国自动战日几为事势之不可能,不过聊助俄物力以壮俄之气,使毋为日屈,甚或欲使俄日两虎相斗相消,以收渔利而已。自俄国方面言之,固欲利用美国之物资以提早完成其第二次之五年计划,且骤收美国之厚援,示日以不可侮,或可戢日军先发制人之野心","当此各方心理复杂利害错综之中,吾人自应严密注视,迎机善用,若必手忙脚乱以赴之则偾事矣"。①

此外,中国期待美苏复交能够增强国际社会对日制裁的力量。周鲠生认为美苏复交有助于弥补国联在处理中日争端时权威的不足,客观上构成对日本的外交压力。他在《外交评论》上撰文指出:"九一八事变以来,日本在远东的侵略行动,正面有国际联盟的干涉,侧面则和美俄两国势力冲突。国联的空文的决议,他的精神上的权威,迄今压不住日本实力的活动","但是在他方面,对美对俄的势力冲突,则似乎情势不容许日人安心"。② 胡适认为美苏两个大国搁置分歧,恢复建立外交关系,有利于维护世界和平,因为"这两个国家各有他们的理想主义,他们互相用精神上的援助来维持和平,应该可以使野心的军阀国家稍稍敛戢他的暴行"。在胡适看来,日本之所以敢于大胆发动九一八事变,"不惜撕破一切国际间和平的保障,不惜挑动全世界的敌视",就是"窥见世界各大国的无法合作,又无力顾及远东",而美苏复交则修补好了"世界外交网的最后一个漏洞",故"今后的国际外交必将有重大的新发展"。胡适还表示:"苏俄的国际理想主张与新大陆的国际理想主义,加上国

---

① 《汪兆铭电蒋中正美俄复交但现在所商仅为经济关系美欲藉此缓和远东情势则有之共同抗日为期尚远我国对此自应注视及相机进行》(1933年11月1日),台北:"国史馆"藏,蒋中正"总统"文物档案,002-080200-00130-040。

② 周鲠生:《美俄复交后之远东局势》,《外交评论》第3卷第1期,第17—22页。

联的国际理想主义,这三大集团的集合,应该可以有一种有力的国际和平的主义出现。"①

胡适希望国民政府能够从美苏关系的演进中增强对现行国际体系的信心。1933年12月20日,胡适致电汪精卫称:"外交要顾到世界的局势,而不可限于一隅的局势;外交要顾到国家百年的大计,而不可限于一时的利害。"胡适认为国际外交中的理想主义光焰永远不熄,"这三十年来,世界的国际关系确有趋向理想主义的事实",而日本的所作所为则是倒行逆施,因此他希望国民政府"明了世界的新局势并不是抛弃了我们",以及国际社会"由无力的喊声渐渐转到有力的备援"。②

美苏复交后,两国关系虽然经历了一些波折,尤其是苏芬战争使美苏关系陷入僵局,但是最终还是携手成为反法西斯同盟的两大支柱。中国也成为美苏两国对日作战的重要盟友。蒋介石曾指出:"日本人所争的整个太平洋的霸权,这就不是日本和中国两个国家的问题,而是日本和世界的问题。"从军事战略角度来看,中美苏等国共同构成对日本的包围圈,"我们中国在他正面,美国在他后面,苏俄在他侧面"。③

二、尽量争取德国的支持

日本自九一八事变以来就是中国势不两立的敌国,而德国则

---

① 胡适:《世界新形势里的中国外交方针》,《独立评论》第78号,第2—5页。
② 《胡适致汪精卫(稿)》,中国社会科学院近代史研究所中华民国史研究室编:《胡适来往书信选》中,第560—561页。
③ 蒋介石:《抵御外侮与复兴民族》(1934年7月13日),秦孝仪主编:《"总统"蒋公思想言论总集》第12卷,台北:中国国民党中央委员会党史委员会1984年版,第301—305页。

是当时国民政府进行全面合作的对象。中德合作其实对双方都有利。中国从德国获得军事装备、军事顾问等,而德国则获得原料及产品销售市场。国民政府与德国官方一直保持较好的关系,但是纳粹党更加倾向日本。只要有可能,国民政府还是希望尽量争取德国支持,或者最低限度使其在中日之间保持中立。①

1936年11月25日,德日两国以反共产国际为名缔结同盟协定。协定的内容主要有以下两点:其一,德日两国将紧密合作并相互通报有关共产国际的活动情报;其二,邀请同样遭受共产国际"威胁"的国家加入该同盟。更令人匪夷所思的是协定附属议定书中的一项规定,称:"两缔约国的主管机关对于在国内或国外,不论直接或间接服务于共产国际,或助长其破坏工作者,应在现行法的范围内,采取严格措置。"②这意味着德日两国将以反共为名干涉他国内政,将带来无穷后患。

德日两国分别是凡尔赛体系和华盛顿体系的抑制对象,都对世界殖民地和资源分配不满,整军经武,力图打破凡尔赛—华盛顿体系。而德日两国之所以用反共的名目来缔结同盟关系,就是要利用苏联与西方列强间的矛盾,以求分而治之。"日方视该约为在亚洲东部及太平洋设立独霸权之唯一利器,而德亦以该约为征服欧洲及近东之唯一法宝,凡此皆为德日同盟之真目标,而以'意识形态'之理论作粉饰。"③当时国际政治当中主要有三种矛盾:资本主义国家内部的矛盾,资本主义国家与社会主义国家间的矛盾,

---

① 关于国民政府时期的中德关系,参见[美]柯伟林著,陈谦平等译:《德国与中华民国》,南京:江苏人民出版社2006年版。
② 《德日反共产国际协定》(1936年11月25日),世界知识出版社编:《国际条约集(1934—1944)》,北京:世界知识出版社1961年版,第111—112页。
③ 《德日协定目标所在莫斯科报之观察》,《申报》,1936年11月28日,第2张第7版。

以及资本主义国家与殖民地半殖民地国家之间的矛盾。殖民地半殖民地国家实力有限,很难对德日法西斯的对外侵略扩张形成制约,因而根本不在德日两国的眼中。可是随着苏联加入国联,并改善与英美法等国间的关系,一旦形成反侵略联合阵线,那么德日两国的对外扩张必然会受挫。因此,胡愈之将德日结合视为"强盗们联合了","德日以侵略为目标而结合,它们侵略的范围也不限于苏联的国土","我们应该反对,应该联合一切爱好和平的国家共同反对"。①

德日同盟虽然主要针对的是苏联,但是也不可避免地影响到中国。对国民政府来讲,必须防范两个风险:其一,日本以防共为名,扩大对中国的侵略,"近年日本帝国主义的进攻中国,侵占东北领土,对外总是宣传说,他们的行动是为防止苏联势力的发展,借以博取西欧各国的同情。现在如果反苏联的德日同盟订立后,那么日本以后就可更进一步的侵略我们的领土,以作反苏联的准备了"②;其二,德国为讨好日本而放弃对华合作关系。王子壮指出日本要使中国屈服,"必先断吾国之联络"。③

国民政府对德日关系的发展相当关注。11月21日,蒋介石致电何应钦,令其向德国国防部探询"日德协定事究竟如何"。④ 11月26日,蒋介石在日记中写道:"德倭发表防共协定,德徒见武力而不重外交,其愚极矣。"⑤11月28日,蒋又研究"抗倭与对德问

---

① 胡愈之:《瞭望台:德日同盟》,《世界知识》第5卷第6期,第281页。
② 朗:《德日同盟与远东政局》,《申报》,1936年11月19日,第2张第6版,时评。
③ "中央研究院"近代史研究所编印:《王子壮日记》第3册,1936年12月2日,台北:"中央研究院"近代史研究所2001年版,第337页。
④ 《蒋中正电嘱何应钦代告克兰转问德国国防部对日德协定实情》(1936年11月21日),台北:"国史馆"藏,蒋中正"总统"文物档案,002-010200-00168-049。
⑤ 《蒋介石日记》(手稿),1936年11月26日,斯坦福大学胡佛研究所档案馆藏。

题",认为"德俄之协定实与东亚不发生影响也"。并在同日所记的周反省录称:"德倭协定与意倭妥洽,于我外交之前途成败关系殊大,惟此事利害参半,如运用得法,未始非转败为胜之良机。"①后来,还盛传另一个法西斯国家意大利亦将加入该协定。11月30日,蒋介石阅报得悉"意日协定将成事实","几不成寐",并在日记中写道:"一、意日如果有协定,则形势较之德倭协定为严重,但其结果,意必不能助德倭,而德倭同归失败而已;二、意或不致承认伪国,如其果承认,亦无甚关系,而意之本身待受损失,使中英邦交日臻亲密而已。"②可见,对于德日同盟可能带来的风险,国民政府是有所准备的。

首先,做好武装抵抗日本进一步对华侵略的准备。两广事变和平解决之后,国民政府的对日态度渐趋强硬。当时绥远抗战正在如火如荼地进行,而国民政府也表现出了与此前不同的抗战决心。王子壮在日记中写道:"今昔势异,我政府绝不能再轻易丧失领土主权,必将以全国之力以守之。"③后来,王子壮还写道:"此次将以全国之力以严守绥远,实为毫无容疑之问题,如此方可以杜日人之蚕食,使其野心军人知所警觉,更使其知我国主权之不容再犯。"④西安事变后,以国共合作为基础的抗日民族统一战线逐渐形成,为武装抗日打下了重要的基础。

其次,加强对德沟通,避免中德关系被波及。事实上,当时德

---

① 《蒋介石日记》(手稿),1936年11月28日,本周反省录,斯坦福大学胡佛研究所档案馆藏。
② 《蒋介石日记》(手稿),1936年11月30日,斯坦福大学胡佛研究所档案馆藏。
③ "中央研究院"近代史研究所编印:《王子壮日记》第3册,1936年11月6日,第311—312页。
④ "中央研究院"近代史研究所编印:《王子壮日记》第3册,1936年11月9日,第314页。

国也并不想随日本起舞,毕竟德国从中德合作中获益良多。德国政府透过多个管道向蒋介石保证协定只涉及思想文化,而无关政治军事。11月25日,何应钦回电蒋介石报告德方的答复称:"日德商洽事件,仅限于思想及文化方面之合作事,以对抗国际共产主义之总宣传机关,绝无政治或军事合作意义,现在一切反方面之消息,均系有意煽惑",并希望中国"竭力将所应允之原料迅予供给"。① 11月29日,德国国防部长致电蒋介石称:"日德协定之内容,仅系防阻国际共产煽动组织之合作,绝不反对任何国家,并对于中德友谊绝无影响,中德完全互信互助之合作始终如一。"②1937年3月2日,德国顾问克兰对蒋介石说:"德日协定现尚未发生效力,外面宣传之词殊不足信。俟予归国,当竭力说服希特拉,使停止进行,余自信极有把握也。如此事能成功,则中、德两国因日德协定而起之疑云,亦将随日德协定之成泡影而自然消释。"他还表示中德合作对德国益处甚大,称:"德国每次革命得助于中国不少,德国如记取中国笃厚之友谊,必不致与日本发生不利中国之关系。且希特拉现行之经济政策,如无中国之原料必归失败,故德国为国家生存计,亦必不致疏远中国也。"③所谓"希特拉"即指希特勒。当时德国统治集团内部确实存在一股对华友好的势力,并成为国民政府开展对德外交借重的对象。

---

① 《何应钦电蒋中正日德商洽事件仅限思想文化方面合作以对抗国际共产主义之总宣传机关无政治或军事合作意义及白伦堡允之原料迅予供给等情》(1936年11月25日),台北:"国史馆"藏,蒋中正"总统"文物档案,002-090103-00011-193。
② 《翁文灏电蒋中正德国防部长柏龙白宣称日德协定内容仅系防阻国际共产煽动组织之合作绝无影响中德友谊》(1936年11月29日),台北:"国史馆"藏,蒋中正"总统"文物档案,002-090103-00014-084。
③ 《委座与克兰顾问谈话纪录》,政治大学人文中心主编:《民国二十六年之蒋介石先生》,台北:政治大学人文中心2016年版,第164—167页。

最后，不管付出什么代价，都要坚守在反侵略阵线当中。中国是被日本侵略的国家，无论如何都不能加入法西斯侵略集团，"相反的，我们要抵制这种侵略集团的威胁，而且要积极与和平友好的国家亲善，把自己从侵略者的圈套中解放出来"。① 中国如在苏联面临两线夹击之时，雪中送炭，进一步深化中苏关系，必可获得意想不到的回报。时论还表示："我国以剥蚀之残干，当棼乱之局面，把握一有不慎，即易受其牵掣。不知者方谓包围情势所加，无求不可得餍，知之者则谓独立国家之基础，故自有其生存之条件。凡属圆颅方趾之伦，宁无保国爱家之念，人以刀俎自居，我则甘为鱼肉，虽至愚者，亦不出此。野心家一手造成之事实，亦徒见其心劳日拙而已。"②

对中国而言，日本置身于欧洲局势之外，在英法阵营与德意阵营之间纵横捭阖，左右逢源，才是最不利的。因此，蒋百里认为日本与德国签订反共产国际协定实在是得不偿失。他对新声社记者说道："余此次归国，途经日本，见其国内报纸，对此固甚冷淡，未有好评。日本尝谓，不欲过问欧州〔洲〕之事，今盟德联意，岂非自投欧州〔洲〕漩涡乎，此为其民间所反对也。"③

为了统一官方舆论，国民政府通过了由国民党宣传部门草拟的关于德日同盟的七个宣传要点。文件指出：第一，"德日缔结同盟传说已逾二年，世界各国无不深切注意"，反共产国际协定的缔结证实了德日两国关系早已接近；第二，协定文字简略，但"涵意甚广"；第三，协定第一条规定"两国互相磋商必要之防御方法，并由

---

① 华：《意国承认伪满》，《申报》，1936年11月29日，第2张第6版，时评。
② 都：《如何维护国家之主权》，《申报》，1936年11月30日，第2张第6版，时评。
③ 《蒋方震畅谈　德日意日协定观察》，《申报》，1936年12月6日，第4张第14版。

密切合作以实行之","不啻一变相攻守同盟";第四,协定第二条规定"两国对于国外共党活动亦须取缔","范围甚广","最堪注意";第五,协定实质上是"以苏联为对象","所谓防共协定事实上乃等于防苏联之协定","从兹国际风云恐将日益险恶,此凡关心东亚和平者不能不引为惋惜者也";第六,中德关系"近数年来异常敦睦",但是德国事前完全不知会中国,"诚堪遗憾";第七,国民政府多年来已经厉行"剿共","今后防共工作深信政府可持自力应付裕余,无待外援,切望德日协定不损及中国任何利益"。①

三、逐渐与德意两国划清界限

九一八事变以来,国民政府在外交上竭力争取主要大国的支持,甚至包括逐渐与日本勾结在一起的德意两国。1936年10月12日,中国外长张群对意大利大使表示:"中国政府之一贯政策,系凡与我为善者,皆我友邦,中国亦愿以全力与之交好,绝无偏惠某一国之理。"②国民政府竭力维护与德意两国间的友好关系,一方面主要是为了从德意两国购买更多的武器装备,另一方面也是出于尽量孤立日本的考虑。因此,国民政府对德意两国在不涉及底线问题上倾向日本都尽量容忍。1937年8月30日,国防最高会议决定了抗战时期的外交方略,其中对德意两国的政策表示:"对德、对意各别作外交活动","对德以军事上及经济上之特殊利益为条件,表示中国将来仍持敦睦政策之诚意","对意以近年特殊之友谊关系

---

① 《方治电陈布雷拟劝告德人之社评要点德日缔结同盟传说已逾两年所谓共同防共协定两国关系早已接近等七点》(1936年11月27日),台北:"国史馆"藏,蒋中正"总统"文物档案,002-090103-00011-194。
② 《义日协定交换承认阿比西尼亚与满洲国案等》(1936年10月12日),台北:"国史馆"藏,外交部档案,020-042002-0013。

为辞,请其至少维持友谊之中立"。① 1938年3月,国民党临时全国代表大会通过的《抗战建国纲领》也表示:"对于世界各国现存之友谊,当益求增进,以扩大对我之同情。"②

在全面抗战之初,德意两国并无决心彻底倒向日本,而是企图在中日两国间斡旋和平。1937年7月25日,德国政府表示德日协定与中日纠纷无关,并表示:"德国对于远东两大国政治关系之扰动,甚为关切。因德国在远东虽无政治目标,然中日纠纷,将影响德国之经济利益也。以故德国渴望在远东亦如在欧洲获得解决办法,保证经济建设与国际货物交易。"③只是德意两国要利用日本在东方牵制英法美苏等国,便不能不顾及日方的态度,就算主观上想在中日之间维持中立也势所不能了。

首先,意大利在九国公约会议期间加入德日反共产国际协定,客观上影响了会议对中日争端的处理,导致国民政府对其产生不满情绪。

1937年11月6日,就在九国公约会议举行期间,意大利突然宣布加入德日反共产国际协定,并签署议定书,声称:"共产国际继续不断地使东西两方的文明世界陷于危险,扰乱并破坏和平与秩序",而"只有旨在维持和平与秩序的紧密合作才能限制并消除此种危险",因此决定"与具有保卫自己及反共产国际的同样决心的德国和日本联合起来对付共同敌人"。④ 意大利加入德日同盟,"是

---

① 政治大学人文中心主编:《民国二十六年之蒋介石先生》,第571页。
② 《抗战建国纲领决议案》(1938年4月1日),荣孟源主编,孙彩霞编辑:《中国国民党历次代表大会及中央全会资料》下,北京:光明日报出版社1985年版,第485页。
③ 《德日防共协定与中日纠纷无关》,《申报》,1937年7月25日,第2张第5版。
④ 《关于意大利加入德日反共产国际协定的议定书》(1937年11月6日),世界知识出版社编:《国际条约集(1934—1944)》,北京:世界知识出版社1961年版,第153—154页。

欧战后维持现状和打破现状两壁垒的渐次明朗化和结晶化","用意消极的自在排除孤立,积极的更不问可知的是欲互相利用,贯彻他们各个的大欲"。①

意大利加入德日反共产国际协定,确实在一定程度上壮大了法西斯阵营的声势,对凡尔赛体系形成更大的威胁。11月10日,希特勒在慕尼黑参加啤酒馆暴动纪念演讲时,表示德国不再孤立,"其他各国凡对于国联会之理想不愿苟同者,多与吾人缔交",而德意日反共产国际协定就是根据这一精神,"在国际政治中成一广大之三角","组成此项三角之意德日三国,对于本身权利暨有关生存之利益,决定加以维护"。②

德意日签订反共产国际协定自然是为了重新瓜分世界,并建立由它们主导的国际体系。时论指出:"德意日三国为了自国资源的缺乏,都要发动重分世界的战争,这早就是十分明显的形势了,它们扯起'反共'的旗子来,无非要借此做战争行为的烟幕","在三国当局看来,'反共'这一动听的名词,多少是可以博得其他资本主义国家的同情的"。只是德意日三国的所作所为,"不但已使这种同情成为不可能,反而足使其他国家对这一种思想运动非常的厌恨"。③

在中国全面抗战的形势下,意大利却决定与日本建立同盟关系。国民政府对此自然心有不满。毕竟这会壮大日本侵略者的声势和影响中国争取抗战胜利的信心。蒋介石认为日本在与德意两国缔结反共同盟后,可以牵制苏联和英国,"故得对华任意侵略,为

---

① 《日德义关系的新演进》,《大公报(上海版)》,1937年11月6日,第1版,社评。
② 《德不孤立　希特勒满意》,《申报》,1937年11月20日,第3版。
③ 宜:《德意日反共协定》,《申报》,1937年11月6日,第2张第6版,时评。

所欲为"。①

此后,德意两国不断屈服于日本的压力,逐渐停止对中国抗战的支持,导致中国与德意两国间的关系渐行渐远。中国也开始做好与德意两国决裂的准备,"我们在目前变幻复杂的国际关系中间,必须认清种种发展的基本趋向,坚定本身的正确立场,然后能求得中国前途光明的出路"。中国对于反侵略的立场"决不能有丝毫的游移",以免"造成全盘破碎之局"。②张志让更是明确表示:"我国的外交应该一面善用美、英、法、苏合作的倾向,以取得联合对日的行动;一面推动英美赞助苏联为更进一步的单独援助。"③

其次,意大利、德国相继承认"满洲国",加深了国民政府对其不满情绪。

1937年11月29日,意大利决定承认"满洲国",并将其驻长春总领事馆升格为公使馆。次日,中国外交部向意大利抗议道:"中国对义大利政府之此项承认,实甚愤怒,认为义政府对中国采不友谊及敌视之行动。此种步骤,对将来中义关系将发生不可免之远大影响。"④意大利选择在九国公约会议无果而终并且南京保卫战即将开始的情势下承认"满洲国",自然是对中国的落井下石之举。蒋介石批评墨索里尼的举动,"其事可鄙",而"其本性之怪诈","本无足异矣"。⑤

---

① 《蒋介石日记》(手稿),1937年11月14日,斯坦福大学胡佛研究所档案馆藏。
② 金仲华:《国际间的纵横离合与中国前途》,《申报》,1937年11月20日,第2张第5版,专论。
③ 张志让:《当前的国际形势与我国的外交路线》,《申报》,1937年11月21日,第3版,专论。
④ 《义大利承认伪满 外部提出抗议》,《申报》,1937年12月2日,第2版。
⑤ 《蒋介石日记》(手稿),1937年12月4日,本周反省录,斯坦福大学胡佛研究所档案馆藏。

1938年2月,德国最终决定步意大利的后尘,承认"满洲国"。2月20日,希特勒在议会演说时表示:"德国决不重返国联","德国将承认'满洲国'","德国认日本在远东之胜利,其危险性尚不若共产党胜利之严重"。21日,德国驻华大使馆发言人发表声明称:"德国之承认'满洲国',决无不利于中国之意。"对德国的远东政策,发言人还做出五点说明:第一,"德国不欲参与国联之政策";第二,德国想要根据事实决定政策;第三,德国对远东纠纷持中立态度,并愿维持中德友好关系;第四,德国在远东除了纯粹的经济利益,"并无任何政治或领土之企图";第五,日德之间的关系"仅限于共同反共"。①

国民政府对德国承认"满洲国"的举动当然极为不满。2月21日,蒋介石在日记中写道:"昨日德国希脱勒宣布承认伪满,乃知国际并无道德,外交惟有利害。"②22日,蒋还写道:"外交形势日劣,惟有自强自立,此时武器人力尚能持久,不足为虑也。"③纵然不满,但是国民政府还是决定隐忍。据王世杰日记载,在2月23日的国防最高会议上,"关于德国承认伪满问题,会中发言人,大率主张暂不作激烈表示,予亦如斯主张"。④ 国民政府还指示"各言论机关",不要对希特勒个人"作人身攻击",而要在不伤德国人民感情的范围内"予以指责。"⑤

再次,国民政府因德意两国承认汪伪政府,而断然与其绝交。

德意两国非但没有因国民政府的克制而有所收敛,反而愈来

---

① 《德承认伪满　我即提抗议》,《申报(汉口版)》,1938年2月22日,第1版。
② 《蒋介石日记》(手稿),1938年2月21日,斯坦福大学胡佛研究所档案馆藏。
③ 《蒋介石日记》(手稿),1938年2月22日,斯坦福大学胡佛研究所档案馆藏。
④ 林美莉编辑校订:《王世杰日记》上,1938年2月23日,第94页。
⑤ 林美莉编辑校订:《王世杰日记》上,1938年2月21日,第94页。

愈倒向日本。1941年7月1日,德意两国正式承认汪伪政府。到了这时,国民政府已然没有让步的余地,因而决定与德意绝交。7月2日,外交部长郭泰祺代表国民政府发布对德意绝交的宣言。宣言称:德意两国承认汪伪政府,"是其侵略政策显推及远东","又充分证明纳粹德国与法西斯意大利已与侵略中国者同恶相济","不惜自弃其所享中国政府与人民之一切友谊"。宣言还说:轴心国家此举"证实世界侵略之恶势力已结成集团","专事摧毁人类自由与文明",因此希望所有爱好和平的国家能够密切合作,英勇抵抗此种邪恶势力,"以期终达吾人共同之使命"。① 7月5日,郭泰祺还发表对英国民众的广播,因为他此前曾长期担任中国驻英大使,与英国朝野交谊颇深。他说:中国与德意绝交,将使国际局势更加明朗,"现在全世界正迅速分裂为两个对峙团体,即轴心国与反侵略集团","中国之命运,实与民治主义各国有密切之连系,非俟全世界有一般之解决,远东之解决绝不可能,因其必须组成世界解决之一部也"。②

国民政府事前确实未曾得悉德意两国将承认汪伪政府。蒋介石在日记中写道:"其事非偶然,如能略加注意,则不致无准备也。"虽然事前没有准备,但是蒋介石还是决定"应断然与之绝交"。另外,蒋还判断日本将以进攻苏联来报答德国,"俄倭如果战争,则中华民族之生命乃有基础,他日胜利,未始非希脱勒助我之力也"。③7月2日,蒋在日记中写道:"三、四年来德国希脱勒侮华可谓极矣。余以该国国民感情与学术皆足为友,故极端忍耐希之恶意,屡拂心

---

① 《外交部长郭泰祺宣言》,《申报(上海版)》,1941年7月3日,第3版。
② 《郭泰祺向伦敦广播　论中国与世界局势》,《申报(上海版)》,1941年7月5日,第3版。
③ 《蒋介石日记》(手稿),1941年7月1日,斯坦福大学胡佛研究所档案馆藏。

意而不恤。然至今彼竟承认汪伪,若不再与绝交,则国格将有所损,但不至此亦决不下此决心也。"①

当时国民政府内部尚有不少人主张对德意两国的外交宜留有余地,只须召回大使以示抗议即可,而"不必发表正式绝交宣言",以便继续在英美与德意之间左右逢源。蒋介石排除不同意见的干扰,断然决定与德意绝交。蒋认为此举可以达到四层目的:其一,维护国格;其二,向英美表示中国坚守国际道义的立场;其三,防止由德意出面促使蒋汪合流;其四,促使日本履行三国同盟义务对苏开战,"早入世界战争漩涡,使之受虚名而蹈实祸"。② 蒋对自己此次的决断颇为自豪,自认为洞烛先机。他在日记中写道:"德意一日承认汪伪,而余即于二日正式宣布与德意绝交,此种大事若不毅然决断,不仅有碍于对外之威信,而且对美俄对国内亦必有不堪设想与不可思议之祸变临头也。此实因祸得福、逢凶化吉之道,其相差实极几微耳。"③

7月7日,蒋介石在中央纪念周上发表演说,阐明对德绝交的意义。他说:全面抗战以来,德国虽然有许多对华不友善行为,但是国民政府都将其视为"国社党少数人之所为","而并非德国国民真正的公意","只要大体上于我们国家政策,没有什么大的妨害,我们总是重友谊而不计小节,宽予容忍,希望对方能够悔悟改进"。只是容忍是有限度的,当它承认汪伪政府的时候,"我们如仍一味隐忍,不采取适当的步骤,那我们国家就要失了国格,就不能革命"。蒋认为日本怂恿德国承认汪伪政府,其目的是"想由德

---

① 《蒋介石日记》(手稿),1941年7月2日,斯坦福大学胡佛研究所档案馆藏。
② 《蒋介石日记》(手稿),1941年7月5日,杂记,斯坦福大学胡佛研究所档案馆藏。
③ 《蒋介石日记》(手稿),1941年7月31日,本月反省录,斯坦福大学胡佛研究所档案馆藏。

国劝我们国民政府来与'汪伪'合流",因此,"为打破日寇侵略的阴谋,保障我们神圣的国格起见,就必须宣言于世界,断然对德绝交"。在蒋看来,中国对德断交,一方面当然是德国的损失,"德国已失去我们拥有四万万五千万人的伟大中华民族之同情与友谊";另一方面也是中国抗战外交政略上的成功,"世界侵略集团的阵线既然分明,而我们爱好和平正义的反侵略各国,因之壁垒亦更坚强而单纯了"。① 蒋还在同日公开发表的《抗战建国四周年纪念告全国军民书》中进一步指出:"今天世界上侵略国家,与反侵略国家已形成显然分明的两大分野,轴心国家的侵略范围,在欧洲与亚洲同时扩大,一切爱好自由的友邦,为着保卫共同正义与人类文明,很自然的站在一条线上了。"②

国民政府对德意绝交的举动赢得了当时国内外舆论的广泛支持。《大公报》社评表示:"在这全世界反侵略国家形成大团结的今日",中国与轴心国绝交,"显示我们要彻底地维护正义,义无反顾","凡我国民对于政府此项政策,当然赞成拥护"。在《大公报》看来,国民政府此举,"适足以分清国际对抗之形势,坚强中国抗战之壁垒,逼令日本于与英美不再妥协对苏联助德作战上,无复再有躲闪取巧之余地"。③ 美国合众社也表示:"中国之与德意断绝外交关系,本日被认系可使国际情况全景更臻明朗化,与苏德战争之爆发无异。中国现时当然可以公然完全反对轴心国,因而完成反侵

---

① 蒋介石:《党政军各机关目前急须兴革的三种要务并说明对德绝交的意义》(1941年7月7日),秦孝仪主编:《"总统"蒋公思想言论总集》第18卷,台北:中国国民党中央委员会党史委员会1984年版,第255—258页。

② 蒋介石:《抗战建国四周年纪念告全国军民书》(1941年7月7日),秦孝仪主编:《"总统"蒋公思想言论总集》第31卷,第257—260页。

③ 《断绝轴心外交关系》,《大公报(桂林版)》,1941年7月3日,第1版,社评。

略国家之阵线。"①

国民政府对德意两国承认"满洲国"和汪伪政府两事采取了截然不同的态度。其中缘由,主要有两点。其一,汪伪政府的特殊性。汪精卫系国民党元老,其建立的政府号称是还都南京的"国民政府",与蒋介石领导的国民政府争夺正统。其二,国际局势的改变。自德意日三国同盟条约签订后,国民政府的处境获得了极大的改善,再也不复全面抗战之初那般孤立,"敌人与德义为一团,为侵略集团,中国与美英苏在一面,为反侵略阵线。此种阵线之形成,本为我国所期待,或者直可认为我国战时外交之目的,此自去年敌人成立三国同盟而促其实现"。② 再加上苏德战争已经爆发,国际局势基本明朗,此时决定对德意绝交,还能获得苏联的好感,以增强中苏互信。

最后,太平洋战争爆发后,国民政府在对日宣战的同时,还决定对德意两国宣战。国民政府当然也可以选择像苏联一样,暂时只对自己的敌国宣战,而不对整个法西斯阵营宣战。对于国民政府最后决定同时对德意日三国宣战的用意,蒋介石表示"乃放弃其无关紧要与侵略暴行之德意",而"获得利害密切之英俄","且得对俄对英对美皆有发言之地位"。蒋还认为此次世界大战"必为一整个之总解决",而不容各国单独媾和,"否则虽成亦败矣"。③ 宣战布告将国民政府对德意两国长期以来郁积的愤怒情绪尽情吐露,称:"德、意两国始则承认伪满,继复承认南京伪组织","最近德、意与日本竟扩大其侵略行动,破坏太平洋之和平","实为国际正义之蟊

---

① 《中国与德义绝交后 国际情势益明朗》,《申报(上海版)》,1941年7月4日,第3版。
② 《抗战四周年纪念辞》,《大公报(桂林版)》,1941年7月7日,第1版,社评。
③ 《蒋介石日记》(手稿),1941年12月9日,斯坦福大学胡佛研究所档案馆藏。

贼,人类文明之公敌","中国政府与人民对此碍难再予容忍",从此中国与它们立于战争地位。① 自此以后,国民政府彻底与德意两国划清界限,完全投身世界反法西斯阵营,并成为其中的重要一员。

综上所述,国民政府对德意两国的态度基本上是能利用一日就利用一日。当国际局势演变到必须在德意阵线与反侵略阵线间作一抉择时,则不必再抱鱼与熊掌兼得之念,"干脆爽利,走向反法西斯大道,往日国际关系之纷杂纠缠,张皇失措之情,顾此失彼之虑,一概可以澄清,惟埋头向单纯之途径迈进"。②

小　　结

日本侵略者在持续扩大对华侵略的同时,也不断公开挑战国际体系,并最终成为第二次世界大战的亚洲战争策源地。日本从退出国联、发表天羽声明、与德意法西斯结成同盟,到提出建立"东亚新秩序",一步步走到英美苏等大国的对立面。面对法西斯侵略的共同威胁,美苏这两个国联体系之外的国家,逐渐改变外交政策,倡导国际合作,反对以武力变更现存的国际秩序,成为国民政府积极争取支持的重要对象。国民政府在抵抗日本侵略的过程中,积极寻求友邦的支持和推动国际合作,但是能否真正达到目的,主动权并不操在国民政府的手中。唯有西方大国的切身利益受到日本的威胁,甚至损害,它们才会真正与中国合作,而所谓的国际正义公理是不可能左右其外交政策的。

---

① 《对德意宣战布告》,复旦大学历史系中国近代史教研组:《中国近代对外关系史资料选辑(1840—1949)》第2分册,下卷,第163页。

② 《德承认伪满之后果》,《申报(汉口版)》,1938年2月22日,第1版,社评。

第三章　全面抗战初期国民政府对国际体系的运用

七七事变后,中国抗战经历了长达四年余的"苦撑待变"时期。直至太平洋战争爆发,中国抗战才完全与世界反法西斯战争汇成一流。对中国而言,在双方实力对比明显居于劣势的情况下,坚定抗战信心,组织动员社会各界的力量投入抗战洪流,以正确的战略战术抵御日军的进攻。另外,在坚持自力更生的同时,运用外交手段争取国际社会的支持也是相当必要的。此一时期,国民政府对国际体系的诉求主要体现两个方面:一方面力图联合利害相同的国家共同对日作战,以分散日本的军事压力;另一方面尽力争取国际社会援助中国抗战,以及制裁日本。本章将主要探讨全面抗战初期国民政府运用国际体系以服务中国抗战的外交努力。

第一节　运动国联制裁日本

卢沟桥事变后,国民政府循既定程序,将日本的对华侵略行径向国联提出。根据九一八事变以来的切身经验判断,想要完全凭借国联的力量来制止日本的侵略行动,根本不现实,但是可利用国联这一舞台"来做我们宣布侵略者暴行的广播电台",以争取可能的物质和精神支持。① 从当时的国际政治现实来看,想要西方列强冒着得罪日本的风险而个别支援中国抗战的可能性更加不高。因此,国民政府竭力利用国联体系,希望各国以集体行动的名义开展援华抗日。与九一八事变时期相比,国联通过的决议虽然在态度上更加强硬,但是并未能得到真正的落实。此外,国民政府还力图利用日本侵略中国华南地区的契机,推进国际合作,以形成共同对日的态势。

一、要求国联对日制裁

国民政府并未在卢沟桥事变爆发的第一时间就向国联提出申诉,而是直到8月30日才由中国驻国联代表胡世泽正式照会国联。造成这种状况的原因是国民政府在事变初期还期望尽量拖延中日全面战争的时间,而尚未决心全面应战。② 7月14日,在第四次统帅部会议上,军事委员会办公厅主任徐永昌以中国准备未周,开战难操胜算,对日本不欲事态扩大的宣言抱有期待,建议抓住机会,确定妥协的标准,由宋哲元与日本进行交涉。参谋总长程潜也附和徐的意见,主张以缓兵之计来"完成我方准备"。③ 7月19日,中国外交部派遣亚洲司日本科科长董道宁向日方递交备忘录,表明中方"始终不欲扩大事态,始终无挑战之意",中方愿意通过外交途径与日方立即展开商议,以解决两国军事冲突,表示:"凡国际公法

---

① 辅:《华北战事中的外交路线》,《申报》,1937年7月16日,第2张第7版,社评。
② 参见杨奎松《七七事变后蒋介石的和战抉择》,中国社会科学院近代史研究所编:《纪念七七事变爆发七十周年学术讨论会论文集》,北京:社会科学文献出版社2009年版,第1—22页。
③ 《卢沟桥事件第四次会报》(1937年7月14日),中国第二历史档案馆编:《芦沟桥事变后国民党政府军事机关长官会报第一至十五次会议记录》,《民国档案》1987年第2期,第7页。

或国际条约,对于处理国际纷争所公认之任何和平方法,如两方直接交涉、斡旋、调解、公断等",中方都愿意接受。①

国民政府未能如中共一样,在卢沟桥事变爆发后就决心全面抗战,原因主要有以下三点。

1. 蒋介石未下定决心应战,反而在和战之间徘徊。一方面蒋介石无法立即判定日方是否已决心全面侵华,"彼将乘我准备未完之时,使我屈服乎","与宋哲元为难乎,使华北独立化乎"②;另一方面他还寄望日本政府及国际社会能制止日本少壮派军官的激烈行径。③ 7月24日,蒋介石致电孔祥熙称:"预料不久,日将于要求中央撤退入冀军队以外,兼提不得干涉冀察外交与共同防俄之要求。其必有出入不及防之举动,或提最后通牒之类。如英美两国在此一周内,于其未提出以前,能有一共同严正之劝告,或可消患于无形","对驻英之俄使,最好设法间接运用,使其知日本有要求我防俄之举也"。④ 次日,蒋介石再电孔祥熙表示:"此时必须国际空气对日监视警戒,英美对其暗示非速了不可之意,或可消患于无形。"⑤与此同时,蒋介石还密集与各国驻华大使接洽,一方面向其通报最新的情势,另一方面探询各国对中日争端

---

① 《外交部致日使馆之备忘录》,王志昆、曾妍、袁佳红主编:《中国战时首都档案文献·战时外交》上,重庆:西南师范大学出版社2017年版,第377—378页。
② 《蒋介石日记》(手稿),1937年7月8日,斯坦福大学胡佛研究所档案馆藏。
③ 《蒋中正电孔祥熙暂在欧进行卢沟桥案华北当局已签字》(1937年7月24日),台北:"国史馆"藏,蒋中正"总统"文物档案,002-070100-00045-023。
④ 《蒋中正电示孔祥熙运用外交手腕向美提出劝告日本不得有侵华举动》(1937年7月24日),台北:"国史馆"藏,蒋中正"总统"文物档案,002-010300-00001-031。
⑤ 《蒋中正电孔祥熙日本派密使来华折冲但无和平诚意嘱英美不可乐观》(1937年7月25日),台北:"国史馆"藏,蒋中正"总统"文物档案,002-020300-00001-063。

的政策。① 蒋介石希望与日本关系特殊的德国能够发挥影响力,使日方的态度渐趋和缓。蒋说:"对于此次事件,虽云日本已表示不愿第三国干涉,但现在与日本有条约关系者仅贵国,贵国与日所订防共协定,目的在对付苏俄,今日本必欲扩大华北事件,转而对付敝国,贵国政府即应乘此机会对日本进友谊之忠告,劝日本不可越出协定范围,使其态度趋于和缓。"②所谓"现在与日本有条约关系者仅贵国"是指日德两国曾签订反共产国际协定,具有特殊政治同盟关系。

直到平津沦陷,蒋介石才初步下定应战的决心。7月30日,蒋介石致电孔祥熙表示:局势再无回旋余地,因此决心抗战。③ 8月1日,蒋介石在中央军校扩大纪念周上,强调"我们民族已到了生死存亡的最后关头",并指出:"到了今天,大家一定要觉悟,不是日本灭亡我们,就是我们灭亡日本,我们再不能受敌人的欺骗,再不能以企求和平的苦心反而招致敌人的欺侮。今后我们只有全国一致,发动整个应战的计划,拼全民族的力量,来争取最后的胜利,以保障国家民族的生存。"④后来,他还在日记中写道:"抗战最初下决心之理由,以倭寇侵占北平与天津,越过其传统政策与战略限度之

---

① 《为日军在卢沟桥寻衅与英大使许阁森谈话》(1937年7月24日)、《与德大使陶德曼谈话》(1937年7月27日)、《与意大使柯赉谈话》(1937年7月27日)、《与法大使那齐雅谈话》(1937年7月27日),秦孝仪主编:《"总统"蒋公思想言论总集》第38卷,台北:中国国民党中央委员会党史委员会1984年版,第74—91页。
② 《与德大使陶德曼谈话》(1937年7月27日),秦孝仪主编:《"总统"蒋公思想言论总集》第38卷,第81—82页。
③ 《蒋中正电孔祥熙中央决心抗战无回旋余地》(1937年7月30日),台北:"国史馆"藏,蒋中正"总统"文物档案,002-070100-00045-025。
④ 蒋介石:《准备全国应战》(1937年8月1日),秦孝仪主编:《"总统"蒋公思想言论总集》第14卷,台北:中国国民党中央委员会党史委员会1984年版,第598—599页。

范围,而其军人蛮横暴虐,失却理性,骄兵必败,敢断言也。"①

2. 国民党内部及部分知识精英因对抗战前途欠缺信心,极力主张妥协,并不断游说蒋介石。7月22日,陈布雷致电蒋介石,报告胡适、陶希圣两人关于中日和战的意见。他们主张"中央应负起和平解决责任,以示战则全战、和而全和之姿势",以及争取双方同时撤兵。② 8月6日,胡适致函蒋介石,认为和平尚未完全绝望,建议在应战之前"应该做一次最大的和平努力",希望蒋介石效法张居正,不避毁誉,当机立断,"切不可将一人或一党之政治前途与国家的千年大计混作一事"。③

3. 国民政府担心全面抗战爆发后无法获得国际社会的有力支持。7月13日,国民政府特使孔祥熙向蒋介石报告西方国家的态度,指出:美国虽同情中国,但孤立主义高涨,只能给予中国道义上的援助;英国虽然有意介入,但受欧洲局势影响,亦难提供实际的援助;只有苏联与中国利害与共,尚可依靠。④ 7月19日,孔祥熙再电蒋介石,表示不要期待国际社会的实质援助,称:"以国际情形论,难望任何国家切实助我,在美与儒堂兄费尽唇舌,仅得美国口惠,英国态度则仍欲不可能中为调解人,俄则似不愿单独冒险出

---

① 《蒋介石日记》(手稿),1938年4月8日,杂录,斯坦福大学胡佛研究所档案馆藏。
② 《陈布雷电蒋中正陈述胡适陶希圣认为中央对卢沟桥事变应负和平解决责任不宜推诿宋哲元且外交上可使日本认识华北问题须与中央交涉等四点意见》(1937年7月22日),台北:"国史馆"藏,蒋中正"总统"文物档案,002-090105-00001-051。
③ 《胡适函蒋中正对日应战前应再做一次和平努力之理由及外交方针与努力目标》(1937年8月6日),台北:"国史馆"藏,蒋中正"总统"文物档案,002-080200-00622-002。
④ 《孔祥熙电蒋中正美同情华北事件惟不愿实力参加国外战事而英因欧局亦难成事所恃为利害较切之俄耳如情形不能转圜则仅有竭力抗战等》(1937年7月13日),台北:"国史馆"藏,蒋中正"总统"文物档案,002-090103-00003-148。

发,可知应付日本仍须以自身能力为标准也。"①电文中所谓"儒堂"系指当时的中国驻美大使王正廷。7月21日,宋子文向蒋介石报告李滋罗斯的意见:"甚盼中国政府能否不涉政治问题原则之下,与日政府解决卢案。"②

为了引起国际社会的重视,蒋介石甚至考虑过对日绝交宣战。7月26日,蒋介石致电孔祥熙表示:"大战刻已开始,和平绝望,弟决先对日绝交后宣战。"蒋还希望孔祥熙向英国交涉,将其存在香港、新加坡的飞机转售中国。③ 7月27日,蒋介石在与德国驻华大使陶德曼会谈时,也向其表达了与日本绝交宣战的意向,称:"此次事件决非局部问题,决不能如日军侵占东四省一样,任日本以局部问题来欺骗世界,如日本不顾信义,继续其武力侵略,敝国决定正式与日断绝外交关系,以全国力量与之宣战,希望贵国政府注意。"④孔祥熙也赞同以对日绝交向国际社会表达抗战决心,称:"外交方面各国皆为吾友,惟不欲实力参加者,一则因欧洲时局关系,二不知我究竟心意及实力如何。如我有决心,预料时机一到,必有较鲜明表示,对日绝交益我颇巨。"⑤后来由于顾虑到绝交宣战所带来的国际

---

① 《孔祥熙电蒋中正中日事件如非有确实把握宜从长考虑以国际情势论难望任何国家切实协助》(1937年7月19日),台北:"国史馆"藏,蒋中正"总统"文物档案,002-090103-00002-007。

② 《宋子文电蒋中正据李滋罗斯谓此时英调停恐无效果及英霍如参赞谓如盼九国会议调停须先向英美法之一吐露中国之条件内容等文电》(1937年7月21日),台北:"国史馆"藏,蒋中正"总统"文物档案,002-080103-00032-001。

③ 《蒋中正电孔祥熙决先对日绝交后宣战及请交涉英政府在新加坡香港之飞机能否让购一大部于我国》(1937年7月26日),台北:"国史馆"藏,蒋中正"总统"文物档案,002-020300-00001-066。

④ 《与德大使陶德曼谈话》(1937年7月27日),秦孝仪主编:《"总统"蒋公思想言论总集》第38卷,第83页。

⑤ 《孔祥熙电蒋中正因中日外交紧张除时与柏林华盛顿联络外又召集顾维钧(转下页)

法效应以及国际社会的观感,国民政府并未将此议付诸实施。①

日本侵略者无视中国的隐忍退让以及国际社会的压力,非但没有在华北实现"就地解决"冲突,反而将战火进一步扩大到上海。面对日本肆无忌惮的侵略行动,中方别无选择,只能全面应战。8月14日,国民政府正式发表《自卫抗战声明》,指出日本破坏中国领土主权,并违反《国联盟约》《九国公约》《非战公约》等国际公约,而中国有责任"维护上述各种条约之尊严";中国抗战不仅是为了中国的领土主权,还是"为世界而奋斗……为公法与正义而奋斗",深信"凡我友邦既与吾人以同情,又必能在其郑重签订之国际条约下各尽其所负之义务也"。②

在确定自卫抗战的国策后,国民政府立即开始着手向国联申诉,请其依据盟约规定保障中国作为成员国的合法权益。8月16日,孔祥熙致电国民政府高层,报告其与西方列强接洽后的观感,称:"英方态度在实力未充足前似怕多事",德国"与日携手,即为谋中日妥协","俄法等国或实力不足或态度暧昧"。言外之意,中国不可能从双边外交中获得有力支持,而只能寄望国际多边会议。孔祥熙建议在国联9月大会之前,"将最近日人侵略者事诉诸国联要求经济制裁",以促使各国介入此事,并唤起世界同情。③

(接上页)蒋作宾切商外交办法法德愿予物资援助惟各国皆不愿实力参加抗日》(1937年7月30日),台北:"国史馆"藏,蒋中正"总统"文物档案,002-090103-00003-119。

① 参见张皓、叶唯唯《1937年7月至1938年1月关于对日宣战问题的论争》,《晋阳学刊》2015年第2期;侯中军《论全面抗战后国民政府的对日宣战》,《湖北社会科学》2019年第7期。

② 《对于现在中日局势 我政府发表声明书》,《申报》,1937年8月15日,第2版。

③ 《上海孔令侃来电》,"中华民国"外交问题研究会编:《中日外交史料丛编(四)·卢沟桥事变前后的中日外交关系》,台北:中国国民党中央委员会党史委员会1995年版,第345页。

8月26日,国防最高会议通过国民党中央政治委员会关于国际政治问题的提案。提案第三点表示,立即将日本侵略中国之事实通知国联,并提请各成员国"依照盟约履行其盟约上所载之武力制裁与经济制裁之责任"。提案特别解释道:"国际联盟在近年来虽失其盟约上之有力地位,然既未正式解散,会员国之盟约责任依然存在,我国若诉诸国联纵然不能得其实力上之援助,则至少亦可得国际舆论之同情,而舆论上之同情在国际战争上,往往发生不可思议之助力。"提案还以日俄战争及第一次世界大战为例,说明国际同情的重要性,称:"在战争期间国际间助力无论如何微小,均有一顾价值,而况国际联盟会员六十余国,其心理上之同情与精神上之援助,其力量亦正不可忽视。"①

8月30日,胡世泽代表国民政府正式照会国联,并提交声明书。声明详细叙述了七七事变以来中日冲突的经过,指出日方非但没有因为中方的忍辱负重而有所觉悟,反而更加得寸进尺,最终导致中方各种寻求和平的努力都付诸东流。声明书最后指出:日本的行为乃对中国的侵略,是九一八事变以来对华侵略的继续,中国只能被迫行使自卫权;日本的侵略破坏了东亚和平,违背了《国联盟约》《非战公约》及《九国公约》。不过,照会只是将日本侵略中国的事实及违法情形告知国联,并未提出制裁请求。②

9月10日,在正式向国联提出申诉后,中国政府提交了补充声明书,指出:"日本对华侵略,益趋严重凶残,对于非战斗员生命财

---

① 《中央政治委员会函》,"中华民国"外交问题研究会编:《中日外交史料丛编(四)·卢沟桥事变前后的中日外交关系》,台北:中国国民党中央委员会党史委员会1995年版,第346—349页。
② 《我向国联提出照会　详述日本侵略经过》,《申报》,1937年8月31日,第1版;《日本历次侵略　我政府正式向国联申诉》,《申报》,1937年9月11日,第2版。

产乃至第三国人民之生命财产,均予恣意蹂躏,残暴万端。"补充声明书除了通报最近的政治军事情况外,还以日本宣告封锁中国海岸、轰炸红十字会、恣意攻击非战斗人员、恣意摧残文化教育机关等四个具体实例,证明"日本系决心扩大其侵略行动于中国全境","冀以毁灭中国政治机构,消灭中国文化,以遂其征服大陆之迷梦"。为了引起国联的重视,声明书最后还特别表示:"日本武力于其侵略中国领土之时,对于一切国际公法条约规定与夫人道信条等,均已绝对蔑视,不顾法律道德,退处无权,暴力蹂躏,恣行无忌,醉心于征服之迷梦,遂一以惨杀破坏为依归",因此日本侵略不仅威胁中国人民的生命安全,更危及世界文化与安全。①

同时,中国向国联提出申请书,希望国联立即采取有效措施解决"远东危机",指出:日本的侵略已是显而易见,且日本轰炸未设防城市,违反了国际法;日本的行为已经破坏远东和平,威胁到世界和平;希望国联与美国合作,采取有效措施,制止日本侵略,恢复远东和平。② 申请书之所以特别呼吁美国加入制止侵略的国际行列,就是希望它能够做英法等国的后盾,从而形成对日强硬的联合阵线。"法国政府和英国政府同样感到制止侵略的任何国际行动,除非能说服华盛顿参加,仅向国际联盟申诉是不起作用的。"③

中国向国联申诉依据的是《国联盟约》第十条、十一条及第十七条的规定。9月12日,中国代表团首席代表顾维钧向国联秘书长递交正式申诉书,表示:"谨以本国政府之名义,请求适用国联会章第十条第十一条及第十七条,并向国联行政院诉请对于上述各

---

① 《历述日军暴行　我补充声明书全文》,《申报》,1937年9月14日,第2版。
② 《日本武力侵略　我国正式申诉国联》,《申报》,1937年9月13日,第2版。
③ 中国社会科学院近代史研究所译:《顾维钧回忆录》第2分册,北京:中华书局2013年版,第428页。

条所规定之情势,建议适宜及必要之办法,采取适宜及必要之行动。"①

《国联盟约》第十条确立国联保障成员国领土完整及主权独立的原则,第十一条赋予成员国在遇到战争威胁时向国联提起申诉的权利,第十七条是处理国联成员国与非成员国发生冲突时的原则规定。即便日本已经退出国联,国联行政院亦有权介入中日冲突的处理,展开调查,并提出适当的解决办法,如日方拒绝,则国联可依据《国联盟约》第十六条处理之。②

面对日本的侵略,中国作为国联成员国自然有权根据盟约规定,自行向国联提起申诉,但是国联能否顺利通过对日本的制裁案,关键有两点:一、国联行政院成员国意大利的态度,"意如与日方勾结,反对制裁,则中国提案在行政院不能得全体一致之赞成,便不能成立";二、美国的态度,"美如不合作,则其他各国对于经济制裁之实施亦必迟疑"。③ 在罗斯福发表芝加哥演说前,国民政府上下对美国的态度相当不满。8月18日,蒋介石批评罗斯福执政下的美国态度恶劣,甚至"变为毫无骨格之国"。④ 王世杰也指责美国的不作为,从而导致局势愈趋恶化,"列国舆论可谓一致同情于我,徒以美国政府丝毫不愿采取干涉态度,遂致态度较为积极之英、俄、法诸国亦不采取任何共同干涉手段。实则今日中国抵抗之能力远非'九一八'或'一二八'时期可比,倘英、美、法、俄态度能共采比较坚强之态度,日本决不敢向英、美等国作战,而中日冲突或

---

① 《我代表向国联正式提出申诉》,《申报》,1937年9月14日,第2版。
② 《国际联盟盟约》(1919年6月28日),世界知识出版社编:《国际条约集(1917—1923)》,第270—273页。
③ 林美莉编辑校订:《王世杰日记》上,1937年9月7日,第40页。
④ 《蒋介石日记》(手稿),1937年8月18日,斯坦福大学胡佛研究所档案馆藏。

可速决"。① 从这里也可以看出,当时国民政府缺乏持久抗战的意志与决心,总是期待国际压力能够迫使日本让步,从而使紧张的事态得到缓和。

二、申诉案提出后进行的努力

国民政府虽然从以往的经验中体认到国联的无力,但还是尽力争取最好的结果。"我们相信弱国守信义,尊条约,应当是最强的武器。"②毕竟与九一八事变时相比,德日相继退出国联、苏联加入国联,国联内部结构的变化,有利于中国的申诉。胡世泽在日内瓦国际学生宿舍的演说可谓这一态度的最好说明。他清楚对于国联不能有过高的期待,但"国联会与国际条约自当仍为吾人之所尊重,且当在中国之国际关系中,予以相当之地位"。③ 国民政府在申诉案提出后的努力主要体现在两方面:一方面,在国内由蒋介石夫妇亲自出面,借助新闻媒体呼吁国际社会的支持;另一方面,在日内瓦以顾维钧为首的中国代表团,展开积极的游说活动。

1. 蒋氏夫妇的呼吁

美国是当时国际上举足轻重却又未加入国联的大国,而它的态度又会直接影响其他列强。"英国态度以美能否合作为转移,故目前关键全在美国。"④因此,蒋氏夫妇将争取的重点放在美国。

9月12日晨,宋美龄发表对美国民众的广播演讲。为引起美国民众的共鸣,演讲开篇就对因淞沪战事而丧失生命的美国侨民

---

① 林美莉编辑校订:《王世杰日记》上,1937年9月11日,第41页。
② 《国家主权与国际信义》,《大公报(汉口版)》,1937年12月6日,第1版,社评。
③ 《吾人不复完全依赖国联及国际条约》,《申报》,1937年8月21日,第2张第5版。
④ 林美莉编辑校订:《王世杰日记》上,1937年9月28日,第48页。

表示悲痛之意,同时指出其发生的原因:"此类事件,如非日人以公共租界为根据地,在上海作战,当亦不致发生。"其次,提醒列强如不制止日本破坏国际法的侵略行径,人类将重返弱肉强食的野蛮时代,"世界各国,对于日本之屠杀毁灭,若竟守缄默,则人类文化殆真临末日矣"。再次,希望各国不要接受日本封锁中国海岸并禁止向中国输入军火的要求,"日本竟敢提出如斯要求,其对控制世界之权力,似有极大把握,盖彼已公然宣布欲使中国屈服,今复希冀获得国际援助,置吾人于死地,俨若自信世界无任何一人敢作非议者"。最后,申明中国抗战是"为主权而战""为生存而战""为条约之尊严而战",并含蓄地反问美国道:

> 余今敢问西方诸国,坐视如此之残杀与破坏,噤无一词,是否可视为讲求人道,注意品德,尊侠尚义,信仰耶稣文明之战胜乎?又试问现在第一等强国,袖手旁观,一若震慑于日本之暴力,致不敢以一语相诋评,是将不视为国际道德,耶稣信条,或所谓西方优美道德之坠落之先声乎?①

必须指出的是,宋美龄的呼吁并没有立即产生预期效果。9月14日,罗斯福发表声明,宣布美国政府对中日冲突将恪守中立,禁止美国政府所拥有的商船向中日两国运输武器弹药,其他性质的美国商船如继续向中日运输武器弹药,后果自负。② 美国所谓的中立实质是对侵略强权的纵容。宋美龄对美国的态度深感失望:"美国为何首先舍弃对华之悠久友谊,并委卸维护条约之责任,中国人

---

① 《蒋夫人向美广播演讲》,《申报》,1937年9月13日、14日,第2版。
② 《美国总统罗斯福的声明》(1937年9月14日),李巨廉、王斯德主编:《第二次世界大战起源历史文件资料集(1937·7—1939·8)》,上海:华东师范大学出版社1985年版,第22页。

民无从知其所以然。而维护中国主权领土完整及使世界避免战争之条约,尤系在华盛顿所缔结而成,美国果置之不顾乎。"①

蒋介石也积极透过国际媒体争取支持。9月21日,蒋介石在接受《巴黎晚报》记者访谈时指出,当前中日战争的性质是日本侵略中国,中国只能全力抵抗,"如日本在中国境内从事武力侵略一日不止,则中国抗倭之战争一日不止,虽留一枪一弹,亦必坚持奋斗,直至日本根本放弃其侵略政策,并撤回其侵略工具之武力之日为止"。为了维护世界和平、人类文明、条约尊严与国际公法之效力,蒋希望国联能够切实根据盟约规定有效制裁日本侵略,"对日制裁,非所以独助中国,亦所以保护国联会员国及相关非会员国本身之利益",否则,"不但各国对中国原有之贸易为之消灭,即各国在东亚之领土亦必受严重之威胁"。② 9月24日,蒋介石接见美国新闻记者时,指出中国抗战"不仅在中国本身之存亡,且亦即为九国公约及国联盟约伸正义",美国作为华盛顿体系的重要缔造者,国际责任尤为重大,不应该保持中立。对于即将召开的国联大会,蒋介石坚信"公理必占最后的胜利",而只要日本的对华侵略还在进行,或者《九国公约》《国联盟约》未得到实施,中国的抵抗就绝对不会停止,故而"战争时期之久暂,全视日本及列强之态度"。③

所谓国际公理正义当然不可能左右西方大国的外交政策,但是确可争取其国内普通民众同情。在民意发展在一定程度的时

---

① 宋美龄:《令人失望之美国态度》,张宪文、武菁主编:《宋美龄文集》第3卷,台北:苍壁出版有限公司2015年版,第1232—1233页。
② 蒋介石:《我为自卫不得不以全力抵抗》(1937年9月21日),秦孝仪主编:《"总统"蒋公思想言论总集》第38卷,第94页。
③ 蒋介石:《公理必占最后之胜利》(1937年9月24日),秦孝仪主编:《"总统"蒋公思想言论总集》第38卷,第97—98页。

候,也会反过来影响其政府的政策。因此,国民政府强调维护国际公平正义,更多的是着眼于长远考虑。

2. 中国代表团的努力

除了蒋氏夫妇在国内积极呼吁外,由驻法大使顾维钧、驻英大使郭泰祺、驻比大使钱泰等人组成的中国代表团在日内瓦展开了积极活动。9月12日,他们向新闻记者发表关于中日冲突的正式文告,宣布"鉴于日本侵略中国空前未有之严重,中国政府决再向国联会提出申诉";批评日本侵略者完全无视国际法与人道主义,轰炸非军事区及无辜平民,"实贻文明之羞";表示中国"政府与人民确信代表嗜爱和平的国家大团体之国联,应筹议并采行有效力之计划,以制止日本在华侵略与残暴的行为之莫可忍受的赓续,而维护国际条约之尊严",希望包括美国在内的非国联会员国亦积极支持中国和国联,制止侵略,维护和平。①

在国联会议期间,中国代表团除了积极游说与会人员外,顾维钧还在会上公开发表了两次演说,揭露日本阴谋,并阐明中国的立场。9月15日,顾维钧在国联大会演说,揭露日方侵略目的是"求中国及亚洲大陆之控制及征服"。顾维钧还提醒西方列强远东局势与欧洲密切相关,如果纵容日本挑战国际秩序,那么必然会鼓舞欧洲法西斯的野心。顾维钧强调,集体安全原则"实为世界任何有组织的和平制度之惟一合乎逻辑的稳固基础,消灭远东浩劫及巩固太平洋与欧洲和平之希望,实系于庄严共同履行盟约下之吾人义务,与吾人所参加之其他条约"。② 9月28日,顾维钧在咨询委员会再次发表演说,指出远东时局愈趋严重,日本不断增兵,并以

---

① 《我代表团发表宣言痛斥日本暴行》,《申报》,1937年9月13日,第2版。
② 《顾维钧痛述日本暴行》,《申报》,1937年9月16日,第2版。

非人道方式轰炸非军事区和军民,"不但中国国家安全与人民福祉感受威胁,即国联会前途与世界和平,亦已为所危害"。一言以蔽之,日本的目的是征服中国,借以实现其控制亚洲和太平洋,进而宰制全球的野心。顾维钧在演说中发出沉痛的呼吁:"国联会纵不能保障法治,以与强力相抗,至少当能在全世界各国之前,痛斥破坏法治之国;国联会纵不能实施国际法与国联盟约各项原则,至少当能表明对于此项原则并未予以放弃;国联会纵不能阻止非人道而又非法的天空轰炸行为,俾无辜生无不致遭受屠戮,资产亦不致被毁,至少当能公开表示其感想,以增强文明各国之呼声。"虽然国联以往对中日争端的处置,不孚中国所望,但是顾维钧要求国联"为正义与世界和平起见",不拘泥于程序,迅速采取有力措施,"以鼓励遭受侵略之中国而援助之"。①

此外,为了引起国际社会的重视,顾维钧还建议外交部暗中组织国内主流大报围绕特定主题多发表社论,以阐明中国的立场和态度。9月18日,顾维钧致电外交部,请其与国内各大报接洽,围绕下列主题发表"不必尽同"的社论:要求国联对于日本违反国际公法条约及一切人道主义种种行为,以及非法封锁与利用上海租界为作战根据地各项严加指斥,并正式宣布日本为侵略国;中国向来拥护国联,每年会费甚巨,中籍职员在国联秘书厅虽迭经要求仅有二人;此次国联应重树威信,一方面在可能范围内积极援助,他方面对侵略加以制裁。甚至,为了对国联施加压力,顾维钧还建议道:"其中一、二报并可主张此次国联倘仍无具体结果,在我实可无

---

① 《咨询委员会席上　顾维钧沉痛演说》,《申报》,1937年9月29日,第2版。

须继续拥护国联。"①

顾维钧的建议或许起到了一定的作用。9月21日,《申报》以《日内瓦外交的运用》为题发表时评,指出:"国联的机构还没有这样健全与有力量,同时在远东有重大利益关系的美国至今尚未加入国联,因此国联在没有得到美国的合作之前,决不会有坚决的行动。"②在国联咨询委员会通过了谴责日本滥施暴力的决议时,《申报》立即在时评中呼应道:"日本军阀的暴行既在国联会成了铁案,这显然可使全世界人士对于我们敌人的真面目获得更清楚的认识,把这个表示跟最近各国民间弥漫着的反日空气相配合,便可汇成一种维护正义的伟大力量。"③

经过中国代表团的积极努力,加上苏联方面旗帜鲜明地支持,会议确实取得了一定的成果。苏联外长李维诺夫在演说中,不点名批评日本:"在亚洲大陆上一国既未宣战,又毫无原因及理由,方进攻邻邦中国,派遣十万大军登陆封锁海岸,使世界最大商业中心之一完全麻痹。"他还批评德日意三国以反共产主义为名肆行对外侵略,本质上是"公开地武力干涉他国内政,完全蔑视他国独立而已",故而应当"扫除此种危险的煽惑及侵略工具"。在李维诺夫看来,中国向国联申诉是对国联的重大考验,"国联苟永不担当其义务,一贯表示毫无办法,则决不能维持任何权威,亦不能维持其存在"。最后,他提出国联唯有援助中国制止日本侵略,方能遏制侵略火焰的蔓延,也才能真正实现国联的理想。他说:"吾人唯有集体制止侵略,集体保障和平,方能使其实现,而和平固吾人全体所

---

① 《日内瓦顾维钧等来电》,"中华民国"外交问题研究会编:《中日外交史料丛编(四)·卢沟桥事变前后的中日外交关系》,第345—346页。
② 辅:《日内瓦外交的运用》,《申报》,1937年9月21日,第2张第5版,时评。
③ 禹:《国联对日制裁的先声》,《申报》,1937年9月30日,第2张第5版,时评。

必需,其利益亦吾人全体所共享者也。"①

综上所述,为了争取国联通过有利于中国的决议,国民政府已经竭尽了全力。

三、对国联决议的双重态度

国民政府希望透过向国联申诉达成什么目的呢? 积极的方面,当然是希望"能采取有限制之制裁",主要包括四点:"(1) 禁止军火运往日本及贷款于日本;(2) 对中国为经济协助;(3) 不宣告中立;(4) 不承认日本封锁为合法"。消极的方面,如果国联不能直接制裁日本,最起码要鼓励个别成员国支持中国抗战。王世杰认为军事制裁不可能,甚至经济制裁也不容易做到,但是最低限度应力争:"(1) 使列国不能宣告中立而我之军火勉能接济;(2) 对于将来自愿对华为军事协助之国(苏联似有此可能),予以参加中日战争之便利"。因此,王世杰希望外交部门与英法等国加强合作,力争在国联决议中列入"'凡会员国各得自动予中国以协助'之条款"。② 顾维钧则期待国联能够明确宣布日本是侵略者,以"振奋世界舆论"。他说:"中国并非不知国联软弱无力,但是我国政府认为,它至少可以宣布日本是侵略者,而将制裁问题作日后第二步处理。正式宣告日本为侵略者,将振奋世界舆论,并使世人注意到日本的行动对世界和平前景的破坏作用。"③

最后结果基本如王世杰所料,国联确实没有直接宣布对日制裁,而只是基于盟约立场而对中国表示同情。10 月 6 日,国联大会

---

① 《国联大会席上　李维诺夫演词全文》,《申报》,1937 年 9 月 25 日,第 3 版。
② 林美莉编辑校订:《王世杰日记》上,1937 年 9 月 14 日,第 42—43 页。
③ 中国社会科学院近代史研究所译:《顾维钧回忆录》第 2 分册,第 429 页。

通过关于中日冲突事件的决议案,表示对中国予以精神上之援助,并建议国联会员国避免采取一切"足以减少中国抵抗之能力,致增加中国在现在冲突中之困难"的行为,同时"应考虑各该国能单独援助中国至何种之程度"。国联大会还通过了其咨询委员会提出的关于中日冲突事件的两份报告书。第一报告书指出日军侵入并占领中国领土、封锁中国海岸、大规模的轰炸不符合"现行合法约章或自卫权",并且违背《九国公约》及《非战公约》。第二报告书首先指出中日冲突的国际性,"目前中国之局势,不只关系冲突中之国家,且对于一切国家均有若干关系",国联有义务迅速恢复远东和平,建议以国联的名义,邀请《九国公约》签字国召集国际会议,并与非签字国但是与"远东有特殊关系"的大国合作,"寻求以协定方式结束冲突之方法"。[①] 在当时的国际舞台上,虽然不是九国公约签字国,但是又与远东关系密切的大国主要是指苏联和德国。

  10月9日,在第十八届国联大会闭幕后,中国代表团接受了中央社记者的访谈。记者向他们提出了三个问题:"国联对我国申诉,何以不援用国联盟约第十条及第十七条""国联盟约第十六条制裁条款,将来能否实施""三大使对中日问题咨询委员会两报告书及国联决议案之印象如何"。代表团以书面谈话的形式对记者的询问进行了答复。他们表示:"国联议决案,当然离我希望甚远",指出其原因是西班牙内战吸引了英法等国的注意力,使其无暇东顾,但是经过代表团的竭力争取,"一切未决问题,均经声明保留,此次报告书议决案,总算有一初步之根据,可为将来进行之张本,且非完全空洞",期待九国公约会议的结果对中国更有利,而中

[①]《国联大会十月六日通过关于中日冲突事件之决议案》,"中华民国"外交问题研究会编:《中日外交史料丛编(四)·卢沟桥事变前后的中日外交关系》,第359—362页。

国仍可随时向国联继续申诉。① 换言之，代表团对国联决议的态度是虽不满足但犹可接受，同时对即将召开的九国公约会议有所期待。

国联决议虽然只实现了国民政府会前确定的最低目标，但是不可否认确曾给其带来了些许慰藉。顾维钧认为要想赢得抗战的胜利，就必须使中国抗战成为"世界大范围内有关共同利益的重要问题"，唯有如此，才利于中国向国际社会争取同情和支持，"所谓中国落后、属于四等国家和战争的结局对于世界其他地区无甚影响等传统观念，也会被消除"。② 正是着眼于争取国际同情，蒋介石才会认为国联决议"较有力"③，并从中获得甚大的"精神助力"④。王世杰也认为决议为中国后续争取个别国联成员国的支持提供了良好的基础，"有此建议，异日我如促苏俄对华为更进一步之援助，苏俄或较易接受"。⑤

但是从实质性援助的角度来看，国联决议的空洞言辞显然无法满足中国舆论的期待。《申报》就在时评中批评："国际联盟在性质上原是个世界的'救火会'，它每逢火警从来没有用全力来扑救，因此火势是愈来愈炽盛了"，而国联所通过的决议表明它为了逃避"救火"的义务而"不愿直率的说出是火灾"，这种怯弱的态度源于"操纵这个机构的有些政治家的苟安心理"。而要克服这种心理，

---

① 《顾郭钱三大使发表书面谈话》，《申报》，1937年10月10日，第2张第5版。
② 中国社会科学院近代史研究所译：《顾维钧回忆录》第2分册，第629页。
③ 《蒋介石日记》(手稿)，1937年10月9日，本周反省录，斯坦福大学胡佛研究所档案馆藏。
④ 《蒋介石日记》(手稿)，1937年10月7日，斯坦福大学胡佛研究所档案馆藏。
⑤ 林美莉编辑校订：《王世杰日记》上，1937年10月6日，第50—51页。

国民政府必须"在外交上加紧的努力"。①

就在国联决议通过之时,美国的态度转而积极,从而营造了有利于中国抗战的氛围。10月5日,罗斯福在芝加哥发表演说,宣称要将侵略者像传染病者一样隔离起来。罗斯福表示:"必须唤起世界的道德良心,使它认识到尊重条约的神圣义务、尊重他人的权利和自由、终止国际间的侵略行为","和平意志必须申张到底,以促使可能被诱而破坏协议和侵犯他国权利的国家终止此种行动。必须作出保卫和平的积极努力"。② 次日,美国国务院发表声明,表达对国联决议的支持,称:"美国已不得不承认日本在中国之行动,不合国际关系之原则,并违背九国公约与凯洛公约之规定","国际条约必须尊重,国际道德必须恢复,美国政府此种意见与国联大会之意见大致相同"。③ 美国官方的积极态度也获得了美国主流舆论的支持。《纽约时报》在评论中指出:日本的侵华行径破坏了美国自1922年华盛顿会议以来"远东政策各项主要原则","美国政府除等待国联会有所举动之外,自应另行有所作为"。④

当然,美国的对日强硬态度是有限度的,一方面美日矛盾尚未激化,另一方面美国深陷孤立主义思潮。美国可以单独或联合其他国家对日本施加经济压力,但是不能直接卷入战争旋涡。参议院外交委员会主席毕德门宣称:"美国为日丝最大市场及日本大宗军用品之来源,美国欲斩断日本之命脉,更何须出于战争之途。世界各国仅须摈绝日本,拒绝与日本交往,停止与日本之商务关系,

---

① 宜:《国联的态度》,《申报》,1937年10月7日,第2张第5版,时评。
② 罗斯福:《在芝加哥的演说》,关在汉编译:《罗斯福选集》,北京:商务印书馆1982年版,第150—155页。
③ 《美国政府正式宣布　日本侵略违反条约》,《申报》,1937年10月8日,第3版。
④ 《美国再接再厉　造成国际新局势》,《申报》,1937年10月8日,第3版。

则不需一兵一卒,日本即可就范。此项行动,较之美国之海陆军将更有力量。"美国前国务卿史汀生一方面呼吁英美合作,以经济压力制止日本侵略中国;另一方面"不主张美国派遣军队开往远东作战","以为此举与大局有损无益"。①

美国的积极态度给正在寻求国际同情与支持的中国带来了一定的鼓励。顾维钧表示:"美国务院之宣言又与国联咨询委员会审慎研究事实所得之结论完全相同,于是可见世界文明各国所认识之国际道德标准仅有一个","爱好和平之国家,若欲享受和平与安全之福利,则须藉共同一致之行动,重行树立条约义务之神圣性"。② 与此同时,国际形势的好转却使部分对抗战前途持悲观论者向国民政府决策层建议见好就收,趁势转圜,以免战事无限期持续下去。10月7日,胡适致电陈布雷,请其转告蒋介石。胡适在电文中建议"及时接受"国际调停,称:"若此时我嫌其主张过于和缓,联络武装干涉或经济制裁,则适贻反对总统者之人民以机会,转多不利。"③

胡适的意见其实代表了相当一部分人的看法。周佛海认为美国的目的在"结束远东纠纷","而非扩大远东纠纷为世界战争,故将来必出于调停"。④ 他还认为中国的国力不足,"战争只可适可而

---

① 《史蒂生与毕德门吁请各国共弃暴日》,《申报》,1937年10月8日,第3版。
② 《顾维钧表示欣慰 国际道德标准 东西只有一个》,《申报》,1937年10月8日,第3版。
③ 《胡适电陈布雷告以美总统罗斯福演说赞同国联议决步骤可见决心对日及若国际调停可使敌撤兵恢复七月七月前情形似宜接受》(1937年10月7日),台北:"国史馆"藏,蒋中正"总统"文物档案,002-090103-00003-142。
④ 蔡德金编注:《周佛海日记全编》上编,1937年10月8日,北京:中国文联出版社2003年版,第79页。

止,宜准备外交接洽"。① 为了批驳这种看法,《大公报》社评中特别提出对待国际同情的正确态度,称:"只应因国际同情而增长我们的自信心理,加强我们的奋斗精神,决不能起一丝一毫依赖苟全的念头,转致前功尽弃,贻误全局。"②

四、九国公约会议失败后再度向国联申诉

根据国联的决议,九国公约会议确实召开了,但是完全没有形成实质性的结果。国民政府在失望之余,又重新回到国联路线上来。在国联对中国抗战的支持态度更趋明确后,国民政府提请国联援用盟约第十七条,并获得了通过,只是其他会员国未切实履行,致使实质效果相当有限。国民政府这一时期在国联体系内开展的外交活动,虽然结果不甚满意,但是确实使中国抗战赢得了道德制高点,并在一定程度上使日本在国际上更加孤立,促进了国际体系的进一步重组。

1. 回归国联路线

《九国公约》和《国联盟约》是国民政府仰赖的外交武器,经常交互使用。九国公约会议无果而终后,国民政府决定再度向国联申诉,因为各国总是想方设法推卸自己的责任,"每个国家都声称它同情中国的抗战事业,并且愿意作出贡献,但谁也不能单独地采取任何行动。任何措施都必须由强国以协同行动的方式进行"。③

不过,让国民政府失望的是,英荷等国甚至不愿中国依据盟约

---

① 蔡德金编注:《周佛海日记全编》上编,1937年8月21日,第62页。
② 《国际现势下的战局》,《大公报(上海版)》,1937年10月12日,第1版,社评。
③ 中国社会科学院近代史研究所译:《顾维钧回忆录》第3分册,北京:中华书局2013年版,第3页。

第十七条提出对日制裁,"我代表欲促国联对日实行制裁。英外相密向我代表顾维钧劝止;并谓即仅就汽油、钢铁与军火之禁止运日而言,亦有困难。因荷兰方面,非得英海军密允保障荷属南洋殖民地,即不愿禁售汽油于日本,英国海军则以在远东方面势力不充分之故,势不能如斯应允"。①

面对不利的国际情势,国民政府决定不再坚持实行盟约第十七条。1938年1月31日,外交部长王宠惠在国防最高会议上报告英法美苏等国在国联行政院会议上的态度称:英法两国不仅反对中国代表提出的实行《国联盟约》第十七条的主张,而且不支持苏联外长李维诺夫提出的财政制裁意见;对中国代表让步后提出的"军火与财政之援助"的要求,"英、法等代表谓如得美国赞同,可以办到";美国虽有援助中国之意,但是对国联将责任完全推到美国身上"甚表不满"。为了打破日本对华宣战的阴谋,王世杰建议中国代表团在会议上表示:"我虽暂时不提第十七条制裁案,但日方如对华公然宣战,以图断绝我国军火接济,则我须要求国联实行第十七条。"王世杰认为日本宣示于必要时将对华宣战,"其用意即在防阻国联实行制裁",故中国如能事前得到英法赞同国联执行制裁,"则日方将不敢宣战"。②

2月2日,国联行政院通过决议,对中日战争规模扩大"引为遗憾",并提醒成员国注意国联大会1937年10月6日的决议内容。决议最后表示:"深信凡在行政院派有代表之国家,对于此种情势,自感特殊关系,应不坐失时机,而与具有同样关系之其他国家协商、研讨任何进一步切实可行之办法,以谋远东正义公允之

---

① 林美莉编辑校订:《王世杰日记》上,1938年1月27日,第86页。
② 林美莉编辑校订:《王世杰日记》上,1938年1月31日,第87—88页。

解决。"①也就是说,英法美苏等大国要加强协作,讨论解决中日争端的切实可行办法。蒋介石对国联的此次决议深感失望,称:"国际形势(如此次国联对华之决议案)恶劣已至极点,此后当可转乎!"②后来,他还表示:"外交形势日劣,惟有自强自立,此时武器人力尚能持久,不足为虑也。"③5月1日,蒋介石对《巴黎晚报》特派员表示中国对国联并未存非分之想,而只是希望国联"将盟约充分付诸实施"。④

后来,国联对中国抗战的支持态度更趋明显。5月4日,国联行政院再次通过决议,表示对中国的同情和反对日本违反国际法施用毒气。⑤ 相较于2月2日的决议案,此次决议案的内容更加符合中国的期待,毕竟其中明确指出日本的侵略威胁了中国的独立与领土完整,并对中国人民因战争所受之痛苦"表示同情"。

国联的态度变化,在相当程度上鼓舞了国民政府争取抗战胜利的信心。5月7日,孔祥熙在给蒋介石的电报中表示:"自国联会议开幕,英法俄各国对我益行良好,国际间亦愈见同情,迭接郭、顾两大使电告英方表示经济方面设法助我,美方借款除前约之二千万元外,现尚有大借款之可能,大约六万万,每年二万万,共分三年

---

① 《行政院于一九三八年二月二日所通过之决议案》,台北:"国史馆"藏,行政院档案·国联关于芦沟桥事变以后中日争议所通过之决议案及报告书,014-020100-0030,第35页。
② 《蒋介石日记》(手稿),1938年2月4日,斯坦福大学胡佛研究所档案馆藏。
③ 《蒋介石日记》(手稿),1938年2月22日,斯坦福大学胡佛研究所档案馆藏。
④ 蒋介石:《中国抗战之烈非日本始料所及》(1938年5月1日),秦孝仪主编:《"总统"蒋公思想言论总集》第38卷,第104页。
⑤ 《行政院于一九三八年五月十四日所通过之决议案》(1938年5月14日),台北:"国史馆"藏,行政院档案·国联关于芦沟桥事变以后中日争议所通过之决议案及报告书,014-020100-0030,第36页。

付清,作为购品、建设之用,即将成议。"①为了更好地利用国际有利形势,顾维钧等人还建议国民政府派遣大员来欧专职主持借款事宜。电称:"此次国联行政院对中日问题之议决,措词切实。英法外长态度均恳切,而英外长公私表示尤诚挚负责。十三日晚起草委员会通过决议草案,彼即自动商促英财长对我信用借款一事设法帮助,惟一切物质、财政援助问题,若仅由驻英使与各国政府接洽,似欠重视,望其加紧进行,拟请中央特派大员克日来欧主持促进,以昭郑重,而专责成。"②后来的事实表明顾维钧、郭泰祺等人高估了英法的援华意愿。

国联态度的转变增强了国民政府循着国联路线开展外交活动的信念。7月9日,蒋介石在招待国民参政员的茶会上指出抗战外交的根本原则是"多交与国"与"孤立敌人","使有利于我们的抗战"。蒋还表示:"我们外交上始终不变的一贯方针,就是循国联的路线前进,我们必须造成与英美法苏联合的形势,共同一致,和敌人奋斗。"③

国民政府始终坚持国联路线的原因之一是在国际局势尚未完全明朗前,主要大国均不愿率先开罪日本,而借助国联体系

---

① 《孔祥熙电蒋中正国联会议开幕各国对我表示同情英国愿设法在经济方面助我美方借款即将成议》(1938年5月16日),台北:"国史馆"藏,蒋中正"总统"文物档案,002-090103-00003-156。

② 《顾维钧郭泰祺电外交部等此次国联通过对中日问题之议决措词切实英外长并即促英财长对我信用借款拟请特派大员来欧主持以昭郑重而专责成》(1938年5月16日),台北:"国史馆"藏,汪兆铭史料·汪兆铭与各方首要往返函电,118-010100-0055-015。

③ 蒋介石:《抗战的回顾与前瞻》(1938年7月9日),秦孝仪主编:《"总统"蒋公思想言论总集》第15卷,台北:中国国民党中央委员会党史委员会1984年版,第346—347页。

可以有助于推动国际合作。蒋介石曾表示："国际侵略与反侵略阵线尚未形成，爱好和平国家为自身利害打算，未必即能助我。当此之时，吾人对于外交，断不宜作依赖任何一国之想，务必力图自存自主。"①外交部长王宠惠在与记者的谈话中指出各国不敢行动的症结所在，"英、法、苏三国对欧洲之顾虑太多，美国反战派在国会之势力尚大，对外用兵，不惟势所不能，且亦法所不许，各该国对其本身利益虽未忽视，但尚未至采取积极共同行动之程度"。②

国民政府虽然对主要大国在中日战争中的作为有所不满，但是着眼于抗战现实，尽量维系双边关系。6月17日，国民党中央宣传部和军事委员会政治部联合发布现阶段的宣传要点，指出：

> 一、对于德意方面，除因发生特殊重大变化，经中央认为须有积极表示者外，暂以不作任何期望或不必要之刺激与攻击为原则。二、对于英法方面，应不断地表示好感，并不断地促其执行国联援助中国之决议。三、对于苏联方面，应一致表示友好的态度，但不公开表示特殊期望。四、对于美国，应竭力表示好感，并对于美政治家同情于我之言论随时予以赞扬，对于美国朝野同情于我之行为如救济难民、继续诸协定及捐助中国红十字会医药等随时予以广泛之宣传。五、对于国联，应继续表示拥护，不可因其目前权威之减低，附和反对国联者之论调。六、对于国际形势及外交动态为理智之探讨与阐述，

---

① 政治大学人文中心主编：《民国二十七年之蒋介石先生》，台北：政治大学人文中心2016年版，第4页。
② 王宠惠：《谈外交形势》，中国国民党中央委员会党史委员会编辑：《王宠惠先生文集》，台北："中央文物供应社"1981年版，第515—516页。

凡有损吾国立场及足以惹起国交上疑惑之字句概应避免。①

虽然只是宣传要点,但是从这里看出国民政府在抗战外交上四个特点:其一,拥护国联体系;其二,只以日本一国为敌,与其他国家尽量维持友善关系;其三,一方面从整体着眼,另一方面从实际出发,针对不同国家实行不同的外交策略,以实现不同的外交目标;其四,将外交努力的重心放在英美法阵线上。

众所周知,国联是由英法两国所把持的机构,而法国在远东政策上向来追随英国,因此争取英国的支持尤为重要。英国外交向来秉持现实主义,一切以自身利益为优先。为了推动国联对日态度进一步强硬,国民政府加强国际宣传,极力争取英国的支持。6月8日,蒋介石在与外籍记者谈话时表示:日本不仅是中国的敌人,"而实为公约各签字国之共同敌人",因此国际社会援助中国,"不但减少中国人无故之牺牲,实为增进世界人类和平正义之保障所必要"。② 7月,蒋介石在为英国《每日电讯报》特刊撰写的谈话稿中指出:"英国合法之权益,今已冻结僵化矣,财产被毁,官吏被侮,人民受辱如犬羊之殴逐",故而对英国犹在隔岸观火"大惑不解"。蒋还在谈话稿中批评现实主义,认为其导致逃避现实,进而自弃命运。③ 蒋当然是有感而发,其实质是批评英国决策层对法西

---

① 《中央宣传部等电重庆行营奉颁现阶段宣传要点军事上徐州开封等之退却我军损失极微敌人之企图失败外交上对英法友好态度并促国联援助中国等请饬所属一体遵办》(1938年6月17日),台北:"国史馆"藏,蒋中正"总统"文物档案,002-090106-00013-008。
② 蒋介石:《论抗战前途》(1938年6月8日),秦孝仪主编:《"总统"蒋公思想言论总集》第38卷,第107—108页。
③ 蒋介石:《中国抗战之意义与列强应有之认识和努力》(1938年7月),秦孝仪主编:《"总统"蒋公思想言论总集》第38卷,第112—113页。

斯国家的绥靖政策。

虽然国民政府极力争取英国的支持,但是也对其抱有怀疑。熊式辉在给蒋介石的电报中,提醒蒋不可对英国寄予太高期望,"英国之现实主义者妥协软化,不惜以我为捷克,交换其自己利益。如敌攻粤,为英所谅解,则此后国际形势,必因英之态度而渐趋恶化,英亦必以我为捷克或亚比西尼亚,而与敌狼狈为奸,强我屈服"。① 电报中所述的"亚比西尼亚"是指被意大利法西斯侵略的非洲国家埃塞俄比亚。蒋介石认为英国的态度是"待机而动","一、待中倭双方之疲敝,二、待本身准备之充实,三、待美国之合作"。但是要防备英国在中日两国之间上下其手,尤其是在对它自身有利时逼迫中国向日本屈服。即使现况如此,蒋介石还是尽量争取英国,一则英日之间存在利害冲突,"英国远东敌军实为倭之海军无疑";二则中日直接交涉危害更大,"中倭战事问题实为国际问题,非有国际干涉共同解决,则决不能了结,否则直接讲和,则中国危矣"。② 张群也向蒋介石建议道:"中日战局如由英美联合成为中心力量之国际策动而趋中止,或由类似九国公约会议之国际会议而告结束,则我方尚可望收到差强人意之和平。"③

要想英国迈出对日强硬的步伐,自然离不开美国的全力配合。7月24日,蒋介石在与《纽约时报》特派员窦奠安谈话时,表示理解美国不愿意卷入战争旋涡的立场,但是"和平已遭侵略者之魔手所

---

① 《陈布雷呈蒋中正摘录孙科邹鲁陈果夫等中常委回复对时局意见另附张群龙云熊式辉张治中孔祥熙等对时局意见原电》(1938年),台北:"国史馆"藏,蒋中正"总统"文物档案,002-080101-00016-002。
② 《蒋介石日记》(手稿),1938年7月28日,杂录,斯坦福大学胡佛研究所档案馆藏。
③ 《陈布雷呈蒋中正摘录孙科邹鲁陈果夫等中常委回复对时局意见另附张群龙云熊式辉张治中孔祥熙等对时局意见原电》(1938年),台北:"国史馆"藏,蒋中正"总统"文物档案,002-080101-00016-002。

破坏","如须确树永久和平之基础,则用武力以击败侵略者,乃属必要之手段"。对美国而言,避免战争的最佳方案是与英法苏等与太平洋有关国家团结合作,"以坚决切实之态度表示其意向,消除日本所认为不能采取共同行动之幻想",从而使侵略者有所顾忌,不敢悍然横行。①

2. 提请国联援用盟约第十七条

为了使 9 月的国联大会通过对日本的制裁案,国民政府高层反复协商,最终决定提请国联援引盟约第十七条。起初,因为顾虑到英法等国的意见,汪精卫等人并不支持这么做。8 月 27 日,汪精卫主持召开国防会议讨论外交部提出的三个应对方案:"甲案系请援用盟约第十七条,因有第十七条可引起第十六条经济制裁之结果";"乙案仅要求国联对于历次决议立即尽量予以实行";丙案则综合甲、乙两案,但是留有伸缩余地。会议讨论结果认为"甲案太硬,诸小国既不易通过,且使英法为难,如被否决,中国势须退出国联,非计之得",而"乙案太软,无异依样画葫芦",故决定采用丙案。会议还决定了对代表团的训令纲要。决定正式提出四项要求:第一,"对于自上届大会至现在日本种种侵略暴行为剀切之陈述";第二,"追述国联历次对中日问题之决议,并表示各会员大多未予实行之遗憾";第三,"正式请求国联会员国对于国联决议立即尽量予以实行";第四,"重请援引盟约第十七条,并要求对此问题有一正式决定"。如果国联不接受中国的申请,那么中国代表团在表示遗憾之意的同时,应提出集体借款、购买大量中国货物、筹措救济中国难民专款、派遣特别委员会调查并报告残暴或非法的战斗行为、

---

① 蒋介石:《对美国远东政策之感想》(1938 年 7 月 24 日),秦孝仪主编:《"总统"蒋公思想言论总集》第 38 卷,第 110—111 页。

劝告会员国停止以战争工具接济日本、与美国合作等六项替代方案。① 替代方案是很务实的,也是国联维护自身基本立场而应当做到的。

与汪精卫等人的和缓态度不同,蒋介石的态度相对强硬,甚至主张兵行险招,不惜以退出国联向英法等国施加压力。8月31日,蒋介石致电汪精卫表示:"援引盟约第十七条本为我方一贯立场,如善为运用,至少亦可收外交上个别促动之效用",要有"贯彻此条要求之决心与准备"。蒋介石主张一方面在会前向英法表达中国的坚决态度,另一方面运用苏联为中国声援,"至不得已时,退出国联亦不足顾惜","总期以此打开沉闷观望局面,促使英法积极,并促成英法与苏对援我制敌之一致"。②

在蒋介石的强硬主张下,国民政府高层在援用十七条问题上达成了共识,但是未接受蒋介石不达目的即退出国联的主张。9月1日,汪精卫致电蒋介石称:"向英法切实表示我方必提第十七条之决心,此间同志均一致主张,惟是否因此退出国联亦所不惜,庸之、哲生及复初来电初亦有此意,嗣以阅中央社参考消息知敌方深忌英法助我,因虑不可以此失英法之望,且使我益孤,故而犹豫。"③次日,汪精卫再电蒋介石,不支持"目的不达即退出国联"之

---

① 《汪兆铭电蒋中正对国联大会应取方针今国防会议讨论外交部三提案决议采用丙案是否可行祈示复俾该部训令各代表根据进行》(1938年8月27日),台北:"国史馆"藏,汪兆铭史料·汪兆铭致蒋中正电,118-010100-0043-041。
② 《蒋中正电汪兆铭认为应有贯彻十七条要求之决心不得已时退出国联亦似不足惜总期打开沈闷观望促英法与苏一致援我制敌请electric同志切商决定》(1938年8月31日),台北:"国史馆"藏,汪兆铭史料·蒋中正致汪兆铭等函电,118-010100-0053-015。
③ 《汪兆铭电蒋中正是否必提第十七条不惜退出国联嗣阅中央社参考消息知敌深忌英法助我因虑不可以此失英法之望且使我益孤当再约同志切商》(1938年9月1日),台北:"国史馆"藏,汪兆铭史料·汪兆铭致蒋中正函电,118-010100-0043-043。

主张,"因虑此不足以慑英法,而徒长德意日反国联之声势"。① 蒋介石非常倚重的外交智囊王世杰也不赞同退出国联。王世杰在9月7日的国防最高会议上表示:"退盟决非我方应取之途径。"②

国民政府高层意见统一后,外交人员立即就此展开活动。9月2日,驻英大使郭泰祺拜会英国外交大臣艾登,请求英国政府切实协助中国做好"货物贷款"、救济难民、"正式引用第十七条"等三项工作。对于前两点,艾登都表示愿意同情考量,而对第三点,则将责任推给小国,"在欧洲现势下及一部分会员国对盟约正欲改弱时,恐难得多数同情,英法或能婉拒,尽其义务,但诸小国反对制裁极力,结果必与中国及国联均不利"。他还电报中报告目前欧洲局势动荡,各方都在关注希特勒9月12日关于外交政策的演说。③ 此外,中国国联同志会会长朱家骅也致电国联秘书长,称:"中国为维护人类正义及条约尊严,抗战迄今,未遑稍懈,中国实已尽其最大责任与荷负,希此次大会盟约将第十七条提付实施,予侵略国日本以有效之制裁,庶几世界和平可有转机,国联威信立见恢复。"④

驻外人员通过与驻在国政府的实际接触,对国联通过制裁日本的决议深感无望。9月7日,顾维钧致电外交部表示:"我国提请实施第十七条,系自属适当,惟观各会员国历次之态度及目前

---

① 《汪兆铭电蒋中正会商孔祥熙等决由外部电顾维钧郭泰祺向英法声明中国援引第十七条决心惟退出国联暂未决定》(1938年9月2日),台北:"国史馆"藏,蒋中正"总统"文物档案,002-090103-00016-117。
② 林美莉编辑校订:《王世杰日记》上,1938年9月7日,第140页。
③ 《郭泰祺电外交部等今访英外长商谈我国此次国联提案与盼英国为各方倡导切实协助》(1938年9月2日),台北:"国史馆"藏,汪兆铭史料·汪兆铭与各方首要往返函电,118-010100-0055-018。
④ 《朱家骅电爱氏 呼吁施行盟约》,《申报(汉口版)》,1938年9月8日,第2版。

欧洲紧张之局势,恐难获得行政院之赞同。"顾维钧还提出两个待答复的问题:其一,如果行政院多数成员决意反对,中国是否提请投票表决;其二,是否接受将全案提交咨询委员会。① 驻外人员的报告也使蒋介石的态度有所软化。次日,蒋回电外交部,对于顾维钧所询问题,决定如下:"一、投票总表决如无通过把握,则不宜由我方正式提出;二、关于咨询委员会一节,若由英法提议,而英法肯担任促使美国积极,则我代表亦可赞成。"蒋希望积极推动美国表明态度,"如美政府对国联明示愿与合作之态度,则更能鼓国联之勇气","总须以达到进一步实际援助与局部制裁为最低限度之目标"。②

值得注意的是,在蒋介石态度日趋软化之际,中国驻外人员却仍然遵照蒋最初的主张执行。9月11日,中国正式向国联提出实行盟约第十七条。为了"内外一致",代表团致电外交部询问是否以退出国联为姿态对国联施加压力,称:"大会演说中可否表示此次国联如不能使我满意,我方对于国联之态度势将重行考量等语,略示有脱离国联之可能。万一国联用拖延搪塞手段,我方应否要求票决。如票决未能通过,可否由代表以请示政府为名退席,审时度势,可否为有意退出国联之表示。"代表团还表示:"以上步骤或有逼成趋向脱离国联之可能,但空言提出及表示不满意,恐非国联

---

① 《王宠惠电蒋中正概陈中国向国联提请实施盟约第十七条事在欧洲局势紧张及部分会员国反对下恐难受理》(1938年9月7日),台北:"国史馆"藏,蒋中正"总统"文物档案,002-090103-00016-116。
② 《蒋中正电王宠惠投票总表 决如无把握则不宜提出至咨询委员会若由英法提议并促美积极则我代表亦可赞成总以达到进一步实际援助与局部制裁又请积极推动美对国联明示合作态度可更鼓其勇气》(1938年9月8日),台北:"国史馆"藏,汪兆铭史料·蒋中正致汪兆铭等函电,118-010100-0053-021。

所措意,应请熟筹商定,速予电示,俾有遵循。"①这时蒋介石反过来责怪代表团人员行事操切。9月14日,蒋介石致电汪精卫表示:"代表团提出要求十七条事,似嫌过早,如无时间关系,则我代表团必待希特拉演说分晓后再定进止,此乃外交相机之常识。"为避免国联因欧洲局势紧张而忽视中国诉求,蒋介石主张"由我自动的设法转圜","明言待欧局和缓再行要求制裁,不愿于此时致增国联之困难","但应主张确定国联援华切实办法"。②

9月20日,在国联意外地接受中国申请后,国民政府当即着手加以推动。因为国联虽然原则上接受中国援引盟约第十七条的要求,但是究竟能将制裁落实到什么程度却还是未知数。王宠惠指出:"国联虽接受我申请援引第十七条,但并无意于实行第十六条之经济制裁,将由各国自由决定,但即使实行第十六条,而其范围之宽狭,亦大有差别。"③为了争取对中国最有利的结果,蒋介石当即作出相应的部署。第一,强化对美宣传。20日,蒋致电汪精卫等人称:"国联既接受我申请,则以后制裁枢纽全在美国,务请对美外交尽我全力设法推动。光甫既到美,嘱其与李国钦等对于财政经济与舆论界更应多方推动,并多发给宣传费为要。"④

---

① 《郭泰祺电外交部等昨抵瑞关于要求实行第十七条之进行步骤可否要求票决如未通过可否为有意退出国联之表示请熟筹商定速予电示》(1938年9月11日),台北:"国史馆"藏,汪兆铭史料·汪兆铭与各方首要往返函电,118-010100-0055-019。
② 《蒋中正电汪兆铭国联代表团待希特勒演说后提出盟约第十七条援华》(1938年9月14日),台北:"国史馆"藏,蒋中正"总统"文物档案,002-010300-00016-052。
③ 《汪兆铭电蒋中正据王宠惠报告国联虽接受我申请援引第十七条但并无意实行第十六条经济制裁由各国自由决定除遵示办理对美运用外拟日内开会细究如何应付》(1938年9月21日),台北:"国史馆"藏,汪兆铭史料·汪兆铭致蒋中正函电,118-010100-0043-049。
④ 《蒋中正电汪兆铭国联制裁日本枢纽全在美国嘱陈光甫在美多推动舆论》(1938年9月20日),台北:"国史馆"藏,蒋中正"总统"文物档案,002-010300-00016-065。

第二,拟派宋子文赴欧美主持相关事宜。21日,蒋致电宋子文称:"如兄有以报国,应不待接令稍有眉目再行,当立即赴美欧积极推进制裁事,况国联已接受申请,更应从速进行。此种机会稍纵即逝,不可犹豫观望。"①第三,强化军纪,要求国军在战场上力争良好表现。22日,蒋亲自致电孙连仲等人称:"国联已通过制裁日本案,最后胜利已表目前。若我各军不自努力,无异自暴自弃。如有作战不力,擅自撤退,不与阵地共存亡,将为败亡之罪人,应信赏必罚,照连坐法严肃负责。"②

除了蒋介石积极运作外,半官方组织中国国联同志会也尽量发挥影响力。9月24日,朱家骅会长以中国国联同志会名义发表了三封通电。第一封是给国联秘书长爱文诺的,期许他再接再厉。电称:"此次国联行政院议决接受中国申请,对中日争议,引用盟约第十七条,使国际间阴霾之象,顿见曙光,并予中国人民莫大安慰。余对国联此项果毅行为,谨致深切谢忱。此项决定足以表示各列强对远东局势之严重,已有充分了解,将必能更进而重树国联之威信,强化集体安全。"第二封则是给英国国联同志会会长薛西尔爵士的,希望作为盟约缔造者之一的他积极发挥其个人影响力,"以实施盟约之所定于援用第十七条之后,即当继以第十六条之实施"。第三封则是给美国参议院外交委员会毕德门的,希望他促请美国与国联鼎力合作,参与一致行动,"国联应依法定程序引用第

---

① 《蒋中正电告宋子文国联已接受申请即飞欧推进制裁日本事》(1938年9月21日),台北:"国史馆"藏,蒋中正"总统"文物档案,002-010300-00016-070;《蒋中正电嘱宋子文国联已通过第十六条速赴欧运动美法制裁事》(1938年9月29日),台北:"国史馆"藏,蒋中正"总统"文物档案,002-010300-00016-081。
② 《蒋中正电林蔚令孙连仲于学忠冯治安严整纪律振作精神共灭敌寇且国联已通过制裁日本案胜利已在目前应信赏必罚照连坐法严惩》(1938年9月22日),台北:"国史馆"藏,蒋中正"总统"文物档案,002-010300-00016-074。

十六条,如贵国能同样策励对日本制裁,当更足以增大其力量"。①

针对国联"无立即实行十六条制裁之意,且有拟交付廿三国咨询委员会之说",王世杰提出应对方略,并获得蒋介石的认可,从而成为对代表团的训令。王世杰主张有二:其一,"我代表在会内外应郑重声明决不放弃实施十六条之要求";其二,"如英法等坚主交付廿三国委员会或其他委员会审议,我代表在次列条件下可勉予同意"。具体条件有三点:甲、"行政院于休会后一月内召集临时会审议咨委会之报告,决定十六条实施问题";乙、"在下次集会前,英法苏诸国依国联曾经通过之议决案,与我政府切实商定个别援助办法,注重借款与军械运输";丙、"在下次开会前,各会员国允照美政府办法并略加扩充,劝告其本国商人勿以飞机、煤油及其他军用品售与日本"。②

9月24日,在日本拒绝国联的邀请后,中国外长王宠惠立即发表谈话加以回应。王宠惠指出日本拒绝与会之理由乃是陈腔滥调,早已被国际社会所驳斥。王宠惠表示:"日本政府此种态度,适足以充分暴露其独霸亚洲大陆之企图,亦明示其在中国肇事启衅,理屈词穷,不堪受第三国之考核评判耳。"既然日本已然无视国联权威,"断然拒绝参与和平机构",那么摆在国联面前唯一的选择就是"立即实施盟约第十六条所规定之制裁"。③

---

① 《国联同志会长朱家骅 吁请国联实施制裁》,《申报(香港版)》,1938年9月24日,第2版。
② 《陈布雷电汪兆铭对国联无立即实行十六条制裁之意王世杰拟列意见经蒋中正认为可用已交外交部酌采作为代表团训令》(1938年9月25日),台北:"国史馆"藏,汪兆铭史料·汪兆铭与各方首要往返函电,118-010100-0055-051。
③ 政治大学人文中心主编:《民国二十七年之蒋介石先生》,第495—496页。

3. 策动舆论配合

在汪精卫等人的力诚下,蒋介石的立场确实有所松动,不再坚持其不惜退出国联的主张。他转而建议发动舆论,以民间立场向国际社会表达类似主张,以形成对英法等国的压力。9月3日,蒋致电汪精卫称:"英法态度实有失重要会员国之立场,不可不乘此时机多方促使积极","应发动舆论批评政府对国联态度太过软弱,指出国联不履行会章及决议案,则参加国联实无意义,督促政府在本届大会采取积极步骤,造成空气,以便运用"。[1] 接到蒋介石的电报后,汪精卫立即召集外交部长王宠惠和国民党中央宣传部长周佛海会商实施方案[2],最后形成三点决策:

> (一)党报立场,对于政府不宜批评,只宜严正发言督促政府,立下决心,援引第十七条,勿谈各重要会员国互存观望,以致国联威信扫地;(二)党外报纸如大公报等,则不妨批评政府历来对国联态度失之软弱,应改取强硬,勿存顾忌;(三)如新华日报,则宜防其趁此挑拨英法恶感,使我益陷孤立。[3]

翻阅这一时期的报刊,可以发现上述决策确实得到了较好的落实。

就官方舆论而言,着重呼吁国联履行自身的义务。9月14日,

---

[1] 《蒋中正电汪兆铭前电仍请详商并应发动舆论批评政府对国联态度软弱指出国联不履行会章及决议案参加无意义等造成空气以便运用》(1938年9月3日),台北:"国史馆"藏,汪兆铭史料·蒋中正致汪兆铭等函电,118-010100-0053-016。

[2] 《汪兆铭电蒋中正电悉当即约王宠惠周佛海遵示切实进行》(1938年9月3日),台北:"国史馆"藏,汪兆铭史料·汪兆铭致蒋中正函电,118-010100-0043-046。

[3] 《汪兆铭电陈布雷关于国联提案此时必要发动舆论督促政府但须注意指导党报及他报发言立场如新华日报宜防其挑拨英法恶感使我益陷孤立并祈代陈总裁》(1938年9月3日),台北:"国史馆"藏,汪兆铭史料·抗战前汪兆铭与国民党首要往返函电,118-010100-0040-049。

国军高级将领陈诚在接受中央社记者访谈时指出：自九一八事变以来，"国联对华的援助，始终只限于道义与同情的范围以内，没有实施对暴日制裁的决心，所以演成今日远东这样危机的局面，并影响欧洲的不安"。在陈诚看来，国联之所以保持优柔寡断的态度，是因为对日本军国主义者的野心及野蛮认识不足。陈诚表示："只要全世界的人士，能根本认识日本这种征服世界的野心，以及他用以征服世界的这种野蛮手段，不但与各国利益绝对冲突，而且与人类的文明与道义，势不两立，我相信一定可以立刻下定决心，实行制裁的。当然，物以类聚，世界上也有二、三与暴日同类，助纣为虐的国家，但我相信大多数爱好和平正义，而且为其自身权利奋斗的国家，一定是能够赞成这种正义的制裁的。"当然，好高骛远，要求国联做出超越其能力范围的事情是不现实的。陈诚表示："我们对于国联决不苛求，我们只希望国联能够实践他自己的诺言，根据国联盟约、九国公约，及其历次对中日问题的决议案等，制定一个切实可行的制裁方案，迅速施行起来，履行他应当履行的义务。在制裁未能成立或实施以前，我们是有权希望国联会员国，首先作到停止对于暴日供给军用品及军需原料的一切行为。"[1]

此外，《中央日报》这一时期有关国联的社论都不出恶言，采取低姿态，并鼓励国联作出进一步的努力。在国联接受中国要求实施盟约第十七条的申请后，《中央日报》在 21 日的社论中立即表达对国联努力的"深切敬佩"。社论指出："国联成立到今天，国联本身的有废问题，已临到最后关头。这种悲惨，这种厄运，从今天起，都要一扫而空。"社论认为国联作出了明智的选择，只要国联在正

---

[1] 《陈诚对中央社记者谈话：国联与中国抗战》（1938 年 9 月 14 日），台北："国史馆"藏，陈诚"副总统"文物档案·陈诚言论集，008-010301-00019-056。

确的道路上坚持下去,必定会获得全世界爱好和平国家的支持,"国联威信一定能恢复以往的隆盛"。①

盟约第十七条只是处理国联成员国与非成员国的程序规定,而真正的制裁条款却在第十六条。因此,《中央日报》希望国联能够更进一步,"各会员国尤其是各大国共同发动第十六条的效力"。如果会员国借口实施困难而无决心贯彻,"或于适用第十七条的同时,想把第十六条的使用延缓,或竟改变第十六条强制的性质为任意的规定,使其效力不能实际发生",那么国联行政院通过中国援用盟约第十七条的申请就"没有现实的意义了"。②

就民间舆论而论,着重要求国民政府向国联表达严正立场。《大公报》在9月3日的社评中指出:中国是国联的忠实成员国,国民政府也一贯实行"国联本位的外交","中国百万将士以流血拼命为国际集体安全主义吐气,以国运与民命,障阻反国联的侵略主义之狂澜",但结果换来的只是无补于实际的道义声援。《大公报》以中国国民的公意向国民政府提出两点请求:其一,"对于中国与国联之权利义务关系,须作一明确的清算,不应长此受援助之空名";其二,明确地分析与判定国联有力会员国的态度,"以免得国民们逢人道谢,而实则感谢落空"。《大公报》要求国民政府训令代表团"向国联要求作一切实的最后的解答","今天为中国,为国联,为世界和平,为各国利益,只有单刀直入,请求国联援用盟约第十七条,以处理日本侵略中国之整个事件"。最后,社评还语带威胁地表示:"倘国联还踌躇,倘各大国还暧昧,那就可以说是国联及其柱石国家,根本不要集体安全,不要国联主义。那么,中国民族也就可

---

① 《国联援用十七条》,《中央日报》,1938年9月21日,第2版,社论。
② 《望国联更进一步》,《中央日报》,1938年9月24日,第2版,社论。

以卸除其拥护国联的责任了。"①9月7日,《大公报》社评直接向国联提出两点质问:一,"国联是否还要维持本身的原则";二,"国联的主要会员国是否还要国联"。社评指出:"国联的根本原则是集体安全;要贯彻集体安全的原则,必须国联会员国,尤其是主要会员国要忠实履行盟约的义务。"正是因为国联主要成员国不热诚拥护国联,导致国联的权威被一再挑战,结果"不仅中国受害","而欧战后所建立的国际和平法轨更受到致命的危害"。②

当时欧洲局势因苏台德问题而日趋紧张,世界大战可说是山雨欲来风满楼。9月11日,《大公报》社评从"从拥护国联主义的立场"促请欧洲政治家反省其中的原因。社评一针见血地指出:"简单说,就是因为各国虽在国联而不忠于盟约,不实践盟约规定的义务。换句话,就是,各谋其私,苟安迁就,只怕牺牲到自己,口里讲集体安全,而心里只愿苟且自保。特别因为大国如此,弱小国家,更失了凭依。所以侵略者得肆其猖狂,所以世界大战的危机,才演进到这两天的紧迫阶段。"③

在国联决议接受中国援引盟约第十七条的请求后,《大公报》当即对"国联权威的伸张"表示欣慰,并从五个层面加以评论。第一,此举"在法律上政治上皆为有权威有意义之重大表示"。在欧洲局势紧张之际,"而国联行政院能毅然发动第十七条,处理中日问题","此足征英法苏等各友邦,有拥护国联之诚意,及在任何情形下,不忽视远东祸乱之决心"。第二,制裁日本是"发扬国联主义之重大进步"。日本对中国的侵略,是"一非国联会员国而企图消

---

① 《中国与本届国联会》,《大公报(汉口版)》,1938年9月3日,第2版,社评。
② 《关于国联的两点质问》,《大公报(汉口版)》,1938年9月7日,第2版,社评。
③ 《纵论欧亚全局告国联大会》,《大公报(汉口版)》,1938年9月12日,第2版,社评。

灭一国联会员国之侵略战争",也是"自有国联以来最大的破坏盟约事件",因此,"世界苟欲和平,国联苟欲存在,则必须以制裁日本侵略为第一义"。第三,友邦开始觉悟到日本侵略扩张的危害性。日本亟欲乘英法等国无暇东顾之时夺取其在东方的殖民地,"日本若贯彻野心,制服中国,则北侵苏联,南胁英法,最后逐美国出西太平洋","故援中国即所以保各国,制裁日本即所以安定世界"。第四,希望英法苏等大国联合美国积极展开联合行动。日本若拒绝国联依据盟约第十七条所为之邀请,"必须进一步发动第十六条之制裁"。第五,中国的立场是"拥护集体安全之国联主义",并与其他志同道合的国家共同保障及增进"世界合法的进步的永久和平",而不会"卸责国联及各友邦"。①

综上所述,《大公报》这段时间的社评很好地配合了国民政府的外交意图,一方面表达了中国民间的严正立场,另一方面可以避免由官方直接出面批评国联,从而为外交运作预留空间。

经过中国各界的不懈努力,国联终于在 9 月 30 日通过了立场鲜明的报告书。首先,重申日本军队在中国的军事行动违反《九国公约》和《非战公约》。其次,鉴于日本拒绝接受国联依据盟约第十七条所进行的邀请,"则依照第十七条第三项之规定,在目前情形之下,第十六条自可适用"。再次,建议各成员国依据国联历次之决议,"继续其至今所采之行动,且得各别采取第十六条所规定之各项办法"。最后,虽然国联目前不考虑采取集体的强制行动,但是承认"中国因此次英勇抵抗侵略,实有要求各会员国之同情及援助之权",并且暗示国联不会因欧洲局势动荡,就"忘却中国人民所受之痛苦,或其不得减弱中国抵抗力之义务,或其考量个别所能援

---

① 《国联发动第十七条》,《大公报(汉口版)》,1938 年 9 月 21 日,第 2 版,社评。

助中国之义务"。①

五、推动国联决议的落实

中国舆论普遍视国联决议为中国外交的一大胜利,也是国联权威的伸张。《大公报》社评指出:"适用十六条的最大意义,是对日本侵略中国责任的定谳",等于"确定了是非公道";国联的权威也因这一决议有所伸张,故亦为国联主义的胜利。②《中央日报》也对国联果敢的决心与敏捷的行动表示"钦佩","在此欧局极度紧张的时候,国联仍能不规避盟约下的义务,顾到远东的纠纷,采取这种断然的处置,这是世界正义抬头,国联复兴的征象。从此以后,诸小国与非欧洲的国家,对于国联的信仰,必转强化";并期许英法等大国"放开眼界","为正义和平与人类的前途着想,不要斤斤于目前的利害","则此次国联的措置,不仅将为国联复兴的初步,其造福于世界的和平,与人类的幸福,亦必非浅鲜"。③

国联决议虽然态度明确,但是在实际措施上却又是无力的。顾维钧就深感沮丧,并认为"这还远远不能令人满意"。④ 汪精卫也认为国际形势并不容乐观,而理由则有两点:其一,捷克被迫割让苏台德地区的事实证明西方大国不可信赖;其二,国联决议内容空洞,并不强制会员国进行对日制裁,"遂成具文"。汪认为对于外援

---

① 《行政院于一九三八年九月卅日所通过之报告书》,台北:"国史馆"藏,行政院档案·国联关于芦沟桥事变以后中日争议所通过之决议案及报告书,014-020100-0030,第45—46页。
② 《国联决议适用第十六条》,《大公报(汉口版)》,1938年9月29日,第2版,社评。
③ 《国联发动盟约第十六条》,《中央日报》,1938年9月29日,第2版,社论。
④ 中国社会科学院近代史研究所译:《顾维钧回忆录》第3分册,第200页。

不可任凭主观,而要从客观实际出发进行判断。① 汪精卫的认识是其对抗战前途没有信心的反映。

即便如此,蒋介石认为国联决议表明"各国对倭寇之心理已无如从前之畏避,而承认其为侵略国,于我精神与法律地位实有大益"。② 在1938年的总结中,蒋介石强调国联决议改变了中日双方的外交形势,"九月间国联竟通过盟约第十六与十七条,虽实际不发生效用,然敌我之优劣形势已为之转换矣。此与去年九国公约会议无结果而休会时相较,已不可同日而语"。③

国联决议通过后,蒋介石立刻行动起来,多次接见外国记者,表达中国的诉求。10月1日,蒋介石与路透社记者谈话,一方面请其代转他本人对英国在国联会议中协助中国的谢意,另一方面期望英国遵行"对于第十六条所指定的制裁办法","对我作经济与财政的协助"。④ 10月3日,蒋介石对美联社记者表示期盼美国能在维护世界和平问题上发挥更重要的作用,称:"和平如欲获得胜利,美国参预国际问题一事,殊为极重要之因素,余深感国联会员国于履行义务时,如欲获得成功,大半须依赖美国能与国联作有效的合作。"⑤ 10月10日,蒋介石应美国赫斯德报系邀请发

---

① 《汪兆铭电谷正纲欧局紧张中国于此可得出路国联盟约第十六条被解释为各国对经济制裁只能任意不能强制遂成具文及对外援望斟酌从客观推断等》(1938年9月30日),台北:"国史馆"藏,汪兆铭史料·国际各有关方面致汪兆铭函电,118-010100-0056-040。
② 《蒋介石日记》(手稿),1938年9月28日,斯坦福大学胡佛研究所档案馆藏。
③ 《蒋介石日记》(手稿),1938年12月31日,"一年中之回忆录",斯坦福大学胡佛研究所档案馆藏。
④ 蒋介石:《促英遵行制裁日本之决议》(1938年10月1日),秦孝仪主编:《"总统"蒋公思想言论总集》第38卷,第114页。
⑤ 蒋介石:《保持和平美是重要角色》(1938年10月3日),秦孝仪主编:《"总统"蒋公思想言论总集》第38卷,第115页。

表谈话,含蓄地批评美国固守孤立主义,对暴力破坏庄严条约的行为"迄今犹熟视无睹","此种漠不关心之态度,殊背其昔日庄严之信誓,亦有负吾人始终不渝之信任"。他还在谈话中指出:"孤立政策与仅仅扩充军备,均不能保证永久之安全,若欲确立永久之和平,自非有确实之行动以恢复遵守条约义务之观念不可。"不管国际社会态度如何,"日本军队一日不退出我国领土,则吾人决不终止吾人坚强之抗战"。最后,蒋表示:"倘我国抗战到底之决心,能导入恢复国际秩序与维护世界和平之正轨,倘我国抗战到底之决心能打击暴力,使暴力永远不再为推行国策之手段,则我国目前所进行之斗争,其意义与结果固不仅为一个独立的国家抗拒侵略而已。"①

蒋介石是从正面角度来看待英法态度的转变,然而王子壮却从中看出了它们的"狡狯",称:"国际联盟行政院已通过适用盟约制裁日本,但又决定分别执行,是于维持盟约之中又予各国以自由活动之余地。"在王子壮看来,国联既然有此表示,"总胜于无","不过各国谋自开脱之处,尚须我进一步之活动,庶几能收相当之效果也"。② 王子壮认为当前只有苏联在国家利益上与中国完全一致,"绝对助我以抗日",而英美则并无实际行动,但是国际支持终会到来。毕竟日本如果实现独霸东亚的图谋,那么英法等国的利益都会受损,"彼等之袒我,正为彼等自身之利益",中国为国家独立而

---

① 蒋介石:《确立永久和平之途径》(1938年10月10日),秦孝仪主编:《"总统"蒋公思想言论总集》第38卷,第117—118页。
② "中央研究院"近代史研究所编印:《王子壮日记》第4册,1938年9月28日,台北:"中央研究院"近代史研究所2001年版,第542—543页。

战,"亦正为世界之和平予侵略者以当头棒喝也"。①

国联决议正式公布后,国民政府自是希望加以发挥,将对日本的制裁具体落实到行动上。10月1日,蒋介石致电杨杰,希望苏联能够率先实施国联决议,"苏联既在国联主持制裁,谅必能为各国之倡率,未知对实行第十六条所规定各项与军事制裁已加以如何之考虑与准备"。蒋介石还建议中苏两国缔结互助协定,"为贯彻第十六条之精神,中国深觉两国订立互助协定之时机业已成熟。盖根据法苏与苏捷互助协定之先例,与国联主义不悖,则英法亦必默契"。②

10月4日,军委会参事室主任王世杰向蒋介石呈交其草拟的《关于运用国联决议案节略》。王世杰判断:落实第十六条制裁的可能性微乎其微,除非英法美苏等大国能够达成共识。在王世杰看来,"就实际言,经济制裁,倘不强制各国实施,任何会员国必不愿单独实施;以单独实施,非惟独自开罪于被制裁国,且恐他国乘机阴夺被制裁国之市场,以图大利"。明知实情如此,中国还是应当尽力利用对己有利的决议。王世杰建议从宣传和外交两方面同时着手、双管齐下,表示:

(1) 宣传方面 在宣传方面,我言论界及社会法团应以(一)欧局业经缓和、及(二)对日制裁比较从前对意制裁易于生效为理由,敦促英法苏数国迅即商定一种联合的、切实的制裁而实行之,并表示英法诸国延不实行以致日本侵略气焰继

---

① "中央研究院"近代史研究所编印:《王子壮日记》第4册,1938年10月7日,第548页。
② 《蒋中正电杨杰认订立中苏互助协定之时机已成熟盼苏俄即实践其诺言》(1938年10月1日),台北:"国史馆"藏,蒋中正"总统"文物档案,002-020300-00042-020。

续增高时,我政府应毅然要求国联行政院,召集临时会,决定一种所谓"调整"方案,以制止日本侵略行为。

(2)外交方面 在外交方面,我政府应先敦促英法苏诸国,商决并实行一种联合而有效之对日制裁。倘此种要求,一时不能实现,我外交当局应向英法等国尽力交涉,以期成立次列之了解,即我海上交通倘被日本封锁,因之我政府促请美政府依据中立法对日实行诸种禁令时,英法等国至少当与美国采平行行动,予日本以打击。①

王世杰的建议是建立在对国际局势的深刻认识基础上的,力图在不利环境中争取最好的结果。

事实上,王世杰的判断并不是孤立的。10月9日,驻英大使郭泰祺致电蒋介石称:"行政院报告书仅系就法律立场承认其可以使用,但事实上已公认该条失去强制性,因此各会员国或苏联除外更无准备个别制裁之意",而慕尼黑协定的缔结显示英法等国正推行绥靖政策,"对于集体安全政策已显然放弃,对于远东局势更不暇顾及"。②

10月12日,外交部长王宠惠致电驻外人员,要求他们联络驻在国政府,推动各国"立即以法律或命令禁止军火售于日本",如果不能实现,那么"至少限度应先劝告本国出口商勿再以军火供给日本",尤其钢铁、飞机与煤油等关键军用物资不能直接或间接向日本出口。美国即使不是国联会员国,也已经表示"不愿本国商家出

---

① 《国联大会中日冲突决议案及九国公约会议经过等有关电文》,台北:"国史馆"藏,外交部档案·中日争议(三),020-010102-0011,第25—28页。
② 《郭泰祺电蒋中正由英对十六条态度与国联演说词等分析英采自保放弃集体安全远东政策及四强协定后欧洲形势》(1938年10月9日),台北:"国史馆"藏,蒋中正"总统"文物档案,002-090103-00012-229。

售飞机于日本",并且在事实上颇有效果。国民政府正在"商请美政府将此态度推及于其他军火及经济援助",因此"更望国联会员国以最有效之方法履行其义务"。①

最后结果确如王世杰等人所预料的那样,英法等国并未真正按照国联决议的精神,以切实行动援助中国。10月15日,孔祥熙在给蒋介石的电报中,指出了各大国的现况及其盘算,称:"英为老大帝国,因属地遍天下,颇有千金之子坐不垂堂之戒,且人民厌战畏战之心理甚强,执政者遂绝不敢冒险,惟因国防关系不得不联法以自固。法则政党分歧、经济恐慌,因与德为世仇,故联英结俄以图保其安全。俄在世界,形成孤立,德意为独裁政体,固不容其共产学说,甚至民主国家因系资本主义,亦对俄格格不入,尤以英之保守党为甚。欧洲内情如此,对于此次捷克问题发生,英法遂不能不屈服希特拉之下,则此后对于远东问题,又何能为我以开罪于日本。故英国对我各项借款,非完全拒绝,即多所顾忌;而法国对我所购买之器械,现亦多方为难;俄虽对我极表同情,然因德意英等国对俄均甚歧视,俄内部情形复杂,故斯大林不敢言战,只就张鼓峰事件观之,已足证明。今后我所希望于俄之援助者,亦不能过奢。至美国,因鉴于欧洲形势,虽心理上为我不平,实际上亦难积极助我,观其贷款须易货物,又处处须以确实保障为前提,若望其为我而出实力,仍恐等于望梅止渴。"因此,在孔祥熙看来,"如此后仍欲希望国际援助,更无异画饼充饥"。② 除非日本真正将侵略矛

---

① 《国联大会中日冲突决议案及九国公约会议经过等有关电文》,台北:"国史馆"藏,外交部档案·中日争议(三),020-010102-0011,第68—75页。
② 《孔祥熙呈蒋中正抄呈许崇智贾存德孔令侃萧振瀛有关和平事项之建言及各项情报》(1938年3月14日),台北:"国史馆"藏,蒋中正"总统"文物档案,002-080103-00031-001。

头指向它们,否则就不会有切身之痛。唯有它们的利益受损,才会联合中国对付日本。

综上所述,期待国联发挥制裁功能基本不现实,但是可以利用其作为国际宣传的舞台。9月20日,汪精卫在法官训练所以《最近外交方针》为题发表演说,指出:"国联与九国公约是国际和平的机构,凡是拥护国际和平的人,都应该拥护。至于国联与九国公约是不是能有权威,那就要看各会员国之能否及愿意履行会员国所应该履行的义务。"汪精卫还表示:"对于国联,尤其对国联各会员国,只可加以督促,加以责备",但是万不可"厌弃国联"或"不要国联"。因为国联除了制裁力量之外,还有宣传力量,"利用国联这个机关,来作国际宣传唤起世界对我的同情,暴扬敌人罪恶,也是很有用的"。中国作为一个弱国,应当充分利用这种宣传力量,"我们不可因为制裁力量失了希望,就连对这种宣传力量也不加以爱惜。固然对于这种力量,我们不可估计得太高,但也不要估计太低了"。[①] 汪精卫的这段话确实道出了国民政府坚持国联路线的部分缘由。1939年9月,随着第二次世界大战的爆发,国联体系彻底瓦解,而新的国际体系又开始酝酿。

六、以日本侵略华南为契机推进国际合作

从国联会议的经验来看,对英法等西方列强来说,除非威胁到其切身利益,否则不可能为国际正义挺身而出。中国华南地区地理位置特殊,毗邻英法等列强在东南亚的殖民地。日本先后入侵广东以及海南岛,为国民政府推动国际抗日联合阵线提供了重要的契机。

[①] 汪精卫:《最近外交方针——在法官训练所演词》,《申报(香港版)》,1938年10月9日,第2版。

1938年10月12日,日军在广东大亚湾登陆。蒋介石将之视为上帝授予之"良机","对倭战略与政略,自觉胜算可操也"。① 日军进攻广东,将对香港产生直接威胁,因此蒋介石一方面决定持久抗战,"使之不能撤兵","勿以国际外交之关系而影响作战方针"②;另一方面极力运动英美联合对日。同日,蒋介石致电汪精卫等称:"敌军今晨在大鹏湾登陆,已与我前方部队发生激战,此事请对英美尽量设法运用。弟以为此乃敌军之绝境已到,实为我军胜利之转机,政略战略皆于我有利。"③次日,汪精卫回电称:"经与庸之、亮畴两兄详商,除电适之外,并电少川赴伦敦与复初协同运用。弟意以为日本此次看破英俄无积极行动之决心,故悍然出此,诚为最后之一着,若广州能如武汉之坚持,使敌方力疲智尽,则大局必可好转。"④只是广州很快就沦陷了,并未能重创日军。

　　此外,蒋介石还直接致电驻外使节,要求他们以日军进攻广东为契机积极活动,以促成国际联合对日行动。10月13日,蒋致电驻美大使胡适称:"敌在粤登陆,实为威胁英国,甚至向美挑战,此为美国促起英国对远东与美合作,共同干涉之惟一良机,务请竭力运用,促成英美共同行动,解决远东问题。"⑤同日,他还致

---

① 《蒋介石日记》(手稿),1938年10月12日,斯坦福大学胡佛研究所档案馆藏。
② 《蒋介石日记》(手稿),1938年10月13日,斯坦福大学胡佛研究所档案馆藏。
③ 《蒋中正电汪兆铭等谓敌军于大鹏湾登陆并拟运用英美外交关系情形》(1938年10月12日),台北:"国史馆"藏,蒋中正"总统"文物档案,002-010300-00017-015。
④ 《汪兆铭电蒋中正遵经详商并电顾维钧赴伦敦与郭泰祺协同运用日本此次看破英俄无积极行动之决心悍然出此最后一着若广州如武汉之坚持则大局必可好转》(1938年10月13日),台北:"国史馆"藏,汪兆铭史料・汪兆铭致蒋中正函电,118-010100-0043-061。
⑤ 《蒋中正电胡适敌在粤登陆实为威胁英国促成英美共同行动》(1938年10月13日),台北:"国史馆"藏,蒋中正"总统"文物档案,002-020300-00028-007。

电在香港的宋子文称:"倭寇在粤登陆,实与英国挑战,请尽量在港对英运用,使其有明确态度之表示。"①在当时的国际情势下,英美的态度尤为关键,只有它们率先垂范,其他国家才可能起而效法。驻法大使顾维钧致电蒋介石称:"法政策未变,只要英美举办,法国无不乐从,法俄不成问题,如能怂英比和等国取同一态度,或可使美更觉义不容辞,而勉为发起。"②所谓"英比和"系指英国、比利时、荷兰。

汪精卫甚至进而主张趁机推动英法出面主持国际调停。在汪精卫看来,中国抗战前途只有两条路:其一,"得苏联之兵力援助,而争取胜利";其二,"为得英美等之善意调停,而相当解决"。由于英法的排斥,苏联在国际上陷入孤立,"苏联鉴于势孤,大举援我抗日,殆无其事",因此"英法等之善意调停或可谓目前唯一之出路"。汪精卫认为要求英法制裁日本是不现实的,唯一可行的就是推动英法与德意美合作,共同介入调停,而"德意有英美法居中,当不敢左袒日本为过分无理之要求",因此,"当此日本进兵广东之际,英法顾忌其香港、安南之地位,亦必着急,如善用之,或可得力"。③ 蒋介石对汪精卫的意见不置可否,只是认为当前国际关系的枢纽在美国。他回电汪称:"尊见当注意,昨日已电顾、郭、胡三大使促使

---

① 《蒋中正电宋子文说明日军于粤登陆可适时运用英国外交关系》(1938年10月13日),台北:"国史馆"藏,蒋中正"总统"文物档案,002-010300-00017-020。
② 《顾维钧电蒋中正法政策未变英美举办将乐从并转达胡适等让各国态度一致使美义不容辞发起》(1938年10月13日),台北:"国史馆"藏,蒋中正"总统"文物档案,002-090103-00012-258。
③ 《汪兆铭电蒋中正析陈我国抗战前途与国际关系德意有英美法居中当不敢左袒日本当此日本进兵广东之际英法必顾念其香港安南地位如善用或可得力祈于晤英大使时垂意及之》(1938年10月15日),台北:"国史馆"藏,汪兆铭史料·汪兆铭致蒋中正函电,118-010100-0043-059。

英法美联合一致积极表示,唯目前枢纽似重在美国,美若出而领导,英国追随,苏俄亦可无异议也。"①事实上,当时蒋也是希望能够通过国际会议解决中日战争的,"倭寇攻粤予我以灭寇良机,切不可失。对寇必须以太平洋各国和平会议解决中倭一切问题之期,当不远矣"。② 只是蒋限于身份不便直接出面,或公开表露。他在日记中写道:"对敌行动,切不可留有余地;对敌态度,亦不可稍有消极缓和之意。必须坚定、简单、明白,而示我以和战一定之限度则几矣,否则无异示弱求情,则败亡矣。"③

汪精卫对中日和谈甚为热衷,甚至提出谈判的底线,即废除日本政府在1938年1月16日"不以国民政府对手"的声明。汪氏认为英法美德等大国虽然有意调停,但是无法提出令中日双方都满意的条件,"故宁忍而不发"。汪在给蒋介石的电报中表示:"如英法美有联合表示时,我方对于条件如何,似宜及早筹及","如我国于此时不在条件上有所确定,则届时恐无以应付"。汪精卫表示只要日方取消第一次近卫声明,"其余始可商榷"。④

英美两国都无意于此时介入调停,才使汪精卫等人的设想落空了。10月19日,胡适致电蒋介石称:罗斯福态度冷淡,"盖此时调解,必无公道的和平之可能,决非美国舆论所许,故必须撑持

---

① 《蒋中正电汪兆铭已电顾郭胡三大使促英法美一致若美出面领导英国追随苏俄亦可无异议仍请随时电示》(1938年10月18日),台北:"国史馆"藏,汪兆铭史料·蒋中正致汪兆铭等函电,118-010100-0053-038。
② 《蒋介石日记》(手稿),1938年10月15日,斯坦福大学胡佛研究所档案馆藏。
③ 《蒋介石日记》(手稿),1938年10月25日,斯坦福大学胡佛研究所档案馆藏。
④ 《汪兆铭电蒋中正此时我方宜早确定条件当以日方废弃一月十六日之声明为最低限度其余始可商榷及询是否于总理诞辰开全体会议并应先定议题》(1938年10月18日),台北:"国史馆"藏,汪兆铭史料·汪兆铭致蒋中正函电,118-010100-0043-060。

待时"。① 同日,郭泰祺也致电蒋介石表示:由于欧洲局势混沌,而"美国又难合作",因此英国"目前恐难采取此项有效动作"。②

在西方列强当中,英国与中国华南地区关系最密切,因此蒋介石着重争取英国的支持。11月4日,蒋介石会见英国驻华大使卡尔。蒋对卡尔说道:"日本占领广州之动机有二,即同时予中国及大英帝国以打击是也。然其打击中国为从,而打击英国为主也",其"最大目的实在予大英帝国之历史的威望与精神上以致命之打击",而此举将极大提高日本在东亚的威势,"日本希望大英帝国声望势力没落之时,在中国人与其他亚洲民族之心目中,日本之盛名与实力将随之而有比例的增长。换言之,日本所希望者,在完全夺取英国已享有若干一百年来历史的地位,而一跃为东亚之盟主"。在日本侵占中国华南之后,英国如再不给予中国援助,那么将害人害己,遗祸无穷。③

蒋介石极为看重与卡尔的会谈,甚至将其视为"历史上重要之关节"。④ 实际上,这次会谈并未对英国政府的外交政策产生重要影响。虽然卡尔确实在很大程度上被蒋说服了,但是英国决策层还是决定尽可能避免开罪日本。11月11日,英国驻华大使卡尔致电英国外交大臣哈里法克斯,表示英国在远东的威信由于对中日

---

① 《胡适电蒋中正友人交来罗斯福复齐电文认为此时调解必无公道的和平可能绝非美国舆论所许故必须撑持待时》(1938年10月19日),台北:"国史馆"藏,蒋中正"总统"文物档案,002-090103-00003-202。
② 《郭泰祺电蒋中正面呈英外相哈里法克斯说帖并晤谈英对华抗战援助禁止日本侵略等内容及英舆论对外交政策不满拟改组政府等情形》(1938年10月19日),台北:"国史馆"藏,蒋中正"总统"文物档案,002-090103-00012-252。
③ 《十一月四日与英使卡尔谈话节略》(1938年11月4日),台北:"国史馆"藏,蒋中正"总统"文物档案,002-080106-00057-006。
④ 《蒋介石日记》(手稿),1938年11月4日,斯坦福大学胡佛研究所档案馆藏。

战争完全无所作为而已经下降,但是余威尚存,"然而,如果我们默默地接受日本对华南的占领的话,英国的威信将荡然无存,而这威信的存在在任何情况下对于英国在远东的整个地位的维持都是至关紧要的"。卡尔认为:"中国是在为拯救自己而战,但它也拯救了我们的利益。中国过去和现在都在盼望着我们的帮助。如果我们给予了帮助,我们就会发现,中国将长久地记住它,我们将得到足够的报偿。"①1939年4月13日,哈利法克斯复电卡尔,强调争取日本对欧战保持中立更加符合英国的利益,"一旦欧洲发生全面战争,英国的立场在很大程度上取决于日本的态度,只要日本保持中立,即使是非善意的中立,我们也会尽一切可能防止日本主张与我们为敌。为此,我们不得不避免与正在进行抗日战争的中国政府进行过于公开的合作"。只有在日本正式对英国宣战的情况下,英国才会"尽力帮助中国人民的抗日战争",毕竟中国"可以将大量的日本军队牵制在中国","这样就会阻碍和遏制日本对我们在南洋的殖民地采取敌对行动"。因此,在英国政府看来,"与中国政府合作的准备工作只能在条件成熟的时候方可进行","很清楚,只有我们确信日本将主动地与我们为敌的时候,才能考虑中国政府的建议"。② 可见,英方完全是站在维护自身利益的立场来考虑与决定对中日两国的政策,所谓的国际公理正义完全不能动其心。顾维钧表示:"英国的政策总是把英国的利益放在第一位。在不直接涉及英国利益的情况下,他们总是避免得罪强国,哪

---

① 《卡尔致哈利法克斯》,王建朗主编:《中华民国时期外交文献汇编》第7卷,中册,北京:中华书局2015年版,第722页。
② 《哈利法克斯致卡尔》,王建朗主编:《中华民国时期外交文献汇编》第7卷,中册,第760—761页。

怕这个强国是侵略者。"①

在英国明确拒绝了中方的合作意向后,国民政府还希望透过美国来推动远东国际合作。1939年4月14日,中国驻美大使馆在给美国的备忘录中指出:中国政府热切希望美国政府在可能的情况下发挥影响力来帮助实现远东地区的国际合作。② 中国驻法大使顾维钧也向美国驻法大使蒲立德表达了类似的愿望。③

除了劝说英国与中国合作外,蒋介石甚至考虑破釜沉舟,以对日宣战来促使日本依据战时国际法干涉英美等国在远东的行为,从而加剧英美与日本之间的矛盾,"总期促成国际变化,与中日问题扩大为世界问题"④。1938年11月11日,蒋致电孔祥熙、王宠惠称:"中日宣战以后,日本在远东可依此战时公法干涉各国行动,无异驱逐英美势力于远东之外,此实可引起日本与英美之冲突,未始非英国顾忌也。"⑤当然,蒋之所以在武汉会战后考虑对日宣战也是因为中国沿海地区实质上已被日本占领,"故我对于海外交通不再有所顾虑","若我宣战,则美国必实行中立法,可断绝敌人铜、铁、煤油之来源,实于敌有害"。⑥

---

① 中国社会科学院近代史研究所译:《顾维钧回忆录》第5分册,北京:中华书局2013年版,第10页。
② The Chinese Embassy to the Department of State, FRUS, 1939, vol. 3, p525.
③ The Ambassador in France(Bullitt)to the Secretary of State, FRUS, 1939, vol. 3, pp. 526 - 528.
④ 《蒋中正电汪兆铭宣战案中央仍须研究利害总期中日问题扩大为世界问题则于我方有利务请切实研究》(1938年11月4日),台北:"国史馆"藏,汪兆铭史料·各军事首长与汪兆铭之函电(二),118 - 010100 - 0004 - 041。
⑤ 《蒋中正电孔祥熙王宠惠英国无切实助华办法则中国拟对日本宣战》(1938年11月11日),台北:"国史馆"藏,蒋中正"总统"文物档案,002 - 020300 - 00039 - 009。
⑥ 《蒋中正电孔祥熙等等研究对日宣战问题并拟利用外交途径制造有利环境》(1938年10月30日),台北:"国史馆"藏,蒋中正"总统"文物档案,002 - 010300 - 00017 - 050。

国民政府高层及驻外使节都不赞同对日宣战,因此最终并未付诸实行。11月17日,汪精卫向蒋介石报告国民政府高层讨论的结果,认为对日宣战"有害无利"。讨论的结论如下:

> (一)宣战后,美守中立,在我则借款希望即归断绝,在倭则仍可得钢铁汽油之供给,因美中立法只限于不卖军火、不借款、不以美国商船运送,钢铁汽油不在军火之列,倭可以其本国商船至美购买,自行运送,是美守中立,徒以困我,而不足以困倭,美之迟迟不实行中立法及提议修改中立法,良以同情于我之故。(二)其他各国船舶于宣战后与倭往来,我无海军强制之,与我往来,则倭可以海军拘捕或击沉之,是我无异自加封锁。(三)宣战或可振起人心,然抗战至今已十六月,至此时宣战,转使人惶惑。(四)宣战或可予英美法各国以警告,然各处海口已沦陷于倭手,各国今所患者在倭之避拒,若倭开放,我即宣战,各国仍可自由通商,且有促使事实上承认伪组织之可能。①

12月5日,胡适也致电蒋介石,认为对日宣战"于我毫无益而有大害","最大影响,是使美国政府领袖更不得自由行动",并且国际局势正在转变中,"若我于此时宣战,则国际步伐又乱"。②

日军在攻占广州后,非但未加收敛,反而继续扩大对中国华南的侵略。1939年2月10日,日军开始入侵海南岛,因中国军队守

---

① 《汪兆铭电蒋中正奉电指定专家切实研究宣战利害其结论四点实属有害无利谨陈备核》(1938年11月17日),台北:"国史馆"藏,汪兆铭史料·汪兆铭致蒋中正函电,118-010100-0043-074。

② 《胡适电蒋中正宣战于我毫无益处将使我无法再自美国获得借款与军械并使日更有效封锁我国并拒绝他国干涉等》(1938年12月5日),台北:"国史馆"藏,蒋中正"总统"文物档案,002-090103-00003-174。

备力量有限,日军逐步控制全岛。蒋介石将日本侵占海南岛的举动视为其"决心与世界开战",也是日本"开战以来对英法美最大之威胁",判断"此后战局必将急转直下"。① 蒋认为日方此举乃是第二个"九一八","预料英美法俄列强不久必有积极行动之表现"。② 蒋内心确实期盼因日方扩大侵略范围而激化与英美等大国的矛盾,故称日本侵占海南岛"无异于回光反照,最后之呼吸也"。③

为引起国际社会的重视,蒋介石极力强调日军占领海南岛所带来的国际影响。2月11日,蒋介石对外国记者发表谈话指出:"日本之进攻海南岛,无异造成太平洋上之九一八,地区容有海陆之分,影响却完全相同。"为什么这么说呢? 因为海南岛战略地位重要,是联系太平洋与印度洋的战略要地,一旦日本完全控制该岛,则"不仅可完全阻断香港与新加坡间之交通,切断新加坡与澳洲间之联络,而且使菲律宾亦受其控制"。进而言之,日军控制海南岛后,"日本海军向西可由印度洋以窥地中海,而在东面即可断绝新加坡、夏威夷岛、珍珠港英美海军根据地之联络"。因此,蒋介石表示:"此不仅直接威胁法属安南,实为完全控制太平洋海权之发轫。"至于对中国抗战的影响,蒋介石认为较为有限,"因中日战争之胜败,必取决于大陆上军事之行动,一岛之占领与否根本无关重要"。④

在蒋介石将日军攻占海南岛的侵华行径定性为"太平洋上的

---

① 《蒋介石日记》(手稿),1939年2月10日,斯坦福大学胡佛研究所档案馆藏。
② 《蒋介石日记》(手稿),1939年2月11日,上星期反省录,斯坦福大学胡佛研究所档案馆藏。
③ 《蒋介石日记》(手稿),1939年2月14日,斯坦福大学胡佛研究所档案馆藏。
④ 政治大学人文中心主编:《民国二十八年之蒋介石先生》,台北:政治大学人文中心2016年版,第92—95页。

"九一八"后,中国舆论立即加以引申发挥。2月11日,《中央日报》在社论中指出:"英法美三国,更应由此认识敌寇之横暴,一日不加制裁,他们理想中以和平手段恢复远东秩序,维持远东权益的计划,就永远不会实现。"①次日,《中央日报》直接以《太平洋的"九一八"》为题发表社论。社论表示:"日寇占领海南岛的意义,完全是国际的。它占领海南岛与否对我战事没有多少作用。"社论还指出日本的最终目标是要独霸太平洋,"日寇占领海南岛的企图,在威胁英法美三国在远东的利益乃至领土……想由此达到独霸太平洋的梦想"。②

蒋介石用"太平洋上的九一八"来形容日军攻占海南岛的举动,无疑是要引起英法等大国的注意。英法等国虽然对于事态的发展极为关注,并向日本提出质问,但是远没有发展到与中国进行军事合作,甚至共同抗击日本侵略的地步。2月24日,杨杰向蒋介石报告与英国军方会商的情形称:"海南岛被占,影响至钜,尤以新嘉坡至香港之航行,大受威胁,英颇感形势险恶,但军事行动尚嫌过早",加上欧洲局势日趋紧张,无暇顾及远东,故而英国只愿意用外交手段劝阻日本的越轨行动。③ 因此,蒋介石的谋划并未能成功。徐永昌曾在蒋向其询问国际情势时回答道:"我能持久抗日,俄才有力援欧,是英、美、法、俄之援我为自然的,若必求人与日开战,无异缘木求鱼。且我国需要自强与抗战并重,战事只要能久,我一切自及于强。所以我需要持久胜,不求日本之速败,因之我对

---

① 《倭寇进犯海南岛》,《中央日报》,1939年2月11日,第2版,社论。
② 《太平洋上的"九一八"》,《中央日报》,1939年2月12日,第2版,社论。
③ 《杨杰电蒋中正英表示海南岛被日占据影响虽巨但军事行动尚嫌过早及英因距亚洲遥远仅能以外交方式阻止日本等情》(1939年2月24日),台北:"国史馆"藏,蒋中正"总统"文物档案,002-080106-00057-007。

各友邦诚实的求物质援助即足,不必挑拨与煽惑之外交或宣传也。"①徐氏之言可谓切中肯綮。

英法等西方列强在远东实行以绥靖日本为主基调的外交政策,致使国民政府以日本侵略华南为契机推动国际合作的努力并未成功。只有等到西方列强与日本的矛盾完全激化之时,才会同意与中国合作抗日。

第二节 进一步深化中苏关系

1937年8月21日,中国与苏联正式缔结互不侵犯条约。该条约主要有四条,而其中最关键的是第二条,声称:"倘两缔约国之一方,受一个或数个第三国侵略时,彼缔约国约定在冲突全部期间内,对于该第三国不得直接或间接予以任何协助,并不得为任何行动或签订任何协定,致该侵略国得用以施行不利于受侵略之缔约国。"对中国而言,这条规定相当于苏联保证在中日战争期间不向日本提供任何协助。此外,条约还附有不公开的口头声明:"在中华民国与日本寻常关系未正式恢复前,苏维埃社会主义联邦共和国不与日本缔结不侵犯条约";"在本日签订之不侵犯条约有效之时,中华民国不与任何第三国签订任何所谓共同防共条约,该项共同防共,事实上系专对苏维埃社会主义联邦共和国"。② 也就是说,国民政府保证不加入带有反苏性质的国际协定,而苏联则承诺不与日本签订互不侵犯条约。这一口头声明有利于增强中苏双方的

---

① "中央研究院"近代史研究所编印:《徐永昌日记》第5册,1939年2月18日,台北:"中央研究院"近代史研究所1991年版,第5册,第17页。
② 《国民政府代表王宠惠与苏俄代表鲍格莫洛夫签订中苏互不侵犯条约》,台北:"国史馆"藏,蒋中正"总统"文物档案,002-020300-00042-002。

战略互信。

为什么国民政府在与苏联复交近五年后,才与其缔结互不侵犯条约?换言之,中苏互不侵犯在缔结过程中经历了哪些曲折过程?国民政府又是如何利用中苏互不侵犯条约为抗战服务的?国民政府希望通过进一步深化中苏关系达到什么目的?以及蒋介石在处理对苏关系时的心态如何?这些问题正是本节所要探讨的。

一、中苏互不侵犯条约的酝酿

在中苏复交谈判时,中方曾试图以签订互不侵犯条约的形式来完成两国的复交,但是苏方却坚持两者分开办理。苏方代表李维诺夫在给中方代表颜惠庆的信中指出:"我们两国之间,非常遗憾,至今还没有建立外交关系",而没有正常外交关系,"将会大大降低两国间协议的重要作用";恢复外交关系后,"我国政府就将准备着手讨论同中华民国缔结互不侵犯条约的问题"。[①] 按照苏方的规划,签订中苏互不侵犯条约是复交后顺理成章的下一步。1932年6月29日,苏联副外长加拉罕致电李维诺夫表示:"苏联政府不反对立即无条件地复交,此举之后,互不侵犯条约将是复交的自然结果。"[②]

自1932年底中苏复交以来,中苏两国虽然恢复了基本的外交关系,但互不侵犯条约的谈判却是只闻楼梯响,而始终没有结果。学者周拙民在《外交学报》撰文呼吁国民政府尽快与苏联签订互不侵犯条约。他在文中提出了七点理由:(1)"对于使苏联不承认'满

[①]《李维诺夫致颜惠庆的信》,李玉贞、李嘉谷译:《中苏外交文件选译(1932—1938年)》,庄建平主编:《近代史资料文库》第3卷,第576—577页。

[②]《苏联副外交人民委员致李维诺夫的电报》,李玉贞、李嘉谷译:《中苏外交文件选译(1932—1938年)》,庄建平主编:《近代史资料文库》第3卷,第576页。

洲国',加一层保障";(2)"与国联圈外之苏俄,增厚国交,可导国际政局进于有利于我之可能";(3)"得依中苏之提携,在国际政局中,作持久战";(4)"可以减少日本与苏联妥协对我压迫之危险,而促进日苏对立之局面";(5)因苏联已经与法国签订了互不侵犯条约,所以如果中国也与苏联签订同样的条约,就可减低法国助日侵华的可能;(6)要抢在日本之前与苏联签订互不侵犯条约,日苏谈判虽已失败,但并非无转圜余地,"若中苏订约问题,于最短期间解决,则日苏谈判之转圜,或较困难;而中国对苏外交,亦不落日人之后";(7)可有助于国民政府防止共产国际向中国宣传共产主义。基于以上理由,周拙民表示:与苏联签订互不侵犯条约已刻不容缓,"望政府国民,勿逡巡不前,坐失机宜也"。①

在复交后苏联政府所派第一任驻华大使鲍格莫洛夫抵华前,国民政府确曾着手与苏联进行互不侵犯条约的谈判,甚至国民党中央政治会议还通过了由外交部长罗文干草拟的四条原则。罗文干显然参考了当时国际上互不侵犯条约的通行原则,其中包括互相尊重主权及领土完整、互不干涉内政、遇有争执以和平协商方式解决等内容。②

只是在实际谈判过程中,双方因各种主客观因素而未能达成协议。鲍格莫洛夫在给苏联外交部的报告中指出:谈判未获进展一方面是因为"我们提出的草案不能使南京政府满意";另一方面则是"南京政府目前正与日本就下一步政策进行极为重要的谈判,而且可能尽量利用似乎正在进行中的同我们的谈判与日本讨

---

① 周拙民:《复交后之中苏互不侵犯条约问题》,《外交月报》第2卷第2期,第5页。
② 《中国国民党中央政治会议函国民政府为行政院函送外交部部长罗文干提议与苏俄签订互不侵犯条约之主要原则请核定经本会决议通过交行政院录案函达查照办理》(1933年4月6日),台北:"国史馆"藏,国民政府档案,001-064110-00005-001。

价还价"。① 事实上,在谈判过程中,驻日公使蒋作宾曾致电外交部,认为对苏关系影响巨大,希望稍缓签约,"以观情势变化"。②

互不侵犯条约未能如愿签订,但是双方的信任感在逐渐增强。1934年10月,学者蒋廷黻受蒋介石委托访问苏联,并带去了蒋介石的口信,称:"在任何时候、任何情况下,中国绝不会站在日本一方与苏联作对,在一定的条件下,中国会同苏联肩并肩地抵御来犯的敌人。"与此同时,苏方也保证不会因蒋介石曾在大革命时期推行反苏反共的政策而对其怀恨在心,"过去的事就让它过去吧,我们制定政策也不要感情用事,不要追究往事"。苏联在处理对华关系时,绝不会"从往事和感情出发",而是从共同利益出发,"任何个人因素和偏见都不可能对我们的立场产生不好的影响"。苏联希望发展与巩固中苏友好关系,因此会将蒋介石视为"友好国家的领导人"。③

西安事变爆发后,苏联政府从大局出发,坚定支持蒋介石,这赢得了蒋的好感。他对鲍格莫洛夫表示"极为珍视这种态度",并保证"一定想尽一切办法改善苏中关系"。④ 此外,国共关系的改善也为中苏关系的深入发展扫除了一定的障碍。1937年4月15日,齐世英甚至建议蒋介石推动中日、日苏、中苏三角互不侵犯条约的签订,"外交形势应以国家之利害为前提,早敌夕友,本不拘泥",

---

① 《鲍格莫洛夫致苏联外交人民委员部的信》,李玉贞、李嘉谷译:《中苏外交文件选译(1932—1938年)》,庄建平主编:《近代史资料文库》第3卷,第586—587页。
② 《外交部电蒋中正顷接蒋作宾电请暂缓签订中苏互不侵犯条约以观情势变化》(1933年10月22日),台北:"国史馆"藏,蒋中正"总统"文物档案,002-080200-00128-145。
③ 《斯托莫尼亚科夫与蒋廷黻的谈话记录》,李玉贞、李嘉谷译:《中苏外交文件选译(1932—1938年)》,庄建平主编:《近代史资料文库》第3卷,第590页。
④ 《苏联驻华全权代表致苏联外交人民委员部的电报》,李玉贞、李嘉谷译:《中苏外交文件选译(1932—1938年)》,庄建平主编:《近代史资料文库》第3卷,第632页。

"事之成也,三国之福,世界之利;事之不成,我国之苦心孤诣,亦已为天下所共见"。①

中苏关系日趋密切,当然是基于遏制日本侵略扩张的共同利益考虑。虽然中苏双方都曾单独尝试与日本改善关系,但是大多无疾而终。日本决心与德意法西斯一道彻底打破现行的国际体系。全面抗战爆发前夕,孔祥熙在其草拟的《外交方略草案》中表示:"依目前远东形势,复兴中华民族之外交方针必须联合利害共同之与国,使我于经济上及军事上获得相当之助力。"具体到对苏方针,《草案》指出:"日本为中苏两国共同之大敌,依国际客观情势之演进,将来必形成中苏共同对日之战线无疑,我国此时应努力排除中苏两国间之障碍,谋友好之接近,以为将来对日抗战之地步"。②

国民政府在全面抗战爆发后立即与苏联签订互不侵犯条约主要基于两点考虑:其一,在地缘政治上,对日本形成压力,使其无法以全力侵华;其二,西方列强对中国的求助无动于衷,而唯有苏联才能真正援助中国抗日。

全面抗战爆发后,摆在中苏两国面前的最佳选择就是深化两国的合作,以防被日本侵略者各个击破。卢沟桥事变爆发后,蒋介石认定:"平津国际关系复杂,如我能抗战到底,只要不允签任何条件,则在华北有权利之各国,必不能坐视不理。"③从军事上看,如果

---

① 《齐世英函蒋中正建议订立中日中苏日苏三角互不侵犯正义协定》(1937年4月15日),台北:"国史馆"藏,蒋中正"总统"文物档案,002-080114-00019-011。
② 《孔令侃电蒋中正各国对中日问题意见及政策并建请将日侵华事实诉诸国联要求经济制裁及依九国公约召开太平洋会议解决附外交及整理军队草案》(1935年10月25日),台北:"国史馆"藏,蒋中正"总统"文物档案,002-080106-00002-001。
③ 《电勉宋哲元主任决心抗战》(1937年7月13日),秦孝仪主编:《"总统"蒋公思想言论总集》第37卷,台北:中国国民党中央委员会党史委员会1984年版,第160页。

日本彻底掌控中国的华北地区,那么苏联的东线将面临更加严峻的威胁,因此苏联正是蒋所谓"必不能坐视不理"的国家之一。1937年7月31日,中国驻意大利大使刘文岛建议蒋介石联俄,称:"今假使联俄,日德如攻俄,法将攻德,意如助德,英将助法,欧亚皆战,美难旁观,列强如不欲战,必须全力制止中日俄战事,于是列强对我感切肤之痛,我能乘谋中日问题之总解决,故我不特联络若成,可以一战,且惟联俄始可免战,九国公约、国际联盟同时用为旁助。"①

英美等西方大国在日本的侵略矛头未指向它们之前,无意为中国而开罪日本,因此国民政府的外交策略必须保持弹性,以争取实质性援助为优先。1937年7月13日,孔祥熙致电蒋介石表示英美不可靠,唯有联合苏联以对日。电称:"美对华北事件同情于我,今晨泰晤士报社论对日指责,且含警告,惟美对国外战事不愿实力参加,仅能予我以道义上之援助。英虽有意,但因欧洲内部关系,恐亦难成事实,所恃者惟利害较切之俄耳!"②7月17日,汪精卫在庐山谈话上表示:苏联的对华态度自德日防共协定及西安事变后,确实有所改善,故可加以联络。③从外交策略出发,国民政府"不希望孤立的同敌人拼命","更不希望死后让人家拿花圈来挽祭我们",所以期待苏联能够"路见不平,拔刀相助"。④

---

① 《刘文岛电蒋中正惟联俄始可免战九国公约国际联盟同时用为旁助》(1937年7月31日),台北:"国史馆"藏,蒋中正"总统"文物档案,002-080103-00033-001。
② 《孔祥熙电蒋中正美同情华北事件惟不愿实力参加国外战事而英因欧局亦难成事所恃为利害较切之俄耳如情形不能转圜则仅有竭力抗战等》(1937年7月13日),台北:"国史馆"藏,蒋中正"总统"文物档案,002-090103-00003-148。
③ 汪精卫:《拟口头报告外交问题纲要》,《第一期庐山谈话会第二次共同谈话纪录》,台北:中国国民党文化传播委员会党史馆藏,馆藏号:政10/8.2。
④ 汪精卫:《九一八以来的外交》,《庐山谈话会案》,台北:中国国民党文化传播委员会党史馆藏,馆藏号:政10/8。

虽然国民政府在全面抗战的形势下选择进一步深化中苏关系，但是对苏联始终抱有戒心，最后形成了友苏而不亲苏的情势。9月10日，陶希圣在给蒋介石、汪精卫的信函中表示："苏俄自一九二二年以来，行动上埋头于本国之建设，言论上夸张于世界之革命，故此次期我国以打到底，置本国于当事外，未可供我国外交之指导也。吾人之亲友苏联，为事势所需，但决不可以亲苏者忠苏，忠苏之心近于宗教，迷惑吾人，莫甚于此，故吾人当友苏亲英友意德，而与日本开交涉之路。"①

蒋介石从始至终都对苏联保持很大的戒心，只是迫于日本侵略者的压力，才不得不寻求苏联的支持。蒋介石后来回忆称：广田三原则提出后，摆在国民政府面前的只有两条路，"我们拒绝他的原则，就是战争；我们接受他的要求，就是灭亡"，因此在中日战争无法避免的情势下，国民政府乃"着手对苏交涉"。② 即使情势如此，寻求国联及其背后的西方列强支持也始终是蒋介石及国民政府外交决策的优先选择。质言之，中苏合作要在国联体系的框架下进行，甚至是作为其中的一项补充。蒋介石表示："最后的决心，认为中国的外交方针，应当在国际联盟组织之中，促进民主国家的合作，并在这一方针之下，促进中苏的关系。"③学者傅斯年也表示：寻求英美支持，"此路目前也许缓不济急，也许日本更不理会或抬

---

① 《陶希圣函蒋中正汪兆铭坚持军事求尽量扩大战争外交谋随时收束之理由》(1937年9月10日)，台北："国史馆"藏，蒋中正"总统"文物档案，002-080103-00033-006。
② 蒋介石：《苏俄在中国》，秦孝仪主编：《"总统"蒋公思想言论总集》第9卷，台北：中国国民党中央委员会党史委员会1984年版，第65—68页。
③ 蒋介石：《苏俄在中国》，秦孝仪主编：《"总统"蒋公思想言论总集》第9卷，第66—67页。

高价钱,但此一路是可靠的,在内政外交上危险都较小"。① 国民政府的选择当然与其对国际体系的认识密切相关。它始终认为中国在根本利害关系上与英美法等国更趋一致。

通过各种情报线索,苏联方面基本上掌握了蒋介石的盘算。苏联副外长斯托莫尼亚科夫在给鲍格莫洛夫的信函中明确指出:"近据各种线索获得几件情报,确证蒋介石甚至准备武装抗日。我想,他的确在进行准备,以防万一。但他的主要方针仍然是力图赢得时间,希望改善中国的国际环境和取得外来援助,首先是英美和国联的援助。当然,同时也希望维持与苏联的最密切的关系,希望利用未来的日苏战争。后者当然是蒋介石和许多中国人的最大希望所在。"②

苏联虽然知道蒋介石的对苏态度以利用为主,但是外在形势迫使其支持国民政府对日抗战,以免将来陷于两面作战之困境。7月31日,苏联《真理报》在题为《日本对外政策的侵略方针》的社论中批评日本以"维护秩序"为名肆意侵略中国,指出:"日本在华北发生的事件,非常清楚地显示了侵略性的日本军部分子坚决而顽固地推行侵占和奴役整个中国的政策","日本侵略者的伎俩是全世界都知道的:他们挑起'事件',然后似乎是为了维持秩序而派出自己的军队最后向和平居民射击,并侵占别国领土"。社论还对中方拒绝接受广田三原则表示欣慰:"中国人民从事实中完全理解'广田三原则'所曾表达的日本军阀的坚决要求意味着什么,特别是'共同与共产主义作斗争'的要求意味着什么。通过正在华北发

---

① 《傅斯年致胡适、钱端升》,王汎森、潘光哲、吴政上主编:《傅斯年遗札》第2卷,北京:社会科学文献出版社2015年版,第631页。
② 《斯托莫尼亚科夫致鲍格莫洛夫的信》,李玉贞、李嘉谷译:《中苏外交文件选译(1932—1938年)》,庄建平主编:《近代史资料文库》第3卷,第609页。

展着的事件这一例证,全世界再次看清所谓与共产主义的斗争事实上是对别国领土的强盗式的侵占。"①

总的来说,中苏互不侵犯条约之所以蹉跎数载,主要在于双方的不信任以及利己之盘算。蒋介石认为苏联的对华外交具有双重属性,"他的政府对中日冲突表现一种中立的姿态,并且对日本力谋妥协;他的共党对中国则通过其所谓'抗日救国大同盟'的各种团体,要求政府停止剿共,一致抗日,同时发起'联俄'运动"。② 其实,苏联对华外交的目标是一致的,那就是尽力避免卷入战争旋涡。毕竟苏联正集中精力进行国内的经济建设,因而希望创造和平的外部环境。国民政府在处理对苏关系时同样具有双重性:一方面希望能够获得苏联的支持,以应对日本的对华侵略;另一方面又恐惧苏联扩大在华势力,"使中国重蹈十五年广州的覆辙",甚或担心联苏会刺激日本侵略者及素怀反共情结的某些西方列强。正是这种两重性,导致国民政府在对苏外交上反反复复,举棋不定。立法院长孙科就曾对鲍格莫洛夫批评蒋介石"对苏政策过于拘谨"。③

在中日全面战争来临之际,中国与日本长期以来的假想敌——苏联签订互不侵犯条约,不可避免地会刺激日本。那么蒋介石为何会断然为之呢?因为在蒋看来,唯有与苏联签订互不侵犯条约,才能打破日本以"共同防共"为借口来进一步侵略中国的

---

① 《苏联〈真理报〉社论〈日本对外政策的侵略方针〉(节录)》(1937年7月31日),李巨廉、王斯德主编:《第二次世界大战起源历史文件资料集(1937·7—1939·8)》,第10页。

② 蒋介石:《苏俄在中国》,秦孝仪主编:《"总统"蒋公思想言论总集》第9卷,第66页。

③ 《苏联驻华全权代表与中国立法院院长孙科的谈话记录》,李玉贞、李嘉谷译:《中苏外交文件选译(1932—1938年)》,庄建平主编:《近代史资料文库》第3卷,第635页。

图谋。对于其中的得失权衡,蒋事前曾在日记中写道:"倭要求我共同防俄、承认伪满与华北特殊化,若与俄先订互不侵犯约,则可先打破其第一美梦,不再要求。盖允其共同防俄以后,不仅华北为其统制,即全国亦成伪满第二矣,故联俄虽或促成倭怒,最多华北被其侵占,而无损于国格,况亦未必能为其全占也。两害相权取其轻,吾于此决之矣。"①此外,在西方大国无意实际援助中国的情况下,与苏联签订互不侵犯条约,有利于获得其军事援助。"苏俄允接济武器,但以订不侵犯条约为交换条件。"②

蒋介石起初对苏联以签订互不侵犯条约作为向中国提供军事物资的前提很不满,认为这有损中国主权。他对鲍格莫洛夫说:"如果与苏联签定的互不侵犯条约中不会有任何招致侵犯中国主权的内容,他原则上同意立即签约。如果把这样一个互不侵犯条约说成是为军事援助协定而付的报酬,那他是绝对不会同意的。"只是苏方坚持认为:"如果不能以互不侵犯条约的形式作为起码的保证,让中国不致用我们的武器来打我们,那我们是不能向中国提供武器。"③随着日本全面侵华的态势更加明显,蒋介石的立场才松动了,最终同意与苏联签订互不侵犯条约。

二、条约奠定中苏合作的基础

如果仅从中日两国实力对比来看待抗日战争,那么确有部分

---

① 《蒋介石日记》(手稿),1937年7月31日,本月反省录,斯坦福大学胡佛研究所档案馆藏。
② 《蒋介石日记》(手稿),1937年8月1日,斯坦福大学胡佛研究所档案馆藏。
③ 《苏联驻华全权代表致苏联外交人民委员部的电报》,李玉贞、李嘉谷译:《中苏外交文件选译(1932—1938年)》,庄建平主编:《近代史资料文库》第3卷,第649—651页。

国人心生悲观。陈寅恪甚至表示:"抵抗必亡国,屈服乃上策。保全华南,悉心备战,将来或可逐渐恢复,至少中国尚可偏安苟全。一战则全局覆没,而中国永亡矣。"①但是事关民族生死存亡,"没有友军,中国也是必须抗战的,而且以中国的资源与自然条件,是能够支持长期作战的。红军的十年作战史,就是活的证据。"②此外,国际关系环环相扣,中日战争并非只是中日两国之事,而与英美法苏等大国密切相关。如果能联合与中国利害相同的国家,那么自然有助于改变不利的处境。一个国家将自身的生死存亡寄托在外来援助上,自然是不可取的,但是正所谓得道多助失道寡助,"任何友邦的善意的援助,我们也断没加以拒绝的理由,因为一切善意的援助,都是出于正义的动机和人类的立场"。一个国家的国力由物质和精神两方面所组成。不可否认,中国在物质上确实是弱国,但在精神上却是强国。因为中国的反侵略战争是正义的、进步的,"在精神上道德上,中国民族和全世界爱和平、爱正义的人民,是联带一致的"。③ 国际同情有时确实是缓不济急,但是在条件成熟时自可发挥很大的作用。

国民政府与苏联签订互不侵犯条约,一方面是着眼于发展中苏双边关系,另一方面还希望以中苏关系来影响国际关系的演变。8月30日,国防最高会议在做出部分修改后就通过了由蒋介石提出的抗战期间外交方略,指出:中国抗战的结果不仅会影响东亚的局面,"并有牵动世界大势之可能";中国抗战要从"世界大局上寻

---

① 吴学昭整理注释:《吴宓日记》第6册,1937年7月13日,北京:读书·生活·新知三联书店1998年版,第168—169页。
② 毛泽东:《中日问题与西安事变——与史沫特莱的谈话》(1937年3月1日),《毛泽东文集》第1卷,第487页。
③ 胡愈之:《忆北方的友人》,《国闻周报》第14卷第33/34/35期,第2—3页。

求出路";如果中国战败,苏联及法国会遭到法西斯势力的直接威胁;中国要在国际上寻求友邦,"必须于利害关系最密切之法、苏求之"。在确立上述原则之后,该外交方略还具体针对主要大国的外交政策筹划如下:

一、对苏联之期待,军事上援助义勇军扰乱满洲,朝鲜青年党煽动朝鲜,外蒙作军事上直接之威胁,政治上与英、美、法三国为密切之联系,而作各种积极之活动。

二、欲苏联在军事上、政治上作积极之活动,必须有法国之同情。故对法交涉非常重要,宜速与法国参谋本部详究大局之利害,促进其认识与决心。

三、惟法国虽因对德关系,愿与苏联接近,但在远东陆海军力量均极薄弱,尤以安南防御未固,深以开罪日本为虑。若法、苏之对日态度能得到英国之拥护,则可减少法国之过虑,而增加法、苏之力量。

四、因是中日战事苟有影响欧洲大局之可能,则操其枢纽者全在英国。故我方对英不独须保持传统的密切关系,且应使之彻底觉悟中国战败后,英国在东方领土所受之实际威胁及权益之损失,俾促共采取积极态度。

五、对德、对意各别作外交活动。对德以军事上及经济上之特殊利益为条件,表示中国将来仍持敦睦政策之诚意;对意以近年特殊之友谊关系为辞,请其至少维持友谊之中立,我方须竭力去除对中、苏接近之怀疑。

六、美国目前政策仍在避免牵入战争漩涡,但美国民众之态度极易变更,数月之后,或因情势之发展,采取较为积极之行动亦未可知,故此时我方仍应竭力设法谋得美国人民之同情。①

通过实施上述外交方略,国民政府期望达到两个目的:其一,"形式上中国单独抗战到底,但能得到苏联军事上积极援助";其二,"英、法、苏在外交上共同行动,逐渐演成军事干涉"。② 从这个外交方略可以看出,国民政府一方面认识到了国际关系的联动性,故而从整体上通盘考虑对外政策;另一方面又针对各国的实际情况,决定相应的政策,以避免好高骛远和无的放矢。

中苏互不侵犯条约在政治和外交上都带有积极意义。"这条约一方面结束二国间过去的一切恩怨,另一方面展开未来的中苏关系之新局面,所以带有几分积极的性质。"③但是国民政府为了尽力消除外界的疑虑,只是从法律上对条约进行诠释,而刻意淡化其在政治上的意义。王世杰私底下对条约给予了很高的评价,认为"此案关系极大"。一方面打击了日本,"此次约文声明中苏互不侵犯,并不与任何侵略中国或苏俄之国家成立相互协助之协定,用意即在与日人共同防共之策略以打击";④另一方面维护了中国主权,"当此次订立互不侵犯条约时,中国方面曾虑及苏俄赤化宣传与外蒙独立之默认;结果约文中因有本约不影响于两国间原有双方签订条约之语;缘民国十三年中苏已有协定;在该协定之中,苏联承认不在华作赤化宣传,并承认外蒙主权属于中国也"。⑤ 后来,张季

---

① 政治大学人文中心主编:《民国二十六年之蒋介石先生》,台北:政治大学人文中心2016年版,第570—571页。
② 政治大学人文中心主编:《民国二十六年之蒋介石先生》,第571页。
③ 严继光:《中苏互不侵犯条约与合作抗日(六)》,《大公报(上海版)》,1937年10月25日,第2张第5版。
④ 林美莉编辑校订:《王世杰日记》上,1937年8月30日,第36—37页。
⑤ 林美莉编辑校订:《王世杰日记》上,1937年8月31日,第37页。

鸾在给蒋介石的条陈中,就特别指出中苏互不侵犯条约的深层意义在于其中蕴含的"一种共同意念","中苏两国订立这个条约以后,不只是彼此互不侵犯,而且彼此均不与日本帝国主义者妥协"。①

9月1日,蒋介石在国防最高会议上报告缔结中苏互不侵犯条约的意义,并且驳斥日方的不实之词。由于大革命时期联俄的不愉快经历,国民党内部对于联苏始终存有疑虑。因此,蒋介石在报告中特别指出三点:第一,条约的签订,并不是突然发生的,而是在通过太平洋和平会议缔结多边和平协定未能实现的情势下,不得已的结果;第二,条约的签订,并不影响中国对外蒙古的主权;第三,国民政府与苏联政府签订互不侵犯条约,"外交上完全是站在独立自主的立场,绝无牵就,绝不勉强"。蒋还在报告中开诚布公地说道:"我们要和苏俄订立不侵犯条约的主要目的,当然是在制服日本的侵略,是要打破日本的侵略政策"。在蒋介石看来,中苏互不侵犯条约不仅不会给中国带来危险,反而等于不公开表明苏联援华抗日,"苏俄这一个国策,不仅是帮助中国,实也是帮助他自己。因为远东今日的局势,苏俄已经观察明白,如果中国失败,他也不得安宁"。既然苏联诚心助华,那么蒋介石也投桃报李地承诺:中国今后的外交,"无论与那一个国家正式或非正式的交涉,无论政府官员或社会个人一切言论行动,凡涉及中苏两国的利害时,在顾到我国自身的利益之外,还要顾到苏俄的政策,不要使他为难"。②

---

① 《张季鸾撰从中苏立场上判断苏日关系》,中国第二历史档案馆编:《国民政府抗战时期外交档案选辑》,重庆:重庆出版社2016年版,第14—16页。
② 蒋介石:《最近军事与外交》(1937年9月1日),秦孝仪主编:《"总统"蒋公思想言论总集》第14卷,第620—625页。

三、尽力消除西方列强的疑虑

九一八事变以来,国民政府在外交上竭力维持与西方列强的友好关系,而希望只以日本为唯一敌对者。在全面抗战的背景下,国民政府更希望能多争取友邦的支持。王宠惠表示:"多寻与国,减少敌国,其国家与我利害相同的,当与之为友,其利害相反的,当使之不至与我为敌。"[①]因此,国民政府不希望因中苏关系的深化而影响到与西方列强的关系。这既是从抗战现实出发的考虑,又是中国作为半殖民地国家在外交上缺乏独立性的反应。

中苏互不侵犯条约虽然是在8月21日签订的,但是直到8月29日才正式公布。延迟数天才对外公布,是为了利用这一时间差做好对其他国家的解释工作。毕竟苏联作为唯一的社会主义国家,在意识形态上与西方国家处在对立地位。不过好在苏联已正式加入国联,与美国复交,并且还与多个西方国家缔结了互不侵犯条约。这意味着它已经在相当程度上融入当时的国际体系,从而降低了中苏互不侵犯条约的对外冲击。据苏联获得的情报显示,王宠惠在中苏互不侵犯条约公布前,曾向西方国家驻华人员保证:"这个条约是公式化的,条约除了中国实现了同所有邻邦和睦相处的目的外,没有任何新内容",中国"并未因条约而承担任何秘密义务"。[②] 可见,国民政府对外极力淡化中苏互不侵犯条约的政治意义。

为减轻外界的疑虑,8月29日中国外交部发言人发表谈话,以

---

① 王宠惠:《抗战一年来之外交》,《蒙藏旬刊》第151—152期,第24页。
② 《苏联副外交人民委员致苏联驻华全权代表鲍格莫洛夫的电报》,李玉贞、李嘉谷译:《中苏外交文件选译(1932—1938年)》,庄建平主编:《近代史资料文库》第3卷,第665页。

阐明中苏互不侵犯条约的内容与意义:该约内容简单,"纯系消极性质","即以不侵略及不协助侵略国为维持和平之方法","实为非战公约及其他维持和平条约之一种有力的补充文件";该约的意义"不独对于中苏二国间之和平,多加一重保障","且为太平洋各国以不侵犯之保证共谋安全之嚆矢","或为东亚大局好转之朕兆";只要日本统治者"幡然觉悟",变更国策,放弃武力侵略中国,那么中国政府同样愿意与之签订互不侵犯条约,"共维东亚之安全,而谋人类之幸福"。① 在日本侵略者决心全面侵华之际,自然不可能接受中方的和平倡议。

当然,仅靠外交部发言人的谈话不可能完全消除外界的疑虑。当时国内外的疑虑主要体现在两点:其一,国民政府是否会变更长期以来亲英美的外交政策,转而与苏联缔结特殊外交关系?其二,中苏签订了互不侵犯条约是否就意味着坐待苏联援助,而不力图自力更生抵御外侮?8月30日,《中央日报》社评对外界的疑虑进行了回应:第一,互不侵犯条约的性质是"大战后国际间维持和平一种消极的方法","除了用这个条约相互间消极维持和平以外,并没有其他作用,或甚至并没有增进两缔约国的特殊关系";第二,中苏两国缔结互不侵犯条约不是针对其他国家,相反只是在太平洋有关国家中率先垂范,"对于太平洋上甚至全世界的和平,亦可说是曙光的开始";第三,中国对外政策并未有丝毫变更,仍然坚持"'自存互存'的外交政策",因此"对于平素亲交的友邦关系","也无丝毫态度上的变化";第四,指出中苏互不侵犯条约"性质是消极的,作用是精神的",而中国的求存之道仍为"自力更生",不会企图

---

① 《中苏签定不侵犯条约》,《申报》,1937年8月30日,第2版。

完全借助外力以解除国难。①

　　除了通过媒体进行解释外,中国外交部门也针对各国不同的态度采取相应的措施,以尽力消除西方列强对中苏关系深化的疑虑。当时,西方列强并不是铁板一块的。西方列强对中苏互不侵犯的反应,与其国家属性密切相关。其一,德意法西斯国家持否定态度,认为苏联的介入将使中日战争更加复杂化。德国舆论认为苏联不会完全恪守条约的规范,而将扩大在华活动。甚至,德国某报还表示:"远东时局或将因此约而愈臻严重,因日本将以军事条约而非以防守条约目之也,中日冲突中成立最后谅解之途径现似已阻塞。"②其二,英美法等民主国家多持正面看法,认为该约有助于维护远东和平。法国外长对顾维钧表示:"中苏能成立此约,甚善,所言一、二报不能代表舆论。"③另据《中央日报》驻英特派员储安平来函称:"中苏不侵犯条约之签订使英国左倾分子更能积极推进反日运动,现'帮助中国'运动之声势日益扩大一日。"④英法等国希望维持远东均势,毕竟日本势力的过度膨胀会对其自身利益造成切实的威胁。

　　随着德国法西斯不断走向对外侵略扩张,其在外交上愈加倾向日本。据中国驻德大使程天放的回忆:虽然德国政府要员尚有不少同情中国者,但是掌管宣传机器的纳粹党则明显偏袒日本,"各报登载中日战事时,往往加上对中国不利的标题,新闻方面也

---

① 《中苏不侵犯条约》,《中央日报》,1937年8月30日,第2版,社评。
② 《中苏不侵犯条约各国之观感》,《大公报(上海版)》,1937年9月1日,第3版。
③ 《顾维钧电外交部与法外长有关中苏签订不侵犯条约及将中日问题诉诸国联之谈话》(1937年8月21日),台北:"国史馆"藏,蒋中正"总统"文物档案,002-080106-00062-001。
④ 《英报强烈反日　同情我国自力抗战》,《大公报(上海版)》,1937年11月24日,第3版。

常常对日军的进展做夸大的报导,有时且在社论里攻击中国,支持日本。日本大使馆的声明都登载,而中国大使馆的声明一字不登"。更有甚者,德国部分舆论将日本对中国的侵略行动简单解释为所谓的"防共"。① 但当时中国尚有求于德国,因此对国民政府来说,减轻德国方面的疑虑是此次外交活动的重点。故而,在条约正式公布前,蒋介石就要求正在欧洲访问的特使孔祥熙提前准备好向德方解释的说辞。8月23日,蒋介石致电孔祥熙称:"中俄互不侵犯条约已签字,约一星期后公布,但除相约不侵犯外,并无其他秘密内容,请相机与德政府说明,以免其怀疑。"② 8月26日,蒋介石再电孔祥熙,表示对于德国对华态度恶化的担忧,要求对德国媒体上有关谣言进行辟谣活动,"详细说明对俄关系之理由,与切商以后中德经济进一步合作之办法"。③ 在与德国政府要员会谈时,孔祥熙表示:"日本的野心不仅要征服中国,而且要称霸世界,万一中国被日本征服,日本利用中国的人力和资源,必然造成世界灾祸。自从德日反共条约订立后,日本对外宣传,在列强中,德国是它的朋友",希望德国出面劝说日本停止对华侵略,如若不然,则期盼德国给中国"精神上和物资上的援助"。④

此外,程天放也密切关注德方态度,并积极开展游说工作。8

---

① 程天放:《使德回忆录》,台北:正中书局1967年版,第203页。
② 《蒋中正电孔祥熙中苏互不侵犯条约除相约互不侵犯外并无其他秘密内容请相机与德政府说明以免其怀疑》(1937年8月23日),台北:"国史馆"藏,蒋中正"总统"文物档案,002-090106-00012-256。
③ 《蒋中正电孔祥熙德国态度突然恶化国社党海通社宣传皆极恶意为维持邦交计皆应请正式改正并详细说明对苏俄关系之理由与切商以后中德经济进一步合作之办法》(1937年8月26日),台北:"国史馆"藏,蒋中正"总统"文物档案,002-090106-00012-258。
④ 程天放:《使德回忆录》,第201页。

月30日,程天放致电蒋介石称:"德各报今晨对中苏互不侵犯条约之评论,虽责备苏俄之语调较责我者为多,然将来对我态度,势必愈趋愈劣,德人总怀疑另有密件,将来苏俄在东亚势力日益扩大,间接不利于德也,是否将影响与我之经济合作,现不敢断言,俟见国防部长后再当电呈。"①同日下午,程天放前往德国外交部,向德方解释中苏互不侵犯的内涵,力图解除德方的误解。因为德国外交部部长及次长都不在柏林,程天放特向其法律司司长高斯说明了五点意见:

（一）中日间不幸发生战事,中国已与日本冲突,对苏不能不取妥协态度,否则两面受敌,更感困难。（二）这个条约不是军事同盟,也没有密件,只注重互不侵犯,以维持和平,中国反共政策决不因条约的订立而受影响。……（三）中国不但愿和苏联订约,与任何邻国均愿订同样性质的条约,如果日本放弃侵略政策,中国也愿与日本订互不侵犯条约。（四）德报登载中国政府释放共党首领,这件事与互不侵犯条约无关。在国家存亡绝续关头,中国政府自愿团结人心,一致对外,所有过去反对政府的政治犯,只要表示悔悟,政府都给以自新之路,所释放的人不限于共产党。（五）中国希望各友邦都能了解中苏互不侵犯的真相,尤其希望德国了解,这丝毫不影响中德的友谊。②

次日,程天放还拜访向来对华友好的德国经济部长沙赫特,

---

① 《程天放电蒋中正德各报对中苏互不侵犯评论责备苏联语调较责中国为多及苏联在东亚势力扩大是否将影响与中国之经济合作等情》(1937年8月30日),台北:"国史馆"藏,蒋中正"总统"文物档案,002-090103-00011-201。

② 程天放:《使德回忆录》,第207页。

希望德国能谅解中方的苦衷,"维持中德友谊及实行进一步之经济合作"。沙赫特表示其个人对中国的立场深表同情,但是"如苏俄对远东有含政治性质之行动出现,则德国因处反共立场,以彼地位将极困难"。程天放揣测沙赫特的言外之意为"俄以实力援助中国,则德方难继续接济"。① 总之,国民政府千方百计地维持与德国的友好关系,因为德国是当时少数可以提供中国武器装备等军需物资的国家。国民政府虽然在国际舞台上极力倡导维护国际公平正义,但是在实际处理对外关系时也是立足于国家现实利益的。

西方列强对中苏互不侵犯的不同态度表明:国民政府的抗战外交虽然极力只针对日本一国,而力争其他国家保持友好、中立甚至支持,但是在当时的世界格局下,中国自身也不得不面对选边站的问题。一边是以德意日为代表的法西斯阵营,另一边则是英法美苏为代表的反侵略阵营。正如程天放向蒋介石以及外交部的报告所言:"德国因本身利害关系,有倾向日本的趋势。英、美、苏之同情与德国之同情,我方势难兼得。今后战事延长,英、美、苏对我愈同情,德方对我的态度恐怕更会恶劣。这就中德关系讲自然是不幸事件,但是就整个抗战局势而言,则英、美、苏的同情比起德国的同情,对我似更重要。"②对中国来说,与民主国家间的关系是熊掌,而与法西斯国家间的关系则是鱼,在鱼与熊掌不可兼得的情况下,唯有舍鱼而取熊掌者也。只是在国际局势混沌不清之际,尽可能推迟公开表态的时间,以免造成不必要的损失。

---

① 《程天放电蒋中正德经济部长沙赫脱说明中苏订约理由盼德谅解及实行进一步经济合作等情》(1937年8月31日),台北:"国史馆"藏,蒋中正"总统"文物档案,002-090103-00011-197。

② 程天放:《使德回忆录》,第204—205页。

四、进一步扩大国际合作

中苏互不侵犯条约签订后,社会期待国民政府以此为契机,进一步深化与苏联之间的关系,进而推动包括中苏两国在内的国际反侵略阵线的大联合。

与苏联支持中国抗战的态度不同,美国只是呼吁和平解决中日争端,号召遵守国际公约及维护世界和平,并重申其不结盟的立场,却毫无实质性的援华作为,自然无法满足中国各界的期待。[①]行政院参事陈克文表示:"中日发生战事后,美国态度始终犹疑,率先禁止军火输来远东,敌要求撤退驻南京使领,亦最先接受。惟映片公司摄战事实地映片则最先,美国人只知图利耳。"[②]毕竟在大是大非面前,空言无补于实际,也不可能对日本侵略者产生吓阻,"残忍阴险为穷兵黩武之天性,非正义人道一类名词,所能动其心也"。[③] 对于美苏两国的不同态度,时论表示:"苏俄在中国国难中间,与我们订立不侵犯条约,显示道德的声援,其厚意也令中国国民永矢弗忘","倒是中国国民最有好感,期待最大的美国,近来对于中日战事的态度,翻使中国民众,感觉不甚愉快,这实在是可为遗憾"。[④]

从国际关系角度来看,中苏互不侵犯条约的签订意味着国民政府在国际阵线的选择上更加倾向反侵略阵线,"我国中央政府已

[①] 《美国国务卿赫尔的声明》(1937年8月23日),李巨廉、王斯德主编:《第二次世界大战起源历史文件资料集(1937·7—1939·8)》,第15—16页。

[②] 陈方正编辑校订:《陈克文日记》上,1937年9月21日,台北:"中央研究院"近代史研究所2012年,第113页。

[③] 陈方正编辑校订:《陈克文日记》上,1937年8月29日,第105页。

[④] 《可为遗憾的美国态度》,《大公报(上海版)》,1937年9月22日,第1版,社评。

下了抗战的决心,在最近五年以内(条约有效期间暂定为五年),对日妥协,成立防共协定,被强迫牵入侵略阵线,根本没有可能了"。①为了最大限度地孤立日本和广泛争取国际同情与支持,仅仅与苏联签订互不侵犯条约是远远不够的,"扩大不侵犯条约的范围,联合苏联及英美法等与太平洋有关的国家,召开太平洋集体安全会议,订立多角的不侵犯条约,共同制裁破坏太平洋上'太平'局面的侵略强盗"。②

加强国际合作,不仅符合中国的利益,而且也有利于维护英美等国自身的利益。当然,西方列强在远东的利益,是建立在压迫及剥削殖民地半殖民地国家的基础上的,不符合历史发展的潮流,不能永远维持下去。只是在抗战时期,国民政府只能以利害关系来争取它们的支持。中苏互不侵犯条约公布后,国人深切希望建立集体安全制度和多边互助条约,以真正制止日本的对华侵略,"所以英美等列强在中苏坚定其立场以后,也只有更积极起来反对日帝国主义无限制的侵略,而太平洋集体安全制度可能由此形成"。除了建立集体安全制度,还需要"互助条约来充实维持和平的实力",否则的话,结果还会是一场空。③

如果能建立包括中苏两国在内的远东反侵略阵线,给予日本侵略者迎头痛击,同时对其他法西斯国家以儆效尤,那么将有助于安定世界局势。时论指出:"现在世界的局面划分得很清楚,一小部分是侵略的,一大部分是反侵略的。侵略的战争爆发在世界任何部分,其他部分必受影响;反侵略者不努力,必使侵略者的气焰

---

① 张仲实:《中苏互不侵犯条约》,《文化战线》第2期,第3—4页。
② 《对国民党第五届四中全会的几点希望》,孙大光:《孙大光文选》,上海:上海文艺出版社2001年版,第46—51页。
③ 潘汉年:《中苏不侵犯条约的展望》,《抗战半月刊》第1卷第1/2期,第38—39页。

在各处抬头。……现在欧洲局面的不安,事实上是因为日本的侵略未曾遭受应得的惩创而予欧洲侵略者以精神的鼓励。釜底抽薪的办法,惟有先予暴日以打击,则欧局自然安定。"① 由于英美等西方列强只看重眼前利益,对法西斯国家的对外侵略实行绥靖政策,致使反侵略阵线迟迟未能建立,最终将整个世界拖入危险境地。

国民政府深化中苏关系的决策,在抗战初期产生了良好的效果。曾任中国驻苏大使的蒋廷黻后来在回忆录中表示,全面抗战爆发后,"苏联对中国在外交及军事物资供给方面都表现得较英美各国慷慨","我在苏联购买武器也未遭到难。在日内瓦国际联盟辩论远东战争时,或在布鲁塞尔列强所举行的特别会议中,李维诺夫也特别支持中国。在上述两处场合中他都和中国采取一致行动"。② 此外,从国际体系的角度来看,中苏关系的深化也是20世纪30年代中期以来国际关系重组的一个重要组成部分。③

中苏互不侵犯条约签订后,国民政府期待日苏两国发生冲突,甚至战争,以减轻自身的压力,"至少可以牵制敌军北满兵力"④。1938年7月底,张鼓峰事件发生后,蒋介石希望日苏战争从此开始,"惟愿上帝佑我中华,使我能转危为安、避凶趋吉也"。⑤ 王世杰向蒋建议,应对苏联表示在日苏开战后,中苏两国可缔结协定,相互保证不单独对日媾和,以去除苏方顾虑,进而增加其对日作战的勇气。⑥ 蒋后来确实通过杨杰向苏方表示"中国之决心","以释其

---

① 《从国际上看中日问题》,《大公报(天津版)》,1935年11月30日,第2版,社评。
② 蒋廷黻:《蒋廷黻回忆录(增补本)》,长沙:岳麓书社2017年版,第217页。
③ 入江昭著,李响译:《第二次世界大战在亚洲及太平洋的起源》,北京:社会科学文献出版社2016年版,第225页。
④ 《蒋介石日记》(手稿),1938年7月20日,斯坦福大学胡佛研究所档案馆藏。
⑤ 《蒋介石日记》(手稿),1938年7月31日,斯坦福大学胡佛研究所档案馆藏。
⑥ 林美莉编辑校订:《王世杰日记》上,1938年8月8日,第133页。

疑虑"。① 只是苏联因怕刺激日本,所以未答应中国签订互助协定的提议,认为"不能应中国之急","且于两国有害无利"。② 可见,双边关系的发展并不是一国主观意愿可以决定的。即使国民政府想要进一步深化中苏关系,苏联也未必就会接受。

在全面抗战爆发初期,国民政府虽然极力争取西方列强的支持,但是事与愿违,西方列强因担心开罪日本而无意实质援华,而苏联成为当时对华援助最多的国家。增强中国的抵抗势力,客观上也有利于苏联自身的利益。正是存在共同的利害关系,中苏关系才会深化。正如蒋介石对杨杰所言:"中国对日作战,不独为中国自身之存亡关键,同时亦为苏联谋安全,此当为苏联所深知,故我方自始即希望中苏两国共同抵抗日本侵略,以维东亚和平。"③

第三节 寻求九国公约会议的支持

九国公约会议是国民政府在国联体系之外寻求解决国际解决中日争端的另一渠道。九一八事变后,国民政府一直希望能够召开九国公约会议,然而直到全面抗战爆发后,才在国联的倡议下得以实现。在国联通过倡议召开九国公约会议的决议后,国民政府的认识以及反应如何?在会议召开过程中,国民政府又展开了哪些配合活动?会议无果而终后,国民政府对《九国公约》的立场是否发生了变化?本节将以上述问题为中

---

① 《蒋介石日记》(手稿),1938年8月4日,斯坦福大学胡佛研究所档案馆藏。
② 《蒋介石日记》(手稿),1938年8月24日,斯坦福大学胡佛研究所档案馆藏。
③ 《九国公约会议即将举行我方亟欲明悉苏俄之真正态度以便应付此会议并决定以后进行之策略迅与李维诺夫外长恳切商谈探明苏俄政府之方针》(1937年),台北:"国史馆"藏,蒋中正"总统"文物档案,002-080106-00063-004。

心展开论述,以期更加深入地理解国民政府在全面抗战初期对于国际体系的态度。

一、支持九国公约会议的召开

日本的对华侵略,明显违反《九国公约》,因此国民政府从始至终都期待召开九国公约会议,以对日本形成国际压力,进而达到削弱敌人及壮大自身之目的。1937年11月5日,蒋介石在国防最高会议上表示:"这次会议,乃是我国运用国际力量,根据九国公约的精神来解决中日问题一个最难得的机会。自从九一八以来,我们屡次设法促开这个会议,都没有成功,现在能够开会,实在是我们在国际外交上艰难奋斗的结果。虽然与会各国间利害关系,非常复杂,会议前途,未可乐观,但根据我国的立场,无论大会环境如何困难,我们应该协同各友邦,尽力促其成功,使九国公约能够发生实效。即令日本抗然不顾,要破坏这个公约,使会议没有结果,我们更要促使各国为维持条约的尊严,来共同制裁日本。"[①]

九一八事变后,中国各界曾多次提出召开九国公约会议以应对日本的侵略。比如,1934年4月30日,在日本政府发表天羽声明之后,学者周还就在《外交评论》上撰文,期待美国能如1921年那样召集国际会议来共同解决远东问题。他在文中提醒美国不可"隔岸观火","须知日本侵华而果成功,即将以中国为其根据地,进而与美争雄","中国存,则介于美日之间,犹留一缓冲地带,中国亡,则美日之冲突立至"。因此,他希望美国"打破其单独行动",

---

[①] 蒋介石:《出席最高国防会议致词》(1937年11月5日),秦孝仪主编:《"总统"蒋公思想言论总集》第14卷,第647页。

"与各国切实联络","以今日之情势而论,日本之行动,既与九国公约相抵触,实有召开九国会议之必要"。他认为在国际社会的压力下,日本必不敢横行无忌,称:"太平洋之事,由与太平洋有关系之国家,共同会议解决之。有违反九国公约之精神者,由原签订公约之国家共同制裁之。折之以公理,临之以实力,日本色厉而内荏,终且如三国干涉之事,不敢横行而无忌。"①

全面抗战后,"促请国际和平机构和前述公约签字国,对于我国实行其在盟约上和条约上所负之义务",是国民政府的重要外交政策之一。国民政府希望通过这个政策达成两个目的:其一,在消极方面,"要求各国不予日本以任何援助";其二,在积极方面,"要求各国的不断的以财政军械或其他物质供给我们",及"采取有效方法,制止日本的侵略,恢复远东的和平"。② 在国民政府看来,"中国问题实为世界问题,决非中日两国可以单独解决",中日战争的胜败取决于世界战争。在世界战争未爆发前,应当联合利害与共的国家,增强持久战的实力,"以持久战等待世界战之爆发,以消耗战促世界战之早发"。③

卢沟桥事变爆发后,国民政府就酝酿发起九国公约会议。7月18日,国民政府指令驻外使节照会《九国公约》签字国及其他重要国家。照会称:"中国当局竭尽一切方法,甚至允许双方相互撤兵,以冀停止敌对状态,无如每次获得解决办法之后,辄因日本军队重行进攻,以致立即成为无效。"照会最后提出:中国政府认为日本的

---

① 周还:《日本声明与美国应有之立场》,《外交评论》第3卷第5期,第23—30页。
② 王宠惠:《抗战一年来之外交》,《蒙藏旬刊》第151—152期,第24页。
③ 《浙江省府呈研议对日作战时机之审定与晋绥问题及对第二十九军处理步骤等各项计划意见》(1935年),台北:"国史馆"藏,蒋中正"总统"文物档案,002-080103-00026-005。

侵略行动"实属破坏华盛顿九国公约所规定之中国领土主权完整",如各国坐视不理,"则足以在亚洲及全世界产生重大之后果"。①

为将美国拉入调解的阵营,国联及其他国家也支持召开九国公约会议。7月27日,意大利大使柯赍对蒋介石表示意大利愿意参加九国公约会议,称:"贵国拟根据九国公约希望各缔约国出而斡旋,敝国甚为愿意,如缔约各国能为此事召集会议,敝国亦愿参加。"其中缘由有二:其一,意大利与中日两国"均有极深之友谊","实不愿两国之间发生何项冲突";其二,意大利的商业从中国经济发展中"实蒙其利","更不愿和平之局,从此破坏"。②

在国联会员国之中,有很多国家对远东情势并不了解,也无切身利害关系,因此在国联讨论中日问题,很难达成共识。九国公约会议则完全不同,一则签字国中最重要的国家——美国并非国联会员国,虽多次被邀参与国联处理中日争端,但是毕竟名不正言不顺;二则所有国家都是与远东密切相关的国家,因而容易达成共识。

美国的态度对九国公约会议的结果至关重要。9月24日,蒋介石在接见美国新闻记者时,呼吁美国放弃中立。他说:"中国此次抗战,不仅在中国本身之存亡,且亦即为九国公约及国联盟约伸正义。"蒋介石表示美国因为是华盛顿会议的召集者和《国联盟约》《九国公约》等国际公约的推动者,所以责任尤其重大。在国际公

---

① 《我政府驻外使节致牒九国公约签字国》,《申报》,1937年7月18日,第3版。
② 《与意大使柯赍谈话》(1937年7月27日),秦孝仪主编:《"总统"蒋公思想言论总集》第38卷,第83—84页。

约有效期间,"美国不应考虑中立法"。①

10月6日,国联通过中日冲突决议案,建议召开九国公约会议。② 国联决议公布后,美国态度亦转而积极。10月12日,驻美大使王正廷与胡适拜访美国总统罗斯福。罗斯福甚为关心中国抗战能否持续下去。另外,鉴于日本可能不出席会议,罗斯福建议:"中国代表陈述事实后退席,请各国秉公商讨对策","最好同时声明日本宣称之困难,如人口出路之类,中国愿考虑以和平方法助其解决"。如此做法,有助于中国获得更多的同情。③

二、对会议的两手准备

国民政府对九国公约会议做了两手准备:一方面尽力促成会议的成功,以解决中日冲突;另一方面如果会议失败,那么要争取国际同情与支持。10月23日,蒋介石初步决定了对会议的六点方针:(一)不妥协;(二)不拒绝调解;(三)调解不成之责,由敌人负之;(四)目的在引起各国对敌之愤恨,进而作经济之制裁;(五)促使英美允俄参战;(六)上海与华北作整个之解决。④ 从这六点方针看来,蒋介石判断会议成功的可能性较小。即便如此,蒋还是对会议保有很高期待。因为在会议召开前,罗

---

① 蒋介石:《公理必占最后之胜利》(1937年9月24日),秦孝仪主编:《"总统"蒋公思想言论总集》第38卷,第97—98页。

② 《国联决议案原文》,《申报》,1937年10月8日,第1版。

③ 《王正廷电蒋中正与胡适谒罗斯福之谈话内容》(1937年10月12日),台北:"国史馆"藏,蒋中正"总统"文物档案,002-090103-00003-132;《胡适电陈布雷告以美总统罗斯福关心中国战局并谈及中国可在九国会议时争取各国同情等》(1937年10月12日),台北:"国史馆"藏,蒋中正"总统"文物档案,002-090103-00003-149。

④ 政治大学人文中心主编:《民国二十六年之蒋介石先生》,第679页。

斯福在芝加哥发表了措辞强硬的演说,表示为了美国自身的安全着想,"必须作出保卫和平的积极努力"。① 实际上,罗斯福并没有立即实行对侵略者实行"隔离"政策的打算,而是将其当作未来的目标。②

罗斯福的演说发表后,蒋介石在多个场合加以呼应。如10月7日,蒋在接见美联社记者时,称赞罗斯福的演说不仅使"艰苦备尝之中国人民闻之而有所感动",而且亦使"列强中向来主张永久和平应建筑于国际道义之上者,亦必为之兴奋"。③ 9日晚,蒋介石发表国庆日告全国军民同胞的广播。文告中指出中国抗战必胜的缘由。他说:"我们这次抗战不仅为民族生存而抗战,亦为人类公理和国际信义而奋斗;反转来看,敌人是为侵略来求战,不仅破坏国际信义,而且与世界人类为敌;这种无人道无信义的侵略战争,所谓师出无名,没有不失败灭亡的。"④

在当时的环境下,罗斯福的演说确实给了蒋介石很大的信心,"于精神助力甚大"⑤。蒋甚至认为国际局势将因罗斯福的演说而有"急转直下之佳象","此为抗战第一之目的,幸已奏效矣"。⑥ 所谓"抗战第一之目的"是指美国率先对日强硬,进而促使英苏等国

---

① 罗斯福:《在芝加哥的演说》,关在汉编译:《罗斯福选集》,北京:商务印书馆1982年版,第155页。
② DBEP, Second Series, Vol. 21, pp. 387-388.
③ 蒋介石:《对罗斯福总统发表芝加哥演说后之谈话》(1937年10月7日),秦孝仪主编:《"总统"蒋公思想言论总集》第38卷,第99—100页。
④ 蒋介石:《中华民国二十六年国庆纪念告全国军民同胞书》(1937年10月10日),秦孝仪主编:《"总统"蒋公思想言论总集》第30卷,第246页。
⑤ 《蒋介石日记》(手稿),1937年10月7日,斯坦福大学胡佛研究所档案馆藏。
⑥ 《蒋介石日记》(手稿),1937年10月9日,上周反省录,斯坦福大学胡佛研究所档案馆藏。

起而效法。蒋在9月反省录中写道："政略应在大处、远处着想,而在小处下手,使美国能参加对敌经济制裁,或赞成召开太平洋会议,则英俄政策必益加积极矣。"①

此外,蒋介石认为中日直接交涉得不偿失。日本对华侵略决心坚定,所谓和谈不过是迷惑人的烟幕弹;唯有通过国际解决,方能获得相对公平的结果,"外交方针以第三者加入谈判为目的"②。而中国一旦答应与日本和谈,必将带来无穷后患。要想解决中日问题,必须"引起国际注意与各国干涉"。在这种心境之下,蒋介石自然对九国公约会议充满期待。蒋介石对徐永昌表示："中日交涉能加入第三国吃亏也是便宜,若直接交涉便宜也是吃亏,所以九国公约无论有无好的希望,中国决不应加以微词与骄傲,吾人注意要得到各国之同情。"③后来,蒋更在国防最高会议上明确表示："中日问题的解决,应该使各国参加,以打破日本侵略中国,独霸远东,排斥第三国干涉的阴谋。要知道,目前的中日纠纷,如得各国参加,来谋解决,即令我国不能无所牵就,仍是于我有利。反之如坠日本计中,实行两国直接交涉,虽然成功,亦是失败。何况在倭寇既已动员大批陆海空军,深入我国领土之后,除非我们甘愿投降,否则两国便无直接外交谈判之可能。"蒋介石认为中国抗战只有将"自力抗战到底"和"寻获与远东有关各国的援助和参战"结合起来,才会取得最终的胜利。因此,中日问题的解决,"无论现在将来,如有

---

① 《蒋介石日记》(手稿),1937年9月30日,本月反省录,斯坦福大学胡佛研究所档案馆藏。
② 《蒋介石日记》(手稿),1937年10月31日,本月反省录;《蒋介石日记》(手稿),1937年11月5日,斯坦福大学胡佛研究所档案馆藏。
③ "中央研究院"近代史研究所编印:《徐永昌日记》第4册,1937年11月5日,台北:"中央研究院"近代史研究所1991年版,第167页。

第三国参加,终是于我有利,则此次九国公约会议,我们不可不审慎应付,尽力促其成功"。①

11月7日,蒋介石在接受记者访问时,公开驳斥了中日直接交涉的谣传,称:"主张中日直接交涉,无异于增加中国之危机,且与九国公约会议之精神完全相反。盖日本背义无信,目无公理,如由两国直接交涉,毫无其他保证,无论条件如何,其结果必使中国国家生命陷于随时随地可被消灭之危境,永无独立自由之机会,此不独中国所不能忍受,且亦为九国公约会员国所无法接受也。"蒋表示中国的一贯立场是"尊重九国公约与国际一切条约","中国除竭诚与合法集团努力合作以外,决无单独行动之理。中国最重信义,断不自行违反一贯之立场"。他还表示对会议成功充满信心,"始终深信公理正义之力量,一经发动,必至贯彻目的为止"。②傅斯年也认为对日直接交涉万不可行,"虽此法一时纵令价钱低些,而和平决无保障,一走此路,必断英美之联系,危险万分"。③

蒋介石还在国防最高会议上说明对九国公约会议的期望,"将日本侵略中国,破坏九国公约的事实,和中国抵抗侵略,维护条约尊严的决心,向与会各国宣布,以促起各国对我国的同情心,和对日本的敌忾心。"如果日本拒绝与会,则将暴露日本的侵略意图,"我们更应乘此机会促成各国对日实施制裁,最好使英美赞助或默认苏俄参加远东战争,与中国共同努力,来打

---

① 蒋介石:《出席最高国防会议致词》(1937年11月5日),秦孝仪主编:《"总统"蒋公思想言论总集》第14卷,第648—649页。
② 蒋介石:《抗战军事与外交》(1937年11月7日),秦孝仪主编:《"总统"蒋公思想言论总集》第38卷,第101—102页。
③ 《傅斯年致胡适、钱端升》,王汎森、潘光哲、吴政上主编:《傅斯年遗札》第2卷,第631页。

倒日本帝国主义"。①

虽然国民政府对会议的结果充满期待,但同时也做好了会议失败的心理准备。傅斯年在给国民政府的意见书中表示:"比京九国公约会议,系诸友邦用大力图谋方得实现者,吾国理宜希望其成功,襄助其成功。此会议成功之可能固远不如其失败之可能为大,然必吾国尽力,图助其成事,方可于失败后不负责任,而留为下一步国际助我之张本。"②

自召开九国公约会议的信息确定后,国民政府就开始积极筹划应对方策。10月16日,陈布雷向蒋介石报告幕僚人员起草的研究报告。报告对日本参加或不参加会议、会议调解成功或不成功等情形都做了充分的估计,并提出中国在会议上应采取的态度及办法。报告相当有预见性地指出:"会议时,中国必要求各国制裁日本。日本若出席,必要求中日两国自行交涉,勿庸各国干预;日本若不出席,亦必有一说明。预料结局,各国必为先事调解,缓议制裁,而婉却日本不干预之请也。"报告提出对于调解的五点根本方针:第一,以东北问题为谈判中心,唯有如此,中国才在其他问题上"大有争持之余地";第二,东北问题以外的其他枝节问题,"根本问题之解决胜利,则枝节问题,自可酌量让步;如根本问题之解决无胜利希望,则对枝节问题,自不容更有让步";第三,"应全盘解决,不应个别解决","如华北问题不能与东北问题分开,即华北问题又不能与上海问题分开";第四,"在不丧失主权、不妨害第三者利益"的前提下,可以考虑与日本进行经济合作;第五,"极力促成

---

① 蒋介石:《出席最高国防会议致词》(1937年11月5日),秦孝仪主编:《"总统"蒋公思想言论总集》第14卷,第649页。
② 《傅斯年致胡适、钱端升 附一:第二附件》,王汎森、潘光哲、吴政上主编:《傅斯年遗札》第2卷,第633页。

太平洋集体安全制度之建立,互相切实保障领土主权之完整,互不侵犯及干涉他国内政"。①

恢复卢沟桥事变前的原状是中国对于九国公约会议的基本要求。10月19日,教育部长王世杰提出了供行政院同人参考的三点意见。王世杰认为中国必须坚持"停战"和"撤兵"同时进行,因为如果只是无条件停战的话,那么对日方有利,"以彼在华北业已占领冀、察、绥、晋各省之全部或大部"。但是要想通过会议迫使日本将在华军队全部撤退回国不太现实,"不妨暂以七月七日以前甚或沪战发生以前之两国军队原驻地,为撤退地点"。②

10月24日,外交部长王宠惠致电中国代表团成员顾维钧、郭泰祺、钱泰等,表达了三层意思。第一,对会议前景的判断。国民政府认为目前形势来看,"会议无成功希望"。第二,应对会议的原则。代表团的态度"须极度和缓",并表示积极促成会议成功的愿望,"在九国公约规定之精神下,谋现状之解决";坚持同时解决上海问题与整个中日问题,而不可"仅谋上海问题解决"。第三,参加会议的目的。一方面使日本承担会议失败的责任,以及"使各国于会议失败后对日采取制裁办法";另一方面加强与英美苏等国的沟通,设法促使英美赞成并鼓励苏联对日作战。③

---

① 《陈布雷呈蒋中正九国会议调停中日战事情形及中国对日问题在九国公约会议所应采之态度及应对之办法与九国公约会议之研究日本政府对九国公约会议之复文等》(1937年10月16日),台北:"国史馆"藏,蒋中正"总统"文物档案,002-080103-00032-002。
② 林美莉编辑校订:《王世杰日记》上,1937年10月19日,第56页。
③ 《王宠惠致顾维钧等密电》(1937年10月24日),中国第二历史档案馆编:《九国公约签字国布鲁塞尔会议期间外交部与各方来往文电选》,《民国档案》1989年第2期,第28页。

虽然国民政府初步判断"会议无成功希望",但还是尽最大努力促成会议达到自身目的。10月26日,国防最高会议决定了在九国公约会议上应坚持的两点原则:"(一)维护九国公约第一条之规定。各国考虑任何问题或建议任何办法,必须符合该条之文字与精神。(二)中国不独愿与日本进行经济合作,且愿与各国同样合作,以发展中国经济事业。机会均等主义,在中国领土内任何部分,应予普遍适用。"①可见,国民政府希望能够维持《九国公约》的基本原则,以便打破日本独占的图谋。

会议还要求中国代表团应在会外展开积极活动,一方面运动各参加国政府及民间,"加紧对日一致之经济压迫(积极的排斥日货,消极的不以财力、物力帮助日本)";另一方面争取从参加国获得"借款及军械贷款",以真正贯彻国联决议的精神。②

三、在会议期间的积极作为

要想在九国公约会议上实现中国的目标,国民政府必须展开积极的活动。第一,在军事上表现持久抗战的决心与能力,打破日本速战速决的图谋;第二,争取美国的支持,毕竟美国对会议前途具有最大影响力;第三,中国代表团利用日本不参加会议的机遇,最大限度地争取各国的同情与支持。国民党元老丁惟汾在中央党部纪念周上表示:"这一次会议的成绩,全靠我们自己在过程中去奋斗出来,我们用不着悲观,也用不着乐观,我们只要继续以前奋斗的精神,奋斗到底,深信在此会议中,一

---

① 《国防最高会议致外交部函》(1937年10月26日),《九国公约签字国布鲁塞尔会议期间外交部与各方来往文电选》,《民国档案》1989年第2期,第31页。
② 《国防最高会议致外交部函》(1937年10月26日),《九国公约签字国布鲁塞尔会议期间外交部与各方来往文电选》,《民国档案》1989年第2期,第31页。

定可以得到成绩;并且我们这一回抗敌,一来为自己求生存,二来为世界争和平,只要我们自己奋斗出成绩来,然后九国公约会议,自然能够有成绩。"①

1. 以军事配合会议

在九国公约会议召开期间,淞沪会战还在进行,因此国民政府赋予此会战更大的意义,"此战关系我国前途最为重大","日本于此时期源源增兵,我方亦用全力奋战,以挫其凶焰,使世界认识我国神圣之抗战力量为必要也"。② 蒋介石希望以中国军民誓死保卫国家的决心和意志,来转变国际社会对国民政府不抵抗的不良观感。宋子文致电蒋介石告知欧洲友人意见,"此后两星期间,必须竭力支撑,此举与九国会议援助中国前途,关系极大"。③ 因此,蒋介石多次在军事会议上要求国军竭力阻挡日军的攻势。

10月28日,蒋介石在苏州对第三战区师长以上军官训话时,表示单靠中国自身的军事力量打败日本很不容易,但是中国抗战一方面是为国家生存而战,另一方面是"为拥护国际正义而战","世界各国除了倭寇之外,都要同情我们赞助我们,我们就可以国际形势压迫敌人"。但是天助自助,要想获得国际的同情与支持,"必须我们自己先要有抗战的精神和决心,能够持久不懈,拼战到底"。中国军民努力抗战,将提高中国的国际地位,"国际对我们的同情,愈益深切,而倭寇武力的破绽和其野蛮残酷的暴行愈益表露

---

① 《丁惟汾在中央报告 九国公约会议前途》,《中央日报》,1937年10月26日,第3版。
② "中央研究院"近代史研究所编印:《王子壮日记》第4册,1937年10月20日,第293页。
③ 《宋子文电蒋中正欧洲方友来电谓此后两星期间必须竭力支撑此举与九国会议援助中国前途关系极大等》(1937年11月12日),台北:"国史馆"藏,蒋中正"总统"文物档案,002-080103-00045-006。

于世,则国际形势的转变,将更不利于敌人!"①

次日,蒋介石在苏州昆山公园对淞沪战场左翼军将领发表训话,强调中国军队八一三事变以来两个多月的艰苦抗战,"使国际上对我国的视听观感为之一变,知道我们的军队是有国家观念的,知道我们确有伟大的民族精神,我们军人地位提高,国家在国际上的地位,也因此而提高",而"这次九国公约会议,就是最大的一个关键"。他还表示,为促成"各国共同干涉日本的侵略暴行","使敌人处境日益孤立,成为世界的公敌",国军只有坚守阵地,不惜牺牲,"能如此,才对得起我们的先烈,能如此,才对得起我们的国家"②。

应该指出的是,在淞沪战场形势逐渐对中国不利的情况下,为了配合九国公约会议,国民政府一再推迟战略转移的时间,最后导致重大军事损失。"不即退兵于苏嘉阵地,而于筋疲力尽时反再增兵坚持,竟使以后一败涂地,无可收拾"。事后看来,中国付出的巨大代价,并未能获得期待的结果,可谓得不偿失。所以,蒋介石后来将其视为1937年"最大之失着"。③

2. 竭力争取美国的支持

国民政府认为美国是《九国公约》的促成者,道义上负有维护《九国公约》的责任。另外,美国是当时唯一不受欧洲局势牵绊的大国,有能力积极介入远东事务。9月26日,顾维钧在法国发表对美国听众的广播演讲。首先,他指出日本侵略中国的严重后果,

---

① 蒋介石:《以光荣的牺牲求最后的胜利》(1937年10月28日),秦孝仪主编:《"总统"蒋公思想言论总集》第14卷,第635页。
② 蒋介石:《对左翼军各将领训话》(1937年10月29日),秦孝仪主编:《"总统"蒋公思想言论总集》第14卷,第643—644页。
③ 《蒋介石日记》(手稿),1938年2月2日,杂录,斯坦福大学胡佛研究所档案馆藏。

"危害世界的和平和秩序并威胁到文明本身",除非所有爱好和平的国家联合行动,正面应对,不然的话,混乱和无序将迅速波及全世界,"是时没有哪个伟大的民族能够享受和平与繁荣的福音,不论她在地理上如何孤立,无论她怎样努力地远离骚乱"。其次,表达中国希望美国能够维护《九国公约》,"美国对中国的传统政策一向是友好和乐于帮助的",因此在危难时刻,"我国对来自美国的同情与帮助有着特殊的需要"。最后,为安抚美国孤立主义者的情绪,顾维钧表示中国无意使美国直接卷入冲突,但是需要美国的援助。"中国军人已经英勇地抵御了侵略者,并决心抵御下去。但中国确实需要道义上和物质上的援助以使其能够成功地应对目前的危机。"[1]

在与会各国中,国民政府最重视的当然是美国的态度,但是现实却颇令其失望。美方代表要求中方务实,而不要对会议寄予太高的期望。10月28日,顾维钧致电外交部,报告与美国代表台维斯[2]、霍恩贝克会谈内容。台维斯重申了罗斯福的建议内容。其一,希望中国代表团在演说结束后就退场,使其他与会国在完全自由的环境下讨论调解方案,一方面打破日本对于国联决议偏袒中国之攻击,另一方面在国际舆论上造成对中国有利的空气。其二,希望中国代表团在演说中对日本在经济方面如原料、过剩人口出路等的诉求作出正面回应,表示"极愿与日本通力合作"。台维斯向顾维钧透露美国的立场有二:其一,美国希望会议成功,以结束中日冲突;其二,美国不愿充当领导地位,而会议失败后的美国政

---

[1] 顾维钧:《日本侵华与中国的危难》,金光耀、马建标选编:《顾维钧外交演讲集》,上海:上海辞书出版社2006年版,第109—112页。
[2] 有时亦译作戴维斯,本书将依据史料原文引用。

策"全系于中国时局之发展、美国之舆论及其他各国之态度"。此外,台维斯还特别表示淞沪抗战的形势"殊足令人沮丧"。① 29 日,钱泰致电外交部,再次报告台维斯的意见。台维斯称:"欲日本退出中国,只有两途:一以武力,一以调停。现在武力既不可能,如欲日本退出,必须由中国允利益,俾得顾全面子。再三询中国拟让步至何程度"。尤其值得注意的是,台维斯劝诫中国不可对会议寄予"奢望",因"盟约有制裁办法尚且不能实行",何况"九国公约无制裁办法"。他建议中国"应由事实着想,不能空言恢复现状",率先作出让步,"先办几种事件,如取消抵制日货,保护日侨生命财产等等",并提出条件,由美方寻求解决途径,"成立一公道之和平"。②由此可见美国态度的消极。

虽然美方态度不如预期,但是国民政府还是通过各种途径寻求美国的支持。10 月 29 日,孔祥熙夫人宋霭龄在金陵广播电台发表演说,申论美国在九国公约会议当中应有的作为。她希望美国"能使各民族有遵守条约的信仰心",并能"以坚强勇敢的态度,领导各国","使中国现在所受的痛苦,永不再见"。她还在演说中表示:"此次比京会议,假使贵国及其他各强国不采取一种坚决手段,则该会议在世界历史上将来不免为世界政治家最无意识的会议,而世界人类的和平,人道与民治主义,将永不再见矣!"③

为了表示诚意,国民政府还忍辱负重地接受了美方的两项建

---

① 《顾维钧致外交部密电》(1937 年 10 月 28 日),《九国公约签字国布鲁塞尔会议期间外交部与各方来往文电选》,《民国档案》1989 年第 2 期,第 36 页。

② 《钱泰致外交部电》(1937 年 10 月 29 日),《九国公约签字国布鲁塞尔会议期间外交部与各方来往文电选》,《民国档案》1989 年第 2 期,第 38—39 页。

③ 孔宋霭龄:《九国公约会议 美国人应负之责任》,《申报》,1937 年 10 月 30 日,第 2 张第 6 版。

议。其一,中国代表在陈述完意见后即退席。11月1日,王宠惠回电顾维钧、钱泰等,称国民政府决定"倘英、美、法等果有热诚调停之意,而我能预先探明其所拟计划大致于我尚无不利,则我代表为获得各国同情起见,可于陈述事实与我方希望后,各国开始试行调解时,自动声明暂行退席",但是有两项保留:"(甲)仍得随时出席;(乙)任何问题未与中国代表商讨之机会,并未经中国同意者,不能为最后之决定"。其二,只要日本用和平方法及友谊态度,那么中国将同意与其进行经济合作,"若凭借武力夺取利益,不独违法背理,且离目的愈远"。"中国愿随时与日本谋经济合作,但必须根据九国公约之原则,尤须于不侵略、不威胁状态中行之。"①

国民政府作出上述让步,可能与行政院副院长孔祥熙的态度有关。孔祥熙在给外交部的函电中表示可以接受罗斯福的建议,以示对美国的信任,"我代表在座参加讨论,列强或有不便,我如运用得法,使他国多为我说话,在座与否,实无必要"。孔还特别提醒代表团要于会外积极接洽,设法打破德意日三国间的结合,"敌、友、我,能分化敌方一分助力,即可增强我一方力量也。最低限度亦须使之消极助我,否则会议必无若何成效"。②

11月2日,孔祥熙还致电顾维钧,表示《九国公约》的本意是美国及列强为防东亚危机波及世界而未雨绸缪,故中日冲突表面上是两国间的问题,实则"关系太平洋沿岸安全甚巨","日本此次暴行灭绝人道,如列强不能主持正义,有所主张,则恶例一开,世界将无宁日"。孔祥熙还表示:"吾人深加希望与信赖会议能有公

---

① 《王宠惠致顾维钧等电》(1937年11月1日),《九国公约签字国布鲁塞尔会议期间外交部与各方来往文电选》,《民国档案》1989年第2期,第44页。
② 《行政院秘书处致外交部公函》(1937年10月28日),《九国公约签字国布鲁塞尔会议期间外交部与各方来往文电选》,《民国档案》1989年第2期,第35—36页。

道公允之办法,极愿加以接受。此会列强皆以美国之马首是瞻,美方态度关系最巨,望兄等努力运用,以促成功。"①

综上,国民政府认为列强以美国马首是瞻,所以尽最大努力来争取美国的支持。但是,美国又岂会为了中国利益而强出头。美国国务卿赫尔9月2日回复美国驻日大使格鲁的电报中,清楚地表达了美国在中日全面战争初期的立场:"在当前的危机中,美国政府一直努力遵循绝对公正的方针","我们不希望日本方面产生这样的印象:美国不及英国政府理解日本的方针,或者不赞同的程度超过英国政府,或者说,不管日本遵循什么样的方针,美国在任何意义上都不会宽恕"。美国的基本目标只有两个,即"避免卷入"和"保护美国公民的生命、财产和权利"。赫尔还说:"美国首先关心的却是美国人民的利益,以及必须受法律、条约、舆论和其他制约事项所支配的美国总的政策和广泛利益,而并非交战的任何一方或双方想保持这种对美国不恰当的好意。"②居于这种立场,赫尔指示美国代表称:"你要牢记我国外交政策的首要目标是我国的国家安全。为此,我们寻求保持和平,并促进维护和平。……你也要记住美国公众舆论已表达了美国不卷入战争的决心。"赫尔还表示:"我国政府希望大会能取得有助于远东持久稳定与和平的成果。我国政府认为,大会的主要作用应是提供建设性讨论的论坛,制定出解决问题的可能基础,或就此提出建议,并努力通过和平谈

---

① 《孔祥熙致顾维钧等电》(1937年11月2日),中国第二历史档案馆孙武选辑:《中国出席九国公约签字国布鲁塞尔会议代表与外交部等来往文电(1937·10—11)(一)》,《民国档案》2008年第3期,第24页。
② 《美国国务卿赫尔致美国驻日大使格鲁的电报》(1937年9月2日),李巨廉、王斯德主编:《第二次世界大战起源历史文件资料集(1937·7—1939·8)》,第19页。

判把各方拉到一起来。"①也就是说,美国虽然支持和平,但是决不愿在此时卷入战争。

美国的态度如此,那么会议的另一个主角英国又是什么态度呢?10月13日,英国首相张伯伦在内阁会议上表示反对经济制裁日本,原因有四:第一,"不冒战争的风险,要实行有效的制裁是不可能的";第二,实行无效的制裁,只会导致日本对英国的恶感;第三,中国在日军的进攻下趋于"崩溃",可能将会如同埃塞俄比亚那样亡国,无法拯救;第四,在欧洲情势紧张的情况下,英国无法派遣舰队到远东防范日本可能的进攻。因此,张伯伦认为如果无法获得美国的保证,"即他们准备正视可能落到在远东有重大利益的国家身上的一切后果",英国"就不能实行制裁"。②

九国公约会议的两大主角态度如此,想要会议取得令人满意的结果,自然不现实。对于英美两国的态度,王子壮在日记中分析道:"在英美之初意为消弭战端,促进和平,但于日本态度疯狂之际与谈和平,不啻对牛弹琴。彼意在独霸东亚、屈服中国,否则必将出之以武力,不有强力为后盾又将如何使之听从,但英美犹恐与日以难堪,绝对不谈制裁问题,以冀有圜转之余地,是此会之结果亦难以逆睹。"③

除了英美两国,国民政府还竭力争取其他国家的支持。蒋

---

① 《美国国务卿赫尔致美国出席布鲁塞尔会议代表诺曼·戴维斯的信(节录)》(1937年10月18日),李巨廉、王斯德主编:《第二次世界大战起源历史文件资料集(1937·7—1939·8)》,第38—39页。
② 《英国首相张伯伦在内阁会议上的发言(节录)》(1937年10月13日),李巨廉、王斯德主编:《第二次世界大战起源历史文件资料集(1937·7—1939·8)》,第37页。
③ "中央研究院"近代史研究所编印:《王子壮日记》第4册,1937年10月25日,第298页。

介石希望苏联能够以身作则,促使英美对日立场更加坚定。①后来,杨杰、张冲回电蒋介石称:"比京会议,苏决助中国,已令出席代表尽无限之力量,与我代表切取协助之应付。"②另外,意大利是日本盟国中唯一将出席此会议的国家,所以蒋介石努力争取意大利保持中立。③ 蒋介石致电特使蒋百里表示:"传闻义报载,义国出席九国会议为敌方辩护与承认其行动为合理云。谅不确实,如果其不能为我助,至少亦要坚守中立态度,否则不如不出席也。"④

3. 中国代表团的努力

会议开幕后,以顾维钧为团长的中国代表团,在会内会外积极活动,希望会议能够真正有所作为。

11月3日,顾维钧在会议上发表演说,开宗明义地表示:"作为华盛顿公约签字国之一的日本对我国发动的武装侵略",违反了《九国公约》第一条。顾维钧在演说中历数日本自九一八事变以来对中国长达数年的侵略事实,指责"日本不惜背弃国际道德,违反条约义务,一直进行着非法活动","这些活动中的任何一项都构成对中国主权、独立及领土和行政权完整的侵犯,而这些都是日本在

---

① 《蒋中正电杨杰九国公约会议开会在即盼向苏俄当局探询对调解方案意见》(1937年10月22日),台北:"国史馆"藏,蒋中正"总统"文物档案,002-020300-00042-003。
② 《杨杰张冲电蒋中正比京会议苏俄决助中国已令出席代表与中国代表切取联系》(1937年11月1日),台北:"国史馆"藏,蒋中正"总统"文物档案,002-020300-00042-004。
③ 《蒋中正电刘文岛转蒋百里报载义国出席九国会议为日方辩护与承认其行动为合理如其不能助至少要坚守中立态度否则不如不出席》(1937年10月21日),台北:"国史馆"藏,蒋中正"总统"文物档案,002-090103-00011-254。
④ 《蒋中正电示蒋方震义国出席九国公约会议如不能助我至少要坚守中立》(1937年10月21日),台北:"国史馆"藏,蒋中正"总统"文物档案,002-010300-00006-063。

华盛顿九国公约中郑重承诺尊重的"。顾维钧还对日本对外宣称的所有侵华借口进行了针锋相对的驳斥,并指出日本公然违反《九国公约》,而中国在"用有限的能源与兵力一直在力图保卫公约",所以顾维钧希望与会各国能够做出相应努力,"使信守誓言的原则在国际关系中盛行","这样的一种努力,既为中国提供了充分的公正性,也为文明本身的广泛利益尽了责"。①

但与会各国各有盘算,都不愿在制裁日本的问题上迈出第一步,故而很难达成一致意见。美国代表戴维斯在给总统罗斯福和国务卿赫尔的电报中说:英法代表都希望能够获得美国的保证,唯有美国率先垂范,它们才会起而效法,而这又是美国所极力避免的,因此"除非我们愿意采取一些积极措施,否则许多国家将不知所措,无所作为"。他还在电报中表达了他的担忧,称:"正当日本紧张不安地害怕我们可能会同意做出某些积极行动时,而我们却继续长时期地表明除了告诫以外毫无其他意图可言,这样会使日本立即相信,它可以不遭到任何危险的干预前实施其方针。"②

虽然中国代表团竭尽全力,但因日本始终拒绝与会,会议也就无从调解,"直不啻披各国之左右两颊而后饷以闭门羹"。③ 于是便在 11 月 15 日通过会议宣言,宣布会议延期,并最终于 22 日宣布闭幕。顾维钧后来认为此次会议"一开始就表现出它主要不是一个向中国提供有效援助或解决中日冲突的工具","而是一个为英法

---

① 顾维钧:《日本侵略与布鲁塞尔九国会议》,金光耀、马建标选编:《顾维钧外交演讲集》,上海:上海辞书出版社 2006 年版,第 119—126 页。
② 《美国出席布鲁塞尔大会代表戴维斯致美国总统罗斯福和国务卿赫尔的电报》(1937 年 11 月 14 日),李巨廉、王斯德主编:《第二次世界大战起源历史文件资料集(1937·7—1939·8)》,第 62—63 页。
③ 《比京会议调解失败以后》,《大公报(上海版)》,1937 年 11 月 16 日,第 1 版,社评。

提供摆脱困境的方法,特别是对英国来说更是如此,因为它在远东的利益更在其他西方列强之上"。① 英法等欧洲列强企图将责任推给美国,而美国又无意承担责任,会议自然无法取得成功。对于西方列强的态度,程天放后来在回忆中表示:"在会议中,不但小国的代表畏日本如虎,讲话小心翼翼,惟恐引起日本的不满,就是英法两个强国,甚至发起九国公约的美国,也不敢作任何坚决的主张。它们不但不敢提出制裁日本的意见,甚至谴责日本侵略的话,也都避免不讲","这种情形,不但不能制裁日本,只有提高日本的地位,助长日本的气焰,使得它更在侵略道路上进展"。②

虽然与中国相比,日本国力更强,但是仍远逊于英美等西方列强。如果西方列强在中日全面战争初期联合采取强力措施,那么是有可能迫使日本让步的。③ 英美法等国是凡尔赛—华盛顿体系的受益者,但是因为唯恐卷入战争,便姑息、纵容日本破坏国际体系的行为,最终使战争波及的范围越来越大。因此,有学者指出:"第二次世界大战,在很大程度上是第一次世界大战的重演。"④

四、对会议无果而终的省思

九国公约会议无果而终,说明华盛顿体系明显失灵。《大公报》将其视作"公开外交的过去",认定维护和平的各公约均已失效,中国唯有"自力立国"。当中国抗战与列强的利益一致时,"世界的力量一定可以为我们所用","现在第一个紧要关键,是要我们

---

① 中国社会科学院近代史研究所译:《顾维钧回忆录》第 2 分册,第 641 页。
② 程天放:《使德回忆录》,台北:正中书局 1967 年版,第 227—228 页。
③ 王建朗:《抗战初期的远东国际关系》,台北:东大图书公司 1996 年版,第 289 页。
④ [英]A.J.P.泰勒著,潘人杰、朱立人、黄鹂译:《第二次世界大战的起源》,上海:上海辞书出版社 2013 年版,第 23 页。

自己立脚得住,撑持得下;然后再在实际外交中觅取并运用与我们利益一致的力量"。①

总的来看,九国公约会议通过的宣言对中国有四点有利之处:第一,中日冲突不只是中日两国之事,而影响到了第三国的利益,因此"在法律上涉及1922年华盛顿九国公约所有国家以及1928年巴黎公约的全体国家";第二,运用军事力量干涉他国内政缺乏法律依据,若"笼统地承认这样一种权利",必将带来无穷祸患;第三,日本大量军队现正驻扎在中国土地上,"不可能指望通过双方直接谈判取得公正而持久的解决办法";第四,如果日本仍然一意孤行,则与会各国将考虑采取一致态度。② 蒋介石认为宣言"软弱",不足以对日本侵略者形成威慑力,但是期待实现各国的"共同行动"。③

对中国来讲,九国公约会议并未带来任何实质性的效果,而只有一些象征性意义。张仲实在《抗日三日刊》上撰文指出会议的两点意义:其一,获得了一个重要教训,"我们只有以破釜沉舟的决心,抗战到底,才是唯一的生路;要是中途希望什么人出来调解,那只是徒然动摇自己抗战的意志";其二,国际形势更加明朗化,日德意阵营与英美法苏阵营之间的对立"更形加深",敌友渐趋分明。因此,中国的外交方针"不应当再是含含混混的'循国际和平之路线以前进',而应当是利用有利的国际形势,坚决要求各国对日寇实施制裁,并跟英美法苏四国取得密切的联络和帮助"。④ 对于张仲实所提第二点,王子壮也有同感,他认为意大利加入德日反共产

---

① 《比京会议的收场》,《大公报(上海版)》,1937年11月25日,第1版,社评。
② 《布鲁塞尔会议宣言》(1937年11月15日),李巨廉、王斯德主编:《第二次世界大战起源历史文件资料集(1937·7—1939·8)》,第64—66页。
③ 《蒋介石日记》(手稿),1937年11月15日,斯坦福大学胡佛研究所档案馆藏。
④ 张仲实:《九国会议调解绝望以后》,《抗战三日刊》第28期,第5—6页。

国际协定"是日德意阵线之完成","反之,英法俄美如于此会亲密合作,亦可得一共同之意见,以为和平之基础。所谓以统一的阵线,以应付此反共国家,于将来一切国际合作上必能得极大之利益"。中国只要能保持国际同情,同时坚决抵抗日本的侵略,"则国事前途必有转换之一日也"。①

虽然九国公约会议无果而终,但是蒋介石认为国际局势发生了有利中国的转变。蒋做出这一判断并不只是自我安慰,而是有确实依据的。在会议闭幕后,苏联担心中国抗战信心会因之受挫,而向国民政府保证在中国抗战到了生死关头之时,苏方决不会坐视不理。11月18日,张冲向蒋报告伏罗希洛夫的谈话要点,称:"一、如吾抗战到生死关头时,俄当出兵,决不坐视。二、飞机、重炮、汽油、坦克等当继续尽量接济维护,为减少运输困难及途中无谓损失计,拟按月车运飞机发动机及战车主要机件到华,就地装配,计月可出飞机百至百五十,其他军火亦多,如此可以长期抗战。"②虽然后来当蒋介石真的请求苏联出兵时,遭到了斯大林的婉拒③,但是苏联还是保证会"用种种途径及方法极力的增加对中华民族及其国民政府之技术援助"④。在英美对日政策未改变前,苏联的对华援助对于维持中国抗战的意义相当重大。

---

① "中央研究院"近代史研究所编印:《王子壮日记》第4册,1937年11月5日,第310页。
② 《张冲电蒋中正据伏罗希洛夫嘱转呈如中国抗战到生死关头时俄当出兵》(1937年11月18日),台北:"国史馆"藏,蒋中正"总统"文物档案,002-020300-00042-007。
③ 《蒋中正电蒋廷黻杨杰请伏罗希洛夫转斯大林中苏利害与共休戚相关》(1937年11月30日),台北:"国史馆"藏,蒋中正"总统"文物档案,002-020300-00042-009。
④ 《斯大林电蒋中正申诉苏俄不能对日出兵之理由》(1937年12月),台北:"国史馆"藏,蒋中正"总统"文物档案,002-020300-00042-011。

11月19日,蒋介石在国防最高会议上表示中国抗战改变了国际局势,推动了国际反侵略阵线的形成,称:"三个月的抗战,三十万将士的死伤,已经造成了国际新形势。如果没有中国这三个月的抗战,不会有德意日协定,不会有比京九国公约国会议,亦不会促成对抗侵略阵线的联合阵线。"面对法西斯肆虐的侵略,英美法苏等国组成的联合阵线最终一定会形成。只要中国坚持抗战下去,"一定可以达到各国在远东敌视日本,包围日本的目的,一定使日本陷于绝对的孤立"。他还说:"我们所预想和预期的形势,确实已一步一步的实现。而且九国公约国的发动,和英日交恶的形势,是出乎意外的提早实现了。"①在蒋介石看来,虽然国民政府寻求国际对日制裁未能如愿,但是"公理之是非固已大白于天下"。只要世界正义不泯灭,"吾人目的必有达到之一日"。毕竟中国抗战既是"为民族生存与独立而战",也是"为国际和平正义而战"。②

不可否认,九国公约会议无果而终确实影响了部分国民党高层争取抗战胜利的信心,从而主张响应国际上的调停声浪。在会议后期,德意两国就积极表态愿意调停中日战争。11月16日、17日,意大利外长齐亚诺两次与国民政府特使陈公博会谈,提出意大利愿意和德国一起出面调停。齐亚诺说:"中国无海、空军,徒受牺牲,国联各国并无援助中国之真意及实力,不如由德意调

---

① 蒋介石:《国府迁渝与抗战前途》(1937年11月19日),秦孝仪主编:《"总统"蒋公思想言论总集》第14卷,第656—657页。
② 蒋介石:《我军退出南京告全国国民书》(1937年12月16日),秦孝仪主编:《"总统"蒋公思想言论总集》第30卷,台北:中国国民党中央委员会党史委员会1984年版,第250页。

停。"①齐亚诺还具体询问中国愿意在何条件下委曲求全,与日本"磋商和平"。② 11 月 20 日,墨索里尼也对陈公博说:"照彼军事观点,中国实难再战",而"英法美不论和战均难助我",所以对中国最有利的是趁着目前"士气尚旺"的时候,接受德意两国的联合调停。③ 陈公博认为意大利如此积极地介入调停,主要有两个原因:其一,从中渔利,"意自签订反共协定,每事必与英法逐渐有异,意图威胁取利";其二,提高意大利自身的国际地位,"希图中介中日和平,增进本身地位,插足远东"。④

此时,国民党内部主和派代表以汪精卫、孔祥熙为代表。11 月 26 日,孔祥熙致电蒋介石报告汪精卫的态度:汪认为"现局危险",应当"另想办法",建议在重庆召开中常会讨论和战大计。⑤ 孔祥熙不过是借汪之言表达己意。事实上,他私下也曾多次向蒋表达过类似的意见。早在 7 月 19 日,他就致电蒋介石表示:"中日事件如非确有相当把握,似宜从长考虑,以国际情形论,难望任何国家切

---

① 《陈公博电蒋中正晤齐亚诺谓国联各国无意援助中国望居间调和中日两国及比京会议将不投票并严守对华友好关系》(1937 年 11 月 16 日),台北:"国史馆"藏,蒋中正"总统"文物档案,002-090103-00016-256。
② 《陈公博电蒋中正向齐亚诺表达中国对中日和谈须先恢复七月七日原状及望义国严守中立并相机行事》(1937 年 11 月 17 日),台北:"国史馆"藏,蒋中正"总统"文物档案,002-090103-00016-253。
③ 《陈公博电蒋中正昨晤墨索里尼劝由德义中介中日和平已申言中国立场并询抗战期间是否继续与中国通商等》(1937 年 11 月 20 日),台北:"国史馆"藏,蒋中正"总统"文物档案,002-090103-00016-237。
④ 《陈公博电蒋中正观义国自签订反共协定后渐与英法相左欲威胁图利及望中介中日和平英则计划拆散德义合作是否强硬拒绝义国所提和平》(1937 年 11 月 18 日),台北:"国史馆"藏,蒋中正"总统"文物档案,002-090103-00016-255。
⑤ 《孔祥熙电蒋中正陈述汪兆铭要求劝钧座另以办法解决中日战争并提议召开中央常会以资取决》(1937 年 11 月 26 日),台北:"国史馆"藏,蒋中正"总统"文物档案,002-090105-00001-121。

实助我。"①11月28日,孔祥熙还致电蒋介石,希望蒋能够接受美国的意见,即由中国提出条件,与日本达成类似停战协定之类的协议。电云:"美国如出任调停,决不愿出卖中国。如任日本现行提出条件,恐其苛酷程度,决非中国所能接受,美国亦不愿代为传达。不如由中国开出可以承允之条件,作为美国之意,如此则对方不至开价过钜。至于政治问题,目下甚难解决,拟得其暂行不提,而另签一双方可以停战承允合作之条约,如此日本亦可下台。"②11月30日,孔祥熙再度致电蒋介石,认为德国大使陶德曼的调停是天赐良机,"绝不可失"。他还在电报中提出了三点理由。第一,德国是中日两国皆可信任的国家,由其出面调停确有成功之望。在九国公约会议无果而终的情形下,接受由日方主动发起的德国调停,"在国家体面上似亦说得过去",并且日方所提条件并非最后通牒,尚有讨价还价的空间。第二,国内困难的情势难以支撑持久抗战,"此时若不乘风转舵,深恐迁延日久,万一后方再生变化,必致国内大乱,更将无法收拾"。因为一方面国际援助缓不济急,另一方面后方组织不充实,财政经济困难,加上各地方实力派"尚未完全觉悟,犹多保存实力之想"。第三,国民党高层大多期盼"从速转圜","现在各方希望既已如此,我兄似不宜个人负责太重"。基于上述理由,孔祥熙建议不妨先行停战,"稍事整理",况且在德国居间调

---

① 《孔祥熙电蒋中正中日事件如非有确实把握宜从长考虑以国际情势论难望任何国家切实协助》(1937年7月19日),台北:"国史馆"藏,蒋中正"总统"文物档案,002-090103-00002-007。
② 《孔祥熙电蒋中正美国望中国提出可接受条件作为其调停中日之基础美望与他国共同调停至于政治问题则拟暂行不提及询经济合作条件》(1937年11月28日),台北:"国史馆"藏,蒋中正"总统"文物档案,002-090103-00003-122。

停之下,并非完全直接交涉,"似不妨先与一谈"。①

蒋介石在这一时期的日记中多次记载军政大员因军事失利而主张妥协。11月30日,他在日记中批评:"文人老朽以军事失利皆倡和议,高级将领皆多落魄望和,投机取巧者更甚。若辈毫无革命精神,究不知其昔时倡言抗战如是之易为,果何所据也。"②12月18日,他还在日记中写道:"近日各方人士与重要同志皆以为军事失败非速求和不可,几乎众口一词。"③12月27日,在国防最高会议讨论日本所提议和条件之时,与会者多支持"议和"。于右任甚至指责蒋介石优柔寡断而有欠英明。④

在九国公约会议结束后不久,首都南京也随之沦陷,国民政府内部确实陷入人心惶惶的状态,对争取抗战胜利的信心严重不足。11月15日,行政院参事陈克文日记中写道:"满城风雨,人心惶惶。不图宋室南渡,与明末播迁之景氛,竟令吾人身受之也。"⑤12月8日,他再写道:"八国联军入京,到今不过三十多年,首都虽不是同一地方,但外敌侵入首都却是一样的。中华民族衰靡无用,何以一至于此。"⑥12月23日,他还写道:"战败后,许多人的自信心似乎渐次消失。"⑦但是在这种情势下,蒋介石并没有接受党内和谈的意

---

① 《孔祥熙电蒋中正德大使奉该国政府令出而调停盼对其表示只须决定条件可由外交当局及行政院详商另请设法收沙赫特为我国所用而不愿聘日等文电》(1937年11月30日),台北:"国史馆"藏,蒋中正"总统"文物档案,002-080103-00032-004。
② 《蒋介石日记》(手稿),1937年11月30日,本月反省录,斯坦福大学胡佛研究所档案馆藏。
③ 《蒋介石日记》(手稿),1937年12月18日,本周反省录,斯坦福大学胡佛研究所档案馆藏。
④ 《蒋介石日记》(手稿),1937年12月27日,斯坦福大学胡佛研究所档案馆藏。
⑤ 陈方正编辑校订:《陈克文日记》上,1937年11月15日,第134页。
⑥ 陈方正编辑校订:《陈克文日记》上,1937年12月8日,第147页。
⑦ 陈方正编辑校订:《陈克文日记》上,1937年12月23日,第155页。

见,而是选择继续抗战。其中缘由,主要有以下五点。

第一,客观上,抗战形势根本没有恶化到不可挽救的地步,"抗倭原定计划本以平汉与粤汉两路以西地区为根据,今日犹在其以东地区抗战,而一般文武人员竟忘其所以",因此只要坚持正确的方略,抗日战事还大有可为,"战败敌军制服倭寇之道,今日除在时间上作长期抗战,以消耗敌力;在空间上谋国际干涉,与使敌军在广大区域驻多数兵力,使之欲罢不能,进退维谷,方能制敌之死命,贯彻我基本主张。此旨万不可稍有动摇,国际局势不可视为沉寂无望,全可由我自造之也"。① 总之,在蒋介石看来,一时的失利并不意味着最终的结局,"此次抗战即使全国被敌占领,只可视为革命第二期一时之失败,而不能视为国家被敌征服,更不能视为灭亡也","只要三民主义不灭,则国家虽亡犹存;只要革命精神不死,则战事虽败亦胜"。②

第二,随着侵华战事的延长,日本的弱点也逐渐暴露。蒋介石判断:"此后敌人前进愈难,而我军应之较易,必使敌人再进一线,使之更陷于穷境,则国际变化如何固不可期待,而倭寇弱点必暴露更甚,敌军兵力亦不胜布置,不仅使之进退维谷,而且使之疲于奔命,如此各国必乘其疲而起矣。"③

第三,此时与日议和无异于城下之盟,得不偿失,甚至可能引发国内动乱。蒋介石曾对汪精卫、孔祥熙及张群等人说:"国民党革命

---

① 《蒋介石日记》(手稿),1937年11月30日,本月反省录,斯坦福大学胡佛研究所档案馆藏。
② 《蒋介石日记》(手稿),1937年12月11日,本周反省录,斯坦福大学胡佛研究所档案馆藏。
③ 《蒋介石日记》(手稿),1937年12月18日,本周反省录,斯坦福大学胡佛研究所档案馆藏。

精神与三民主义,只有为中国求自由与平等,而不能降服于敌,订立各种不堪忍受之条件,以增加我国家与民族永远之束缚。若果不幸全归失败,则革命失败不足为奇耻,只要我国民政府不落黑字于敌手,则敌无所凭借,我国随时可以有恢复主权之机也,乃即决定不理敌之条件。"①在蒋介石看来,抗战一旦停止,则内战必起,所以"与其国内大乱,不如抗战大败"②,"宁为战败而亡,毋为降敌求存,战败则可转败为胜,降敌则虽存必亡,而且永无复兴自拔之时矣"③。

第四,国民党内主战派的压力。12月20日,白崇禧在国防最高会议上慷慨陈词,"力主抗战到底,不可再以和议二字萦绕脑中"。④ 12月31日,王世杰也劝说蒋介石不要轻易言和:"盖目前主和者,无非以为和则国民政府之生命可以延长。实则目前言和,必须变更政府一切立场,自行撕碎九国公约与中苏不侵犯协约。和议成后,政府内受国人之攻击,外受日方之继续压迫,不出一、二月,政府必不能维持。"⑤

第五,蒋介石个人的顽强意志与宗教信仰发挥的积极作用。10月21日,蒋介石在日记中写道:"国存与存,国亡与亡,生死存亡,听之于天,成败利钝,尽我人事而已。"10月29日,他再写道:"人生应创造时势,不可为时势所创造,为环境所束缚。"10月30日,他还写道:"有我在世中国必能挽救,此非特自我之自信,实已成为中外人士普遍之心理矣,余何自惧乎。"12月22日,他还在日记中写道:"笃信上帝必能救我中华脱离危险,完成赋予我之

---

① 《蒋介石日记》(手稿),1937年12月28日,斯坦福大学胡佛研究所档案馆藏。
② 《蒋介石日记》(手稿),1937年12月29日,斯坦福大学胡佛研究所档案馆藏。
③ 《蒋介石日记》(手稿),1937年12月11日,本周反省录,斯坦福大学胡佛研究所档案馆藏。
④ 林美莉编辑校订:《王世杰日记》上,1937年12月20日,第74页。
⑤ 林美莉编辑校订:《王世杰日记》上,1937年12月31日,第77页。

使命。"①从上述日记可以看出蒋介石的自命不凡。这是他走向独裁的重要个人因素,同时也是支撑其度过抗战艰困时期的精神力量。

国民政府在明知九国公约会议很难成功的前提下,还是积极参与,一方面显示中国是国际体系维护者的形象,另一方面凸显日本侵略者是国际体系的破坏者。虽然九国公约会议未能产生实质性效果,但是入江昭认为其"至少已表明关心远东局势的多数国家一致同情中国","到 1937 年底,可以清楚地看到日本的国际地位正在下降,而中国的国际地位正在反比地被提高"。② 九国公约会议的结果意味着国际同情要化为实际行动还需要一定的时间,而这就意味着要苦撑待变,不因一时困难而屈服。

九国公约会议结束后,国民政府并未放弃维护《九国公约》的立场。1938 年 12 月,日本外相有田八郎提出"东亚新秩序",并声称:"远东新局势、中国新政权之产生及中国合法主权之恢复,已使旧有集体安全制度,不能适用,故九国公约之门户开放与机会均等原则,已不能应用于远东之新情势。"③换言之,日本企图将以武力改变的现状强迫各国接受,单方面废除《九国公约》,从而彻底摆脱华盛顿体系的束缚。入江昭指出:华盛顿体系并不是一个"含义清晰的法定概念",而是"一种思想状态",即列强相互合作。④因此,面对日本的不合作,甚至破坏之举,各国除非强力制止,否

---

① 《蒋介石日记》(手稿),1937 年 10 月 21 日、10 月 29 日、10 月 30 日、12 月 22 日,"雪耻"条,斯坦福大学胡佛研究所档案馆藏。
② [美]费正清、费维恺编,杨品泉等译:《剑桥中华民国史》下,北京:中国社会科学出版社 2007 年版,第 518—519 页。
③ 《国际形势剧变中　英美态度突转强硬》,《申报(香港版)》,1938 年 12 月 10 日,第 2 张第 8 版。
④ 入江昭:《第二次世界大战在亚洲及太平洋的起源》,第 3 页。

则只能徒呼奈何。有田的谈话一公开,就遭到了中国外长王宠惠的驳斥。王宠惠在对记者的谈话中表示:"如因日本破坏条约造成之既成事实,贸然以为九国公约应予修改或取消,绝对不可","该约目的即在使太平洋方面能得持久之秩序与和平,故非任何一国所能予以合法废止。况日本所谓'东亚新情势',完全为彼破坏九国公约所造成"。①

此外,国民政府继续将《九国公约》作为重要的外交武器加以使用。其一,将《九国公约》作为反对西方列强对日妥协的法理依据。1939年6月,当英日两国正在为天津租界问题进行谈判之时,军事委员会参事室向蒋介石建议重启九国公约会议。意见书表示:"盖有此会议,英拒绝日方之广泛要求,可企图以集体之行动拒绝之,英如对日施行报复,亦或可依集体之行动为之,如是日本所受之压迫较大,英国所冒之危险较小。"意见书还认为会议如能召开,"英对津案或不致退让",并推动远东反侵略阵线的形成。② 在日英两国签订"有田—克莱琪协定"后,蒋介石当即对伦敦《新闻纪实报》发表谈话,批评英国背信弃义,称:"任何对于日本之让步,将必妨害中国,将必违背九国公约之规定。如此无异于帮助日本侵略,亦无异于帮助日本撕毁九国公约,英国何能背信蔑义,甘与侵略国相附而放弃其对华久远之友谊?"③其二,还将《九国公约》作为

---

① 《日谋窜改九国公约 王外长痛予驳斥》,《申报(香港版)》,1938年12月13日,第2张第8版。
② 《军事委员会参事室所拟中国应如何利用九国公约及对于中国要求召开九国公约会议的意见》,中国第二历史档案馆藏,军事委员会档案,761/118,第9—14页。
③ 《蒋委员长自重庆致伦敦新闻纪事报发表对于英日东京谈判之感想及对英国之期望电》(1939年7月28日),秦孝仪主编:《中华民国重要史料初编——对日抗战时期》第3编,战时外交(二),台北:中国国民党中央委员会党史委员会1981年版,第102—103页。

争取西方列强支持的重要凭借。1939年7月20日,蒋介石致电罗斯福表示:"日本对于国际公约之态度,迄今毫未改变其愚妄之政策,该国之不欲尊重其自由签订之九国公约,实与年余以前比京会议之时无异。惟日本之所惧,乃在各签约国坚持条约下之权利与义务,而以有效之制裁为之后盾也。"蒋向罗斯福建议由美国政府邀请主要关系国家在华盛顿或其他地点举行会议,如果日本拒绝与会,那么美国政府就有充分理由对其实施报复,"此种报复办法,纵仅经短期间之执行,亦必可迫使日本恢复理智,而终将促其接受会议之办法。如此,则九国公约之原则可以维持于不坠"。①

小　　结

全面抗战初期,国民政府虽然在正面战场上对日本侵略者进行了相当英勇的抵抗,先后组织了淞沪会战、太原会战、徐州会战及武汉会战等重大战役,但是对持久抗战的态度是不够坚决的。国民政府总是希望能够利用国际压力来迫使日本让步,或者在国际体系内解决中日争端,而对动员最广大的民众进行全面抗战则缺乏认识及行动。这当然是由国民政府的政权属性所决定的。国民政府虽然通过国联会议、九国公约会议赢得了国际社会的道义支持,但是与其对国际体系的期待相比,则相差甚远。国际政治是现实的。在西方列强与中国的利害关系趋向一致以前,国民政府想要联合它们共同对日的目标是不可能实现的。当时唯有苏联与中国有共同的利害关系,因此在中苏互不侵犯条约签订后,国民政

---

① 蒋介石:《致美国罗斯福总统函建议制裁侵略之有效办法》(1939年7月20日),秦孝仪主编:《"总统"蒋公思想言论总集》第38卷,第187—190页。

府确实从苏联获得了大量的援助。这对支援中国抗战当然是有很大意义的。总的来说，应该坚持一分为二地看待国民政府的抗战外交，一方面适度肯定其积极主动地寻求国际支持，另一方面也应该批判其过分仰赖国际体系的态度及政策。赢得抗战胜利的最可靠保证是巩固、扩大抗日民族统一战线，组织动员广大民众投身抗日伟业。

第四章　全面抗战中期国民政府对国际变局的因应

从中国全面抗战开始到太平洋战争爆发,是第二次世界大战从局部战争走向全面战争的过程。与第一次世界大战爆发时双方阵营壁垒分明的情势不同,敌我关系的演变在第二次世界大战展开过程中更显复杂。其间,国际风云变幻,大国关系进一步分化重组,既推动了国际体系的深刻变化,也给中国抗战带来了巨大的考验。如果国民政府在外交决策上发生重大失误,那么将给中国抗战带来很难挽回的损失。正所谓:"外交政策之得失,大有关乎国运,诚未可掉以轻心而自陷孤立,要当早树屏障,善为运用。"①本章将选择三个与中国抗战密切相关的国际变局,从国际体系变化的角度,探讨国民政府的认识及反应。

---

① 曾琦:《祝三十而立之中华民国》,陈正茂、黄欣周、梅渐浓编:《曾琦先生文集》上,台北:"中央研究院"近代史研究所1993年版,第235页。

第一节　对苏德互不侵犯条约的反应

1939年8月23日,苏联与德国签订互不侵犯条约。① 苏德互不侵犯条约的签订深刻改变了当时的国际政治格局,也在中国社会引起了很大的波澜。"德苏互不侵犯协定的签订,诚然是近代外交史上的一个奇迹。一个是反苏的急先锋,一个是反侵略最坚决的战士,现在居然签订了互不侵犯协定,确有点出乎意料之外。"② 本节将以国民政府对这一国际变局的认识及反应为中心展开论述。

一、不愿反侵略阵线出现分裂

全面抗战爆发后,国民政府在外交上虽然坚持"对于世界各国既存之友谊,必继续不懈,且当更求其增进"③,但是重心还是放在推动中英美法苏联合阵线的形成。时论指出:"英法美苏为世界和平阵线的四大柱石,我们当然应该竭力和他们携手合作,以期造成所谓太平洋的集体安全制。不过所难者,并不在于博得各该国单

---

① 苏德互不侵犯条约的内容主要包括五条:第一条,"缔约双方保证决不单独或联合其他国家彼此间进行任何武力行动,任何侵略行为或者任何攻击";第二条,"如果缔约一方成为第三国敌对行为的对象时,缔约另一方将不给予该第三国任何支持";第三条,"缔约双方政府今后将彼此保持联系,以便对他们共同利益有关的问题交换情报进行协商";第四条,"缔约任何一方将不加入直接或间接旨在反对另一方的任何国家集团";第五条,"如果缔约双方间在某种问题上或其他问题上发生分歧或抵触时,缔约双方应当只通过和平方法、友好地交换意见或者必要时设立调解委员会,以资解决这些争端或抵触"。见《苏德互不侵犯条约》(1939年8月23日),世界知识出版社编:《国际条约集(1934—1944)》,第226—228页。
② 苏鋐:《德苏互不侵犯协定与世界局势》,《安徽政治》第2卷第23期,第22页。
③ 《临时全国代表大会宣言》,《申报(汉口版)》,1938年4月3日,第3版。

独的对我同情,而在融化(至少避免)各该国间的本身矛盾,使其协以助我。"①1938年7月21日,国际法学者周鲠生向蒋介石提交了充满真知灼见的《外交方略》。他对国际形势作出四点判断:(1)"苏俄不会单独出兵";(2)"英国将在远东进行妥协";(3)"美国不会独力干涉远东问题";(4)"国联无力干涉"。有鉴于此,周鲠生建议道:"中国今后的外交方针应当是不再作一国单独出兵援华之期望,亦务求避免作妥协外交的牺牲,而当于持久抗战之有利的局势下,策动一种国际的或联合的干涉行动。"②周鲠生的许多判断事后都得到了验证。唯有反侵略阵线内部各国团结合作,共同努力,才能真正遏制日本的侵略步伐。因此,站在国民政府的立场,自然不希望看到反侵略阵线因苏德关系变化而出现分裂。蒋介石曾指出:"国际形势一定依着我们抗战与否而转变。促进英美一致,俄美一致,是我们外交上重要的目标。"③

在英法等国对法西斯国家推行绥靖政策之时,国民政府相当看重苏联的态度。《慕尼黑协定》签订后,中国驻英大使郭泰祺致电蒋介石:"四强协定成立后,欧洲均势为之大变,独裁国家势力益张,英法联合力量渐不足与之抗衡,结果中欧及东欧诸小国咸有附德倾向,北欧诸小国为本身安危计,早已坚取中立态度,故集体制裁行动,此时更无实现希望。"只有苏联因受到英法的排斥而在欧洲陷入孤立,"此后彼或将取守势,而转向远东发展,因此或有进一

---

① 《刷新外交阵容》,《申报(香港版)》,1938年7月17日,第2版,社评。
② 中国第二历史档案馆任骏选辑:《抗战初期军委会参事室周鲠生拟〈外交方略〉》,《民国档案》2010年第3期,第15—18页。
③ 蒋介石:《外交趋势与抗战前途》,《五届五中全会速纪录》,台北:中国国民党文化传播委员会党史馆藏,馆藏号:5.2/159.1。

步助我之可能",故而郭泰祺建议蒋乘势加强与苏联的合作。① 鉴于英法两国对法西斯国家妥协,王宠惠甚至建议蒋缓和与德意的关系,"以免日后英法美助我时,不致受其阻力"。② 王宠惠还建议从两方面着手:其一,"舆论方面应避免抨击德意之言论,使先去不良之隔阂,以和缓彼我间之空气";其二,"驻德意使节,宜促其特别活动,努力宣传"。③

苏德互不侵犯条约的签订确实出乎国民政府的预料。苏德两国对于签约谈判严格保密,外界自然不得其详。中国驻德大使陈介在给蒋介石的电报中指出:此次德苏双方商谈互不侵犯条约,"系由德大使奉令在苏密商,进行甚速,事前国内、国外无知者。消息传出后,群相惊讶,日使尤为狼狈。日通讯员在纪念集会中,颇肆咆哮,谓受德欺"。④

当时,蒋介石关注的是日本是否加入德意同盟的问题。他在8月21日的日记中写道:"德国此时不愿倭寇加入德意同盟,自在意中之事","至于倭寇之外交,无论其参加德意同盟与否,是已失败不可挽救矣"。⑤

---

① 《郭泰祺电蒋中正由英对十六条态度与国联演说词等分析英采自保放弃集体安全远东政策及四强协定后欧洲形势》(1938年10月9日),台北:"国史馆"藏,蒋中正"总统"文物档案,002-090103-00012-229。
② 《王宠惠电蒋中正建请改变对德义两国外交政策避免在日后英法美助华时受其阻碍》(1938年10月4日),台北:"国史馆"藏,蒋中正"总统"文物档案,002-090103-00016-106。
③ 《王宠惠电蒋中正针对调整中德中义关系拟在舆论上避免批击德义缓和双方气氛及促义使节设法宣传使彼明了我方立场并派丁文河编著演述再相机进展》(1938年10月8日),台北:"国史馆"藏,蒋中正"总统"文物档案,002-090103-00016-103。
④ 政治大学人文中心主编:《民国二十八年之蒋介石先生》,台北:政治大学人文中心2016年版,第469页。
⑤ 《蒋介石日记》(手稿),1939年8月21日,斯坦福大学胡佛研究所档案馆藏。

国民政府一直盼望在远东形成中美英法苏五国联合对日的局面。如果苏联与英美等西方列强关系恶化,那么将不利于国民政府争取尽可能多的国家支持,甚至面临选边的压力。学者表示苏德关系的改善"打破了英、美、苏在世界事务中合作的希望","到1939年9月第二次世界大战爆发时,英、美、苏、中很有希望的合作前景已被更加变化莫测的形势所代替"。① 国民政府虽然基本奉行友苏而不亲苏的政策,但是也无意与苏联关系疏远,毕竟这并不符合中国抗战的利益。

对国民政府来说,在苏德互不侵犯条约已然成为现实后,应当着手的是迅速分析利弊,采取相应措施,以趋利避害。起初,国民政府认为苏德互不侵犯对中国有利:一方面苏联在稳定西部局势下,可向东方投放更多的力量,从而减轻中国所面临的压力;另一方面日本通过反共产协定缔结的同盟关系无形消解,进而在国际上陷入孤立。当时正在莫斯科访问的立法院长孙科致电蒋介石表示:"据驻莫英、法大使馆观察,苏、德友好,增强德国在欧洲势力,亦增强苏联在远东地位。苏、德接近,则日、德疏远,于中国抗战有利。"在获阅孙科的电文后,蒋介石判断苏德互不侵犯条约的签订,"将使数年来国际局势为之一变,法、苏协定告终,德、义、日反共公约失效,欧局危机增加,而倭之借反共公约以恐吓欺诈者,亦失其凭借矣"。② 日本政府确实认为苏德互不侵犯条约"严重违反了作为日德反共产国际公约补充的秘密协定",并向德方提出严重抗议。③

---

① [美]费正清、费维恺编,杨品泉等译:《剑桥中华民国史》下,北京:中国社会科学出版社2007年版,第522页。
② 政治大学人文中心主编:《民国二十八年之蒋介石先生》,第467页。
③ 《德国驻日大使奥特致德国外交部的电报》(1939年8月25日),李巨廉、王斯德主编:《第二次世界大战起源历史文件资料集(1937·7—1939·8)》,第855页。

蒋介石也认为日本是苏德互不侵犯条约的最大受害者,"俄德签订商约后,忽宣布商订互不侵犯条约……最失败者为倭寇也。以后对英对俄之外交不能不特别慎重也"。① 蒋之所以在日记中提醒自己今后在"对英、对俄之外交"上要特别慎重,是基于以下判断:苏德签订互不侵犯条约后,英苏两国在外交上将处于对立的状态,在此情形下,如能与双方都保持友好关系,自然更有利于中国抗战,否则的话,或将成为大国角逐的牺牲品。

苏德互不侵犯条约签订之初,中国各界普遍认为对中国抗战有利,而对日本不利,"在东方则宣告暴日的外交破产了"②。《大公报》社评指出:"英法苏是国联盟约的支柱,英法与美国同时又是九国公约的友邦,都是我们的朋友,都对我们有援助;现在苏德订约,使所谓'反共同盟'解体,当然我们也只是有益之事。"③

站在国民政府的立场,自是希望苏联从此转而专注对日。蒋介石对国际局势演变做出三点预测:第一,"苏俄将放弃欧局,而独经营远东以对倭";第二,"俄倭互不侵犯条约不易订定,倭如与其让俄,当不如让英也";第三,"俄出而调解欧局,解决波兰问题,然后再使英德共同对倭解决远东问题。俄或不出此,彼将使欧洲大事,由波兰问题思欲火边取栗乎? 如此,彼且可自由处置远东问题矣"。④ 对中国最有利的情势是欧洲危机暂时解除后,各国共同"对倭解决远东问题",而这显然不太现实。因为当时包括苏德两国在内国际社会关注的焦点还是欧洲。8月25日,孙科向蒋介石报告他从德国驻苏大使处所获的内幕消息,电云:"德外长里宾特洛甫

---

① 《蒋介石日记》(手稿),1939年8月23日,斯坦福大学胡佛研究所档案馆藏。
② 《暴日的外交破产了!》,《大公报(重庆版)》,1939年8月24日,第2版,社评。
③ 《欧局变化与中国》,《大公报(重庆版)》,1939年8月28日,第2版,社评。
④ 《蒋介石日记》(手稿),1939年8月24日,斯坦福大学胡佛研究所档案馆藏。

与史大林、莫洛托夫会谈甚欢,里宾特洛甫解释年前德意日反共协定实在反英,并非反苏。德、苏间无利害冲突,今后当可恢复从前友好关系。史表示苏国国策在与邻邦友好,维持和平,彼此既愿互相谅解,前时误会自可冰消","苏德订约曾得意国同意促成,但事前并未通知日本,又史、莫、里会谈亦未提及远东问题矣"。①

面对瞬息万变的国际局势,蒋介石更加体认到"尽其在我"的意义,称:"吾人惟有紧握机纽,恃其在我。只要以正义与真理为基础,而以策略与权宜为辅,及至策略无效,则惟有以正义处之。所谓以至不变御至变者也。如此,无论其变化如何,而一切皆可操之在我,以主动而应变无穷矣。"②他还在日记中表示:"俄德互不侵犯条约无异互助协定,国际形势为之大变,于我之为利为害,要在吾人能善处之。"③后来,蒋还将8月视为国际局势最动荡的一个月,"八月份实为世界与我国祸福转折最大之关头,忧乐安危无时或定,卒能渡过此关,实关天意与国运,是非余人力之所能及也"。④

综上,蒋介石对苏德互不侵犯条约的基本认识:对苏联奇巧的外交手腕既佩且惧,"俄之策略殊令各国生畏";德国从条约中获益最大,而日本则是此次国际变局的最大的失败者;对中国抗战的利害影响,关键在于后续应对。蒋介石的认识如此,那么国民政府内部其他人员又是如何认识的呢?

8月26日,军事委员会政治部部长陈诚召集李惟果、张伯谨、

---

① 政治大学人文中心主编:《民国二十八年之蒋介石先生》,第471页。
② 《蒋介石日记》(手稿),1939年8月25日,斯坦福大学胡佛研究所档案馆藏。
③ 《蒋介石日记》(手稿),1939年8月26日,上星期反省录,斯坦福大学胡佛研究所档案馆藏。
④ 《蒋介石日记》(手稿),1939年8月31日,本月反省录,斯坦福大学胡佛研究所档案馆藏。

郑彦棻、谢仁钊等人,讨论苏德互不侵犯条约相关问题。他们大多认为:"战争不致发生,敌国外交正陷入窘境,我国更宜坚守自力更生之国策,而对外少树敌人,求抗战之最后胜利。"①所谓"战争不致发生"是指欧战不会发生。他们在这一问题上的预测当然完全错误。苏德互不侵犯条约签订没多久,德军就入侵波兰,欧洲战争全面爆发。

国民政府高层对欧战的爆发并不感觉突然。1939年5月,陈诚在致蒋介石的信函中,就判定欧战不可避免。他的预测是基于五点原因:第一,从法西斯国家属性来看,"法西斯统治之唯一基础,在不断树立对外之武功,故对外之不断发展,为法西斯统治者掌握人民、巩固政权之必要手段,侵略战争为法西斯统治之必然结果";第二,从帝国主义国家争夺势力范围来看,"'有无'思想之冲突,使饱和国家与所谓贫乏国家之利益无法调和",德意两国极欲打破现状,重新划分殖民地;第三,从各国掌权者之心理来看,九一八事变后,"各国鉴于国际条约之不可恃,二次大战之不可避免,不得不重整军备以求自保",各国执政者"均以战争为解决一切根本问题之最后解决方法";第四,从国际秩序来看,《凡尔赛和约》《九国公约》《非战公约》等国际公约威严扫地,国际联盟虚弱无力,"原始时代之力之竞争,为二十世纪解决国际问题之唯一途径";第五,从苏联及共产国际的政策来看,"未始不欲利用大战,以造成社会主义发展有利条件"。只是由于"英法不敢即战""德意不愿即战""苏美避战""人民畏战"等原因,欧战才没有立即爆发。②

---

① 《陈诚先生日记》,1939年8月26日,林秋敏、叶惠芬、苏圣雄编辑校订:《陈诚先生日记(一)》,台北:"国史馆""中央研究院"近代史研究所2015年版,第280页。
② 《函呈欧局混沌谨就将来发展及应取之立场陈献愚见》(1939年5月),何智霖编:《陈诚先生书信集:与蒋中正先生往来函电》上,第385—390页。

事后看来,在国民政府高层中,王世杰的认识更加符合实际。他认为苏德签订互不侵犯条约之举,"为世界各国政府所不及料"①,"此种意外之变化,似将促成希特拉对波兰进攻计划之实现"②,因此欧洲局势与1914年7月第一次世界大战爆发前相似,"英、法政府均宣言将援助波兰;希特拉得苏德协议之助,益倾向于用武"③。王世杰提醒蒋介石,面对这一国际变局,中国在外交上"万不可乐观,尤不可变更立场,与德谋亲善"④,同时也要提防英日妥协,以及英国政府为从远东旋涡中抽身而"出面调停中日战事"⑤。王世杰的建议后来确曾对蒋介石产生了一定的影响。因为在欧战爆发后,蒋介石一直力主对德宣战,"以期先发制人,遏止日本对英之妥协"⑥。在王世杰以及蒋介石等人看来,在即将到来的世界大战中,英美法阵营将会如一战一样赢得最后的胜利,毕竟双方综合实力对比并未发生根本改变。而与胜利者站在同一阵线,有利于中国争取抗日战争的全面胜利。

值得一提的是,在国民政府内部普遍认为苏德两国签订互不侵犯对中国有利,而对日本不利时,王子壮却认为不能盲目乐观,而要更加戒慎恐惧。在他看来,苏联虽然"去其西顾之忧",打破反共协定,赢得外交上的胜利,但并不意味着将直接介入中日战争,其对日态度尚属未定之天。此外,日本为摆脱当前的外交孤立局面,必定会调整对外政策,"如彼继续发展其大陆政策,则不能不求妥协英法,否则将牺牲其大陆政策,妥协苏联专对我国","果出后

---

① 林美莉编辑校订:《王世杰日记》上,1939年8月23日,第218页。
② 林美莉编辑校订:《王世杰日记》上,1939年8月24日,第219页。
③ 林美莉编辑校订:《王世杰日记》上,1939年8月25日,第219页。
④ 林美莉编辑校订:《王世杰日记》上,1939年8月25日,第219页。
⑤ 林美莉编辑校订:《王世杰日记》上,1939年8月27日,第219页。
⑥ 林美莉编辑校订:《王世杰日记》上,1939年9月2日,第220—221页。

者,则我国之危机更甚于今日"。① 果不其然,据苏联截获的日方情报,日本驻维也纳总领事在给其驻莫斯科大使的电报中表示:"毫无疑问,苏联在远东的地位因德苏条约的签订而大大加强,因此必须极其密切地注意:苏联利用新的形势将对我们采取何种态度。"只要苏联放弃支持中国和在远东推行共产主义,"采取同我们接近的立场",则日本将寻求与苏联谈判,"如果局势非常明朗的话,甚至签订互不侵犯条约也未尝不可"。②

为提供决策参考,军事委员会国际问题研究所负责人王芃生向蒋介石提交了关于苏德互不侵犯的研究报告。这篇研究报告共分为"苏德接近之前因""苏德接近之近事""苏德互不侵犯条约之目的""苏德互不侵犯协定之影响""对苏德互不侵犯协定之认识"等五个部分。接下来将重点引述该报告的后三部分。首先,对于苏德双方缔结互不侵犯的原因,王芃生做出如下判断。就苏联而言,主要有三个目的:(1)拆散国际反共集团,孤立日本,并安靖西陲,以积极打击日本在远东之挑衅;(2)打击英张伯伦内阁和侵略者妥协,图卷苏联于战争旋涡之反苏阴谋;(3)加重苏联对欧局和战之权威地位,以促进反侵略阵线之集体安全制得迅速建立。就德国而论,亦有三个目的:(1)防止英法苏成立反侵略协定,减轻英法压力,威胁张伯伦妥协,不战而解决波兰问题;(2)暂求消化捷奥,获取苏联之粮食与原料供给,以求充实其西进政策之实力,并图减弱国内危机;(3)借此示意墨索里尼,希氏暂无心于东中欧以减弱德意轴心间日趋强化之矛盾。

---

① "中央研究院"近代史研究所编印:《王子壮日记》第5册,1939年8月26日,台北:"中央研究院"近代史研究所2001年版,第308页。
② 《日本驻维也纳总领事致日本驻莫斯科大使的电报(摘录)》(1939年8月30日),沈志华主编:《苏联历史档案选编》第16卷,北京:社会科学文献出版社2002年版,第2~3页。

其次,对于苏德互不侵犯条约的影响,王芃生认为将对欧洲局势产生四点影响:"德更将企求不战而获取相当时间之守势,以力图经济之展开""大战危机,暂可延缓""减弱英国对欧之支配力,而加重欧洲重心之苏联地位""政治上将使法西斯与苏联之对立,暂不锐化"。对于远东,王芃生认为一方面将使"日本陷于极端孤立之危境",另一方面对"中国抗战愈有利"。具体说来,对日本的影响主要有五点:"《反共协定》已成废纸""日本之外交失败,将转变为内政之倒阁运动""加剧日本国内稳健派与少壮军人之冲突""蒙伪边境事件,日将遭受严重之打击""对英外交更难好转"。而对中国则有三点影响:"苏联强化远东政策,制倭死命""拆散侵略轴心之一,削弱侵华倭寇之帮凶""制止英国对倭让步以阻碍我抗战之企图"。

尤其值得注意的是,王芃生在报告中提出的对苏德互不侵犯条约的四点认识:第一,苏德互不侵犯"不致使整个国际局势发生基本的变化","今后国际问题之重心,仍在和平国家与侵略国家间之斗争,尤其法西斯国家与民主资本主义国家间之冲突","而安定世界之途径,仍为国际集体安全制度之树立";第二,苏德互不侵犯"并不足以损害苏联在国际间之声誉,反之苏联之威望,则将因此项协定之缔结,而更为提高";第三,英国对德绥靖政策,企图使苏德火并,危险甚大,"成则可使英国取得控制欧洲之权,败则足以动摇大英帝国之国本",为英国本身利益计,唯有"改变其欧洲政策,加紧觅取对苏合作";第四,英国对日妥协代价高昂,"日要求英国退出中国,俾日独占,作为日本担任英国'东方警卫'之报偿",唯有"与美苏合作,加强援华为得策"。[1]

---

[1] 《王芃生电蒋中正陈述德苏接近前因近事签订互不侵犯条约目的影响及对该条约之认识》(1939年8月23日),台北:"国史馆"藏,蒋中正"总统"文物档案,002-080107-00004-005。

王芃生的报告除了对欧洲局势判断稍有失误,在其他方面的分析预测大致无误,为蒋介石以及国民政府的决策提供了重要参考。

二、提防英法对日妥协

面对苏德缔结互不侵犯条约所造成的国际变局,国民政府又是如何应对的呢?随着国际情势的发展,日本的处境非但没有如国民政府所设想的那样陷于孤立,反而英法等国因欧洲局势紧张而倾向对日妥协。因此,国民政府在判明苏联将继续援华抗日的政策后,将外交应对的重点放在防范英法对日妥协之上。国民政府虽然采取了多方面的措施,但是最终并未能达成目的。

首先,判明苏联的对华态度。8月26日,蒋介石致函斯大林,感谢苏联对中国抗战的支持,表示:"全中国各民族永远不会忘记贵国的真诚援助和在为伸张正义的斗争中您的卓越领导",希望加强中苏合作,以尽快实现"侵略者最后失败的日子"的到来。[①] 同日,蒋介石还致电桂林行营主任白崇禧,表示:"俄德互不侵犯协定发表后,国际局势大变,其协定作用之于我抗战,实较英、法、俄互助协定之成立更为有利。据一般观察,以后俄国将退出欧局,而致力远东,殆无疑义,至于其实际真相,须待苏俄之复电,以及其以后之行动,方能证明耳。"[②]那么苏方的态度又是如何呢?

8月26日,中国驻苏大使杨杰致电蒋介石,报告与苏联外交部门负责人谈话内容。据称,苏方对杨杰表示:第一,"苏联过去、现在及

[①] 《蒋介石感谢苏联援助致斯大林的信》(1939年8月26日),沈志华主编:《苏联历史档案选编》第11卷,北京:社会科学文献出版社2002年版,第717页。

[②] 政治大学人文中心主编:《民国二十八年之蒋介石先生》,第474页。

将来均极帮助中国",希望中国领导人尽早接见苏联新任驻华大使潘友新;第二,苏德缔约可以使欧洲的紧张局势得到缓和;第三,日本不愿与苏联签订互不侵犯条约;第四,英法苏谈判仍可照常进行,只是因纠纷无法化解而陷于停顿;第五,德国与波兰两国为了但泽问题厉兵秣马,战争一触即发。① 次日,杨杰再次向蒋介石报告与苏方某要人谈话内容,称:"苏联助华始终一贯,并时时顾念应如何增强中国抗战力量。现苏德感情转变,将使日本益孤立,前途困难,且世人认为苏联已无西顾之忧,必将能够重心于远东,对日威胁尤大。"② 后来,米高扬还对孙科表示:"不论欧局如何发展,或远东局势有何变化,苏俄政府援助中国抗战决不改变,所订信用借款条约,必当切实履行,苏俄政府深信蒋元帅领导抗战决心到底,必得最后胜利,并允一俟第一船货安全到达目的地,当即准备第二批货,俾按期起运。"③

可见,苏联在与德国缔结互不侵犯条约之后,并未改变援华抗日的政策。苏方的立场与态度,对尚在"苦撑待变"的中国抗日军民是一种鼓舞,也使蒋介石更加明确对于苏德互不侵犯条约的判

---

① 《杨杰电蒋中正苏德签订不侵犯条约可缓和欧局又据息日对美积极活动意图妥协加紧对中国及苏联之侵略另德外长曾声明将劝日苏订立不侵犯条约但日颇不以为然等》(1939年8月26日),台北:"国史馆"藏,蒋中正"总统"文物档案,002-090400-00007-202。

② 《杨杰电蒋中正据苏联要员称苏联助华始终一贯现对德感情转变已无西顾之忧必将转移重心于远东对日本威胁尤大等另新任大使巴牛士津极得苏政府信任可多与垂询等》(1939年8月27日),台北:"国史馆"藏,蒋中正"总统"文物档案,002-090400-00007-203。

③ 《孙科电蒋中正据米科扬称苏联与波罗的海三国订约苏军可进驻并保障三国独立及苏政府援华抗战决不改所订信用借款条约必切实履行又新疆航校机厂均积极工作等》(1939年10月4日),台北:"国史馆"藏,蒋中正"总统"文物档案,002-090400-00007-175。

断。此后,蒋介石即通过通电、谈话等方式,将其对于国际局势的认识传达给国民政府高层以及全国民众,要求他们坚定抗战信心,不管国际局势如何变化,只求埋头奋斗、尽其在我。

8月27日,蒋介石致电各军政首长,阐示国际局势之演变。首先,蒋介石断言:"苏德此举,已使暴敌依违失据,在精神上受到莫大之打击,其所标榜之反共国策已粉碎而无余。"其次,蒋介石判断英苏两国都不会与日妥协,国际局势虽变化万端,但是"其主潮实向反对侵略戎首维持公理正义之目标不断前进,最后必与我抗战目的完全相符合"。再次,蒋介石要求他们牢固树立以下三个观念。(1)中国抗战之目的在求国家的自由解放与维护国际公约的尊严,"不存倚赖侥幸之心,更无利用国际形势之意","当以一定不变之方针,应付瞬息万变之时局,则任何艰难,必可突破"。(2)中国抗战任务艰巨,"既不可稍存求速取巧之幸心,以自陷于荆棘,更不必观望于国际间纵横迷眩之迹象,而自分其心志","当以真实之力量,摧毁暴敌,以转移整个国际之局势"。(3)国际局势变化多端,应当保持正确的态度,"对于目前有利之形势,应格外戒慎,格外奋发,不可因乐观而稍有怠忽,则遇形势或有不利时,自亦不致存悲观而稍有动摇"。最后,蒋介石寄语众人,"当此紧要关头,聚精会神,提高勇气,领导军民,加紧奋斗,加紧准备,以艰苦切实之努力,导引国际形势入于更有利之地位,以完成抗战之使命"。① 可以看出,蒋介石尽量从对中国有利的方向阐释苏德互不侵犯条约,以鼓舞军政大员的抗战信心。

---

① 蒋介石:《通电各省军政首长阐示国际形势之演变》(1939年8月27日),秦孝仪主编:《"总统"蒋公思想言论总集》第37卷,台北:中国国民党中央委员会党史委员会1984年版,第194—196页。

8月28日,蒋介石在接受记者访谈时表示:苏德缔约后的国际局势演变虽然"不易遽加判断",但是"循其必然之道路演进","最后必归向于世界与人类有利之方向"。在蒋看来,国际局势虽然千变万化,但是主流乃是"反对侵略战争与树立国际正义"。只要中国军民团结,坚持抗战,"不因国际形势之利害,而稍有更张",则最后胜利必属于中国。①

其次,提防英法对日妥协。8月25日,英国驻日大使在给英国外交大臣的电报中表示:苏德互不侵犯条约的宣布对日本是个严重打击,建议趁热打铁,"决心尽力在德国尚未向日本政府和人民作出他们所能作的各种满意解说之前,把日本同这些极权国家分开"。② 虽然蒋介石在公开场合极力表示对国际局势的乐观,一再宣称英法等国不会与日本妥协,而日本将陷于孤立,但是其内心深处则疑虑重重。8月28日,蒋介石在日记中写道:"敌阀未受重大打击与损失以前,决不变更其对华之侵略政策也"③,"以后倭之外交政策不出三途:一、与英美法苏妥协,单独对华,以达其亡华之根本政策;二、与英美法妥协,全力对华俄两国;三、与英美法及中国妥协,单独对苏"。蒋介石判断,日本选择第二策的可能性更高,应当极力防范。④

蒋介石做出英法将对日妥协的判断,与中国驻法大使顾维钧的报告密切相关。8月26日,顾维钧向外交部报告与法国外交部亚洲

---

① 蒋介石:《贯彻既定方针抗战到底》(1939年8月28日),秦孝仪主编:《"总统"蒋公思想言论总集》第38卷,第123—125页。
② 《英国驻日大使克雷吉致英国外交大臣哈利法克斯的电报》(1939年8月25日),李巨廉、王斯德主编:《第二次世界大战起源历史文件资料集(1937·7—1939·8)》,第856页。
③ 《蒋介石日记》(手稿),1939年8月28日,斯坦福大学胡佛研究所档案馆藏。
④ 《蒋介石日记》(手稿),1939年8月30日,斯坦福大学胡佛研究所档案馆藏。

司官员吉立脱的谈话内容。吉立脱向顾维钧表示:"德俄协定附有互助密约,将定军事同盟,英、法为应付国际局势之转变,恐不得不与日本妥协,俾牵制苏联。"吉立脱还在谈话中声称:日本似乎有意放弃联德政策,"转与民主国集团接近",故"英、法拟乘机与日本恢复友好关系"。为了避免损害中国利益以及逼使中国加入苏德阵营,法国希望联合英美"调停中日战争"。顾维钧推测英法的用意在于:"德、苏联合实力雄厚,足以兼霸欧亚,故欲组织伟大反集团包围之,以为抵制,并望我国、日本、西班牙及最后意能加入,以厚其势。目前至少在一方面恢复中日间和平,俾易保障其在该处之权益,并使对德战事不至蔓延太广。"①次日,顾维钧还直接致电蒋介石,表示:"法外次派员密告,法因德苏妥协,拟变更远东政策,对中日之战,思联合英美出为调停媾和。"此外,法国外交部亚洲司长还向顾氏探询蒋介石对共产党的态度。据顾维钧揣测,法方用意在于:"一面愿加入英法集团,俾易向日本接洽,且可免我被逼投入德苏集团;一面又虑我与苏联关系,不能自由选择决定。"②接阅顾维钧的电报后,蒋介石在日记中写道:"法国已向我示意,其英法将与倭妥协,而欲劝我与倭言和,于此痛恨已极。"③

前事不忘,后事之师。英法两国出卖捷克的历史不能不使国民政府心生警惕。1938 年 9 月 30 日,英法两国牺牲捷克利益,与法西斯国家达成《慕尼黑协定》。蒋介石在日记中写道:"白人之怕

---

① 政治大学人文中心主编:《民国二十八年之蒋介石先生》,第 485—487 页。
② 《顾维钧电蒋中正法因德苏妥协拟变更远东政策对中日之战思联合英美出为调停媾和并询我方意见各节》(1939 年 8 月 27 日),台北:"国史馆"藏,蒋中正"总统"文物档案,002 - 090103 - 00014 - 225。
③ 《蒋介石日记》(手稿),1939 年 8 月 31 日,本月反省录,斯坦福大学胡佛研究所档案馆藏。

战祸与求妥协,以牺牲弱小国家,盖如此者。"①蒋还批评法国不讲信义,"不败何待,其实已自杀矣"。② 王子壮也批评英国"抑弱助强","为免除大战之苦心,虽勉为作到,而牺牲弱小以资强敌之狰狞面目固亦暴露无疑矣"。英国为了自身商业利益,在远东"无时不思妥协日本",此时唯有寄望美国出面阻止,"美国注视远东,素主门户开放政策,亦未必苟同英国之无赖也"。③

此后,提防英法对日妥协就成为国民政府外交工作的重点。事实上,为了提防英法两国在欧战爆发后对日妥协,早在1939年三四月时,国民政府就分别向英法两国提出合作计划,方案表示:为了维护各国的共同利益,参与对日作战各国不得单独与日本媾和。④ 结果英法等国并未接受。为了达到目的,国民政府通过直接与英法外交部门交涉,强调苏联在欧亚政策上的不同,并晓以利害;另外,推动美国出面领导,做英法与苏联在远东合作的中介,形成联合对日的态势。

8月27日,中国外交部致电驻英大使馆,表达了对英日妥协的忧虑,令其尽力劝阻。电云:"我方深虑者日将对英威胁利诱,而英以欧局牵制或竟坠其毂中,务希与英政府密谈,请其无论如何,毋牺牲中国与日本谋妥协。"为了壮英国之胆色,电文还表示:"关于香港之防御,如有需我协助之处,亦盼立即协商,我当尽力而行"。⑤

---

① 《蒋介石日记》(手稿),1938年9月29日,斯坦福大学胡佛研究所档案馆藏。
② 《蒋介石日记》(手稿),1938年9月30日,斯坦福大学胡佛研究所档案馆藏。
③ "中央研究院"近代史研究所编印:《王子壮日记》第4册,1938年10月6日,第547—548页。
④ The Chinese Embassy to the Department of State, FRUS, 1939, vol. 3, p525.
⑤ "中华民国"外交问题研究会编:《中日外交史料丛编(四)·卢沟桥事变前后的中日关系》,台北:中国国民党中央委员会党史委员会1995年版,第482—483页。

次日，外交部再电驻英大使馆，表示日本如若对英缓和，"英必为之感动"，"我方切望英勿因是改变其对华政策"。外交部认为："我之抗日与英之决心抗德，同为抵御侵略"，"英若一面抗德，一面袒日，显属矛盾，且最后于英仍不利"。因此，希望驻英人员向英国政府"剀切说明"，并"得其对我不变政策之保证"。① 由此可见，外交部门对防止英日妥协的迫切心理。

8月29日，蒋介石致电中国驻英大使郭泰祺，要求他防止"东京会议之复活"及"日英同盟之复活"。蒋要求郭泰祺转告英方，如果对日妥协，则"不惟不能牵制苏俄，且有害于远东之全局"，"为得一不可靠之日本，而召怨于远东各国"，实乃不智之举。此外，蒋还要求郭泰祺告诫英方"对苏宽留余地，勿使苏、日再有妥协"，"须使英国对苏之观念不可以其在欧订立德苏协定之观念，而疑及其对远东之政策亦与英相反"。在蒋看来，"其实苏在远东对英之政策尚求一致，以补其此次对英、法之遗憾与歉忱耳"，"如果英在远东不能与苏俄一致对日，则无异逼成德、意、苏、日共同对英也"。最后，如果无法防止英日重开东京会议，那么蒋希望英国能够坚持"必须与九国公约国公开讨论或召开远东会议，以求远东问题之整个解决"的立场，并且将与日本接洽之实情，"对中国勿稍隐饰，事事交换意见"，"使中国得以竭诚贡献一切于友邦，俾中、英之方针得以完全一致，贯彻始终"。②

同日，蒋介石还回电顾维钧，指出苏联在欧亚政策上的不同，"苏俄宗旨乃在专致力于远东，而对远东方面甚愿与英、美、法合

---

① "中华民国"外交问题研究会编：《中日外交史料丛编（四）·卢沟桥事变前后的中日关系》，第483页。
② 政治大学人文中心主编：《民国二十八年之蒋介石先生》，第483—484页。

作,以解决远东纠纷",因此"应请英、法对苏之看法认识其在远东之方针,不可猜其如对欧之方针相同也"。鉴于苏德互不侵犯条约刚刚签订,苏联与英法等国关系陷于僵局,蒋希望顾维钧与美国驻法大使蒲立德联络,"请美总统出而领导,为英、法、苏在远东合作之中介",因为"苏俄心理最怕英日同盟复活以对苏",故"其未始不想藉美对英、法转圜,以解决远东问题耳"。至于中苏关系,蒋则表示:"此时完全自由,我国抗战始终立于主动自立地位,决不稍存依赖,但此后形势非多与国不可。"①

不仅蒋介石对英法对日妥协抱有很大的疑虑,外交部及驻外人员亦多持此观点。在此情形下,大家都把目光聚焦在美国身上,期待美国能够肩负起维护远东正义的责任,制止英国过分对日妥协让步。8月27日,外交部致电驻美大使胡适,通报英日关系现状,称:"日本对英态度陡变,沪、港压迫已松弛,英自默感。在抗德期中殆将与日求妥洽,沪海关税收将容纳伪币即其朕兆。"鉴于中国对英国外交政策影响有限,而"美国此时言行最关重要",要求胡适推动美国政府"力促英方勿对日过事让步,致妨碍中国之抗战前途"。② 8月28日,翁文灏也致电胡适,表示:"德苏联好,欧局甚危。远东事,英、法势难兼顾,尤赖美国支持,亦非有美国明切表示,不易使英不向日迁就。日势甚孤,内阁正在改组,美国执言较易有力","安危所系,极盼斡旋"。③ 8月29日,驻英大使郭泰祺在给胡适的电文中指出:"敌受

---

① 《蒋中正电示顾维钧德苏协定后俄在远东动向请向美示意中介合作》(1939年8月29日),台北:"国史馆"藏,蒋中正"总统"文物档案,002-010300-00026-049。
② 《外交部致胡适电》(1939年8月27日),中国社会科学院近代史研究所中华民国史组编:《胡适任驻美大使期间往来电稿》,第22页。
③ 《翁文灏致胡适电》(1939年8月28日),中国社会科学院近代史研究所中华民国史组编:《胡适任驻美大使期间往来电稿》,第23页。

苏德协定打击,将力图缓和英、美,故英、日妥协最为我方顾虑。"虽然英国外交大臣向郭泰祺保证"不侵害中国权益及不背英方条约义务",但是如果欧战爆发,则英日妥协可能甚大。英国非常重视美政府意见及舆论,所以他希望胡适"注意随时运用"。①

8月29日,蒋介石还直接致电胡适,希望他能够推动美国出面领导,在远东形成一致对日局面。蒋介石向胡适表示:"德俄协定订立后,英俄关系恶化,而对远东前途甚有损失。"蒋介石要求胡适向美方转达如下意见:"俄对欧与对亚之方针不同,在远东甚望英、美、法能与其一致以对日,且其对日确有作战决心",只要美国能出面"领导远东问题","为英苏作中介,使英、美、法、苏对远东能共同一致对日,则远东问题即可迎刃而解";如果美国囿于孤立主义,完全无所作为,英日同盟将复活,或者苏日率先妥协,成立"德意俄日"同盟阵线,将会使"民主阵线与远东问题遭受莫大之打击";欧亚问题是联动的,要双管齐下、同时兼顾,否则"九国公约必完全毁弃,而远东形势将不可挽救矣"。蒋介石希望美国政府能够明确告诫英国政府,与日本的谈判必须坚持"与九国公约共同讨论","使日本早日就范,不敢再有所希冀"。②

与蒋介石等人的意见不同,胡适则不太担心英法对日妥协。9月1日,胡适回电蒋介石,称:"所虑英日同盟之复活,事实上绝对不可能,务请放心",因为一方面"英国此时正依赖美国,若转而亲日或竟缔结同盟,必大失美国朝野同情,此英国所决不敢为",另一方面"加拿大及澳洲、纽西兰等三个自治邦,亦决不许英帝国出此

---

① 《郭泰祺致胡适电》(1939年8月29日),中国社会科学院近代史研究所中华民国史组编:《胡适任驻美大使期间往来电稿》,第23页。
② 《蒋中正电胡适德苏协定订立英苏恶化对远东前途不利望美能出而领导》(1939年8月29日),台北:"国史馆"藏,蒋中正"总统"文物档案,002-020300-00028-011。

也"。至于敦请美国出面领导解决远东问题,使英法美苏一致对日,因罗斯福总统事务繁忙,尚未得见,只得托人将大意转达。胡适认为,欧战爆发后,中日问题已经成为整个世界反法西斯战争整体问题的一部分,"此事与我国最有利,只要我国能站稳脚跟继续苦撑,则两年助我之友邦必不中途负我、卖我,必能继续助我,不须疑虑也"。① 胡适的回电,并未打消蒋介石的疑虑。9月3日,蒋介石再电胡适,请他设法面告罗斯福总统预防英法与日本妥协。蒋介石在电文中的语气颇为严厉,称:英法对日妥协确有事实依据,要求胡适"勿过作乐观与大意","若美国不作警告,则英、法不止与日妥协,而且安南、缅甸对我后方之惟一交通,亦将即先阻碍","情势危急,无论如何请速设法面告罗总统",否则的话,"罗总统二年来援助中国、卫护正义之苦心,亦将为之虚耗矣"。② 9月8日,胡适回电报告与罗斯福会谈情形。罗斯福向胡适表示:"美国态度坚决,决不认欧洲战事能变化本国在华权益,英、法亦不致退却让步。"另外,罗斯福还透露日本希望美国出面调停中日战争,并且涉及领土的割让,"满洲恐难收回,此外有一两处恐须仿前年英美协商解决太平洋两三个小岛之法以处理之"。③ 蒋对罗斯福露出的口风极感兴趣。9月12日,蒋介石回电胡适称:"远东和平,中国决以罗总统之主张是视","将来中日调停,无论结果如何,请罗斯福总统注意日本在前方之军队"。但在领土问题上,蒋坚持立场不动

---

① 《胡适电蒋中正英日同盟不可能美国无法负联络苏俄与英法之责》(1939年9月1日),台北:"国史馆"藏,蒋中正"总统"文物档案,002-020300-00028-012。
② 《蒋中正电胡适英法对日本妥协越缅对中国阻碍请罗斯福作为各国中介》(1939年9月3日),台北:"国史馆"藏,蒋中正"总统"文物档案,002-020300-00028-013。
③ 《胡适电蒋中正报告谒罗斯福对于苏俄与英法动向及满洲恐难收回》(1939年9月8日),台北:"国史馆"藏,蒋中正"总统"文物档案,002-020300-00028-014。

摇,"中国对日之所以抗战二年,不惜牺牲一切者,无非求九国公约之有效与领土行政主权之完整,尤其要明定界限,决不能如英美解决太平洋上几个小岛之方式所可比拟"。①

在抗战过程中,如果把希望完全寄托在英美支持上,那么获得的只能是失望。国际局势瞬息万变,关键在于自力更生,不存依赖之心,坚守政策方向,迈步前进,自然守得云开见月明。正如陈诚所言:"在吾人对倭浴血抗战中,国际友邦之援助,自为吾人所热忱希望与欢迎,然不可稍存依赖与侥幸之心理,甚或因希望幻灭而动摇吾人持久抗战之决心,乃至松懈吾人自力奋斗之精神。"他还进一步指出:"近代国际关系,随矛盾利害之消长以为转移,朝为盟友,暮为仇雠,若一以外援是赖,在此瞬息万变国际情况之下,未有不举措失据,进退无从,而自陷于悲惨之境者。准是以观,则我国外交注重之点,自当固守自主之立场,因机制宜,通权达变,结好友邦,而不依赖友邦,寻求与国,而不能屈从与国","本此原则,吾人对于外援,本无奢望,当亦无所谓失望,然后应付裕如,自不至彷徨歧路,捉襟见肘也"。②

虽然中国各界一直都公开声称要赢得抗战的胜利必须依靠自力更生,但是不可否认的是单靠中国一国抵抗日本侵略是异常吃力的,"如想在相当的短时期内,把整个的敌人势力消灭,或逐出于本国领土之外,那更没有什么希望可言",而要使日本侵略者迅速失败,"第一,国际形势必须转变,第二,必须是有利于我抗战的转变"。那么欧战的爆发是不是有利于中国的转变呢?英法两国陷入欧战旋涡,自

---

① 《蒋中正电胡适已派颜惠庆谒罗斯福转达对远东大局意见》(1939年9月12日),台北:"国史馆"藏,蒋中正"总统"文物档案,002-020300-00028-015。
② 《函呈欧局混沌谨就将来发展及应取之立场陈献愚见》(1939年5月),何智霖编:《陈诚先生书信集:与蒋中正先生往来函电》上,第393—394页。

顾不暇,甚至可能对日本让步,因而美苏两国的态度就尤其重要,"我们向美苏两国泣沥,不仅是国家生死关头上的必要措置,亦是事实上的可能办法。我们能够看到这一点;那么,第二次世界大战不但决不会对我不利,而且还是抗战胜利的大转机!"①这也预示着传统以英法等西欧强国为中心的国际体系开始向以美苏为中心的国际体系转变。胡愈之指出:"一个新兴的社会主义的强国,从此以后,要在世界政治舞台中扮演最重要的角色。它和美国一样,对于全盘国际形势,起主动的决定作用。"②

三、对欧战暂不明确表态

苏德互不侵犯条约所带来的直接后果就是世界大战在欧洲的全面展开,而这也给国民政府带来新的考验。尤其是反法西斯阵线内部的分裂,增加了国民政府应对的难度。尤其是共产国际重新将战争定义为争夺世界霸权的帝国主义战争,进而要求各国共产党反对这场战争,使得苏联与英美等资本主义国家间的关系恶化。共产国际表示:"战争从根本上改变了局势:把国家分成法西斯国家和民主国家的做法,现在失去了以前的意义。因此,必须改变策略。"③

蒋介石将苏德互不侵犯条约签订以来的一周视为"世界和战与国家存亡最大之关键"。④ 9月1日,德国进攻波兰,欧战正式爆发。对于中国而言,战争结果胜负谁属、日本的动向、英日及苏日

---

① 《欧战和中国》,《申报(香港版)》,1938年9月15日,第1版,社评。
② 胡愈之:《苏德互不侵犯条约的前因后果》,《胡愈之文集》第4卷,北京:生活·读书·新知三联书店1996年版,第77页。
③ 《共产国际执行委员会主席给中共中央的电报》,中共中央党史研究室第一研究部译:《联共(布)、共产国际与抗日战争时期的中国共产党》第18册,北京:中共党史出版社2012年版,第284—285页。
④ 《蒋介石日记》(手稿),1939年9月3日,斯坦福大学胡佛研究所档案馆藏。

关系演变等问题,都是与中国抗战密切相关的。蒋介石判断英国为了拉住日本,将在经济方面对日让步,而中国的立场"应以九国公约、国联盟约为根据"。① 只要英国还遵守《九国公约》和《国联盟约》,就不应该自弃基本立场。只要中国领土完整和主权独立得不到保证,就不能停止抗战。"日本是否为欧局而放弃其侵略政策为别一问题,而中国之不以欧局而停止抗战则绝无疑问。"②

欧战的爆发有一个酝酿的过程,尤其是纳粹德国决意挑战凡尔赛体系,不断提出领土要求,导致欧战多次一触即发。因此欧战前后,国民政府内部幕僚人员就局势演变及应对政策多次向蒋介石提出报告。1939年5月,军事委员会参事室在分析报告中表示:"自大体言之,欧战如果爆发,则日本若与德意共同作战,当于中国有利,日本届时若采取投机政策,转而与英法等国妥协,则于中国有害。欧局如能稳定,或获得妥协,则日本不加入德意同盟,当于中国有利,因届时德意二国对日本之助力与热诚可望减少。"③

王世杰是国民政府内部少数认为欧战爆发将对中国不利的高层官员。他是从两个方面来看的:(1)从长远来看,不能期待战后和会解决中日问题,"巴黎和会之往事可为殷鉴";(2)从短期来看,日本因无须顾忌英苏之故,"一面断我海上交通,一面增兵数十万攻我"。④ 王世杰还认为欧战爆发后中国购买军用品和军需原料都将发生困难,所以应该提早准备。⑤

---

① 《蒋介石日记》(手稿),1939年9月1日,斯坦福大学胡佛研究所档案馆藏。
② 《德国向波兰开火》,《申报(上海版)》,1939年9月2日,第4版,社评。
③ 《日本未加入德意同盟对于中国之影响》,中国第二历史档案馆藏,军事委员会档案,761/218,第6—8页。
④ 林美莉编辑校订:《王世杰日记》上,1938年9月30日,第147页。
⑤ 林美莉编辑校订:《王世杰日记》上,1939年4月30日,第196页。

总的来看,他们的意见主要有三个方面:其一,尽量稳固中苏关系;其二,防范日本趁火打劫以及英法对日妥协;其三,推动国际反侵略阵线内部的合作。

1938年9月14日,当时欧洲局势因苏台德问题而日趋紧张,战争一触即发。为此,参事室起草了关于欧洲局势分析与对策的报告,以供蒋介石作为决策的参考。报告表示:"万一欧战爆发,并扩大至远东,我国当与英法俄合作,共同作战,以期中日问题得到根本解决。"报告认为欧战爆发后,英苏两国对日妥协可能性甚大。有鉴于此,参事室建议国民政府采取下列四项对策:

> (甲)向英法俄美政府分别探询,欧战爆发后,各该国对中日战事所将抱持之态度。(乙)向英法政府恳切主张,英法两国应使国联盟约中制裁条款为有效条款,借以号召多数国家共同制裁侵略,并坚决表示该条款必须同样适用于欧亚两洲之战争。(丙)向苏俄建议密订欧战发生后中苏联合对日作战之办法(并表示该项办法可规定中苏双方不向日本单独媾和)。(丁)向美国恳切表示,希望美政府于欧战爆发之日,立即发表一严重声明,重申美国对于远东事件之一贯立场。

报告认为只要美国的远东政策坚定明确,英苏两国就不至于过分对日本妥协。[①] 从蒋介石这段时间的日记可以看出,这份报告确实对蒋产生了很大的影响。9月18日,蒋在日记中写

---

① 《军事委员会参事室拟欧洲局势之分析与对策》,中国第二历史档案馆藏,军事委员会档案,761/178,第2—9页;另见《王世杰呈蒋中正拟定欧洲危险局势之分析与对策及观察国际形势急需注意事项与方震研究国际问题方案组织》(1938年9月14日),台北:"国史馆"藏,蒋中正"总统"文物档案,002-080106-00002-002。

道:"欧战起时与各国关系之准备:甲、倭对华宣战,或战时封锁,并且实行控制英法租界;乙、速谋与英法俄进行共同作战之计划,以期中倭问题得到根本解决;丙、向英法政府恳切商谈,使国联盟约内中制裁条款为有效条款,借以号召多数国家共同制裁,且须同样运用于欧亚二洲之战争。"①次日,蒋还就对美苏政策写道:"对俄建议密订欧战发生后中俄共同对倭作战之计划,与不单独媾和之约","对美国表示望其重申美国对远东一贯之政策,使英国亦能坚定态度。如英美态度既定,则俄亦不致与倭妥协,故欧战起后美国远东政策关于中国之命运至巨"。②

欧洲局势与中国抗战密切相关,因为它关系到国际阵线的组合问题。蒋介石对欧洲局势的发展相当关注,并推演欧战爆发后的应对之策。蒋认为一旦欧战爆发后,可能会产生两个对中国不利的后果:其一,日本将逼使中国与苏联及英法处于敌对状态,"使中国断绝一切国际关系,以便其实行东亚新秩序之计划";其二,英法将无暇顾及远东,而美苏或将袖手旁观。尽管如此,蒋认为只要中国不屈服,"战后如民主阵线胜利,则我亦可得最后胜利"。因此,蒋认为中国要取得抗战的胜利,"必在坚持抗战,必待国际问题之总解决,必不可中途屈服与妥协"。③ 蒋介石对欧战有两点一以贯之的认识:英法因无暇顾及远东而转向对日妥协,故日本的地位将变得举足轻重,而对中国反行不利,"欧战不起,列强对倭仍能保存实力,监视倭寇","倭必不参加欧战,而其对我可以自由侵略,毫

---

① 《蒋介石日记》(手稿),1938年9月18日,斯坦福大学胡佛研究所档案馆藏。
② 《蒋介石日记》(手稿),1938年9月19日,斯坦福大学胡佛研究所档案馆藏。
③ 《蒋介石日记》(手稿),1939年4月15日,杂录,斯坦福大学胡佛研究所档案馆藏。

无顾忌矣"①;但是对中国而言,无论国际情势如何变化,中途对日妥协都是下下之策,"无论如何,欧战果起,则对倭更须作战到底"②。

无论是从情感,还是从利害考虑,国民政府在欧战中当然支持英法阵线。1938年7月21日,周鲠生在向蒋介石提交的《外交方略》中指出:"现今世界列强确已形成两大集团势力对立的局面。在一方面有以德、义为轴心之侵略主义的专制国集团,在他方面则有以英、美、法为中心之平和主义的民主国势力。后项势力虽尚未具有政治集团的形势,但形成一种自然的结合。日本加在前一个集团,与德、义之勾结日深。苏联表面上自成一个特别势力,但实际仍依附民主国势力。"周鲠生认为中国抗战的利益前途命运,"无疑的与世界民主国相连系"。③ 王世杰认为综合经济、军事、人力、国际关系等因素,只要战争持久化,德国终将失败,"这次欧战的结果,必予侵略者以甚大的打击"。王世杰还表示:"这次欧战,如果德国胜利,英法失败,则国际间侵略者的气焰必日高,中国的抗战亦必不免大受其害。反之,英法如获胜利,整个世界的纠纷(包括中日问题在内)可望得到较为彻底与较为合理的解决。"④1939年4月,王世杰草拟了关于中法军事合作问题的节略,"密探法方意旨"。王世杰认为无论成败均对中国有益,"成,则无论欧战是否爆发,均于我有极大利益;不成,固亦不失为

---

① 《蒋介石日记》(手稿),1938年9月29日,斯坦福大学胡佛研究所档案馆藏。
② 《蒋介石日记》(手稿),1938年9月28日,斯坦福大学胡佛研究所档案馆藏。
③ 中国第二历史档案馆任骏选辑:《抗战初期军委会参事室周鲠生拟〈外交方略〉》,《民国档案》2010年第3期,第15—18页。
④ 王世杰:《最近国际形势》,王志昆、曾妍、袁佳红主编:《中国战时首都档案文献·战时外交》上,重庆:西南师范大学出版社2017年版,第24—30页。

我国对法好感之一种表示"。①

在支持英法阵线的立场确定后,摆在国民政府面前的问题就是,要不要公开表态。因为这关系到两个问题:其一,苏联是否会因中国支持英法而改变援华政策;其二,英法是否会因无暇顾及远东而对日妥协。如若过早公开表态,是否会未蒙其利而先受其害,的确是颇费思量。这也是国民政府高层力阻蒋介石对德宣战的缘由。

欧战爆发后,参事室参事张忠绂向蒋介石提交了针对国民政府应该采取的外交政策与步骤的说帖。首先,苏联的真实意图。张忠绂认为"对中苏间之关系固不至发生重大影响",并指出:"现实之国际政局虽变化莫测,而苏联之作风尤难臆度。但吾人现时敢断言:在欧洲,苏联此时决不至助德作战;在远东,苏联尤不至停止对华援助",毕竟德日两国迅速取胜对苏联的国家利益并不利。其次,日本的动向。张忠绂将日本的政策概括为"集全力以解决中国问题""对苏英法美均谋外交关系""留一部实力以应付世界未来之事变""尽力攫夺交战国家之海外贸易以培植日本将近衰竭之经济能力"等四项。张忠绂认为:"日本或将压迫英法,摄夺英法在华之权利,但日本必无意于此时对英法作战,因以中立地位乘机渔利,远较对英法作战之为得计",故无论英法对日政策如何,"日本必将利用之以压迫英法,企图使英法就范,与日本妥协"。最后,对于中国的外交政策,张忠绂指出:

> 在抗战期中,中国之友邦原为英法苏美等国。以可靠之程度而论,首推美国,其次英法,再其次方为苏联。英法虽不

---

① 《王世杰呈蒋中正关于中法军事合作问题节略》(1939年4月4日),台北:"国史馆"藏,蒋中正"总统"文物档案,002-080106-00074-005。

能如美国之可靠,但英法为民主国家,其外交政策有线索可寻,不易突变。英法对于遵守约章之信义观念,似亦较苏联为强,苏联原与波兰订立者有互不侵犯条约竟宣布该约无效。且英法须顾虑美国,而苏联则未必顾虑。然以在实际上援助中国抗战最多之国家而论,又首推苏联。

因此,张忠绂认为中国外交应集中在"促进美国之积极行动""防止英法与日本妥协""取得苏联之继续援助"等三点上,"在苏联不援助德国对英法作战之前提下,此三者仍可同时进行而不悖。此三者彼此关联,互为因果"。①

虽然苏联在欧洲与英法等国关系恶化,但是蒋介石还是尽力推动苏联在远东问题与英美合作。1939年12月1日,蒋介石在给斯大林的函稿中表示:"远东问题解决之惟一重要前提,厥为苏联与英美态度之一致,日本侵略大陆之野心能否消除,其关键全在贵国。若果苏联与英美一致,日本决不能不中止侵略以就范,反之,则日本仍可运用诡谋离间列强以达其侵略之目的。"②

为了发展中苏关系,驻苏大使杨杰甚至建议蒋介石将旅顺、大连租给苏联,并承诺以中东、南满铁路供苏联军运之需,以换取中苏互助协定的签订。杨杰指出:"如能促成互助,则我人力物力不虞匮乏。即使暴日集其精锐以求一逞,我于必要时亦可请苏夹击,以竟全功,否则国际形势变化靡常,甚或将以资敌,亦非过虑。"③杨

---

① 《张忠绂呈日苏停战后政府对此应采取之外交方策与步骤说帖》(1939年),台北:"国史馆"藏,蒋中正"总统"文物档案,002-080106-00002-003。
② 《蒋中正致函斯大林征询苏俄对于解决远东问题之意见》(1939年12月1日),台北:"国史馆"藏,蒋中正"总统"文物档案,002-020300-00042-049。
③ 《杨杰呈蒋中正概陈欲实现中苏互助应采取各项诱因建议》(1939年11月11日),台北:"国史馆"藏,蒋中正"总统"文物档案,002-080106-00002-006。

杰做出这一建议并非心血来潮,而是对苏联意图的揣测。

防止日本利用欧战之机趁火打劫,是国民政府应对欧战的当务之急。欧战的爆发确实使日本拥有了广阔的外交空间,"她可以在参加德苏集团,或是和欧洲民主国家站在一面的二者之中,抉择一条途径"。而整个局势的核心就在于美国的态度,"以美国所有的工具、权力和才能,也唯有她担当起来能够成功","单拿远东一方面讲,正为了欧洲的动乱,美国对于她在道义上的义务,更应该处于领导的地位,予以强调和扩充,借令目前不幸的战争,得到一个正义和永久的解决"。[①]《大公报》社评呼吁美国"要负起安定太平洋的责任","英国的远东政策已彻底破产,违约背义,卖友媚暴,还要招出不测之祸。日本正在向扩大远东战祸之途以趋,惟有美国挺起腰来,才可以阻遏太平洋上的祸乱。美国的国策,是不参加欧战,但在太平洋上绝对不可示弱。美国如示弱,日本必然跃起南进,发动太平洋上的变乱"。[②]

国民党内甚至有人因欧洲局势紧张,日本处境好转,而建议与日本妥协,以及早结束抗战。邹鲁在给蒋介石的信函中指出:"欧局变化剧烈,敌人乘欧洲国家力量不能东顾之时,急欲吞取其属地,对于我国抗战必速谋结束。我国于此时,固不宜中其奸计,稍有屈服,但不宜放过时机,运用策略,固敌人权其轻重,必能于条件上迁就我国,以谋夺取英法荷各属地也。"[③]这种观点显然是把本国的命运寄托在他国身上,放弃了自力更生的原则,是错误的。应该

[①] 颜惠庆:《中国胜利的展望》,《大公报(香港版)》,1940年3月28日,第3版。
[②]《美国的立场与责任》,《大公报(重庆版)》,1940年7月18日,第2版,社评。
[③]《邹鲁函蒋中正欧局影响中日战争宜运用策略掌握国际局势促成有利于中国条件》(1940年8月3日),台北:"国史馆"藏,蒋中正"总统"文物档案,002-080200-00618-048。

正确看待国际局势的一时变化,"国际是顺风,我们固然欣然前进,就是逆风来了,我们也绝不气馁,依然照样努力"。①

蒋介石认为英法阵线最终将在战争中获胜,故而中国"必须提前加入英法阵线",一方面使日本不能加入甚或反对英法阵线,另一方面为苏日妥协预做准备,"以我已准备固守西南,能自主也"。如果日本也和中国一样加入英法阵线,"则我应宣明抗倭之立场自主不变,必以九国公约与国联盟约为基础,必须我领土与主权行政之完整而后已也"。② 蒋介石对各种可能的情况分析如下:

一、欧战既起,俄国如对倭战争,或对倭不妥协,仍取对峙态势,而与我以接济,则我应以俄为重心;如俄倭妥协,则我仍固守西南,独立抗战,此一也。

二、倭如对欧战中立,不积极助英,而英亦不积极袒倭,只暂保其在华势力,则于我仍为有利,故我对英亦可谅解;如英袒倭攻俄,则我应与俄一致以战倭,然英不为此乎。

三、联德实为下策,当无此事。

四、与倭谋临时妥协,乃为无策,决不出此。

五、运用美国牵制英国,勿使袒倭,一面使苏俄威胁倭寇,使倭不敢行动。然欧战期间,倭必有行动,若不北攻俄,必南攻英,或其少壮军人自由行动,以致其国内革命也。

综合上述分析,蒋介石认为中国对欧战的政策主旨在于"参加民主阵线","以为他日媾和时,中倭战争必使与欧战问题联带解决

---

① 《日本如何"更始一新"》,《大公报(香港版)》,1939年8月26日,第2版,社评。
② 《蒋介石日记》(手稿),1939年9月2日,斯坦福大学胡佛研究所档案馆藏。

也,故绝对阻绝倭寇参加英法战线也"。①

蒋介石虽然想抢在日本表态之前加入英法阵线,但是始终顾虑到苏联的态度,"如我加入英法阵线,是否反使俄倭妥协而不利于我,此应特别注意"。② 即使可能遭到苏联的反对,蒋介石还是决定站在英法阵线,原因主要有三点:其一,要使中日战争"牵入于欧战范围之内","使与欧战共同解决"③;其二,苏日两国纵能达成一时的妥协,终会分道扬镳,"倭寇如与苏俄订立互不侵犯条约,一时或可暂安,但不久必定破裂,甚至倭国政府签字之时,其少壮派必抗命违约之时,以倭国教育与其思想之结果,无论其对俄或对英勉强妥协,如其果成功,则其内乱比外患为更烈也"④;其三,从综合实力对比来看,英美法阵线占据优势,"敌如与德意俄妥协,而与英美法对抗,则俄如加入侵略阵线,其陆上力量虽较大,然而海上力量则仍不及反侵略阵线。如敌果出此,则事较简单,吾之处决更易,且信公理必胜,侵略方面之强权必归失败,切勿以一时短小利害,而有所疑虑也"。如果苏联选择与德国结盟,而与英法为敌,"则我应固守国联会员国立场,执行盟约义务,而不与俄为敌,如其能谅解更好,否则一本自立固守之宗旨前进,成败利钝在所不计,而且必能持久自强也"。⑤

国民政府后来之所以没有明确对欧战表态,一方面是王宠惠、

---

① 《蒋介石日记》(手稿),1939年9月2日,上星期反省录,斯坦福大学胡佛研究所档案馆藏。
② 《蒋介石日记》(手稿),1939年9月4日,斯坦福大学胡佛研究所档案馆藏。
③ 《蒋介石日记》(手稿),1939年9月4日,斯坦福大学胡佛研究所档案馆藏。
④ 《蒋介石日记》(手稿),1939年9月5日,斯坦福大学胡佛研究所档案馆藏。
⑤ 《蒋介石日记》(手稿),1939年9月6日,斯坦福大学胡佛研究所档案馆藏。

张群、朱家骅等人"力主不必即有表示,尤反对为显明之表示"①;另一方面则是缘于美国态度尚不明朗,"言现实,则对俄之态度为重,而不可遗忘美国最后关系之重大也","远东问题之根据在九国公约,其重心在美国",因此对欧参战与否,"应视美国态度为标准"②。蒋认为对中国风险最小而又相对有利的是坚持以下外交立场:第一,"反抗侵略";第二,"不参加防共协定";第三,"坚守国联盟约、九国公约等国际条约";第四,"始终抵抗日本侵略中国、破坏公约,贯彻到底,以求中国领土行政主权之完成,达到中国自由平等与世界永久和平之目的"。③

9月9日,蒋介石在第一届第四次国民参政会的演讲中表示:"今日世界的战乱,完全是由日本侵略中国,破坏国际公约,扰乱世界和平的强暴行为所引起来的。我们中国抗战,一方面固然是为保障本国的独立生存,而一方面实在为要制裁这个世界侵略战争的祸首——日本,维护世界的正义和平",而欧战爆发后,"我们更要固守既定的方针,不计前途的险易和利害,亦不计国际形势变化到如何程度,而必求我们一贯的方针贯彻到底"。④

为了更好地认识欧洲局势的变化以便采取正确的应对方略,蒋介石还特别征询军政长官及驻外使节的意见。其中,军事委员会参事室特别草拟了《现时外交方略》,表示:

> 我政府现应利用近日欧局变化之机会,迅与各国秘密接

---

① 林美莉编辑校订:《王世杰日记》上,1939年9月8日,第222页。
② 《蒋介石日记》(手稿),1939年9月7日,斯坦福大学胡佛研究所档案馆藏。
③ 《蒋介石日记》(手稿),1939年9月9日,斯坦福大学胡佛研究所档案馆藏。
④ 蒋介石:《欧战发生后我国抗战的三大要务》(1939年9月9日),秦孝仪主编:《"总统"蒋公思想言论总集》第16卷,台北:中国国民党中央委员会党史委员会1984年版,第376—378页。

洽,以求实现此列目的:(一)英法苏应立即联合或个别宣言,声明远东之违法侵略行为不能任其长此赓续,有关远东之国际条约必须尊重,不能由片面以武力撕毁,太平洋上之国际秩序必须迅速恢复,以免危及世界之安宁;(二)英法美三国应联合或个别彻底表示其立场,对于各国在华之利益,若未经中国合法政府与各国商妥修改,各方必须予以尊重;(三)各国应立即对日采取"经济报复手段"以答复日本对列强利益与商品之歧视;(四)英法苏等国立即磋商执行国联第十六条之具体办法,以期于下次国联行政院集会时有所决定;(五)美政府应公开声明美国决不对于各国对日执行第十六条时予以任何阻碍,并愿在美国政府一切法定权限内支持国联各国之立场与之合作;(六)英美法苏等国再贷款中国国民政府,并允尽力为中国维持中国之国际路线。

可见,参事室的意见还是寻求在国联体系内解决中日问题,而未对中国本身对欧战的立场提出建议。[1] 欧战的爆发已经宣告了国联体系的瓦解,此时还坚持国联路线显然是不合时宜的。

9月9日,陈诚回电蒋介石,在具体分析了英美苏日等主要国家的政略战略之后,指出中国外交形势存在恶化的可能。他表示:"目前国际关系,既以利害相结合,则朝为盟友,暮为雠仇,已属司空见惯。据最近各方观察,苏联因德国之拉拢,颇有与暴日订立互不侵犯条约之趋向,假如日苏果真妥协,则外交形势恶化之可能性甚大。"陈诚建议:"认定一个敌人,以自主主动之外交方针,寻求与

---

[1]《驻外使节及各方人士电呈蒋中正观察欧局情势变化及中国应采取外交对策与意见》(1939年7月30日),台北:"国史馆"藏,蒋中正"总统"文物档案,002-080106-00002-004,第1页。

国,而不屈从与国,对于暗中或明目助敌者,应予以监视,绝不可姑息",选派大员出任驻美、苏两国的大使,"特别注重对苏美之外交关系,促使美国破坏日苏妥协,同时策动英法放弃对日之协调政策,俾日本在远东有所顾忌"。[①]

驻外使节大都主张在实质上倾向英法的同时,表面上秉持中立态度。驻法大使顾维钧表示:中国抗战在精神上与英法相同,"且英法在远东与我利害相同","故我对英法在精神上主义上当然同情,并在同一立场",但是国际局势变化未定,中国宜"审慎观察从长决定方针","由政府正式发一宣言表明我国立场以正观听,惟措词处保留随时自由修改我国政策之余地"。驻德大使陈介表示:"倘日苏未能结合,美保持现状,在我今日地位,对德关系,似无急骤变更之必要,召回驻使已足加入任何一方,窃谓尚非其时。"驻美大使胡适也建议:"在现势之下,我国只有咬牙苦撑一途,两年之抗战已过,世界形势骤变至此,此正国运转变之纽,倘能立定脚跟,安能应付,终有苦尽甘来之日。"其他使节如郭泰祺、钱泰、胡世泽以及杨杰等人亦多持中立主张。

值得注意的是,9月5日,钱端升、杨振声、陶孟和、周炳琳等四位学者联名致函蒋介石,对中国的外交方针提出建议。他们明确表示:"我政府宜即日与英法共行动,而对德宣战。"他们认为不论从道义,还是从利害上讲,"中立"和观望都是"下策","在道义上讲,我既在力抗暴日之侵略,更希冀友邦助我,则我不能对暴德侵略波兰及英法抵抗侵略之行为,漠不关心,自居中立;在利害上讲,英法向为我之与国,今则无暇再问远东之事,我如宣告中立,则不

---

① 《函呈欧局陡变敬陈对于国际关系以及内政外交军事诸大端之所见》(1939年9月9日),何智霖编:《陈诚先生书信集:与蒋中正先生往来函电》上,第404—407页。

啻予英法与暴日以妥协之机,故宣告中立不特为懦怯之行为,亦为失策之尤者"。那么对德宣战的利害如何呢? 他们认为"害"有三点:其一,"德将承认新起各种伪组织";其二,"苏德今有不侵犯协定,中德如为敌国,则苏依约或不能接济中国";其三,"德怒我宣战,或将劝诱日苏成立不侵犯协定"。在这三点当中,第一点无足轻重,而后两点则完全看苏联自身的态度,不是中国所能影响的,"故我对欧战之政策,绝不可以难于测度之苏联之政策为根据也"。对德宣战之利则有五点:其一,"可借此申正义而正国内外之视听";其二,"可使英法不能牺牲我与日妥协";其三,"缅越两地交通上之便利,英法势须维持";其四,"可获美国之同情";其五,"可益使暴日进退失据"。利害相权,参战方为上策。他们还以中国在第一次世界大战时的经验提出告诫,称:"回忆上次欧战时,我国对德宣战,迟疑不决,坐误时机,以后被动加入,国际间已无足轻重,终致和会发言,毫无力量,此更不可不引为殷鉴者也。"这几位学者的意见在很多方面都与蒋介石存在共鸣。①

但是,国民政府内部的军政高层多不主张对德宣战。9月13日,何应钦、程潜、白崇禧、李宗仁、徐永昌、陈诚等联名向蒋介石提交意见书。有关中国对欧战应取的态度,他们提出了四点:第一,"国策不变,以日本为唯一敌人";第二,"反对侵略";第三,"始终尊重国联盟约及九国公约";第四,"独力支持反侵略战争"。基于这四点,他们还草拟了两个宣言,其中甲案表示:

> 中国之政治目的,在实现世界大同,使人类自由平等,各

---

① 《驻外使节及各方人士电呈蒋中正观察欧局情势变化及中国应采取外交对策与意见》,台北:"国史馆"藏,蒋中正"总统"文物档案,002-080106-00002-004,第2—35页。

得其所,故对于足以维持国际和平之九国公约、国联盟约,莫不尽力拥护。中日战争,固为抵抗侵略而战,亦即为世界人类争取正义和平而战,时逾两年,此志不懈。欧战爆发,中国必本上述精神,贯彻始终。质言之,即不惜任何牺牲,为人类争自由平等奋斗到底,举凡与我同情之国家,我必以善意报之。

而乙案则表示:

> 我国最近两年以来,努力反抗侵略及维护国际条约尊严之战争,一面固为争自国之独立自由,一面实为世界人类争取正义和平,此种继续努力,绝不因任何环境变迁而有变更。至对于欧洲目前之战争,我国对于交战各友邦,当仍保固有之友谊,凡同情我抗战之国家必更谋增进之,将来凡足以促成和平之努力,当踊跃参加焉!

总之,为了降低风险,一方面坚持中国抗战的基本立场,另一方面不明确公开表态。此外,在意见书中,他们还分别对日英妥协及日苏妥协对中国的利害得失做出研判。经过综合研判,他们认为:"日苏妥协其影响于我精神方面以及物质援助方面较之日英妥协大",中国的对策如能同时打破苏日和英日妥协,使日本陷入孤立,自是最佳,"倘二者不可兼,则宁疏英法,以争取与苏联之联系,实为目下外交之要着"。他们在意见书中提出了"争取对苏俄之联络""阻碍日苏接近""引诱美国,使插足远东外交,最好能使美苏接近""保持与英法历来之友谊"等四个具体外交对策。[①]

另外,值得一提的是傅斯年给蒋介石的信函内容。傅斯年判

[①]《何应钦呈蒋中正研究中国对欧战应采取态度及日英或日苏妥协影响中国之利害如何与应付办法等外交方针》(1939年9月13日),台北:"国史馆"藏,蒋中正"总统"文物档案,002-080106-00002-005。

断苏联只是要恢复在其西部的旧有疆土,不会"以实力助德",而在远东"对日之妥协有限","彼虽自妥协,而仍助我。自妥协者,使满蒙局势稳定,以便在西境吞食也;仍助我者,助我在此抵持日本,俾日本在大陆之伸张不能稳顺也"。基于上述判断,傅斯年向蒋建议道:其一,美国态度强硬,"而英、法以美国之支持,不对日牺牲我们,则我们宜远苏联而近美、英、法";其二,美国态度模糊,"则只有与苏联进一步作谈判,仍以抗战到底为目的",同时也不得罪英法,"盖彼等更易与日本妥协"。① 傅斯年的意见完全是从中国实际出发的,或对蒋的决策有一定参考价值。

综合各方意见,蒋介石对欧战的公开表态只是强调了两个方面的内容:其一,中国将恪守国联会员国的原则立场;其二,希望各国不要因欧战爆发而忽视中日战争。9月18日,蒋介石在国民参政会闭幕式发表演说称:"中国对于欧洲问题,当恪尽其国联会员国一分子之义务,而尤其愿负责者,则为加强抵抗东亚侵略国之阴谋暴行,不但击破其侵略中国之计划,并阻塞其操纵国际、压迫各国之野心。"蒋还表示:"中国具有世界四分之一之人口,实为世界和平之一大柱石,尤其东亚未来之治乱兴衰,全以中国为其枢纽,同时深望英美法苏各国,当认识中日问题,实为世界之中心问题","无论国际情势如何转变,我中华民国所努力负荷道德上之责任,始终不易其趋"。②

虽然没有做出公开表态,但是蒋介石还是希望能够在反侵略战争中加强与英法等国的合作。9月12日,蒋介石致电驻英大

---

① 《傅斯年致蒋介石》,王汎森、潘光哲、吴政上主编:《傅斯年遗札》第2卷,第779—784页。
② 蒋介石:《出席国民参政会以四事昭告中外》(1939年9月18日),秦孝仪主编:《"总统"蒋公思想言论总集》第16卷,第387—388页。

使郭泰祺称:中国与英法在远东的利害关系密切相关,"如欧战延长,日本必不甘久于寂寞,无论如何必将乘机实行其传统政策,先占领英、法在远东之属地与权益"。虽然欧战爆发了,但是蒋还是期盼英法能够固守国联会员国的立场和履行国联对于中日争端的历次决议案,并且做好与中国互助合作的准备,"然现时为避免英法在远东对日为难,故我国不预备宣布参战,而仅拟对英、法、波表示同情,且表示在军事以外,愿以人力与物力协助之方式出之"。① 但是为了避免刺激日本,英法两国在与中国合作的问题上态度冷淡。14 日,英国外交次长贾德干对郭泰祺表示:"中国参战与否,于英国对远东之既定政策及远东目前形势,均无何不同,但赞成尊意,以暂不宣布参战为主。"18 日,贾德干再对郭泰祺表示:"因为环境所迫,对华之物资援助,今后恐难增加,比过去或须减少",而对中方合作之提议仅"于适当时机当乐予考量与利用",并且赞同中国不参战,"免使英法对日为难"。② 对于英法的态度,蒋介石在日记中写道:"法国明拒,不愿与我订共同防守之约。以理言,英法帝国主义,实较其他独裁国为可恶,现时惟望美国能表明态度,防止英法与倭之妥协而已。"③

欧战的爆发证明对法西斯侵略者实行绥靖政策,非但不会带来和平,反而会带来更大的灾难。正是西方列强纵容日本破坏国际体系,"自此德义见猎心喜,与暴日勾结成立所谓反共轴心,相继退出国联,撕毁凡尔赛条约,整军经武,进军莱因,并奥地利,灭阿比西尼亚,打西班牙,亡捷克,吞阿尔巴尼亚,更进攻波兰,而构成

---

① 蒋介石:《致郭泰祺大使电指示中英法在远东之合作希相机进行》(1939 年 9 月 12 日),秦孝仪主编:《"总统"蒋公思想言论总集》第 37 卷,第 202 页。
② 政治大学人文中心主编:《民国二十八年之蒋介石先生》,第 518—519 页。
③ 《蒋介石日记》(手稿),1939 年 9 月 18 日,斯坦福大学胡佛研究所档案馆藏。

大战"。① 客观上讲,欧战爆发后,因各方争相拉拢日本,而使中国外交陷入相对不利的局面。蒋介石在日记中写道:"国人以为中日战争之时期不能接续持久至欧战之时,今则已如所期,可说抗战最大之基本策略已经达成",只是与意料不同的是,"苏德协定以后,欧战反使日本有利,而于我更为不利"。蒋还写道:"此后我国自处之道,反形简单,即对内建设四川根据地,对倭更作持久抗战到底,以待世界战争之结果而已。"②

在欧战爆发初期,中国的外交处境颇为艰困,但唯有坚持抗战,才能迎来国际局势好转之日。军事委员会参议萧希贤在给蒋介石的建议中表示:"万一为倭寇仇视国际正义、穷凶极恶之暴行,而引起世界大战,则应站稳理直气壮之和平阵线。除对敌方施其离间与分化阵线工作外,尤不应对其有何痴望,并坚定与违反国际人道之黩武侵略者,誓不两立。追寻一次大战日得胜利之前路,严分敌友界限,维护世界和平。明是非而重国格,不仅军事上之胜利,舍我其谁,即正义公理道德上之胜利,早已属之我国矣。"③

第二节 对德意日三国同盟的反应

1940年9月27日,德国、意大利和日本三国在柏林正式签署

---

① 《从英国立场看暴日》,《大公报(重庆版)》,1939年9月12日,第2版,社评。
② 《蒋介石日记》(手稿),1939年9月30日,本月反省录,斯坦福大学胡佛研究所档案馆藏。
③ 《军事委员会参议萧希贤密呈战时经济、军事、外交意见》,中国第二历史档案馆藏,军事委员会档案,761/477,第33—34页。

同盟条约。① 条约的签订象征着代表侵略阵线的三个法西斯国家完成了结盟的过程,"法西斯侵略国家在从事改造世界现状发展中,逐渐倾向于一致行动的一个最后阶段"。② 德意日法西斯为了共同的国家利益已经结合起来,而反法西斯国家却仍然各自为战,中国在东方独自抗击日本,英国在西方抵御德国,美苏两国则竭力避战。德意日三国同盟条约签订前,中国外交处在何种状态?条约的签订给中国抗战究竟带来了什么影响?国民政府又是如何利用这一变局来支持中国抗战?本节将围绕这些问题展开论述。

一、中国在法国投降后面临的外交危机

苏德互不侵犯条约签订后,德国法西斯全力开动战争机器,以闪电战席卷了整个欧洲。就连传统陆军强国法国都无力抵御德国

---

① 条约在序言中表示:"德意志、意大利和日本的政府认为世界一切国家各据有应有的空间是任何持久和平的先决条件,决定在致力于大东亚以及欧洲各区域方面互相援助和合作,其首要目的为在各该区域建立并维持事物的新秩序,旨在促进有关人民的共同繁荣与福利。此外,三国政府愿意对世界上其他区域内有意与三国朝着同样方向共同努力的国家给予合作,俾使三国对世界和平的最终愿望得以实现。"条约的具体内容主要有六条:第一条,"日本承认并尊重德意志和意大利在欧洲建立新秩序的领导权";第二条,"德意志和意大利承认并尊重日本在大东亚建立新秩序的领导权";第三条,"德意志、意大利和日本同意循着上述路线努力合作。三国并允如果三缔约国中之一受到目前不在欧洲战争或中日冲突中的一国攻击时,应以一切政治、经济和军事手段相援助";第四条,"为了实施本协定,由德意志、意大利和日本的政府各自指派委员组成的联合技术委员会将迅速开会";第五条,"德意志、意大利和日本声明上述各条款毫不影响三缔约各国与苏俄间现存的政治地位";第六条,"本协定应于签字后立即生效;并将从其生效日起继续有效十年。在上述期限届满以前适当时间,各缔约国如经任何一国请求,应为本协定的延期举行谈判"。《德意日三国同盟条约》(1940年9月27日),世界知识出版社编:《国际条约集(1934—1944)》,北京:世界知识出版社1961年版,第278—279页。
② 范予遂:《德意日三国同盟与中国抗战前途》,《中央周刊》第3卷第17期,第1页。

的进攻,出人预料地在极短时间内屈膝投降。欧洲局势的剧变,不可避免地影响到中国的抗战。全面抗战后,胡适力主"苦撑待变","制裁强暴,只有作战一途,经济制裁等均缓不济事,只要中国能支持,必有意想不到的转变"①,"今国际形势已活动,我必须咬牙苦撑立足脚跟,始能运用此世界动态"②。但是此次欧洲局势变化,显然对中国抗战不利,"最近变化太骤太大,助我之诸友邦,自身皆困于应付,故眼前远东形势含有重大危险性"。③

法国战败投降后,英国就得单独抵抗德国的侵略,因而力图通过绥靖日本来减轻其在东方所面临的压力。1940年7月18日,英日两国达成封闭滇缅公路三个月的协议,禁止武器弹药及铁道材料通过缅甸输入中国。同日,英国首相丘吉尔在议会报告中称:"英政府对于现时之世界局势,亦不得不加顾及",同时也不能忽视"吾人自己现正从事于生死决斗之显著事实"。④ 7月23日,侍从室秘书邵毓麟在给蒋介石的报告中,对日本的外交动向做出四点预测:第一,"继续试行远东慕尼黑";第二,"加强日德意轴心";第三,"设法稳定日苏关系";第四,"避免对美正面冲突"。⑤ 对于即将恶化的抗战局势,国民政府当然也不是完全没有准备。5月30日,

---

① 《胡适电陈布雷翁文灏炸舰案已了结证明美国人厌战贪和但排日货运动力量骤增及美政府要人谓中国能苦撑必有意想不到转变》(1937年12月26日),台北:"国史馆"藏,蒋中正"总统"文物档案,002-090103-00003-153。
② 《胡适电陈布雷欧局必演成大战我必须咬牙苦撑始能运用此世界动态等》(1938年9月26日),台北:"国史馆"藏,蒋中正"总统"文物档案,002-090103-00003-176。
③ 《胡适致陈布雷电》(1940年6月9日),中国社会科学院近代史研究所中华民国史组编:《胡适任驻美大使期间往来电稿》,第42—43页。
④ 《滇湎公路封锁三个月　英对日竟成立妥协》,《申报》,1940年7月19日,第3版。
⑤ 《陈布雷呈蒋中正转邵毓麟对于日本政变后对外动向之观察暨转张季鸾据日方报载分析日本窘境和对苏外交破产建议中宣部加强宣传》(1940年7月23日),台北:"国史馆"藏,蒋中正"总统"文物档案,002-080103-00007-009。

蒋介石致电白崇禧称："最近英法危急，一时必无暇顾及远东，亦无与我切实合作之决心，此时我应先为自谋，而后在与人谋。"蒋要求白崇禧对越南入桂道路"预筹为随时彻底破坏之准备"，"使敌寇闪电战术无法行施"，以免到时仓皇。①

因为德国在欧战初期全面占据优势，所以当时国内确曾出现一股要求联德的浪潮。7月1日，黄炎培向蒋介石建议加强对德外交，一方面美国注意力在欧洲，"恐在短时间无暇顾及东方"；另一方面德国国内同情中国者大有人在，"若动之以大利，使在相当条件之下，给我种种助力，近之希望于西南运输上得一生路，远之使与日本构成对抗势力，我于中间取得生命"。黄炎培还表示："世界大势经此突变，在东方必须以我之主动，来创造一新均势局面，我才能于中间取得生命。在此非常严重情势之下，必须本着远大眼光，不恤用非常手段，来打破暴日独占之僵局。"黄炎培认为英法本身在远东的影响力急剧衰退，因此对美外交应"继续用力"、对德外交要"特别用功夫"，并加强对苏交涉。②

7月21日，国民政府驻德武官桂永清向蒋介石报告他对中德合作的九点认识，表示：

> 一、第一次世界大战总理反对中国参战，德朝野人士至今对本党皆有好感。二、德国早不仅为欧洲之德国，已成为足以影响世界之德国，观罗斯福屡次声明反对德干预美洲事之言论可证。三、德国高度工业仅在欧洲获得资源市场不能维持，

---

① 《蒋中正电白崇禧欧局危急日料将侵越南我当先自谋再与法合作另滇黔公路已通速筹备破坏敌闪电战术并布妥桂滇黔部队》(1940年5月30日)，台北："国史馆"藏，蒋中正"总统"文物档案，002-090106-00014-340。

② 《黄炎培呈议长在国际形势突变下今后外交方针意见》(1940年7月1日)，台北："国史馆"藏，蒋中正"总统"文物档案，002-080106-00002-007。

故可决定其对中国建立经济合作关系永不忘情。四、此次世界大战完全为争夺殖民地之战争,德之制服英法荷本国即在直接或间接领有其整个殖民地,故对于日之在远东企图掠夺英法荷属地,决非德之所乐忍受。(安南运输问题只有在柏林可求解决)五、德在对英继续作战期间当然需要日本牵制英美苏,但在战争胜利后即成德日之冲突,况德之于日宿仇未忘,戒心仍在(德人重感情,不忘宿怨)。其谅解程度及相互利用,皆有限度及时间性。六、国际间之结合条件不外乎历史、地理及力利势四种因素。史地之不可分,一也;两力相当,二也;互沾实利,三也;势之所迫,四也。中德合作条件虽未完全具备,但含有合作成分,况中德素无恶感,在文化及经济关系上皆有相互需要因素存在。又证之德意轴心完全建立在两国领袖性情之相投及艰难创业之互敬上。(德人无一不对意人鄙视者)德元首曾谓天生总裁以救中国,可知其对钧座之钦敬,且中国现在已为领袖制,与轴心国家体制并无冲突,结合自有可能。七、依世界现势,苟促成中德苏合作(但德苏现状恐难长期维持),可以长期应付世界战争。八、德国一切奋斗在使英帝国解体,举凡足以削弱英国者无不运用。九、英德有战至适可而止可能,因德已控制西欧大陆,苟英能承认其对欧陆各国处置自由,德必乐于停战,英亦未尝无牺牲其他国家暂时保全自己,徐图观变心理,但一时转变又不易耳。至相当时期,英必对德屈服。①

在桂永清看来,中德合作既有可能又有必要,并且一旦实现,

---

① 《桂永清呈蒋中正对中德合作认识及应研究问题》(1940年7月21日),台北:"国史馆"藏,蒋中正"总统"文物档案,002-020300-00044-064。

将有利于中国抗战。蒋介石对欧战形势的观察与桂永清不同。他认为如若战事扩大化、持久化,德国未必会是最后的胜利者。6月1日,蒋介石在与德国代办毕德谈话时,劝诫德国见好就收,"德国如能此时提出相当之和平条件,结束欧战,则德国当可确保胜利,如任战事延长或扩大至欧战以外,则前途如何,殊难逆料"。蒋介石还指出德国与日本合作将招致美国的敌视,"日本参加德国作战之唯一目的,端在乘机夺取英法存在东亚之殖民地。日本果有此举,则美国势必出面干涉,是不啻因日本之参加德国作战,而促成美国之援助英法。须知日本如不扰乱太平洋之现势,美国当不致参加欧战,惟战争扩大至太平洋时,美国必难坐视。美国诚协助英法作战,于德国殊不利也"。① 因此,蒋介石不赞成转换阵营,反对桂永清等人过分对德示好的主张。王世杰也认为不宜轻易变更外交战略,"强国不顾立场,已属害多利少;困弱如吾国,岂可轻弃立场耶"。②

正是由于蒋介石等人的坚持,国民政府的外交政策才未改弦易辙。7月19日,在国防最高委员会常委会上,孙科、孔祥熙等人主张中国应该加强与德意轴心国合作。孙科表示:"因法既屈服,英又将失败;英果败,美为保持西半球亦无余力他顾,势必退出太平洋,放弃远东。我之外交路线,昔为英美法苏,现在英美法方面均已无能为力,苏虽友好尚不密切。今后外交应以利害关系一变而为亲苏、联德,再进而谋取与意友好之工作,务必彻底进行。英法既帮助敌人,中断我之运输线,妨害中国抗战,在英停止缅甸运

---

① 《蒋中正与毕德谈话纪录:德日关系及日本是否将参加德国作战问题》(1940年6月1日),台北:"国史馆"藏,蒋中正"总统"文物档案,002-020300-00044-058。
② 林美莉编辑校订:《王世杰日记》上,1939年5月19日,第200页。

输实施之日,应即召回我驻英驻法大使,同时宣告退出国联,借以对美表示民主国家辜负中国,使中国迫于生存改走他道。"孔祥熙判断英国将在对德战争中失败,所以也主张检讨外交政策,建议"走有利途径"。他说:"英对我关税及天津存银等问题,处处出卖中国,当不能再事虚与委蛇。德国军人,尤其国防部中人,有许多做过我国顾问,对我颇有好感,要做联络工作,似亦不难。德英战争,英虽不屈服,恐亦难免失败。"张群则主张改进外交技术,但是反对根本改变外交政策,"所谓不变之意义应释为:(1) 抗战政策不变;(2) 多求国际友谊合作之方策不变;(3) 拥护九国公约之态度不变"。① 张群实际上代表的是蒋介石的态度。7月4日,蒋在国民党五届七中全会上表示:"英法在太平洋的力量有限,其主要势力是在美国与苏联。美苏并未卷入欧战旋涡,其在太平洋的势力仍无变化。就是英法失败,远东问题仍不会有变迁。故我抗战和外交,仍按预定目标进行,无改变之必要。"② 如果国民政府的外交政策真按孙科、孔祥熙建议的那样进行调整,那么中国抗战将呈现完全不同的面貌。

对孔祥熙等人联德的主张,陈源在给胡适的信函中表示:"他们不想想,德国胜与日本胜,有什么分别? 他们不想想,德国在东亚当然利用日本抵制英国,决不会利用中国。在这一次战争中,中国有什么可以供德国利用,即使愿意做它的附庸的话。我希望英美能胜德日。我相信德国渡海侵英的机会必归失败。我虽然不满意英国在东方的让步,但是还能了解它目前的困难。"陈源认为幸

---

① 《国防最高委员会常务委员会第36次会议速纪录》,《国防最高委员会31—40次会议纪录》,台北:中国国民党文化传播委员会党史馆藏,馆藏号:会00.9/17。
② 蒋介石:《对于外交之指示》,《五届七中全会速纪录》,台北:中国国民党文化传播委员会党史馆藏,馆藏号:5.2/161.1。

好有美国"雄峙西方","对于中国表示极大的同情","要不然恐外交政策已有巨大的变动"。①

基于对国际体系变化的正确认识,国民政府才能不为一时的国际风云变幻所动,而轻易改换门庭。欧战一爆发,蒋介石就认为中国获得了将中日问题"随世界问题之解决而解决的基础"。1939年11月18日,蒋介石在国民党五届六中全会上发表演讲时指出:中国抗战的目的就是要使"中日问题要与世界问题同时解决",因为中日问题并不是中日两国的问题,"乃是整个东亚亦即整个世界的问题",甚至可以说是"世界问题的中心","世界问题不能解决,中国问题也就不能解决,而我们中国依旧不能脱离次殖民地的地位",因此,中国抗战"在时间上,尤其最后问题的解决上一定要和世界战争连结起来","使远东问题,与欧洲问题随今日东亚西欧战争之终结而同时解决,以重建世界永久的安全幸福与和平"。②

在三国同盟条约签订前,中国抗战经历了最困难的数月,一则苏日关系自诺门坎战役后趋向缓和,二则美国依然固守孤立主义③,三则法国战败投降,四则英国又与日本达成了妥协。1940年7月19日,蒋介石在日记中写道:"国际环境于我之恶劣,可谓至今日而极矣。当德苏不侵犯协定成立时,既知英国外交失败,不能与德作战,及欧战初起,既知英法必败,而乃不自谋外交出路,犹望英法得胜,是坐待英国失败而不知自救,以致今日为英国所卖,此余

---

① 《陈源致胡适》,中国社会科学院近代史研究所中华民国史研究室编:《胡适往来书信选》中,北京:社会科学文献出版社2013年版,第746页。
② 蒋介石:《中国抗战与国际形势——说明抗战到底的意义》(1939年11月18日),秦孝仪主编:《"总统"蒋公思想言论总集》第16卷,第477—480页。
③ 《美总统阐述的门罗主义》,《申报》,1940年7月9日,第4版,社评。

不智之至也。"①蒋后来甚至将1940年7月视为"实为我抗战最危极险之一月"。② 9月16日,汉奸周佛海乘机致电蒋介石,劝其与日本谋和,一方面中国"可由此机会移转其目标于中国以外";另一方面日本可摆脱中国战场的羁绊,开始南进,以夺取英法在东南亚的殖民地。③ 由此可见当时形势之危急。

二、中国抗战的国际环境获得改善

只要日本未公然与德意站在同一阵线,西方列强就不会完全放弃对日绥靖的幻想。政治学者萨孟武指出:"日本在未参加德意集团以前,其地位是自由的,因为地位自由,英美两国自然有所顾忌,积极不敢援助中国,消极不敢压迫日本。……现在日本和德意站在同一条战线了,且以美国为其假想国,美国当然要彻底禁运钢铁;而英国又因为日本是德意的友人,当然不必再讨日本的欢心。"④顾维钧也表示:"只是在缔结了三国条约,日本明确地加入了德国一伙,而且英国看清了日本的真正意图即日本开始推行其向南扩张政策的时候,英国才开始由于担心而改变其对日政策。"⑤因此,对国民政府来说,乐见日本公开加入德意同盟,"德国、意国、日本三个强盗今天在柏林签订三国同盟。这是近年我们天天期望

---

① 《蒋介石日记》(手稿),1940年7月19日,斯坦福大学胡佛研究所档案馆藏。
② 《蒋介石日记》(手稿),1941年8月5日,杂录,斯坦福大学胡佛研究所档案馆藏。
③ 《周佛海电蒋中正日方的确志切和平我国亦可使其转移目标于中国以外及和知鹰二所述板垣征四郎与宋子良谈判经过等和平谈判情报》(1940年9月14日),台北:"国史馆"藏,蒋中正"总统"文物档案,002-080103-00031-006。
④ 萨孟武:《德意日同盟与中日战争》,《日本评论》第12卷第4期,第42页。
⑤ 中国社会科学院近代史研究所译:《顾维钧回忆录》第4分册,第428—429页。

的"。① 唯有如此,中国与英法等国的利害关系才会更加一致,而它们也才会真正重视中国抗战的战略价值。9月28日,中国驻英大使郭泰祺致电胡适,认为:"今日本已正式加入轴心,中、英、美之共同立场利害,均益明显",故"自我方抗战以来,国际情势之好转未有如今日者。当可望其急转直下,更有利于我"。②

此外,德意日三国在同盟条约序言中号召其他有志一同的国家加入它们的阵营,使得英美苏等国担心中国与日谋和,"英美俄必预防我加入轴心同盟,而以俄为更惧,以中国果加入轴心,则俄地位乃动摇不能安"。③ 英美苏为拉住中国,必将有所表示,"英美苏俄对我不能如往昔之轻淡可也"。④ 当时,德国确实有意将中国拉入轴心国阵营。中国驻德武官齐焌向蒋介石报告与德国军方负责人会谈的内容称:德国联合日本是为了对抗美国和牵制苏联,"对华绝无敌意"。该负责人还向齐焌表示:"以后日本将以全力应付美俄,对我望结束战争,共开和平会议。"⑤

因此,三国同盟条约的签订使中日两国的外交形势发生逆转,"三国同盟以前,英德争取日本,我滇缅路被封锁,天津存银交日,均为英国交欢日本之代价。自同盟宣布后,英美合作密切,同时贷款吾国,并予援助等。同时德亦促日本放弃对中国之侵略,如日前

---

① 曹伯言整理:《胡适日记全编》第7册,1940年9月27日,合肥:安徽教育出版社2001年版,第413页。
② 《郭泰祺致胡适电》(1940年9月28日),中国社会科学院近代史研究所中华民国史组编:《胡适任驻美大使期间往来电稿》,第72页。
③ 《蒋介石日记》(手稿),1940年9月30日,斯坦福大学胡佛研究所档案馆藏。
④ 《蒋介石日记》(手稿),1940年9月30日,本月反省录,斯坦福大学胡佛研究所档案馆藏。
⑤ 政治大学人文中心主编:《民国二十九年之蒋介石先生》,台北:政治大学人文中心2016年版,第497页。

所传德将促日对中国作最大的重庆政府能以接受之让步,是消极方面难以铲除中国之威胁,以争取中国。是吾国今日已处于三国同盟以前之日本,双方争相罗致"。① 后来,外交部长王宠惠在国民党五届八中全会上也表示:"在三国同盟未签订前,英、美对日总是采取缓和政策,理由就是恐怕日本跑进德、意集团去。自从三国同盟签订以后,英、美对日缓和政策业已完全失败。德、意有所谓欧洲新秩序的建立,日本有所谓大东亚新秩序的建立,将英、美、苏联一起夹在这两个新秩序中间。形势演变至此,从前援助我们的友邦,向来认为欧洲战争与远东战争为两回事,现已打成一片了。英、美现在不但承认对日缓和之非计,并已承认欧洲的反侵略的战争与远东的反侵略战争,实在是整体的一件事。"②

三国同盟条约的签订,象征着德意日三国公开宣示将彻底摧毁凡尔赛—华盛顿体系,而将整个世界纳入它们主导的"新秩序"。这必将伴随着战争规模的扩大,也将给人类社会带来巨大的灾难。9月30日,王宠惠代表国民政府发表对三国同盟条约的谈话。王宠惠指出:德意与日本互相承认对方在欧洲和大东亚"新秩序"中的领导地位,是"完全漠视"甚至"企图摧毁"欧亚两洲其他国家的合法地位与权益。王宠惠还表示:中国政府一贯"拥护合法之国际秩序",坚决反对"破坏世界合法秩序之行动",因此决不承认日本主导的"大东亚新秩序"。③三国同盟后,美国驻日大使格鲁表示:"三国同盟既已成立,我们就不能再把日本当作一个单独的国家来

---

① "中央研究院"近代史研究所编印:《王子壮日记》第6册,1940年11月6日,台北:"中央研究院"近代史研究所2001年版,第311—312页。
② 王宠惠:《外交部工作报告》,《五届八中全会速纪录》,台北:中国国民党文化传播委员会党史馆藏,馆藏号:5.2/162.13。
③ 《对日德义三国同盟　王外长重要谈话》,《中央日报》,1940年10月1日,第2版。

看待。它已经成了一个组织的一员,我们的对日态度,必定也就是对待那个组织的态度。"①因此,该约的签订对处在外交孤立境地的国民政府来讲,不啻为一个巨大的转机,"此盟约把中英美的利害,明明白白的排在一条阵线上","中国最初抗战所希求的良好国际形势,已经逐渐出现了"。②

德意日三国同盟条约的签订,客观上使国民政府将中日问题世界化的设想成为现实,"此同盟徒促成英美之合作,使英美对于中国抗战一心皈命而尊重之,中国抗战因而与欧战渐趋联系,此乃中国前途至为乐观者"③。蒋介石也明确表示:"德意倭三国同盟果已实现,此在抗战与国际形势上于我实求之不得者,从此,如我能戒慎进行,则抗战必胜之形势已定矣。"④条约一签订,蒋当即就表示:"如此说果确,则我抗战之困难又减少一层,倭寇之失败当可指日而待。"蒋所担心的是苏联的态度,即它"是否能与英美合作,站在同一战线",但是从常理判断,"此四国同盟,即为往时共同防共之脱胎",苏联应该会反对,故中国的立场"自当较前优裕"。蒋还写道:"近来时虞国际形势混沌,抗战将临绝境,以致心神恍惚不安,尤以明年之难关艰危,更为忧患,今得此息,是乃天父扶掖之力,而非人事所能为也。"⑤

---

① 《格鲁日记》,1940 年 11 月 1 日,[美]约瑟夫·C.格鲁:《使日十年》,第 349—350 页。
② 顾毓瑞:《德义日三国同盟面面观》,《中国青年(重庆)》第 3 卷第 6 期,第 30—31 页。
③ 《陈布雷呈蒋中正有关陶希圣函称欧战发展为世界大战是必然趋势日德义三国同盟发表必使英美合作而尊重中国抗战故中国前途乐观》(1940 年 10 月 8 日),台北:"国史馆"藏,蒋中正"总统"文物档案,002-080103-00006-023。
④ 《蒋介石日记》(手稿),1940 年 9 月 28 日,上星期反省录,斯坦福大学胡佛研究所档案馆藏。
⑤ 《蒋介石日记》(手稿),1940 年 9 月 27 日,斯坦福大学胡佛研究所档案馆藏。当时盛传西班牙也将加入德意日同盟,故蒋介石才在日记中写作四国同盟。

蒋介石判断此后日本将南进,以夺取香港、新加坡、菲律宾及印度尼西亚等地。国民政府要首先探明苏联对中国加入英美阵线的态度,"如俄不愿我参加英美阵线,而望我独立作战,则我当考虑其用意与我之利害轻重如何"。① 三国同盟条约的签订极大地鼓舞了蒋介石的抗战信心,以至于他乐观地认为在1942年中秋节前可"恢复东三省,解放朝鲜,收回台湾、琉球"。② 他还在日记中写道:"倭果与德意订立三国同盟,此为我旦夕所期求而不得者也。""自九一八以来,时谋导引太平洋问题总解决之时期能早日到来,俾我国得脱离危亡之局。计自东北以至内蒙、华北二年,自华北至华中四年,自华中至华南约年余,自华南至琼州半年,而自南宁引敌侵入越南只十个月,侵越南未及半旬,而三国同盟发表,于是太平洋局势方得第一步开展,而解决侵略国倭寇之计方有期,岂不难哉!"③

为了有效地利用三国同盟后"抗战地位又提高一层"的有利形势,蒋介石决定从五个方面推进外交活动:第一,坚持对日抗战,"保持抗倭阵线与态势,以不予媾和为原则";第二,争取英美苏增加对华援助,"而不再蔑视或加我以压力";第三,除非万不得已,暂不表态加入任何阵线,"仍以自立自主之立场对倭抗战";第四,关注苏联的态度,"如俄不弃我,则首当以俄之态度为最后之标准也";第五,美苏终将因对德而合作,"世界大战之决战,最后必在科学之程度,故俄如最后欲与德为敌,必不能久拒美国合作也",而中国必须站在胜利者一边。④

---

① 《蒋介石日记》(手稿),1940年9月28日,斯坦福大学胡佛研究所档案馆藏。
② 《蒋介石日记》(手稿),1940年9月30日,斯坦福大学胡佛研究所档案馆藏。
③ 《蒋介石日记》(手稿),1940年9月30日,本月反省录,斯坦福大学胡佛研究所档案馆藏。
④ 《蒋介石日记》(手稿),1940年10月1日,本月大事预定表,斯坦福大学胡佛研究所档案馆藏。

实现反侵略阵线内部的团结合作，是国民政府实行抗战外交的重要目标。只是因为西方列强各有盘算，未能从长远利益出发，长期以来对中国的呼吁置之不理。如今，它们自身已成为法西斯侵略所指向的目标，当然不能再置身事外。美国驻日大使格鲁认为三国同盟条约"主要是针对美国的"，"这些人尽管一直都在注视美国的态度，但他们总是把美国估计得很低，认为它不会有效的反对。开明人士，无论在朝在野，又都一直没有约束极端分子的能力"。甚至有日本外务省官员直接对美国外交人员表示："这个条约是针对美国的，自从1924年的《移民法》以及满洲事变以来，日本进行必要的扩张，美国都一直从中作梗；世界极权主义将代替业已破产并行将扫除的盎格鲁-撒克逊主义，日本不得不与另一阵营结盟，这个阵营并不是那么毫不妥协地定要维持现状。"①要遏制日本侵略扩张，就必然会借重中国，进而大力援助中国，因此中国抗战将变得举足轻重。王子壮表示："英人亦当知东亚只有中国为彼利害一致之友，为确保其权益，唯有对于中国加以援助。吾人孤斗三年，至此始辨明仇友，英美必须对我资助，始能获羁绊日阀之凶焰也。"②后来，他还表示："国际之阵容完成明朗，我立场分明，在东亚为一重要支柱，英美欲牵制日本不在太平洋上过于猖獗，非于军事上财政上予我以接济不为功。盖我国之军事已有庞大之组织，所缺者为钱及重兵器，美能于此助我，自能有以应付日本，收牵制之效大矣。"③

三国同盟条约的签订为中国争取国际支持创造了良好的环

---

① 《格鲁日记》，1940年10月1日，[美]约瑟夫·C. 格鲁：《使日十年》，第333—339页。
② "中央研究院"近代史研究所编印：《王子壮日记》第6册，1940年9月29日，第273页。
③ "中央研究院"近代史研究所编印：《王子壮日记》第6册，1940年10月3日，第277页。

境。中国不屈不挠的抗战精神更是赢得了国际社会的高度尊重。1940年10月3日,美国妇女援华委员会主席赛珍珠发表广播称:"过去三年中,我们并未十分关切,因为我们不能将中国和英法、日本和德当作一例看","德义日固是一丘之貉,同为侵略国,同样无理取闹,同样残暴,同样滥炸平民;但是中国的表演,却与半途屈服的欧洲民族,大相径庭。……中国虽处逆境,但始终没有屈服。"①1941年1月23日,宋子文在纽约中美协进会招待会上发表演说:"中国为侵略之第一牺牲者,早已认定侵略行为,倘加以容忍奖励,则必引出无数之新侵略举动,驯至危及全世界之民主的生活。欧战既起,其他各国始渐觉悟欧亚二洲之战争,实为民主与极权国家斗争之一体的各面。一九四零年九月二十七日,日本正式加入德义同盟以后,人人始知中国之胜利,即为民主国家之胜利,中国之失败,亦即为民主国家之失败。"②

此外,值得一提的是,随着战争在世界范围内展开,"日本加入联盟以后,欧洲战事与亚洲战事之联系性,益为明显,而世界上民主集团与反民主集团之阵线,益为清楚"③,东西战场自然面临孰轻孰重的问题。站在中国的立场,自是希望将解决日本作为优先选项,"必先除倭,使无东顾之忧,而后方能集中全力,解决欧战"。④张忠绂也针对这个问题撰文敬告英美两国,盼其更加重视远东问题,率先解决轴心国同盟中的薄弱环节,而后再集中精力对付德国。文称:"诚然,欧洲问题解决后,远东问题自必随之解决。但若

---

① 赛珍珠:《中国抗战对美国的意义》,《大公报(香港版)》,1940年10月3日,第2版。
② 宋子文:《中国抗战之伟力(一)》,《大公报(香港版)》,1941年2月11日,第3版。
③ 《章慎函董显光兹附上致陈光甫报告有关日本加入德义同盟之分析一份》(1940年9月30日),台北:"国史馆"藏,蒋中正"总统"文物档案,002-080107-00004-007。
④ 《蒋介石日记》(手稿),1940年10月1日,斯坦福大学胡佛研究所档案馆藏。

远东问题解决后,欧洲问题是否亦必将因之而易于解决? 以欧洲问题与远东问题相较,吾人认为远东问题较欧洲问题易于解决,遏止倍蓰!"①此时提出这个问题自然是未雨绸缪,而战略重点的选择和决定到太平洋战争爆发后才真正凸显。

三、推动国际反法西斯合作

德意日三国同盟条约的缔结虽然极大地改善了中国抗战的国际环境,但是还需要国民政府采取积极政策,以推动整个国际形势向更利于中国的方向发展。中国抗战期间的基本国策是相对稳定的,但是外交方针当随国际环境的变化而加以灵活调整。

1. 不急于表态加入英美阵线

三国同盟条约签订后,日本与英美等国的矛盾更加尖锐。在日本的政策确定后,国民政府并未急于表态加入英美阵线,一方面苏联的态度尚不明朗,另一方面也是为了待价而沽,以引起英美等国的重视。

9月28日下午,蒋介石召集军政干部开会讨论三国同盟问题。蒋介石在会中提出了六个供与会人员思考讨论的问题:(1)苏联对华态度关系重大,如其不愿中国参加英美阵线,那么它的用意何在,以及对中国的"利害轻重如何";(2)日本进攻英美的胜败成算;(3)英美能够支持中国的程度;(4)苏联以及中共如果反对中国加入英美阵线"能害我至何程度";(5)苏日两国和战可能;(6)此时中国与日本谋和"利害如何"。②蒋介石认为日本在条约签订后必

---

① 张忠绂:《为三国同盟事敬告英美》,《大公报(重庆版)》,1940年10月6日,第2版。
② 黄自进、潘光哲编:《蒋"总统"五记·困勉记》下,台北:"国史馆"2011年,第741页。

将南进,即进攻新加坡、香港、荷印与菲律宾等地,与美国的正面冲突"必难再缓",并且日本失败的可能性更大,因此"此时决不能言和"。蒋还表示此时苏联的外交方针与态度最为重要,"应特别注重并应设法探明"①。可见,蒋介石认定德意日三国缔结同盟条约后,国际局势对中国抗战极为有利,因此他对何应钦等人表现出来的悲观及消极态度相当愤慨,认为他们"害事"和"怕事"。②

在会议上,军令部长徐永昌表达了七点意见:(1) 弄清日本加入三国同盟的真实目的,"当非仅为求德义赞许其所谓东亚新秩序,是必另有对中国以外之目的也";(2) "对德义不作任何表示",因战争将长期化,"今后变化太大,不可走绝路";(3) "不要求开放滇缅路禁运",因为将刺激日本加速进攻云南;(4) 三国同盟是日本"陆军一手做成","我应避免刺激倭陆军之言论与行动,俾其一意南进";(5) 根据条约内容,地跨欧亚两洲的苏联无异"一半属德指导,一半属日指导","所以该协约对俄意义无宁谓其较重";(6) 条约对中国利多害少,对日本则利少害多,"倭无需要德义助之攻华,德义可加于我之害至多不过承认傀儡",而"倭过去仅与中国为敌,今则确增英美苏为敌","盖倭之加盟已决定抽兵南进";(7) "倭内部因此加盟反感必增"。

与会人员确实在一些问题上存在分歧。比如在滇缅路问题上,大多主张立即催促英国开放,而徐永昌的思考则与众不同。他认为英国之所以关闭滇缅路是力图阻止日本加入德意轴心,"今皆绝望,彼之禁运事无意义",因此会自动开放,"何如另求以他事"。而更重要的分歧则表现在对待德意的态度上,与会人员大致可分

---

① 政治大学人文中心主编:《民国二十九年之蒋介石先生》,第 497 页。
② 《蒋介石日记》(手稿),1940 年 9 月 28 日,斯坦福大学胡佛研究所档案馆藏。

为两派，姑且称之为激进派与持重派。激进派以王世杰、张群、刘斐等为代表，他们主张："唤醒反对东亚新秩序者之大联合"，"对德义斥责并撤回驻德大使"。持重派则以孔祥熙、何应钦、王宠惠、徐永昌、余谟等为代表，他们主张要保持外交弹性，反对完全与德意决裂。

会后，徐永昌还打电话给蒋介石，提出了三点意见：其一，对德意两国"仍须谨慎其表示"；其二，暗示对日妥协，以威胁英美苏等国，"我须有法，令彼等明白我固无力败日，但我一妥协，则日之威胁彼等力量更增"；其三，以接近德国来推动日本南进，"如仅为说几句出气的话，而开罪德国太不值得"。① 后来，徐永昌甚至还建议蒋介石透过德国与日本和谈，以达到"使敌放心南进"以及"使国家渐转至有两条路，即可战可和是也"。② 蒋介石起初接受了王世杰等人的意见，但不久就转而接受持重派的意见③，或许与徐永昌的劝说有关。

2. 推动中美英苏联合阵线的建立

全面抗战以来，中、美、英、法、苏、德、意、日等八国间的双边及多边关系深刻影响国际政治走向。其中可供中国争取的是除中日两国之外的其他六国。随着德意两国因三国同盟条约的签订而几乎全面倒向日本、法国投降、英国深陷欧战，对国民政府来说，争取美苏的支持就成为重中之重。美苏两国一方面国力雄厚，另一方面尚未卷入战争，援助中国的能力甚大。虽然国民政府的外交以

---

① "中央研究院"近代史研究所编印：《徐永昌日记》第5册，1940年9月28日，第430—431页。
② "中央研究院"近代史研究所编印：《徐永昌日记》第5册，1940年9月29日，第433页。
③ 林美莉编辑校订：《王世杰日记》上，1940年9月30日，第298页。

亲美著称,但是并不意味着不需要苏联的支持。蒋介石在给驻苏大使邵力子的电报中表示:"德意日三国同盟协定成立后,国际局势必将迅速改变,此事在亚洲方面当为日本帝国主义作更大冒险之开始,于中苏两国关系至为重要。中国自抗战以来,外交方针无不期与利害相同之苏联一致。"①

对中国来讲,如果美苏两国协调一致,自是理想之境;而一旦两者态度对立,则必须小心翼翼,尽力维护与双方的友好关系。9月28日,外交部致电驻美大使胡适,要求他探明美国对三国同盟的态度,及"美国有无乘机与苏联商议合作自卫办法之意"。②

此时国民政府积极推动美苏合作,是因为美苏关系自苏芬战争后陷于僵局。9月29日,邵力子向蒋介石报告他在莫斯科观察所得:"苏德间日益貌合神离","该协定第五条明系德国敷衍苏方,同时亦足为苏日关系并无转好之明证"。他建议蒋介石应该乘此时机,单独或联合英美"增进对苏关系"。次日,蒋介石回电邵力子称:"苏外部人员如询,可说明我政府认为中国与日本所倡'大东亚新秩序'决不两立,切盼与亚洲及太平洋有关各国均为反对'大东亚新秩序'而从速联合有所表示或行动","美国必得苏联鼓励,乃可望其迅速积极不失时机,此点关系重要,切盼苏联注意"。③ 蒋介石还在给宋子文的电文中,希望宋在美推动中美英苏联合阵线,"共同制裁侵略",同时提醒他"关键在美国","故我只可相机运用,

---

① 《电莫斯科邵大使即转斯大林委员长告以德意日三国同盟协定后我国对苏联之愿望》,薛月顺编注:《蒋中正"总统"档案·事略稿本》(44),台北:"国史馆"2010年版,第345—346页。

② 《外交部致胡适电》(1940年9月28日),中国社会科学院近代史研究所中华民国史组编:《胡适任驻美大使期间往来电稿》,第72页。

③ 《邵力子电蒋中正应乘苏德日关系无好转之机增进对苏俄关系》(1940年9月28日),台北:"国史馆"藏,蒋中正"总统"文物档案,002-020300-00042-071。

而非我所能强求。如操之过急，或反被其怀疑"。①

三国同盟条约的签订确实对苏联产生巨大威胁，以致其欲避战而不可得。争取加强与苏联的合作，构建国际反法西斯统一战线，不仅是中国政府的愿望，而且也是英美驻苏外交人员着力之处。据中国驻苏人员胡世杰报告："德苏关系之恶化，显然已由酝酿而具体化"，"近日英大使在此甚行活动，美大使离职半载有余，昨已返莫，今晚会莫洛托夫，盛传英美苏关系有好转可能"。②

虽然蒋介石在外交上极力争取与苏联合作，甚至推动中美英苏组成联合阵线，但是内心深处仍充满了对苏联的疑虑。

蒋介石怀疑是斯大林在幕后推动德意日缔结同盟条约。蒋在日记中写道："俄报称：三国同盟签字以前，德国已先通知俄国，又称该约明文规定尊重苏俄中立，乃俄德与俄意之两不侵犯协定之成效云。由此可证明，上月倭朝日新闻所载德意倭俄'以废弃防共协定，而订互助协定'之说，并非无因，而且可知此事相商已久。今俄虽未加入盟约，而主动促成者，又为俄史也。"他还怀疑斯大林在背后鼓动日本南进以引发世界战争，"此后倭如不速南进，则俄将以俄倭不侵犯协定，促倭南进，自在意中。如此美倭战争又为史大林促成世界帝国主义大战之阴谋所促成，而其世界革命之计果告成乎"。③ 蒋介石的上述揣测当然是无稽之谈，是其反共心理的表现。

---

① 《蒋介石致宋子文告以三国同盟已证实美对我必有更进一步协助电》(1940年9月28日)，吴景平、郭岱君编：《宋子文驻美时期电报选(1940—1943)》，上海：复旦大学出版社2008年版，第44—45页。
② 《孔祥熙电蒋中正德义日三国同盟后之德苏关系情报提要》(1940年10月2日)，台北："国史馆"藏，蒋中正"总统"文物档案，002-080200-00529-067。
③ 《蒋介石日记》(手稿)，1940年10月2日，斯坦福大学胡佛研究所档案馆藏。

蒋介石对苏联的对华政策充满疑虑。起初他甚至认为苏联将要灭亡中国,其故有三:第一,苏联不再需要中国牵制日本,因为"倭已对俄屈服,且倭之武力已消耗至相当程度";第二,苏联担心中国加入德意日同盟阵线,"故此时拟先解决中国问题,组织中国苏维埃,完全归附于苏俄范围之内,使彼以后对于德意倭容易应战,而且及时消除其切肤中国后患,并望以此大患变为其赤化反帝之基础也";第三,苏联认定国民政府与英美同一阵线,坚持反苏立场,"故不如在英美无暇顾及时,乘机灭亡中国"。①

上述揣测甚至是相互矛盾的,反映的是蒋介石对最坏处境的推估,而非最终判断。10月7日,蒋介石在日记中反问了自己八个问题:"俄国此时是否已到不必要中国抗战,而要中国内乱乎""美倭战争果起时,中国如再抗战,则自然在英美阵线上,俄对中国以后不便干涉乎""国民党兵力是否已消耗至相当程度""中共势力是否已养成,有与国民党相等之程度""中国全国人民心理,对中共是否已倾向有半或三分之一乎""如中共反对抗战与反对英美,而对中央叛变,全国军民之心理果能赞成乎""中央如与倭和平以后,倭可对陆军一心整理,如此德国陆军集中俄边,亦何所用,则于俄果有益乎""我军如竭力节省兵力,不对倭作无益之攻击,俄与共对此主旨,必加反对,难保其日久不叛,然而三月至半年内,中共或不致叛变乎"。② 蒋介石是以疑问的语气来提出上述问题的,可见他也认为最坏的情况不致发生。但是从中可以看出,他对中共的疑心之重,甚至恶意揣测中共反对抗战;始终将维护个人的独裁统治和国民党一党训政的政权放在第一位。蒋还判断苏联力图使中国脱

---

① 《蒋介石日记》(手稿),1940年10月6日,斯坦福大学胡佛研究所档案馆藏。
② 《蒋介石日记》(手稿),1940年10月7日,斯坦福大学胡佛研究所档案馆藏。

离英美关系，而独与其合作，"如此或能得其一时之协助，然而中国将永受其支配"，如此则与日本对华政策无异。[1] 此后，蒋介石虽然仍对苏联保持高度戒心，但是确信苏联不至妨碍中国抗战。[2] 毕竟国民政府一旦与日本达成妥协而停止抗战，苏联面临的压力就将大增。

此外，蒋介石还判断苏联不与日本签订互不侵犯条约的可能性更大，原因如下：第一，"俄不能不企图美国与之与合作，如俄倭妥协，必使美国绝望"；第二，"世界大战最后不能不决之于科学，如俄最后欲与德为敌，则决不能与美绝缘"；第三，"最近美倭必战之形势已成，无待俄国之挑拨，且不患倭不南进也"；第四，"如果逼迫我国不能不与倭停战，则倭得专心整顿陆军，如此俄东西两面之德倭强大陆军，终为俄国之大患"。[3] 虽然苏联确实没有与日本签订互不侵犯条约，但是在1941年4月却与其签订了中立条约。

蒋介石对苏联产生如此深的疑虑，原因之一在于斯大林对他的多封电报都没有回应。[4] 然而在蒋介石抱怨后没过多久，斯大林就回复了蒋。斯大林解释回复迟缓的原因是蒋"所提问题之复杂性"，而其对中日问题并不熟悉，故很难提供建设性的意见。只是在斯大林看来，三国同盟条约之缔结，确实对中国有利，"因三国协定之矛盾性，在某种国际形势之下，可反使日本不利，即因其打破英美对日中立之基础也"。斯大林特别提醒蒋介石，中国当务之急"在于保持及加强中国国民军"，"果阁下之军队坚强有力，

---

[1]《蒋介石日记》（手稿），1940年10月9日，斯坦福大学胡佛研究所档案馆藏。
[2]《蒋介石日记》（手稿），1940年10月12日，斯坦福大学胡佛研究所档案馆藏。
[3]《蒋介石日记》（手稿），1940年10月8日，斯坦福大学胡佛研究所档案馆藏。
[4]《蒋介石日记》（手稿），1940年10月12日，上星期反省录，斯坦福大学胡佛研究所档案馆藏。

则中国必不可摧破"。值得注意的是,斯大林还特别点出了外界"关于对日议和及和平之可能性谈写颇多"。① 由此可见,中苏双方领导人彼此间缺乏互信到了何等程度。也正是因为如此,蒋介石才决定实行中立自主的"上策",以待苏联态度明朗化。蒋在日记中写道:"独对倭寇为敌,而对英美、对德意(任何阵线)皆取中立政策,必待俄国态度表明或其参加战争以后,我乃决定取舍。如此,则对美、对德、对俄皆有进退自如之余地,而且皆可由我自动抉择也。"②

出于对苏联的不信任甚至疑惧,蒋介石在争取英美合作一事上相当积极。蒋介石在给宋子文的电文中,要求他争取美国援助,"于最近期内再有一批金融借款贷我","如美国果有意与我合作,则我所望其接济之武器惟飞机而已,而主要之接济乃在经济与金融","以安我抗战之民心与军心,使能持久抗战为惟一要求"。③ 10月5日,外交部情报司司长朱世明致函蒋介石,认为美日冲突必不可免,故建议与美国进行全方位合作。他说:"此次德意日三国缔结同盟,使美日关系从此确定,本年美国大选,无论何人当选为总统,决不能放弃其传统立国之精神而向日寇屈服妥协。在目前美国虽不必立即有何举动,然而今后趋势,将由外交战而入于经济战,由经济战而入于武力战,则可无疑也。我国亟应乘此机会与美国图政治、经济与军事之密切合作。"④

---

① 《史大林复函》,薛月顺编注:《蒋中正"总统"档案·事略稿本》(44),第447—448页。
② 《蒋介石日记》(手稿),1940年10月31日,本月反省录,斯坦福大学胡佛研究所档案馆藏。
③ 《蒋介石致宋子文告以三国同盟已证实美对我必有更进一步协助电》(1940年9月28日),吴景平、郭岱君编:《宋子文驻美时期电报选(1940—1943)》,第44—45页。
④ 《朱世明赵龙文呈蒋中正德义日三国缔结同盟今后我对英美国际外交军政经济应力求合作等建议》(1940年10月5日),台北:"国史馆"藏,蒋中正"总统"文物档案,002-080106-00002-008。

蒋介石认为日本南进后英美等国将有求于中国。9月28日，蒋介石在向朱绍良、白崇禧等的电报中，除了征询他们关于三国同盟条约对中国的"利害轻重"及"以后国际方针"等问题的意见，还明确表示："倭必不久进攻新加坡与荷印，甚至占领菲律宾等地。"①同日，蒋介石还致电第九战区司令长官薛岳，断言日军主力将"向南洋求发展"，而在中国战场上，日军可能将进攻长沙，因此要求他加紧部署，以策万全。②

蒋介石力图利用有利的国际局势，"所有太平洋上的国家，现在都受着中国的掩护"③，以争取与英美等国建立平等合作关系。10月14日，蒋介石在与英国驻华大使卡尔会谈时表示："英、美素以半殖民地国家估计中国，且以为中国自卫尚无充实力量。倘迄今仍执持此项成见，则殊堪遗憾""德、意以日本有海军而以平等待遇日本，英、美亦应以我有强大之陆军而以平等待我""我人已确知自己之实力，须知中国人为具有自尊心之民族"。④

三国同盟条约签订后的国际情势演变，客观上增进了中国抗战与英美的关系。11月25日，陶希圣致函蒋介石称："中国之抗战既客观乃至主观上与英美联系起来，则抗战之发展甚至结束，与英美政策当有密切之相互影响，故吾人对于中国前途，应从国际环境之推移上再行估计。"陶希圣认为美国将最终决定世界大战的结局，"今日之世界局面不以西欧一隅为枢轴，而枢轴乃在华盛顿"。

---

① 《蒋中正电示朱绍良白崇禧研究德义日三国同盟后国际外交方针》(1940年9月28日)，台北："国史馆"藏，蒋中正"总统"文物档案，002-010300-00038-054。
② 《电长沙薛长官岳指示第九战区作战准备应着重于长沙方面之部署》，薛月顺编注：《蒋中正"总统"档案·事略稿本》(44)，第332—333页。
③ 《再论德意日三国同盟》，《大公报(香港版)》，1940年9月30日，第2版，社评。
④ 《蒋中正接见卡尔讨论两国合作英国欲与中国合作先改变其对华态度》(1940年10月14日)，台北："国史馆"藏，蒋中正"总统"文物档案，002-020300-00039-041。

陶希圣建议中国应当成为国际局势变化中的有力杠杆，策应美国，最终共同战胜日本，"中国应把握此毕至之势，而不为回旋之小波折所动摇。即在其间，在与美英提携之下，应付一时之波折，亦必以美日最后清算及日本最后失败为目标"。29日，陶希圣再度致函蒋介石表示："中国当于世界大战中求胜利求结束。"陶希圣还对未来的局势做出六点预测：第一，"欧洲在远东之衰落，美国向远东之代兴，此为一必然的决定的趋势"；第二，"德国直接伸手太平洋之可能性极少"；第三，"美国无法登陆亚洲大陆，故惟有援华，以成就对日夹攻之形势"；第四，"苏俄在太平洋上无直接干预至何种程度之实力"；第五，"此次大战之结局为美苏之世界的斗争"；第六，"中国适为日苏美两个力量之交叉点"。[①] 事后看来，陶的大部分预测还是比较准确的，但是轻忽了苏联对日参战给东亚格局带来的影响。

为了从舆论上推进中美英苏联合阵线，国民党中央宣传部下辖的国际宣传处起草了《国际形势与我国抗战国策演讲大纲》。《大纲》表示，德意日三国同盟条约的签订是"九一八以来国际间一件大事"，"此一同盟表面上似为防御性质，实则全是取攻势的攻守同盟，使整个世界受其影响"。《大纲》表示："三国同盟之缔结，乃十年来国际间侵略阵线明朗的总结合，亦即是国际间今后反侵略阵线必然联合反攻的开始。换言之，国际大局的总清算，必以此次三国缔结侵略性的同盟为嚆矢。"《大纲》指出，德意日三国宣称的"新秩序"实质是"反英反美反苏乃至反对全世界和平秩序或合法秩序之具体表现"，"吾人对于三国同盟之认识，应确认其为侵略国

[①] 《陈布雷呈蒋中正中日战事结束之时机及中国国际环境推移试论》（1940年12月6日），台北："国史馆"藏，蒋中正"总统"文物档案，002-080103-00033-013。

联合阵线之形成,从而激励一切反侵略国家之相互援助密切联合,以摧毁此侵略国家之阴谋"。①

3. 坚定抗战信心

除了实行正确的外交政策,要想赢得抗战的胜利,关键还在于中国自身的持久抗战。经过逾三载的艰苦抗战,中国人力、物力、财力消耗极大,军民疲惫不堪。在这种艰难时刻,保持抗战信心极为重要。蒋介石通过公私场合向各界人士阐明三国同盟对中国抗战的有利影响,以坚定争取抗战胜利的信心。

9月29日,蒋介石致电高级将领,开宗明义地说道:三国同盟条约的签订,"实为我最后胜利之转机,亦为倭寇失败开始最大之关键"。通电从六个方面阐述蒋介石对于三国同盟条约的认识:第一,从条约对日本的实际作用来看,"德意决无兵力助日寇以南进,更不能对中日战事与日寇以任何实际上之助力",而"只有加重日寇在太平洋上多树敌国,以自速败亡之危机";第二,从条约对中国的影响来看,鉴于德意两国早已公开袒护日本,今后至多也就是承认傀儡政权,并不能对中国抗战产生实质的危害;第三,从日本今后的动向来看,日军若分兵南进,正可给国军创造杀敌之机,故"三国同盟成立宣布之日,即敌寇真正失败之始";第四,从苏联立场来看,三国同盟条约实乃从防共协定中脱胎而来,苏日关系只会日趋恶劣,而"苏联对日只有加紧戒备";第五,从敌我双方外交得失来看,"敌人之所得者,为鞭长莫及有名无实之德意盟邦","而我则获得太平洋上强大有力之战友","此后我与英美苏对日寇皆在利害相同之地位,关系必更密切进步";第六,从日本参与同盟时机

---

① 《国际形势与我国抗战国策演讲大纲》,中国第二历史档案馆藏,中宣部档案,718/352,第8—16页。

来看,已经错失最佳时间,"此项协议若成立于一年以前,或法国未屈服之时,其形势或有不同","一旦投机不逞,不独将为其盟邦所鄙弃,而在其内部亦必引起沸腾之反感"。综上所述,蒋介石认定:"此项同盟协议,在敌人实自造荆棘,更趋危机,而于我抗战,则为绝对有利",因为此后中美英苏将形成共同阵线,"敌友分明,应付简单,更易收得道多助之效"。①

10月31日,蒋介石再次致电各战区高级将领,表示中国抗战的外交形势因三国同盟条约的签订大为好转,称:"美国制倭援我之动向益见鲜明"、英国不再对日本示弱、苏联无意对日妥协、日本国内矛盾激化。因此,蒋在通电中表示:"纵观此一月来国际形势之转变,与敌寇内外交迫,实为我抗战胜利之朕兆",而此种有利形势"乃我三年余艰苦抗战牺牲无数将士与同胞之生命所造成"。面对有利形势,蒋介石告诫众人不可因国际形势好转而心生懈怠和侥幸心理,而应积极努力,"以与时势相适应","以我本身坚强之实力,迎接最后胜利之光明,达成抗战建国之目的"。②

除了密电国民党军高级将领,蒋介石还在招待国民参政会参政员的茶会上发表公开演说。首先,蒋介石认为中国抗战已经胜利在望。蒋表示:三国同盟后,"中日战争,现在已是世界战争的一部分","从国际形势观察起来,我们胜利的前途,有如黎明在望,已经涌现出一线曙光"。其次,蒋指出三国同盟实质是以外交联合的姿态来威胁其他国家,但是从军事、经济、科学以及国际公理等方面来看,轴心国集团必将失败而告终。再次,蒋表示国际形势对中

---

① 蒋介石:《致各将领剖析德、意、日三国同盟对我抗战有利电》(1940年9月29日),秦孝仪主编:《"总统"蒋公思想言论总集》第37卷,第220—222页。
② 《蒋中正电李济深龙云指示日德义三国同盟成立后美国制日援我动向》(1940年10月31日),台北:"国史馆"藏,蒋中正"总统"文物档案,002-020300-00002-088。

国抗战有利,但是不可过分乐观"而松懈自己的努力","我们必一本独立奋斗,自力更生的精神,向前迈进"。最后,蒋介石重申对待国际变局的态度:"我们抗战,就是要创造国际形势,改造新的国家和新的世界,因此,我们决不能存任何依赖之想,坐待国际形势好转来助我抗战成功,而要打算到虽在国际形势最恶劣的场合,我们更能自力奋斗,独立求存",而只要事先准备充分,那么中国抗战"一定可以转移国际形势"。① 蒋介石在公开场合总是强调自力更生,但实质上还是依赖国际体系的成分居多。

对国民政府来说,1940年的国际局势演变可谓冰火两重天。从面临全面抗战以来最孤立的处境,到"与英美隐隐成为三大洲的三大主角"②,"若无定力与远见,惑于一时之利害,远美联德,则英美今日不仅不愿与我合作,其必联倭以制我,而我今反处于大不利之地位矣"③。因此,行政院参事陈克文才会感叹道:"国际关系真是一件极复杂、极难理解的事。"④

第三节 对苏日中立条约的反应

1941年4月13日,苏联与日本在莫斯科签订中立条约,其中第二条规定:"如果缔约一方成为第三者的一国或几国的战争对象

---

① 蒋介石:《三国同盟与中国抗战》(1940年10月25日),秦孝仪主编:《"总统"蒋公思想言论总集》第17卷,台北:中国国民党中央委员会党史委员会1984年版,第498—505页。
② 钱端升:《民国三十年度的工作》,《今日评论》第5卷第1期,第1页。
③ 《蒋介石日记》(手稿),1941年1月13日,二十九年全年工作之总检讨,斯坦福大学胡佛研究所档案馆藏。
④ 陈方正编辑校订:《陈克文日记》上,1940年10月3日,第665页。

时,缔约另一方在整个冲突过程中将保持中立。"①这几乎意味着只要日本不主动进攻苏联,苏联就不干涉日本的对外侵略扩张。具体到中国,还涉及苏联是否还会继续援助中国抵抗日本的问题。此外,苏日两国还在条约所附声明中相互"保证尊重""满洲国"和"蒙古人民共和国"的"领土完整和不可侵犯",更是严重伤害中国朝野的感情。② 苏日中立条约是苏德战争爆发前夕苏日两国为了自身的国家利益所达成的妥协,不利于国际反法西斯统一战线的建立。日本是侵略中国的敌国,而苏联则是援助中国抗战的友邦,两者达成妥协究竟会给中国抗战带来什么影响? 国民政府是如何认识以及因应这一国际变局的? 这一变局对中国外交又产生了什么影响? 本节将围绕这些问题展开论述。

一、条约严重损害了中苏关系

苏日中立条约签订前,中苏关系已面临多重矛盾。国民政府对苏联支持中共及其在中国新疆地区扩张势力深感不满。苏联也对国民政府在抵御外侮之际挑起国共纷争,以及在国际外交场合附和西方列强相当愤慨。1939年12月,国民政府在经过权衡之后,决定在国联因苏芬战争而召集会议讨论开除苏联会籍问题时弃权。对此,苏联外长莫洛托夫对中国驻苏大使杨杰表示:"苏联对华政策仍是一贯,但国联开除国联会员籍时,如中国代表反对,

---

① 《苏日中立条约》(1941年4月13日),世界知识出版社编:《国际条约集(1934—1944)》,北京:世界知识出版社1961年版,第303页。
② 《声明》称:"根据1941年4月13日苏联和日本所签订的中立条约的精神,并为了保持两国间的和平友好发展的关系,苏联政府和日本政府庄严地声明苏联保证尊重满洲国的领土完整和不可侵犯,日本将保证蒙古人民共和国的领土完整和不可侵犯。"世界知识出版社编:《国际条约集(1934—1944)》,第304页。

决不致有此结果。此次中国出席国联代表之举动,无异帮助英法打击苏联,是何用意,令人难解。"①苏联甚至怀疑中方此举是西方列强指使的,"岂英法美等国以反对苏联,而允许援助中国抗战,向中国出席代表活动之结果"。②当时国民政府确实面临了西方列强的压力。法国外长对顾维钧表示:"在性质如此明显的问题上,中国不应该保持缄默和回避。法国和英国在中日冲突中也冒着和日本对立的极大风险,它们本也可以害怕得罪日本而不表明立场,但是他们没有那样做。"③对于中国的两难处境,郭泰祺在给胡适的电报中表示:"此次国联讨论苏芬争议,我国殊不易应付。在法理、道德立场,自无守中立或缄默余地;但在目前政治利害关系而言,又不能开罪苏联,然同时又不能失世界——尤其美国——同情。"④

中苏互不侵犯条约签订后,中苏关系曾有过一段和谐友好时期。苏联甚至成为全面抗战初期对华援助最多的国家。但是自苏联与德国签订互不侵犯条约,并展开对波兰、芬兰等国的军事行动后,国民政府对苏联充满疑惧,并担心其与日本妥协。《苏日诺门坎停战协定》的签订更是加深了蒋介石的疑虑。他认为,苏联的政策重欧轻亚,"已实行大俄罗斯主义"⑤,"其主义与信义以及国际之道德已破败无余"⑥。蒋还批评苏联在外交政策上偏袒法西斯国

---

① 《杨杰电蒋中正与莫洛托夫外长谈话经过》(1940年1月9日),台北:"国史馆"藏,蒋中正"总统"文物档案,档案号:002-020300-00042-053。
② 《贺耀祖电蒋中正见莫洛托夫但未谈英美法苏在远东联合制日事》(1940年1月12日),台北:"国史馆"藏,蒋中正"总统"文物档案,档案号:002-020300-00042-056。
③ 中国社会科学院近代史研究所译:《顾维钧回忆录》第4分册,第142—143页。
④ 《郭泰祺致胡适》,中国社会科学院近代史研究所中华民国史研究室编:《胡适往来书信选》中,第719页。
⑤ 《蒋介石日记》(手稿),1939年9月20日,斯坦福大学胡佛研究所档案馆藏。
⑥ 《蒋介石日记》(手稿),1939年9月17日,斯坦福大学胡佛研究所档案馆藏。

家,"左倭右德,以佐其称霸欧亚两洲之势。至其所谓扶助民族独立之口号,乃全放弃而不提矣"。① 蒋甚至认为苏联并不乐见中国抗战在短期内赢得胜利。②

虽然国际上不时传出苏日妥协,甚或签订互不侵犯条约的消息,但是国民政府基本倾向于不信,毕竟苏日两国的国家利益和意识形态冲突甚大。1940年11月,张季鸾曾向蒋介石提交一份《从中苏关系立场上判断苏日关系》的报告,认为苏联不会违背中苏互不侵犯条约的主旨,而与日本签订互不侵犯条约。张季鸾表示:"中苏两国订立这个条约以后,不只是彼此互不侵犯,而且彼此均不与日本帝国主义者妥协。那么,今天苏联若与日本订立互不侵犯条约,在文字上固与约文不合,在精神上尤与订约时双方的共同意旨不能一贯。"此外,他还提出三点理由:第一,苏联虽然外交作风活泼自如,"但苏联从无对一友邦放弃信义的事实";第二,支持东方被压迫民族的解放运动,是苏联革命胜利以来的传统政策;第三,中苏关系对于苏联稳定东部边境意义重大,"因而相信苏联领袖,也必然是重视的","因为中国毕竟是世界上一个大国,苏联在进行其世界外交之时,相信其应当不会忽略了有传统友谊的大中国"。③

国民政府对苏联与日本签订中立条约完全缺乏思想准备,"苏日两国间在远东基本利害冲突,政治、社会、主义如水炭之不相

---

① 《蒋介石日记》(手稿),1939年11月2日,斯坦福大学胡佛研究所档案馆藏。
② 《蒋介石日记》(手稿),1940年7月31日,本月反省录,斯坦福大学胡佛研究所档案馆藏。
③ 《张季鸾撰〈从中苏关系立场上判断苏日关系〉》,中国第二历史档案馆编:《国民政府抗战时期外交档案选辑》,重庆:重庆出版社2016年版,第14—16页。

容"。① 蒋介石也表示:"以俄国今日对远东政策,其志不仅在此,乃非恢复其一九〇五年俄倭战前形势,决不能偿其所欲耳。故此时主动在俄,而不在倭,当无结果,自可预料,而且此时俄决不愿与倭协以谋我,徒招我民族之恶感,反为倭寇嫁祸耳。"②苏日中立条约虽然并未对中国抗战造成实质性的危害,但是其所附声明却严重伤害了中国民众的情感,"在精神上给予中国民族的损害为无可否认的事实"③。蒋介石在日记中写道:"俄倭协定,在事实上明知不能为害我抗战于毫末,但精神上之刺激不可名状。"④后来,蒋还表示:"俄倭协定,国人多作愤慨与杞忧之谈,余以为于我并无所损,而且可以增益多也","倭寇此次与俄协定,徒得其空名,更招英美之防备与敌意,决不能借此获得俄国对伪满边界安全之保证也"。⑤

苏日中立条约签订后,蒋介石多次主持召开国民政府高层会议,分析形势,研拟对策。

1941年4月13日晚10时,时任国民党中央宣传部长的王世杰在获悉苏日中立条约内容后,当即报告蒋介石。⑥ 蒋认为"此乃俄损人利己一贯之伎俩",如若属实,"则为俄国在国际信义上之最大损失","而非我之害也,我或能转祸为福"。蒋介石担心的是苏日两国签订中立条约会打击国民政府内部争取抗战胜利的信心,

---

① 程经远:《日苏中立条约的面面观》,《外交季刊》第1卷第2期,第60页。
② 《蒋介石日记》(手稿),1941年3月11日,重要杂记,斯坦福大学胡佛研究所档案馆藏。
③ 陈叔时:《松冈访欧与苏日中立条约》,《世界政治半月刊》第6卷第9期,第32页。
④ 《蒋介石日记》(手稿),1941年4月14日,斯坦福大学胡佛研究所档案馆藏。
⑤ 《蒋介石日记》(手稿),1941年4月16日,重要杂记,斯坦福大学胡佛研究所档案馆藏。
⑥ 林美莉编辑校订:《王世杰日记》上,1941年4月13日,第340页。

尤其是与汪精卫关系密切的云南省主席龙云。① 如果龙云叛变投敌,那确实会给中国抗战带来重要影响。

4月14日,蒋介石分别于上午、正午召开国民党中常会及军事会报,"听取各方对此事的意见",以判明苏日中立条约对中国的"利害关系"。② 在中常会上,虽然"戴季陶和孔祥熙发表了强烈的反共言论"③,但是"多数意见仍主我方应避免以刺激性之言论刺激苏联,惟对满蒙事不能不从法理上作一声明"④。正午召开的军事会报,参与人员有程潜、白崇禧、张治中、贺耀祖、刘斐、徐永昌等军方要员。徐永昌判断苏联与日本签订中立条约的动机"十之六为德所迫,十之四是先拉住日本",所以苏联在近期"必仍照过去之援华政策继续履行"。他认为该约会"增长倭寇勇气与侥幸心",促进日本的南进,因此会"刺激英美"。会报最终决策与中常会类似,也是决定"对苏、日协约发表宣言,并请苏联政府解释苏、日新约"。⑤ 国民政府虽然对苏联的对日妥协之举不满,但是并不想因此而与其决裂。

同日,中国驻苏大使邵力子致电蒋介石,转述英国驻苏大使克利浦斯对于苏日中立条约的观察,"苏确因对德紧张,故对日必须缓和","实巴尔干半岛最近形势所促成"。斯大林给松冈特别礼

---

① 《蒋介石日记》(手稿),1941年4月13日,斯坦福大学胡佛研究所档案馆藏。
② 叶惠芬编注:《蒋中正"总统"档案·事略稿本》(46),台北:"国史馆"2010年版,第57—58页。
③ 《中共中央给季米特洛夫的电报》,中共中央党史研究室第一研究部译:《联共(布)、共产国际与中国革命档案丛书》第19卷,北京:中共党史出版社2012年版,第182页。
④ 林美莉编辑校订:《王世杰日记》上,1941年4月14日,第340页。
⑤ "中央研究院"近代史研究所编印:《徐永昌日记》第6册,1941年4月14日,台北:"中央研究院"近代史研究所1991年版,82—83页。

遇，"实以满足松冈与日本军阀之虚荣"，"非对德吃紧，决不出此"。① 换言之，苏联此举只是权宜之计，并不是其外交政策的根本调整，故不会改变对华政策。由此可以看出，克利浦斯与徐永昌的判断基本一致。

自日本外相松冈洋右访欧以来，蒋介石曾隐约预感苏日两国或将达成妥协②，只是"未想到其互认外蒙与伪满之领土"③。经过听取各方意见，蒋判定苏日中立条约在"事实上不能为害于我抗战"，但对苏日两国背着中国私下分割中国领土的行为在精神上受到"不可名状"的刺激。为免造成既成事实，"示我自立自强之心"，"而不与俄国以丝毫可乘之隙"，国民政府立即发表声明，宣布苏日中立条约对中国无效。④

4月14日，外交部长王宠惠代表国民政府发表声明称："中国政府与人民对于第三国间所为妨害中国领土与行政完整之任何约定，决不能承认，并郑重声明苏、日两国公布之共同宣言，对于中国绝对无效。"⑤外交部的声明在舆论看来是"一个独立自主国家的最低限度权利"，"因为东北四省及外蒙，都是我们的领土，第三国间的'私相授受'，我们当然不能承认"。⑥

苏联违背中苏互不侵犯条约的规定及国联的决议精神，变相承认"满洲国"，确实对中苏关系产生了严重伤害。4月15日，《大

---

① 《莫斯科邵力子盐电陈与英驻苏大使克利浦斯谈话情形》，叶惠芬编注：《蒋中正"总统"档案·事略稿本》(46)，第58—59页。
② 《蒋介石日记》(手稿)，1941年4月11日，斯坦福大学胡佛研究所档案馆藏。
③ 《蒋介石日记》(手稿)，1941年4月14日，斯坦福大学胡佛研究所档案馆藏。
④ 《蒋介石日记》(手稿)，1941年4月14日，斯坦福大学胡佛研究所档案馆藏。
⑤ 《妨害领土行政完整　中国政府决不承认》，《申报》，1941年4月15日，第2版。
⑥ 《王外长的声明》，《大公报(桂林版)》，1941年4月15日，第3版，短评。

公报》社评表示:"这个约文虽一再出现'和平'字样,而其实际上却正与'和平'背道而驰","在客观上,就等于苏联便利日本对华侵战,便利日本南进在太平洋上与英美开战"。《大公报》还认为条约在逻辑上"自然妨碍了中苏邦交","苏联是我们的友邦,两国间有传统的友谊,有互遵的信约,且在中国抗战期间,苏联有同情中国援助中国的宝贵事实,今竟有这样的条约及宣言出现,不论苏联的动机如何,以及其可能的解释怎样,在中苏邦交上均属异常可憾可惜之事"。[1] 时为武汉大学法学教授的王铁崖也撰文表示:苏日中立条约"在中苏近年来的友好邦交上投一黑影","诚为中国人民所深感痛心者"。他还表示:"希望苏俄政府能给中国人民以适当的解释,否则,我们怀疑,中苏互不侵犯条约是否仍有拘束的效力?中苏的关系是否又进入一新阶段?"[2]

收复东北失土是中国抗战的基本目标,因此碍难接受他国,尤其是友邦,直接或间接承认"满洲国"。1941年9月18日,即九一八事变十周年之际,蒋介石发表告全国军民书。蒋介石表示:"我们可以明白告诉我们的友邦,亦可以明白警告我们的敌人,我们流血的目的,自始至终,就是要保障我们中华民族的独立生存,和领土主权与行政的完整;亦就是誓万死,排万难,要恢复我们东北的失土,与拯救我们东北的同胞,来洗雪'九一八'以来的仇恨和耻辱;必须使我们东北和一切沦陷区域,都脱离敌人的蹂躏与劫持,必须实现我们中国真正的独立自由与平等,重建东亚与世界永久而合乎正义的和平,才算达成了我们抗战的目

---

[1] 《苏日中立条约》,《大公报(重庆版)》,1941年4月15日,第2版,社评。
[2] 王铁崖:《论苏日中立条约》,1941年4月18日,《世界政治半月刊》第6卷第9期,第28页。

的。"①后来,蒋介石还将同样的想法托其政治顾问拉铁摩尔向美国总统罗斯福转达。蒋表示:"中国决不能放弃东北,否则新疆、西藏皆将不保,外蒙亦难收复。"②

苏日中立条约公布后,受军事委员会侍从室第二处主任陈布雷的委托,陶希圣为国民政府草拟了宣传言论要点,共有八点,内称:

一、苏俄虽以社会革命创基,但既有国家之存在与发展,内外政策自不得不以国家之存在发展为立场,其国家与主义相矛盾之处,往往为国家而对主义打折扣。故苏俄以外,左翼党派对苏俄存奢望者,常终于失望。德国共产党,西班牙人民阵线,乃至法国人民阵线,皆其实例。

二、为有国家之存在发展,故苏俄早已改变其"革命外交"为"阵线外交",一再改变为实利主义外交,若以革命外交之故智看取苏俄,殊为错误。

三、唯物史观之思想方法,使苏俄国家本位外交,益为冷静与沉着,非他国之感情与游说所能影响,且以其有社会主义之观念为基点,尤对其他各国持冷静之看法,资本主义国家之间战争,在彼视为于其立国之主义有利。故过去之人民阵线外交,在促成英法对德义之斗争,而德苏协定又促成德义对英法之行动。今日自认为民主国阵线之一员,明日乃与德义成立协定,置英法于度外。

四、苏俄对中国之援助,乃由其立意打破德义日反共阵

---

① 蒋介石:《"九一八"十周年告全国军民书》(1941年9月18日),秦孝仪主编:《"总统"蒋公思想言论总集》第31卷,第274页。
② 《蒋介石日记》(手稿),1941年12月6日,杂录,斯坦福大学胡佛研究所档案馆藏。

线,故助华以消耗日本。换言之,彼之援华政策,基于国家利害,而与其主义无涉。今当日本消耗于中国已入第五年,且与英美立于敌对地位,故苏俄与中日两方之利害关系略有改变,故其政策亦随而不同。

五、中国之抗战自始即不存依赖外国之心,惟对各国与日本之间之矛盾,则充分利用,同时对各国与日本之间之接近,亦充分警戒,中国对于各国如此,对于苏俄亦如此。

六、在中国人民则不免有所激,而对苏俄有特殊观感者,例如九一八以后之东北民众。东北四省处于日苏两国之境界,日本既军事占领,故东北民众切望中国能于苏俄助力之下收复失地,中国共产党把握东北民众此种要求,数年以来,其所以左右东北民众者亦复不少。此次日苏共同宣言中,苏俄竟保证所谓"满洲帝国"之安全,在共产党殊无以解。在东北民众因更加觉悟唯有自力更生为中国之出路及东北之出路。

七、中国共产党原为苏俄党之支部,故往往失却中国人立场,而以苏俄国家利害为本位以为言行,自不免与中国国家民族利益相抵触,吾人应力加纠正。

八、中国既以通常之国家视苏俄,而认识其外交政策一本于其国家之利害,故对苏日中立协定无害于中国者则置之,有害于中国者则非之。中国人对于苏俄之国家本位行动,无从怨怼,亦不存奢望,一切皆依其每一行动之有利于中国无否而处理之。抗战建国纲领关于外交政策早已标明独立自主之原则,于今更证明其确切不易。①

---

① 《陈布雷抄呈陶希圣来函针对苏日中立协定提供中枢统一宣传言论要点》(1940年4月23日),台北:"国史馆"藏,蒋中正"总统"文物档案,002-080103-00050-004。

总结起来,陶希圣的这份报告主要有三个要点:其一,将苏联视为"通常之国家",其外交自然以维护自身国家利益为本位;其二,苏联的对华政策,"基于国家利害,而与其主义无涉";其三,对苏日中立条约的态度,"无害于中国者则置之,有害于中国者则非之"。苏联对日妥协之举,在一定程度上改变了中国多数民众自十月革命以来对苏联抱有的好感。《大公报》社评指出:"中国一般知识分子,对苏联多年特别重视,这不仅为直接的利害关系,并且因为相信列宁扶助东方被压迫民族政策有重要有前途之故。日本是东方压迫弱小民族的最强国,而中国当其侵略之冲,特别近年日本所倡的'东亚新秩序''大东亚新秩序',其内容为征服或统治亚洲诸民族,因此中国人易于判断苏联在理论上不应与日本妥协。今天证明苏日的确妥协了,中国知识界可由此证明过去二十年来观察的错误,同时严格证明支配国际关系的要素,绝对是一元,就是国家本位的利害关系。"①

二、外交上亲美远苏

苏日中立条约签订前夕,蒋介石决定在外交上"交好俄国,纵使恶化,亦决不咎在我国。一面对英美积极进行军事与经济合作策略,以促进中美英苏共同行动,以达成我抗战之初衷也"。蒋介石认为美国在不久的将来必会参战,而日美战争只要一起,就会形成中美英联合阵线,到时苏联虽欲"坐大旁观","其势当不可能"。②

苏日中立条约签订后,张季鸾向蒋介石提交了说帖。张季鸾在说帖中提出了四点观察:其一,"自德意日三国同盟成立以来,日

---

① 《敌人宣传浅薄可笑》,《大公报(重庆版)》,1941年4月16日,第2版,社评。
② 《蒋介石日记》(手稿),1941年1月31日,杂录,斯坦福大学胡佛研究所档案馆藏。

本即有意与苏联成立谅解,德意亦希望日本与苏联成立谅解";其二,"苏日协定虽可增强苏联对德国之地位,但苏联之主要目的似不在此。苏联之主要目的在促使日本南进,与英美冲突";其三,"在目前,苏联一时似不致完全停止对华之援助。苏联此后之行动,将视国际形势为转移";其四,"此次苏日协定,对日本较对苏联为有利"。张季鸾认为国际形势日趋明朗,美国是中国"最可靠之友邦","美国此后对华之援助,将与苏联在远东之态度成一反照。苏联愈使中国失望,美国对华之援助必愈益积极。美国在远东之政策愈益积极,苏联愈将示好于日本,以鼓励其前进"。说帖还提出了中国外交政策的重点:第一,尽量利用苏联,"能利用一日,即利用一日;能利用一分,即利用一分",而不必"积极采取反苏之态度";第二,竭力维护滇缅运输线的畅通,"务使英美欲中国间之交通不至完全隔断";第三,争取美国更多的物资援助,"并加强运输能力";第四,"与英国及殖民地政府保持密切联系"。①

张季鸾的说帖确实对国民政府的政策产生了很大影响。苏日中立条约签订后,国民政府在外交上亲美远苏的倾向愈加显著。学者表示:"在此之前,中国一直要求俄国人以武力介入对日战争,现在这种政策是难以想象的,因此他们不得不越来越多地依靠美国的帮助"。②

首先,国民政府虽然决定"不刺激苏联",但是更加不信任苏联。条约签订后,苏联虽然通过各种途径向国民政府保证对华政策不变,但并未能挽回流失的信任。4月15日,驻苏大使邵力子致

---

① 《关于苏日签订中立条约之说帖》,中国第二历史档案馆藏,军事委员会档案,761/133,第18—21页。
② [美]孔华润主编,王琛等译:《美国对外关系史》下,北京:新华出版社2004年版,第168页。

电蒋介石,报告与苏联外长莫洛托夫的谈话内容。莫洛托夫称:"此次苏日订约基于保持苏联和平,并不涉及中国问题,对中国抗战问题,并无变更",并且苏联希望"中苏关系之更加发展与巩固",但是对于苏日共同声明则认为"与苏联利益相符"。19日,苏联驻华大使潘友新也对蒋介石重申:"敝国对于贵国之态度与政策,固未改变。"①蒋介石并未在与潘友新的会谈中表现其愤怒情绪。"苏日签订条约后,各民主国都有浓烈的反响,中国虽是最可能受影响的一国,但比较起来反响还最为轻微。"②

苏联的事后解释并未能改变蒋介石的对苏态度。苏联在与日本签订中立条约前后的言行严重刺激到了蒋介石。斯大林在松冈洋右离开莫斯科时,打破先例,"亲自赴站,上车送行",并且"与松拥抱接吻"。③蒋介石在日记中写道:"史大林送别松冈时,史向松拥抱接吻,行俄国最亲爱之敬礼,闻之欲呕,能不令德、倭更轻侮而协谋乎。唯物史者之势利与卑屈,其患得患失之念一至于此,是乃共产主义者之真相毕露,何足为奇。"④条约签订后,苏联《真理报》还发表社论称:"苏日两国自签订中立协定后,已负有确实之义务。此种义务必能予以履行,因两国之发展倾向,已使彼等必须成为良好之邻邦,消弭一切仇视因素,及避免妨碍彼此完成历史任务之行动也。"⑤

---

① 《与俄大使潘友新谈话纪录》,叶惠芬编注:《蒋中正"总统"档案·事略稿本》(46),第101页。
② 《乐观在自己》,《大公报(桂林版)》,1941年4月21日,第1版,社评。
③ 《蒋介石日记》(手稿),1941年4月19日,上星期反省录,斯坦福大学胡佛研究所档案馆藏。
④ 《蒋介石日记》(手稿),1941年4月15日,斯坦福大学胡佛研究所档案馆藏。
⑤ 《真理报谓日已认识对苏友好之重要性》,《申报(上海版)》,1941年4月16日,第3版。

蒋介石认为苏联"无信义"①,"早不以平等国家待我,今日之轻侮欺负,不足为虑"②。国民政府确实希望利用苏日矛盾来争取苏联的支持,但是外交重心并不在苏联。③ 因此,蒋决定对苏日中立条约,"无关于中国者则置之,其有害于中国者则非之"。④

蒋介石对法西斯轴心国集团按照既定步骤,逐渐推行侵略计划,而反法西斯阵线内部却意见分歧,无法形成统一行动,深感不安与不满。既然苏联已经倾向对日本妥协,蒋便把希望放在争取英美两国的支持上。蒋认为:"此约于俄于倭,聊足互欺于一时,而其实国际上,无论俄之对美对华,与倭之对德对意,徒招损失而已。……得以促进英美援华,与军事合作之更进一层机会耳。"⑤

其次,国民政府力图利用日本南进的态势,加强与美国的合作,并尽力争取美国的援助。苏联向来按照自身国家利益独立开展外交活动,而国际社会无可置喙,所以在苏联对华政策可能发生变化之际,对国民政府来说,争取美国的支持就显得尤为重要。日本通过苏日中立条约稳住北部形势,可以自由运用防苏兵力,南进可能性大增,那时美日矛盾必将更加突出。⑥ 美国驻日大使格鲁也表示:"缔约的目的,主要是在于利用由此而产生的影响——双方都认为可以借此影响对方和第三者(在苏联看来,可以影响德国,在日本看来,可以影响美、英)","条约势将助长主张猛

---

① 《蒋介石日记》(手稿),1941年4月15日,斯坦福大学胡佛研究所档案馆藏。
② 《蒋介石日记》(手稿),1941年4月19日,上星期反省录,斯坦福大学胡佛研究所档案馆藏。
③ 《蒋介石日记》(手稿),1941年4月25日,斯坦福大学胡佛研究所档案馆藏。
④ 《蒋介石日记》(手稿),1941年4月26日,斯坦福大学胡佛研究所档案馆藏。
⑤ 《蒋介石日记》(手稿),1941年4月16日,重要杂记,斯坦福大学胡佛研究所档案馆藏。
⑥ 《蒋介石日记》(手稿),1941年4月20日,斯坦福大学胡佛研究所档案馆藏。

力执行南进政策的日本极端分子的气焰,因为它保证,假使日本与第三国(即美国)开战,苏联将保持中立"。① 因此,美国更需要中国拖住日本对外侵略扩张的步伐,从而中国争取美国援华成功的机会大增。

4月14日,在还没有获取充分信息的情况下,蒋介石就立即致电驻美特使宋子文,要求美方迅速表明态度,以缓解国人对于抗战前途之疑虑。电云:"俄日中立友好条约,据日讯,其中有互认外蒙与满洲二伪国领土完整之条,此必属实无疑,以后俄对华外交方针自当更恶也。请急问美当局对华方针,如其果真援华,则望速提具体有效之整个计划与保证,以慰我人民怀疑之心理。"②

美国同样也很关注苏日中立条约签订后的国际局势演变。4月15日,美国总统罗斯福主动召见宋子文、胡适。③ 宋子文在会谈中向罗斯福表达了三层意思:第一,中国虽然对苏日两国缔结条约有所准备,但是完全没料到苏联会承认伪满洲国,"这对中国是个沉重的打击";第二,中国抗战严重缺乏物质,之所以能够坚持下来,一方面是因为自力更生、奋力抵抗,另一方面也是坚信"民主国家必然取得胜利"以及"俄日矛盾不可调和",而如今苏联却对日妥协,不可避免会打击中国民众的信心;第三,苏联今后对华援助可能会减少,而日本则有可能会加大对华攻势,因此在这个关键的时刻,中国希望美国有所表示,从精神上加以鼓励和从

---

① [美]约瑟夫·C.格鲁:《使日十年》,第382—383页。
② 《蒋委员长自重庆致驻美代表宋子文嘱请美政府对援华问题速提具体有效之整个计划与保证电》(1941年4月14日),秦孝仪主编:《中华民国重要史料初编——对日抗战时期》第3编,战时外交(一),台北:中国国民党中央委员会党史委员会1981年版,第129页。
③ 曹伯言整理:《胡适日记全编》第7册,1941年4月15日,第451页。

物质上加以支援。①

美国对国民政府的诉求确实作出了正面回应。从宋子文的电报可以看出,罗斯福对中方所提出的一次性批准中国目前所需价值五亿美金的军火物资、中美英三国合作修筑滇缅路与康印公路、加强对华空军援助以及一次性向中国交付中美平衡基金款项等四项请求,都表示将尽快促成。② 在苏日中立条约签订后,美国对日本更加警惕③,而对华更加友好。美国财政部长摩根索对胡适表示:"自苏日协定后,美国政府对中国之同情,只有增浓,决无减退。"罗斯福也公开对舆论表示:"美政府援助被侵略国家之政策绝无变更。当然中国亦在其列。"④当然,美国的对华政策更多的是出于自身的国家利益考虑。4月24日,美国海军部长诺克斯在新闻出版联合会上发表演说,对苏日中立条约表示:"最近苏日的成立协定,又使轴心包围的锁链,增加了一环",日本"已有余力可以进攻英美咸极需要的军需资源地","苏日协定之签订,无疑的是减少日本的顾虑,因而增强他的力量"。⑤

---

① 《与美国总统罗斯福谈话记录(1941年4月5日)》,吴景平、郭岱君主编:《风云际会——宋子文与外国人士会谈记录(1940—1949)》,上海:复旦大学出版社2010年版,第31页。4月5日时间有误,应为4月15日,斯坦福大学胡佛研究所档案馆藏。依据如下:第一,4月5日苏日尚无签订条约,与事实不符;第二,4月15日,宋子文、胡适分别将当日会见罗斯福的情形报告蒋介石,电文所述内容与该会谈备忘录基本一致。
② 《华盛顿宋子文删电》,叶惠芬编注:《蒋中正"总统"档案·事略稿本》(46),第67—68页。
③ [日]信夫清三郎编,天津社会科学院日本问题研究所译:《日本外交史》下,北京:商务印书馆1981年版,第662—663页。
④ 《胡适致陈布雷转蒋介石、孔祥熙、王宠惠、王世杰电》(1941年4月15日),中国社会科学院近代史研究所中华民国史组编:《胡适任驻美大使期间往来电稿》,第94页。
⑤ 《诺克斯在美国新闻出版联合会演说词》(1941年4月24日),台北:"国史馆"藏,蒋中正"总统"文物档案,002-080106-00036-001。

除了通过中国驻美人员直接与美国政要沟通,以争取美国援助,蒋介石还极力说服美国驻华大使詹森,盼望他向美国国务院呼吁加紧援华。4月16日,蒋介石在与詹森会谈中表示:中国普通民众因苏日中立条约的签订而呈"惶虑不安之象",希望美方"从速开具准备供给中国之各种军事器材数量清单,并注明交货之程序",并尽快解决双方交涉已久的五千万美金平衡基金借款问题,以增强中国抗战实力和"安定人心"。①

事后来看,蒋介石与詹森的会谈确实起到了一定的作用。4月17日,詹森致电国务卿赫尔,除了报告与蒋介石的会谈内容,还表示:"我得出的明显印象是,委员长的自尊受到了深深的伤害,因为他对美国援助的现实的信任不但受到他自己人民的怀疑,也受到了俄国方面的怀疑","希望能采取步骤以信任来满足这一信任",而这也是中国人民艰苦抗战所应得的。② 接到詹森的电报后,赫尔于4月18日致函罗斯福,除了转告电报内容,还催促他立即采取措施使中方明白美国的财政、武器援助的手续即将完成,以提高中国由于苏日中立条约的签订而日益低落的士气。③ 为了使美国援华尽快达成,赫尔还于4月24日分别致函霍普金斯、美国财政部长摩根索,要求他们为了美国国家利益,尽快完成各项手续,以向蒋介

---

① 《蒋委员长在重庆接见美国驻华大使美大使詹森讨论苏日中立协定、德国攻击苏联之可能性及美军经援华等问题谈话纪录》(1941年4月16日),秦孝仪主编:《中华民国重要史料初编——对日抗战时期》第3编,战时外交(一),第130—134页。
② 《美国外交文件(1947年)》第4卷,第629—630页。转引自章伯锋、庄建平主编《抗日战争》第4卷,"抗战时期中国外交(上)",成都:四川大学出版社1997年版,第451—452页。
③ The Under Secretary of State (wells) to President Roosevelt, FRUS, 1941, Vol. 5, pp. 631 - 632.

石传递明确信息。①

此外,为了促成美国援华目标的达成,蒋介石还直接致电罗斯福。在电文中,蒋首先表示:"苏日协定发表以后,我抗战军民悲愤激昂,咸认远东局势即有严重之发展"。其次,日本动用其精锐部队"侵扰我闽浙沿海",加之轴心国集团侵略气焰嚣张,严重"影响我中国之士气",所以在此重要关头,"盼望美国援华行动能速有积极而决定之表现,然后可以振奋我军民之心理,增加我抗战之力量"。最后,希望罗斯福将租借法案包括援华部分之总数尽快正式发表,"则敝国军民对于贵国之高义,益深感激与兴奋,而远东局势亦必有良好之影响"。②

就在蒋介石致电罗斯福的同日,美国正式通过对华五千万美元的平衡基金借款,而英国也通过了五百万英镑的平衡基金借款。随后,美国按照租借法案批准第一批援华货单。美国不仅通过物质援助中国,还在外交姿态上进一步对华表达善意。4月26日,赫尔回电詹森,要求他以适当方式向蒋介石保证:"我们继续对中国政府怀有敬意和信心。"③

除了争取美国支持,蒋介石还希望强化中英军事合作。如果日本南进,则英国在东方的殖民地将首当其冲,因此中英两国在抵抗日本侵略扩张问题上目标一致。4月15日,蒋介石两次致电驻

---

① The Under Secretary of State (wells) to Mr. Harry Hopkins, Special Assistant to President Roosevelt, FRUS, 1941, Vol. 5, P. 631. The Under Secretary of State (wells) to the Secretary of the Treasury (Morgenthau), FRUS, 1941, Vol. 5, P. 631.

② 《蒋委员长自重庆致居里先生转罗斯福总统告以苏日协定发表后远东局势必有严重之发展希望美国援华行动能速有积极而决定之表现电》(1941年4月24日),秦孝仪主编:《中华民国重要史料初编——对日抗战时期》第3编,战时外交(一),第620页。

③ The Secretary of State to the Ambassador in China (Johnson), FRUS, 1941, Vol. 5, P. 637.

英大使郭泰祺,指示机宜,希其推动中英合作。第一电指示郭泰祺与英方交涉开辟康印公路,以为将来中英联系保留一可靠之路线,因为"国际形势变化莫测,中英两国至此更存亡相关,务须作久远之计,急辟不能为敌所截断之路线",而"俄倭协定以后,德意俄倭皆有向埃及印度与南洋共谋发展之势"。① 第二电则指示郭泰祺与英方交涉,将日本进攻昆明或新加坡作为中英军事合作的起点,而不能按照英国的要求,需等到日本进攻新加坡,"再实行军事合作",不然的话,就是要中方承担单方面的义务,"特不合情理"。② 可见随着中国战略重要性的凸显,蒋介石在处理中英关系时底气更足,更加强调相互平等相待。"对英国要求其合作,应由敌攻昆明时开始,否则无从合作。余坚持此主张,此正其时乎!"③

苏日中立条约签订后,蒋介石最担忧的是日本不参与世界战争,"而先专对中国解决中倭战争为惟一目的"。④ 国民政府的内部报告也判断日本仍将以解决中国问题为中心,所采之手段有急性与缓性两种。急性是指日本以主力进攻中国大后方,"以达其迅速瓦解我抗战组织之目的","或不顾一切与美国冲突,而夺取大洋洲";而缓性则是指封锁中国国际通道,"军事上逐步扫荡,政治上扶植汪逆,而遂其以华制华以战养战之目的"。报告建议在外交运用上有所重心,"对美国须与其切实联系,对苏联可以试探方式,求

---

① 《电伦敦郭大使泰祺向英政府交涉急辟康印公路》(1941年4月15日),叶惠芬编注:《蒋中正"总统"档案·事略稿本》(46),第63—64页。
② 《又电郭泰祺请与英切商无论敌先攻昆明或新加坡即为中英双方军事合作之起点》(1941年4月15日),叶惠芬编注:《蒋中正"总统"档案·事略稿本》(46),第64—65页。
③ 《蒋介石日记》(手稿),1941年4月19日,上星期反省录,斯坦福大学胡佛研究所档案馆藏。
④ 《蒋介石日记》(手稿),1941年4月17日,斯坦福大学胡佛研究所档案馆藏。

明苏日条约之底蕴,同时在舆论上应使苏联对中国有所认识"。① 因此,蒋介石竭力推动中英美军事合作。

三、坚定争取抗战胜利的信心

国际风云变幻莫测,有时对中国抗战有利,有时则不利。德意日缔结三国同盟条约之后,对中国抗战极为有利的国际环境,确因苏日中立条约蒙上一层阴影。"俄倭协定以后,一般文人皆对时局悲观","文人意气用事,多为一时利害与浅近形势所蒙蔽,以致真理与常识皆为其抹煞无睹"。② 虽然蒋介石认为苏日中立条约对中国利弊尚需一段时间才可明了,但是不可否认对中国抗战产生了很大影响。当时盛传阎锡山因对抗战前途失去信心,而企图对日投降。蒋介石要求时在西安的参谋总长何应钦加以防范。电称:"无论其为真为假,皆无足轻重,即使其突变,亦与抗战无甚关系,但对其部队行动,应时加注意,以防敌军突然到达其防地接防。只要我军于此有准备,则其不能为害矣。以理度之,当无此可能,然信仰不坚、私心自重者,难保无反常之心理与行动也。此次兄回西安,可电阎与之寒暄,不必因此稍着痕迹也。"③事实上,阎锡山在抗战期间多次与日本秘密洽谈。1941年3月开始,阎锡山确实与日方进行了第二次白壁关会谈,并达成了口头协议,但是与苏日中立条约完全无关。④

---

① 《日苏中立条约签订后各方意见摘要汇录》(1942年),台北:"国史馆"藏,蒋中正"总统"文物档案,002-080107-00004-012。
② 《蒋介石日记》(手稿),1941年4月30日,本月反省录,斯坦福大学胡佛研究所档案馆藏。
③ 政治大学人文中心主编:《民国三十年之蒋介石先生》,台北:政治大学人文中心,2016年版,第329页。
④ 赵承绶:《我参预阎锡山勾结日本活动的情况》,全国政协文史资料委员会编:《中央文史资料文库·政治军事篇》第5卷,北京:中央文史出版社1996年版,第440页。

在此情势下,蒋介石多次利用通电及演说等方式,鼓舞国人争取抗战胜利的信心。

4月24日,蒋介石通电各军政首长,详细分析苏日中立条约的内容及对中国抗战的影响。蒋介石开宗明义地指出:"此约将来对苏日两国之本身,究竟孰利孰害,固不可知,而于我国方面,至少在抗战之现阶段上,实无影响。"蒋从五个方面对苏日中立条约进行说明。首先,从苏日双方从该条约中所得立论,认为苏联占据主动,而日方则所得有限。换言之,日本的外交形势非但没有因为签订该约有所改善,反而陷入更加孤立的境地。其次,从日本在远东对英美与侵华战事立论,认为英美等国已经开始积极设防,做好了防范日本南进的准备,因此日本无法加以威胁;至于对中国的军事影响,日本至多能从东北抽调六个师团用于中国战场,影响有限。再次,从中国外交及对敌政略立论,虽然苏日双方互相承认"满洲国"与"蒙古人民共和国",但只要中国能独立自强,战胜强敌,就一定能够收复失地及恢复主权。复次,从中国军事上所受到的直接影响立论,分析日方可能进犯的路线,指出只要我军节节设防、寸土必争,日军绝对不能在短期内解决中国问题,而到时整个国际局势定会发生"突变"。最后,从日军今后战略出发,指出日军无论是南进、北进或专力对华,限于实力都无法得逞。综合以上五点分析,蒋介石指出:"苏日条约之订立一方面决不影响我国之抗战,他方面又只可增进敌国所已造之危机,敌人操任何途径,可谓尽是绝路","苏日条约就整个局势而论,对于我国抗战与其谓为有害,毋宁谓其有益矣"。蒋介石表示:"吾人今日之唯一要务,全在紧扎稳打,而以现在之战线为制敌死命之基础,进而求所以最后胜敌之方","至于敌后城市与沿途据点,一时之得失,实已无关于今后抗战全局之成败矣",而最重要的是"联合太平洋上各国以裁制敌寇"。换言之,要从大处着眼,善于运用国际矛盾,而不要被一时的国际变化所左右,要做到"自力更生、不摇不夺、无所冀幸、无所倚赖"。①

除了秘密致电各军政首长外,蒋介石还通过两次公开演讲,希望能够进一步统一国民政府内部的认识,以坚定抗战信心。

4月27日,蒋介石在主持中央训练团党政训练班第十四期毕业典礼时,发表题为《苏日中立条约与我国抗战》的训话。首先,蒋介石表示苏日中立条约对中国抗战并无影响,"苏联仍继续援华,对我抗战态度不变",只是"精神上给予我一大教训,必须自立自强,不伎不求"。其次,中国要创造性地利用国际矛盾,而不要被国际局势所左右,"以改变旧世界的形态,而创造新的合理世界"。再次,解释苏联与日本签订中立条约的三个目的:第一,"要唆使敌国海军南进";第二,"使敌国得以安心抽调其驻东北之陆军";第三,"拆散德意日三国同盟,以避免德日之东西夹击"。也就是说,这是苏联为了自身国家利益所实行的外交举措,并不是有意针对中国。最后,蒋介石向学员指出,美英荷苏开始实行联防,故"国际局势对我极有利",而日本侵略者则已经陷于"四面包围之中",所以大家要坚定信心,"团结奋勉,完成革命建国的使命"。②

4月29日,在中央扩大纪念周上,蒋介石对党政高层发表了题为《对于目前内外时局应有之认识与努力》的演讲。蒋介石表示苏日两国缔结中立条约只是一个普通事件,"并没有什么值得惊异的地方"。根据近半月来的情势发展,蒋介石认为该约对中国利大于

---

① 《蒋介石关于苏联签订苏日中立条约之用意致各战区将领及各省党部政府密电》(1941年4月24日),中国第二历史档案馆编:《中华民国史档案资料汇编》第5辑第2编,"外交",第220—227页。

② 叶惠芬编注:《蒋中正"总统"档案·事略稿本》(46),第157—158页。

弊,称:"这个条约对于我国方面,不仅在抗战现阶段上,并没有什么不利的影响;并且就整个国际局势而论,对于中国抗战毋宁说是有利无害。"因此,蒋表示:"今后只要我们自己能够自立自强,独立抗战,一切事都站得住,那国际局势的演进,必然要以中国的抗战为主要的因素,无论将来再发生怎样的变化,自然而然都是于中国有利。"蒋介石希望党政高层要作民众表率,"在国际局势动荡变迁之中,时刻要保持镇静,要坚守信心",而不要"听到一点恶劣的消息或是看到社会上发生一件不好的事情"就恐慌,"使全国国民都能临危不惧,坚守信念"。①

综上所述,蒋介石极力淡化苏日中立条约对中国抗战的不利影响,突出强调国际形势对中国有利的一面,以鼓舞国人争取抗战胜利的信心。

小　结

在世界反法西斯同盟形成以前,国际局势始终处在混沌不清的状态。尤其是苏联为了自身的国家利益,先后与德国、日本达成妥协,给中国的抗战外交带来了严峻的考验。因为德意两国明显支持日本,所以国民政府一直希望能够联合英美法苏等其他大国共同对日。国民政府的主观愿望并没能实现,毕竟中国自身力量有限,很难对其他国家的外交政策发挥实质影响。国民政府对国际变局的因应相当慎重,通常会密集召开高层会议,广泛征求军政大员以及外交人员的意见,以寻求对中国抗战最有利的应对方策。

---

① 蒋介石:《对于目前内外时局应有之认识与努力》(1940年4月29日),秦孝仪主编:《"总统"蒋公思想言论总集》第18卷,第116—117页。

通常说来,最后都会将希望寄托在美国身上。因为美国一方面尚未卷入战争旋涡,并且国力强大,确有能力支持中国;另一方面其民间普遍同情中国,而其政府的对日政策也渐趋强硬。对国民政府的请求,美方会从其自身的利益出发作出回应,而不会完全顺从中方的意愿。国民政府总是希望从外部寻求力量,而不把眼光放在国内,从中反映了这个政权脱离中国社会的属性。

第五章 全面抗战后期国民政府参与构建国际新体系

随着苏德战争和太平洋战争的相继爆发,世界反法西斯同盟最终形成,而中国也成为世界反法西斯同盟的重要成员。中国战时国际地位的提高根源于中国抗战对于世界反法西斯战争的战略意义,同时也是中国人民长期艰苦抗战所获得的成果。与第一次世界大战不同的是,在战争尚未结束的时候,盟国就开始着手商议及筹建新的国际体系。国民政府虽然实际参与了其中的一些重要过程,但是并未能发挥主要作用。毕竟国际政治的基本逻辑并未改变,与英美苏等强国相比,中国的国力相差甚大,自然不可能获得同等的话语权。国民政府在世界反法西斯同盟形成过程中发挥了什么具体作用?在世界反法西斯同盟形成后,国民政府如何根据自身实力制定政策以及提出诉求?国民政府在国际新体系构建过程中实际参与如何?本章将围绕这些问题展开论述。

第一节 积极加入世界反法西斯同盟

随着法西斯国家结成同盟,并不断扩大对外侵略,越来越多的国家卷入世界大战当中。要想赢得反法西斯战争的胜利,各国必须加强团结合作,以同盟对同盟,否则只能被各个击破。太平洋战争爆发后,世界反法西斯同盟最终形成,并以《联合国家宣言》的公布为标志。1941年是世界反法西斯战争进程中的重要转折年,期间国际局势风云变幻,国民政府是如何认识及反应的?国民政府在世界反法西斯同盟形成过程中发挥了怎样的作用?在这个变化过程中,国民政府又是如何调整自己的认识、心态及政策的?本节将围绕这些问题展开论述。

一、改善与苏联的关系

中苏两国是世界反法西斯阵线当中的两个重要国家,中国在亚洲战场抗击日本陆军主力,苏联则在欧洲战场抵抗德军主力。中苏关系的好坏客观上会对世界反法西斯同盟内部关系产生一定的影响。

自从与苏联签订互不侵犯条约以来,国民政府一直希望能够维持与苏联的友好关系。毕竟苏联对战时中国的内政外交都具有重要影响力,而一旦中苏关系恶化,甚至走向决裂,将给国民政府带来不可承受之重。① 只是不遂己愿,苏联从自身国家利益出发,先与德国签订互不侵犯条约,后又与日本签订中立条约,对中苏关系的发展制造了障碍。蒋介石在日记中写道:"对俄交涉,人人以先求其接济为言,并主迁就将事。余则以对其接济之有无,乃为次要之事,而必须先明其外交方针是否相同以及能否有合作诚意,乃为首要之事。如方针不同,则虽有接济,亦等于无接济,况其以后必不有所接济。"②

---

① 《蒋介石日记》(手稿),1941年6月23日,杂记,斯坦福大学胡佛研究所档案馆藏。
② 《蒋介石日记》(手稿),1940年5月25日,杂录,斯坦福大学胡佛研究所档案馆藏。

当然，对中苏关系的恶化，国民政府也有相当的责任，一方面在抵御外侮之际，不时挑起反共高潮；另一方面在外交上过分倾向英美。中苏关系的疏远，乃至恶化，对双方的利益都不利。因此，国民政府先后派遣孙科、贺耀祖等为特使赴苏，疏通双边关系，化解歧见，以加强合作。

在法西斯侵略面前，中苏两国唇齿相依，目标一致。1939年12月1日，蒋介石致函斯大林表示："远东问题解决之惟一重要前提，厥为苏联与英美态度之一致，日本侵略大陆之野心能否消除，其关键全在贵国。若果苏联与英美一致，日本决不能不中止侵略以就范，反之，则日本仍可运用诡谋离间列强，以达其侵略之目的。"蒋希望苏联贯彻初衷，"领导英美，积极合作以制暴日，至少与英美保持一致步调，以促成远东问题之解决"。就算是一时与日本妥协，"亦必勿使美国减少其压迫日本之决心与效力，更勿使日本在大陆增加其运用之兵力之自由"。① 因此，蒋对苏联背着中国与日本签订中立条约耿耿于怀。

1941年6月22日，苏德战争的爆发为国民政府改善对苏关系提供了重要契机，"苏联被侵，壁垒分明，中美英苏的反侵略集团，已呼之欲出"。② "今后中苏两国互信互助的关系，比过去更要增进，更要巩固无疑。"③

首先，苏联本身改变了对英美的政策，自然不反对国民政府加强与英美的合作，"全世界分成法西斯阵线与反法西斯阵线，世界各民族的斗争与中国的抗日战争汇合起来了，中、苏、英、美及一切

---

① 《蒋中正致函斯大林征询苏俄对于解决远东问题之意见》(1939年12月1日)，台北："国史馆"藏，蒋中正"总统"文物档案，002－020300－00042－049。
② 《世界大势明朗化》，《大公报(桂林版)》，1941年6月27日，第2版，社评。
③ 《由德国攻苏说起》，《大公报(桂林版)》，1941年6月24日，第2版，社评。

反法西斯的国家民族,现在已经在政治上有了一致性"。① 第二次世界大战爆发之初,苏联将其定性为第二次帝国主义战争,对国民政府倾向英美的政策并不乐见。蒋介石认为苏联的计划是等待两大阵营互相残杀至疲敝不堪时,"乃出而干涉,引起世界革命,推翻帝国资本主义,独霸世界",并称:"俄国之传统政策,其目的最大之敌人厥为英国,其次乃为倭国。其或乘交战者两败俱伤之际,乃一举而由高加索以出波斯湾,先谋英法油田之夺取,然后西出中欧,赤化德国,东出印度,赤化远东,不无可能也。"②

苏德战争爆发后,苏联的外交政策回归到以反法西斯为中心。斯大林对共产国际领导人季米特洛夫表示:"各国党应就地开始保卫苏联的运动。不应提出社会主义革命。苏联人民在进行反法西斯德国的卫国战争。这是粉碎法西斯主义的问题,它奴役了一系列国家的人民并企图继续奴役其他国家的人民。"③这意味着苏联要改善与资本主义国家间的关系。共产国际在给英、法等国共产党的指示中再三强调:"避免把德国反对苏联的战争说成是资本主义体系和社会主义体系之间的战争。对苏联来说,这是一场反对法西斯野蛮行径的卫国战争。关于世界革命的说法对希特勒有利,这种说法会妨碍反希特勒力量的国际团结。"④长期以来,国民政府都期待苏联能够与英美等西方大国在反法西斯侵略问题上采取一致的态度,而今终因苏德战

---

① 《国际的团结与国内的团结》,《解放日报》,1941年7月8日,第1版,社论。
② 《蒋介石日记》(手稿),1940年5月27日,杂录,斯坦福大学胡佛研究所档案馆藏。
③ [保]季米特洛夫著,马细谱、杨志杰、葛志强等译,马细谱统校:《季米特洛夫日记选编》,1941年6月22日,桂林:广西师范大学出版社2002年版,第143页。
④ [保]季米特洛夫著:《季米特洛夫日记选编》,1941年6月25日,第144页。

争而实现了。

其次,在法西斯战争的大局面前,中共主动改善与国民党的关系。全面抗战以来,蒋介石对苏联不满的一个重要原因,是他认为苏联支持中共的发展,以图日后取代国民政府。[①]

苏德战争爆发后,中国共产党主动向外界传达改善国共关系的信号。6月23日,毛泽东在为中共中央起草的关于建立国际反法西斯统一战线的指示中表示:"在目前时期,一切力量须集中于反对法西斯奴役。"指示还指出中共在全中国的任务:"坚持抗日民族统一战线,坚持国共合作,驱逐日本帝国主义出中国",同时在外交上,"同英美及其他国家一切反对德意日法西斯统治者的人们联合起来,反对共同的敌人"。[②] 6月25日,《解放日报》在社论中表示:"我们需要坚持抗战,坚持抗日民族统一战线政策,坚持国共合作,坚持联合苏联及一切反对德意日法西斯统治者的国家和人民来战胜共同敌人,来驱逐日本法西斯帝国主义出中国去,亦即用此以援助苏联。"[③]6月26日,《解放日报》还在社论中表示:"苏德战争是世界政治的新的转折点。以前的世界政治的旧面貌,因苏德战争而终结;以后的世界政治的新面貌,取决于苏德战争","目前的问题是或者法西斯主义消灭或者人类自由灭亡的问题"。[④]

只要国民政府不反苏反共,并坚持抗日,那么中国共产党就会支持它。7月7日,中共中央在抗战四周年纪念宣言中表示:"拥护国际反法西斯阵线,促进中、苏、英、美及其他一切反对法西斯的国

---

① 《蒋介石日记》(手稿),1940年10月12日,重要杂记,斯坦福大学胡佛研究所档案馆藏。
② 毛泽东:《关于反法西斯的国际统一战线》(1941年6月23日),《毛泽东选集》第3卷,北京:人民出版社1991年版,第806页。
③ 《为反法西斯的国际统一战线斗争》,《解放日报》,1941年6月25日,第1版,社论。
④ 《世界政治的新时期》,《解放日报》,1941年6月26日,第1版,社论。

家民族一致联合,反对德、意、日法西斯同盟,拥护国民政府对德、意绝交的正确行动,并准备采取新的步骤。"①此时,中共对敌友关系的判断更加清晰,"在目前条件下,不管是否帝国主义国家或是否资产阶级,凡属反对法西斯德意日,援助苏联与中国者,都是好的,有益的,正义的。凡属援助德意日,反对苏联与中国者,都是坏的,有害的,非正义的。在此标准下,对于目前英国的对德战争,美国的援苏、援华、援英行动及可能的美国反德反日战争,都不是帝国主义性质的,而是正义的,我们均应表示欢迎,均应联合一致,反对共同敌人。对于中国各党派各阶层的态度,亦以此为标准。"②也就是说,在主要矛盾面前,要暂时搁置次要矛盾。中共的上述表态及政策,当然有利于国共关系的改善。而国共关系的改善,反过来也有利于促进中苏关系的改善。

最后,国民政府支持苏联的卫国战争及其加入反法西斯阵线中来。在苏联卷入战争旋涡前,可以说是中国单方面有求于苏联,而今苏联也需要中国的配合。只有双方互有需要,合作关系才能真正建立。

蒋介石对苏德战争的爆发是有充分思想准备的,甚至对时间的判断也相当精准。1941年1月31日,蒋在日记中写道:"俄国畏德,力图避战,但最后德必攻俄,以除其独霸欧洲最大惟一之障碍。"③2月14日,蒋介石在观察欧战趋势时,判断德军可能在四五月间开始进攻苏联,指出:在无力于短时间内降服英国的情形下,

---

① 《中国共产党中央委员会为抗战四周年纪念宣言》(1941年7月7日),中央档案馆编:《中共中央文件选集》第13册,北京:中共中央党校出版社1991年版,第156页。
② 《中央关于凡是反对法西斯德意日者均应联合的指示》,中央档案馆编:《中共中央文件选集》第13册,第164页。
③ 《蒋介石日记》(手稿),1941年1月31日,杂录,斯坦福大学胡佛研究所档案馆藏。

德国必将其陆军主力转向对付苏联,以除后患,"与其使之坐大贻患,不如乘此期间先打破俄军,以开其进攻近东之路及排除其侧背之障碍"。① 5月12日,蒋介石还致电罗斯福称:"六月内,如美德关系仍能维持现状,不加恶化,则德决于一个半月内对俄发动战事。"②

苏德开战前夕,国际上盛传苏德两国将达成新的妥协。蒋介石仍然坚信自己的判断,而将这些消息视为烟幕。6月12日,蒋在日记中写道:"德俄新协定成立说,吾不之信。"③6月13日,蒋认为"德俄之战争在即矣"。④ 6月14日,他认定德国的进攻就在6月,"决不延至下月也",并称:"俄声明,德俄关系并不紧张,此乃欲盖弥彰,不知史大林何以怯弱昏庸至此。"⑤6月17日,蒋还写道:"德俄战与不战之消息,各方完全相反,此乃开战以前之烟幕,吾料其战期更近也。"⑥6月21日,蒋坚定认为"德在日内必攻俄","即使俄国向德屈服,允德军进驻俄境,则徒开德国灭俄之门而已"。⑦

苏德战争爆发后,蒋介石压抑个人的情绪,从大局出发,表态支持苏联反对德国法西斯。起初,听闻苏德战争爆发,蒋介石内心

---

① 《蒋介石日记》(手稿),1941年2月14日,杂录,斯坦福大学胡佛研究所档案馆藏。
② 《宋美龄电居里转罗斯福获知六月内美德关系不变德将对苏俄发动战争》(1941年5月12日),台北:"国史馆"藏,蒋中正"总统"文物档案,002-020300-00033-035。
③ 《蒋介石日记》(手稿),1941年6月12日,斯坦福大学胡佛研究所档案馆藏。
④ 《蒋介石日记》(手稿),1941年6月13日,斯坦福大学胡佛研究所档案馆藏。
⑤ 《蒋介石日记》(手稿),1941年6月14日,上星期反省录,斯坦福大学胡佛研究所档案馆藏。
⑥ 《蒋介石日记》(手稿),1941年6月17日,斯坦福大学胡佛研究所档案馆藏。
⑦ 《蒋介石日记》(手稿),1941年6月21日,上星期反省录,斯坦福大学胡佛研究所档案馆藏。

窃喜,"受共俄之压迫侮辱,而动心忍性者,至今已十有七年,今似已至苦尽甘回、否极泰来之时乎"。① 军令部长徐永昌更是幸灾乐祸。他在日记中写道:"以俄人过去所为,固应后必有灾,特俄人过去曾未自觉耳,如今后尚以德人是怨,则社会已矣。"②后来,他还写道:"苏俄年来已不言扶助弱小民族,而仅非薄他人之战争,乃帝国主义之混战,不悉今后将何以自解。"③

不过作为国家的领导者,蒋介石当然清楚处理外交关系不可以情感代替理智,而当以国家利益为重,"德俄战争非为我国一国利害之关系而有所好恶,乃为世界全人类之生命,将从此有一线光明之望耳",④支持苏联符合中国的国家利益。时任国民党中央宣传部部长王世杰也认为:"在此际,我方之政策应使苏联与英美接近,不与日本妥协。"因此,王世杰向蒋介石建议:"我报纸务一律表示同情于苏联之抗战。"在得到蒋的首肯后,他当晚立即通知各报馆"务一律拥护此国策"。⑤ 综观那一时期的中国主流报纸,虽然有不同的政治立场,但是基本都表达了对苏联的同情与支持。如《大公报》社评表示:"我们在苏联蒙受侵略的今天,愿诚恳的表示中国人民对苏联人民的同情,并保证中国对苏联在患难中的友谊。……我们相信今后中苏两国互信互助的关系,比过去更要增进,更要巩固无疑。"⑥

此外,各界人士纷纷建议蒋介石表态支持苏联。毕竟锦上添

---

① 《蒋介石日记》(手稿),1941年6月22日,斯坦福大学胡佛研究所档案馆藏。
② "中央研究院"近代史研究所编印:《徐永昌日记》第6册,1941年6月22日,第139页。
③ "中央研究院"近代史研究所编印:《徐永昌日记》第6册,1941年6月23日,第141页。
④ 《蒋介石日记》(手稿),1941年6月24日,斯坦福大学胡佛研究所档案馆藏。
⑤ 林美莉编辑校订:《王世杰日记》上,1941年6月22日,第356页。
⑥ 《由德国攻苏说起》,《大公报(桂林版)》,1941年6月24日,社评。

花易,雪中送炭难,国民政府在苏联危难之时向其表达支持,说不定将来会有意想不到的收获。中国驻苏大使邵力子多次致电蒋介石,认为中国应该积极向苏联表达亲善之意,尤不可落在英美之后,"此时倘稍落后,战后似多可虑"。他认为:"我国此时倘已能对倭积极反攻,则援苏表示自可从缓。倘尚须若干准备时间,则必表示援苏,方足与英美苏真正合作。此时英美苏相互关系既甚密切,我参加援苏,不虞助长苏政府势力,反可促进共党等之服从政府。"①沈钧儒、黄炎培等人甚至建议国民政府"迅即简派大员充任赴苏专使",一则代表中国政府向苏联卫国战争表示"同情与敬意",二则在中苏已有条约关系基础上"为更进一步之商洽",三则与英美苏三国"共同促进世界民主国家及被压迫民族之联合运动"。他们认为即使英美都在加强对苏合作,"反法西民主国家非共同彻底消灭侵略者之野心与暴力,自身即不足以图存",故中国更应加强与苏联的联络。国防最高委员会外交组审查后,基本认同此项建议,"自德国侵苏以后,中苏两国同为被侵略国家,为增强反侵略阵线起见,我国应设法使中苏两国关系更加密切,务期达到切实合作之目的"。②

在确定了支持苏联的政策后,蒋介石随即采取了四项主要行动。首先,向苏联表示"尽力相助"之意。6月23日晚,蒋介石接见苏联驻华军事总顾问崔可夫,向其表示慰问,对苏联正在进行的卫国战争"表示关怀之意",并希望苏联先在远东与中国"合力解决倭寇","然后再以全力西向对德","如此,则俄在东方地位可以安全,

---

① 《邵力子请积极援助苏联以加强中美英苏合作致蒋介石电》,第二历史档案馆编:《国民政府抗战时期外交档案选辑》,第70—71页。
② 《沈钧儒等请政府特派专使赴苏之建议》,第二历史档案馆编:《国民政府抗战时期外交档案选辑》,第67—68页。

而对德亦可进退自如"。① 这当然是蒋个人的一厢情愿，毕竟对苏联来说，德国是心腹之患，而日本则是疥癣之疾，孰重孰轻，一目了然。其次，劝说美国尽快表态支持苏联，以防止苏联病急乱投医，进而与日本达成妥协。6月24日，蒋介石在与美国驻华大使高斯谈话中，劝告美国积极援助苏联，一方面稳定苏联的抗敌决心，"不复向日本追求谅解"；另一方面或可使美国避免卷入战争旋涡，"惟有援助苏联，俾日本于此太平洋多事之秋，不得不自动放弃其南进政策，美日之当面冲突，可以从而避免"。② 再次，疏远德国，以致对德绝交。7月2日，国民政府以德国承认汪伪政府为由，正式与其绝交，"如果态度稍带灰色，或主中立，则其害立见"。蒋的判断是，"如果此时对德表示好意，或主联德反俄，则又牵联倭寇问题，乃有陷入轴心危险，如此英美皆将对我不利，而我四年来外交之努力，乃必前功尽弃矣"。③ 最后，强化西北边防，以防范日军的来犯，"倭如先求解决中国战事，其必先攻取陕甘，一以断绝中俄交通，一以为将来进攻俄国之便利"。④ 6月26日，蒋介石致电驻防西安的胡宗南，表示："国际形势与倭寇战略，今后皆以对我西北为军事之重心，故陕、甘各军战斗序列，应即照目前所有军数编成三个集团军。"⑤

全面抗战时期，每当遇到大的国际变局，蒋介石总会征询党政高层的意见，以集思广益，毕竟一旦出现大的失误，后果将不堪设

---

① 政治大学人文中心主编：《民国三十年之蒋介石先生》，台北：政治大学人文中心2016年版，第468页。
② 政治大学人文中心主编：《民国三十年之蒋介石先生》，第471—472页。
③ 《蒋介石日记》（手稿），1941年6月23日，杂记，斯坦福大学胡佛研究所档案馆藏。
④ 《蒋介石日记》（手稿），1941年6月24日，杂记，斯坦福大学胡佛研究所档案馆藏。
⑤ 政治大学人文中心主编：《民国三十年之蒋介石先生》，第476—477页。

想。6月26日,蒋介石密电各战区司令长官、各省政府主席称:"德苏开战后,暴日动向如何,国际局势将如何演变,我国应采取如何方针,望各抒所见以告为盼。"①

综合国民政府军政高层的意见,他们都极力主张国民政府主动推动中美英苏联合阵线。余汉谋表示:"加强对英美及苏联之联系,以英美为主要与国,以苏联为抗日过程中之与国,自力更生,抗战到底,为争取最后胜利之方针","运用外交力量,促成中英美苏反侵略,并防止英美对暴日之退让"。薛岳建议:"无论倭寇动向如何,我当本自力更生以不变应万变之国策而努力,并加强中英美苏等国反侵略阵线之团结力,以击败德意倭之侵略战线,如能暗中策动倭寇北进,使苏德倭久战力疲,于我更有利。"②因此,除了表态支持苏联,国民政府还极力推动中美英苏联合阵线,"中美英苏之联合反侵略是世人多年以来的最高理想"。③一旦中美英苏联合反侵略阵线形成,"倭寇已非单独解决中国问题,或仅征服中国,所能达成独霸远东之目的"。而为了打破英美苏三国对日本的战略包围,日本将转移作战目标至美苏两国,而非中国,"四年抗战,险阻艰辛,坚持至此,已使敌国战争目标不能不完全改变,而我国危险亦可说脱出大半"。④在蒋介石看来,苏德战争后,日本再也不能如以前一样全力侵华,"如其先用军事全力进犯我国,则其南进北进,皆不仅有失良机之虞,而且有自投罗网之危险,更陷于不可自拔之苦

---

① 政治大学人文中心主编:《民国三十年之蒋介石先生》,第476页。
② 《张群、蒋鼎文、朱绍良等呈德苏开战后之国际局势及我国因应方针及日寇动向之管见》(1941年8月27日),《国民政府档》,台北:"国史馆"藏,001-070500-00002-000。
③ 《世界新局势与远东》,《申报(上海版)》,1941年6月27日,第4版,社评。
④ 《蒋介石日记》(手稿),1941年7月17日,斯坦福大学胡佛研究所档案馆藏。

境,决非其所能为也"。①

　　苏德战争的爆发,使世界局势趋向明朗化,"目前中心问题只有一个正义与侵略之争,其他均无关宏旨"②,而这也在无形中帮助国民政府解决了一个外交难题。在美国公开声明支持苏联后,国民政府起码在战争期间不用再为在美苏之间选边站而苦恼了。时论表示:"中国抗战外交的最大困难之点,就是美苏之不能调协,我们尽管呼吁美英苏团结,而毕然不曾团结,我们尽管美苏并重,而毕然不能平衡。现在情形变了,坚持和平中立的强大苏联被侵略了,英美政治家均能捐弃成见,而保证援苏了,则美英苏之间的隔阂完全解消,不但中国外交的困难点消除了,而反侵略集团的形成,也可能成为水到渠成的事实了。"③此外,苏德战争的爆发还使中国得以避免日美两国以牺牲中国为代价而达成妥协的阴谋。据拉铁摩尔向蒋介石透露,苏德战争前,"美国国务院与倭驻美大使野村秘密洽商中倭问题,而以李顿报告书为解决东北问题之张本,其势甚急而甚危","幸德俄战争发动,此阴谋始息"。④ 6月28日,军事委员会特种会报讨论国际局势的变化,结论是苏联现在"不得不与中、英、美站在一条阵线"。⑤

　　站在国民政府的立场,世界局势的明朗化自属有利。"今后侵略者与民主国家之分野,将日益分明,世界民主国家及被压迫民族

---

① 政治大学人文中心主编:《民国三十年之蒋介石先生》,第480页,对日记原文稍有改动,但是意思相同。另见《蒋介石日记》(手稿),1941年6月27日,杂记,斯坦福大学胡佛研究所档案馆藏。
② 《苏德开战后的国际反应》,《申报(上海版)》,1941年6月26日,第4版,社评。
③ 《世界大势明朗化》,《大公报(桂林版)》,1941年6月27日,第2版,社评。
④ 《蒋介石日记》(手稿),1941年7月21日,杂记,斯坦福大学胡佛研究所档案馆藏。
⑤ "中央研究院"近代史研究所编印:《徐永昌日记》第6册,1941年6月28日,第147页。

被历史的环境所迫,必能一致巩固联合,此诚为与中国抗战最有利之国际环境。"①蒋介石也表示:"就世界全局而言,侵略暴力与反侵略力量之分野,已日益分明,太平洋上之形势,亦日益紧张,此即为日寇愈益接近其崩溃末日之征兆","而吾人所以湔雪国耻与安慰已死之先烈者,亦可计日而待矣"。②

人类社会在前进的道路上总是充满荆棘坎坷,但是最终的方向总是趋向文明的进步。在客观条件还没有具备的时候,人们主观的美好愿望是不可能实现的。全面抗战爆发后,中国及国际正义力量一直在呼吁建立国际反法西斯统一战线,但是始终未能实现。苏德战争爆发后的国际大局"已展开了一幅新的远景","中美英苏的共抗侵略,纵尚不无扞格,而前途则已现光明;尤其是远东方面,以此得道多助,视彼支绌彷徨,双方休戚,不难预卜"。③ 中国作为最早起来反抗法西斯侵略的国家,"在全世界的反侵略阵营中,翘然立于先知和先锋的地位"。④

二、强力支持英美联合宣言

苏德战争的爆发清除了国际反法西斯同盟建立的最主要障碍。德意日法西斯以建立"世界新秩序"为它们的号召,那么反法西斯同盟又该以什么原则作为结合的思想基础呢? 唯有名正言顺,倡导顺应历史潮流的原则,才能争取更多的国家支持神圣的反法西斯战争。

---

① 《沈钧儒等请政府特派专使赴苏之建议》,第二历史档案馆编:《国民政府抗战时期外交档案选辑》,第 67 页。
② 蒋介石:《"八一三"四周年纪念告全国国民书》(1941 年 8 月 13 日),秦孝仪主编:《"总统"蒋公思想言论总集》第 31 卷,第 264—266 页。
③ 《四年来的中国与世界》,《申报(上海版)》,1941 年 7 月 7 日,第 4 版,社评。
④ 《断绝轴心外交关系》,《大公报(桂林版)》,1941 年 7 月 3 日,第 1 版,社评。

1941年8月14日,为了使"世界局势有改变之希望",美国总统罗斯福与英国首相丘吉尔将"两国国策中某些共同原则"以联合宣言的形式对外发表。宣言共八条,核心内容主要有四点:第一,支持民族自决原则,包括领土主权及生活方式;第二,倡导国际经济合作;第三,尊重人权,"使全世界所有人类悉有自由生活,无所恐惧,并不虞匮乏的保证";第四,反对武力的滥用。①《申报》认为这八项原则代表了"民治国家对于世界前途所抱博大精微的理想信念",并为国际新体系"画出一个提纲挈领的轮廓"。②因此,宣言公布后,"凡正义人士,咸表振奋,尤为中国所欢迎"③,"无疑将鼓励各弱小民族反抗侵略之情绪"④。蒋介石也认为宣言对法西斯轴心国集团造成重大打击,"而予我国民精神上之奋兴与振作亦非少也"。⑤

上述原则不但完全符合中国的国家利益,而且也契合国民党政府的国际理念及意识形态。因此,联合宣言一经公布,国民政府就立即表达了强力支持的态度。8月17日,国民政府外交部发表宣言,表示:"中国政府与人民热诚欢迎并赞同罗斯福总统及邱吉尔首相之联合宣言,其所列举反抗侵略之基本目的,不独为各民主国立言,实为一切爱好和平与自由之国民表达其对于真正世界新秩序之愿望",英美两国的主张"深洽乎国民党之主义及国父世界大同之主张",而中国也准备对"战后世界之建设"承担"应负之责

---

① 关于宣言具体内容见《大西洋宪章》(1941年8月14日),世界知识出版社编:《国际条约集1934—1944》,北京:世界知识出版社1961年版,第337—338页。
② 《八项原则与十四条件》,《申报(上海版)》,1941年8月18日,第4版,社评。
③ 《英美宣言意义重大　沪人获深切认识》,《申报(上海版)》,1941年8月17日,第2张第9版。
④ 《英美联合宣言》,《大公报(香港版)》,1941年8月15日,第4版,短评。
⑤ 《蒋介石日记》(手稿),1942年1月30日,1941年反省录,斯坦福大学胡佛研究所档案馆藏。

任";然而当务之急是要击败法西斯国家,"其捷径厥为加强远东之包围,首先击破日本"。①

此外,宣言也获得了苏联官方的高度认可。苏联《真理报》发表评论称:"英美宣言充满向希特勒获取胜利及毁灭纳粹主义之坚强决心,凡酷爱自由及反对残忍纳粹之民族,自必热烈欢迎此项宣言",苏联希望英美两国在宣言发表后能有更具体实际的行动,"以期毁灭法西斯侵略者及纳粹暴政"。② 联合宣言虽然是以英美两国领袖名义发表的,但是获得了中苏两大国的支持,因而具有广泛的代表性和权威性。

为了更好地运用英美联合宣言来服务中国抗战,国民政府从三个方面着手进行。

第一,支持美国坚守理想主义外交原则。与英国现实老练的外交传统相比,当时美国的外交尚保有一些理想主义因子,"此次八项原则的揭橥,自然使人立刻联想到一九一八年威尔逊总统所宣布的十四条件"③,两者可前后媲美,"永垂不朽"④。联合宣言虽然是以英美两国的名义发布的,但是更多的是反映美方的理念及政策。"此次宣言之发表,美政府意在拘束英国"。⑤ 英国作为老牌殖民主义国家,将维持其旧有殖民地作为国策加以推行,而无视殖民地人民的自由意志。如果将联合宣言所倡导的原则在全球付诸实施,必将瓦解大英帝国的殖民统治秩序。英国只是在形势所迫的情况下,对美国作出让步,并不代表其真心支持这些原则。美国

---

① 《渝方欢迎》,《申报(上海版)》,1941年8月18日,第4版。
② 《对英美联合宣言 苏联绝对拥护》,《申报(上海版)》,1941年8月18日,第4版。
③ 《八项原则与十四条件》,《申报(上海版)》,1941年8月18日,第4版,社评。
④ 《英美领袖伟大表示》,《大公报(桂林版)》,1941年8月16日,第2版,社评。
⑤ 林美莉编辑校订:《王世杰日记》上,1941年8月18日,第369页。

在参战前就宣布这些原则,并迫使英国接受,是吸取了第一次世界大战时的惨痛教训。王世杰在日记中写道:"美国参加上次世界大战时,尚未发表作战目的;威尔逊之十四条款,系于参战九个月后(一九一八年一月)始向国会发表者。该项条款当时亦未取得英、法之同意,事后英、法政府亦未正式接受。威尔逊在巴黎和会中因此受窘不少。此次罗斯福之作风显系鉴于过去之失败,特于参战前将其主张取得英政府之正式承诺。"[1]

第二,推动英美在远东积极对日。联合宣言表明了英美恢复世界和平秩序的决心,那么就应当"以实力铲除侵略势力",而日本则是侵略集团中的薄弱环节,"英美若能机先发动,可以一举而击溃之"。[2] 当时国民政府对英美的担忧主要有两方面。其一,担忧英美背着中国对日本妥协。在太平洋战争前夕,美日两国进行了一场旷日持久的谈判。国民政府积极应对,并以联合宣言的原则为武器,劝阻美国对日让步。9月10日,蒋介石在与美国合众社记者谈话中表示:"在远东乃至世界永久的与合乎正义的和平,未获切实保障前,中国必继续喋血抗战,决不畏避继续牺牲",同时希望美国及其他友邦加强"对日经济制裁"。[3] 其二,担忧英美在作战中实行先德后日的战略。站在国民政府的立场,当然希望盟国在作战重点选择上能够先日后德,"余甚望其能照余之预期,先解决倭寇,而后乃可专对德国之一贯方针"。[4] 因为一旦反侵略阵线一致对日,则日本失败的命运就将注定,"此其自残东亚民族之结

---

[1] 林美莉编辑校订:《王世杰日记》上,1941年8月15日,第368—369页。
[2] 《英美领袖伟大表示》,《大公报(桂林版)》,1941年8月16日,第2版,社评。
[3] 蒋介石:《中国决对日抗战到底》(1941年9月10日),秦孝仪主编:《"总统"蒋公思想言论总集》第38卷,第140页。
[4] 《蒋介石日记》(手稿),1941年8月15日,斯坦福大学胡佛研究所档案馆藏。

果也"。①

第三,推动反法西斯侵略国家在共同理念下联合。联合宣言虽然明面上针对的是纳粹德国,但是实质也包含反对日本,"无形中对于倭寇已视同德国"②。蒋介石表示:"虽只言原则,而未列远东具体问题,然其此次约会,必为美国对倭寇政策改取积极方针,殆无疑义。"③联合宣言发表后,"世界自由与暴力、民主与轴心、侵略与反侵略之分野,将愈益分明"。④ 东西两地正在进行的战争,"可说完全是利害一致,成败与共,而有不可分的关系",因而代表着"正义与光明"的反侵略国家应该加强配合,协同作战。⑤

虽然国民政府对英美联合宣言表达了强力支持的态度,并对其极力运用,但是并不意味着国民政府对与之相关所有的事情都满意。国民政府的不满主要有两点:其一,未公开表示援华抗日,"独对援俄提及,而并未及华,此乃白人传统之观念,总以为黄人为不能与之平等也,可痛"⑥;其二,事先完全未征询中方意见,"罗、邱发表宣言,未与我政府作任何接洽,我当局颇感不快"。⑦ 为此,蒋介石甚至准备正式向英美提出质问,"罗邱会议对远东问题之决议如何,并问其是否要与中国合作,请其明白答复"。⑧ 后在王世杰等

---

① 《蒋介石日记》(手稿),1941年8月31日,本月反省录,斯坦福大学胡佛研究所档案馆藏。
② 《蒋介石日记》(手稿),1941年8月16日,上星期反省录,斯坦福大学胡佛研究所档案馆藏。
③ 《蒋介石日记》(手稿),1941年8月15日,斯坦福大学胡佛研究所档案馆藏。
④ 《英美领袖伟大表示》,《大公报(桂林版)》,1941年8月16日,第2版,社评。
⑤ 蒋介石:《我国抗战与国际形势的展望》(1941年11月17日),秦孝仪主编:《"总统"蒋公思想言论总集》第18卷,第409—411页。
⑥ 《蒋介石日记》(手稿),1941年8月17日,斯坦福大学胡佛研究所档案馆藏。
⑦ 林美莉编辑校订:《王世杰日记》上,1941年8月18日,第369页。
⑧ 《蒋介石日记》(手稿),1941年8月17日,斯坦福大学胡佛研究所档案馆藏。

人的劝说下,蒋介石将这一不满情绪压抑下来,但是英美在重大问题上不与中方沟通,在联合作战期间还时有发生,进而严重影响到反法西斯同盟内部的关系。这说明它们在骨子里还是轻视中国,不愿与中国平等相处。

英美联合宣言所倡导的原则,后经联合国家的认可,进而成为构建国际新体系的重要思想基础。当然,这些原则在推向世界的过程中,确有扞格不通之处。国防最高委员会秘书长王宠惠提出三点补充意见:一、"大西洋宪章尤其是关于各侵略国武装解除及各国与各民族自决等原则,一律适用于全世界";二、"日本之领土应以其一八九四年发动侵略政策以前之范围为准";三、"各民族与各种族一律平等"。①

三、积极促成世界反法西斯同盟的最终形成

虽然自苏德战争爆发及英美联合宣言发表后,世界各国"已显然划分为两个壁垒:一个是侵略国家,一个是反侵略国家"②,但是世界反法西斯同盟的最终形成还要等到太平洋战争爆发。1941年12月7日,日本发动对英美的突然袭击,标志着太平洋战争的爆发,从此世界上的主要国家都卷入战争当中,而国际格局也正式截然两分,一为以德意日为中心的法西斯集团,另一则为以中美英苏为中心的反法西斯集团。1942年1月1日,以中美英苏为首的二十六国在华盛顿签署《联合国家宣言》,标志着世界反法西斯同盟

---

① 《国防最高委员会秘书长王宠惠呈蒋委员长报告大西洋宪章之缺点及拟具补充大西洋宪章联合宣言文稿》,叶惠芬编:《中华民国与联合国史料汇编——筹设篇》,台北:"国史馆"2001年版,第5—7页。
② 蒋介石:《我国抗战与国际形势的展望》(1941年11月17日),秦孝仪主编:《"总统"蒋公思想言论总集》第18卷,第409—411页。

的最终形成。"世界大势,壁垒分明,反侵略国家已建立了共患难同生死的关系,今后就只有共同奋斗,以争必胜。"①

太平洋战争的突然爆发确实出乎国民政府的意料,毕竟当时美日两国的谈判正在紧锣密鼓地进行。蒋介石虽然判断美日谈判不会成功,但是认为双方还会虚与委蛇,以拖延时间,"美倭战争暂时或可避免"。②因此,战争爆发后,蒋才会惊呼"此诚出于人之意料所不及"。③太平洋战争的爆发意味着"世界战争的壁垒最后分明了"和"侵略与反侵略的阵线最后形成了"。④入江昭表示:"太平洋战争将中日冲突和日美战斗融为一体,使中国成为反轴心国大同盟中的一名老资格成员。自1931年以来,中国人第一次能感到他们真正是全球性联盟的一部分。"⑤国民政府对太平洋战争后的国际局势主要从三个方面进行因应。

1. 旗帜鲜明地支持建立世界反法西斯同盟

太平洋战争的爆发意味着世界上的主要国家都相继卷入第二次世界大战,在战争规模上远远超过第一次世界大战,将给人类造成更大的损失,也使世界局势完全明朗化了。太平洋战争结束了中国长达四年余的孤军奋战,从此中国将与英美等盟友并肩作战,以彻底战胜日本侵略者。中国抗日战争与世界反法西斯战争真正融为一体,"自兹世界上反侵略国家与侵略暴力,已划然分为两大鲜明之阵营","今日反侵略国家之利害成

---

① 《反侵略同盟与中国》,《大公报(重庆版)》,1942年1月5日,第2版,社评。
② 《蒋介石日记》(手稿),1941年12月7日,斯坦福大学胡佛研究所档案馆藏。
③ 《蒋介石日记》(手稿),1941年12月13日,上星期反省录,斯坦福大学胡佛研究所档案馆藏。
④ 周恩来:《太平洋战争与世界战局》,《解放日报》,1941年12月14日,第2版。
⑤ [美]费正清、费维恺编:《剑桥中华民国史》下,第527页。

败,尤为呼吸一体"。① 国民政府将太平洋战争的爆发视作抗战政略最大的成功,"此诚我中国转危为安、转败为胜之重要时机"。② 陈诚在给蒋介石的信函中表示:"自太平洋战争爆发,我国抗战已与全世界反侵略民主力量,取得密切之联络;我抗战之胜负,已与全世界民主国家共之,此实为政略最大之成功。"③

太平洋战争爆发后,国民政府立即主动同时对德意日三国宣战,并推动中美英苏的合作。

12月8日,国民党中常会召开特别会议,商讨应对方略。蒋介石在会议上表示:"太平洋战争爆发以后,我们中国的地位特别重要,虽不能说有举足轻重之势,但被侵略各友邦今后对日态度能否一致,我国实可操决定之影响。"经过商讨后,会议作出三点决策:第一,加强盟国间的军事协调。太平洋反侵略各国立即成立由美国领导的同盟,并推举盟军总司令。第二,要求英美苏与中国一致,同时对德意日三国宣战。第三,各国应约定在战争结束前,不得单独媾和。④

在对日宣战问题上,与会人员并无分歧,但是在同时对德意宣战问题上,与会人员则分为两派:一派以蒋作宾、朱家骅、段锡朋等人为代表,"不主张立即对德、义宣战";另一派以孙科、王世杰、郭泰祺等人为代表,持相反的主张。王世杰主张"最好即日"对德意

---

① 蒋介石:《为日军发动太平洋战争劝勉全国军民同胞函》(1941年12月10日),秦孝仪主编:《"总统"蒋公思想言论总集》第37卷,第234—236页。
② 蒋介石:《加强抗战力量确立建国基础》(1941年12月25日),秦孝仪主编:《"总统"蒋公思想言论总集》第18卷,第438—439页。
③ 《太平洋大战中之艰苦局面与我国应取之军事方略》(1941年12月10日),何智霖编:《陈诚先生书信集:与蒋中正先生往来函电》下,第513页。
④ 政治大学人文中心主编:《民国三十年之蒋介石先生》,第896—897页。

宣战,并建议蒋介石召集英美苏三国驻华大使,"告以反侵略国应一致对轴心集团各国宣战,并嘱各该使转电斯达林、罗斯福、邱吉尔三氏"。对于其中的原因,王世杰表示:"此次英、美两国卷入战争,系因拒绝对日作任何妥协;美政府态度如此坚决,大半系因中国反对妥协(前月蒋委员长致罗斯福之电尤有重大关系)。故吾国对日宣战乃至对德、义宣战,断不可延缓。"①

同日,蒋介石还约见美国驻华大使高斯、英国驻华大使高斯及苏联驻华大使潘友新,并分别向他们面交建议书。该建议书共分六点:第一,批评日本无信义,发动对英美的袭击;第二,表示中国将竭尽全力,与友邦共同对日作战,"以促成日本及其轴心国家之完全崩溃";第三,通报中国将同时对德意日三国宣战的决定;第四,希望"反侵略阵线各个国家"与中国保持同一立场,即同时对"共同公敌"宣战;第五,建立由美国领导的军事同盟,以指挥共同作战;第六,各国保证不得单独媾和。②

反法西斯同盟的形成,极大地鼓舞了国民政府争取抗战胜利的信心,"有共同战友,增加前途无限之希望"③。在抗战进入相持阶段后,"继续抗战,长期战争,论者每多悲观,瞻念前途,自力更生有益趋黯淡之势"。④ 蒋介石勉励全国军民利用有利环境,发愤图强,"以雪我国家十年之积耻,纾我被难同胞无限之奇辱","内以恢复领土主权,完成我抗战最初之目的,外以昌明国际正义,求得我

---

① 林美莉编辑校订:《王世杰日记》上,1941年12月8日,第396页。
② 政治大学人文中心主编:《民国三十年之蒋介石先生》,第900—901页。
③ "中央研究院"近代史研究所编印:《王子壮日记》第7册,1941年12月8日,台北:"中央研究院"近代史研究所2001年版,第342—343页。
④ "中央研究院"近代史研究所编印:《王子壮日记》第4册,1938年11月5日,第571页。

中华民族振古未有之光荣"。① 此外，蒋还期许海外侨胞积极配合所在国，"贡献一切人力物力，为消灭共同敌人，达成最后胜利"。蒋表示："国际反侵略国家与侵略暴力，分野鲜明，势不两立，反侵略各友邦之立场与利益，已结为一体而不可分。友邦之敌人，即吾人之敌人，友邦之成败，即吾人之成败。"②

2. 推动盟国施行先日后德的战略

太平洋战争初期，在日军的突然袭击之下，英美等国丧师失地。这种局面一方面凸显了中国抗战的不易，有利于提高中国的国际地位；另一方面也可能使英美产生畏难情绪，转而将重点放在率先击败德国上。而这是国民政府极不愿看到的局面。时论也指出："这一次大战，是太平洋问题的总清算，也是民主国家的生死关头，所以必须先合力将日本解决，肃清远东的战场，然后在欧洲战场上才能有制胜的希望。"③国民政府推动盟国施行先日后德的战略主要有以下两个原因。

其一，从中国自身的立场来看，作为最早投入到反法西斯战争的国家，中国消耗了大量的人力、物力、财力，真可谓民穷财尽，疲惫不堪。王子壮表示："吾人今日之痛苦在以贫弱之国家抗战太久，至人民生活感极度之不安，又以统制不得其道也，物价愈昂，民生愈为不堪。现所望者能以迅速结束战事，庶此艰难时日得有底止"，"否则，迟缓延宕，各逞姿态，而不作大规模之攻略，则吾人受

---

① 蒋介石：《为日军发动太平洋战争劝勉全国军民同胞函》(1941年12月10日)，秦孝仪主编：《"总统"蒋公思想言论总集》第37卷，第234—236页。
② 蒋介石：《为日军发动太平洋战争劝勉海外侨胞函》(1941年12月11日)，秦孝仪主编：《"总统"蒋公思想言论总集》第37卷，第237页。
③ 《暴日自掘坟墓》，《大公报(桂林版)》，1941年12月9日，第2版，社评。

战事痛苦亦为之延宕无止矣"。① 因此,如能联合盟国的力量,全力解决日本,以提早结束抗战,进而休养生息,自然是国民政府最希望看到的局面。有鉴于此,中国甚至希望苏联在稳住西线战场后,也能加入对日作战的行列,"现在西线的纳粹攻势既已冻结,日本在太平洋上投入 ABCD 的包围阵,这正是苏联的千载一时之机,一举解决了日本,平定了太平洋,然后再合欧亚美非澳各洲之力,共同解决纳粹,才真正有平定世界实现永久和平的可能"。②

其二,从军事战略来看,日本是法西斯轴心国集团中的薄弱环节,在两线作战中,先易后难,方能事半功倍。蒋介石表示:"德国为陆军国家,此时英美欲以优势之海空军力,先击败大陆上之德国,势必费力多而成功少。反之,日本之战斗力与其国家命脉所系者乃海军,而英美海空军之力量远较日本为强,兵略上两面作战应先击破其最弱之一环,此亦为不易之原则。"③

在蒋介石看来,虽然英美在战争初期遭受了巨大的挫败,但是只要能够吸取教训,集中主力对付日本,那么战略形势自然会逆转。蒋在日记中写道:"以形势言,英美军事太无准备,且徒张声势,致遭此败,势所必然。但在世界整个局势与远东战争最后结果言,必可因此转祸为福。以英美此后不能不集中全力先解决远东之倭寇,否则英美仍视中国与远东为次要也。"④反之,如果坐视日本继续扩大侵略,一方面控制战略要地,另一方面汲取占领地资

---

① "中央研究院"近代史研究所编印:《王子壮日记》第 7 册,1941 年 6 月 24 日,第 175 页。
② 《太平洋大战展望》,《大公报(桂林版)》,1941 年 12 月 13 日,第 2 版,社评。
③ 《蒋中正电宋子文熊式辉下次太平洋作战会议开会时提案要旨》(1942 年 6 月 12 日),台北:"国史馆"藏,蒋中正"总统"文物档案,002-020300-00017-001。
④ 《蒋介石日记》(手稿),1941 年 12 月 10 日,斯坦福大学胡佛研究所档案馆藏。

源,那么战事将旷日持久,而盟国也难以专心对付德国。王子壮在日记中写道:"日寇之战略显欲以迅雷不及掩耳之手段,肃清远东英美之势力,以成以逸待劳之形势","如远东之日军得计,再行劳师远征,则获得胜利亦殊非易也"。①

无论国民政府如何苦口婆心地劝导,英美等国依然决心奉行先德后日的战略。因为在它们看来,只要解决了德国,那么对日问题将迎刃而解。因此,国民政府的期望最终落空了。历史的发展完全偏离了蒋介石及国民政府的主观意愿。双方战略上的分歧,是整个太平洋战争期间国民政府与英美矛盾冲突的根源。通常的情况是中国批评英美对华支持不够,"我与盟国联合作战以后,不仅应有之权利,未能获得百一,而应尽之义务,则已超过其限度"②;而英美则反过来指责中国作战不力,"我们所表达的同情的结果却在某种程度上走向了我们愿望的反面,它没有起到鼓励中国人作出更大努力的作用,中国人反而日益倾向于感到在以往六年中中国在遏制日本方面已经尽了全部责任,现在该由美国独自去粉碎日本了"。③

太平洋战争爆发后,国民政府本来对盟国寄予厚望,但是最终结果却不如预期,"自太平洋战争爆发以后,我国所受美国之接济,惟借款美金五亿元为获得其实惠以外,其他无论军事、经济,乃至于今日之政治,皆受其宣传与利用之恶劣影响。是为三年以前单

---

① "中央研究院"近代史研究所编印:《王子壮日记》第7册,1941年12月11日,第345页。
② 《蒋介石日记》(手稿),1944年11月26日,斯坦福大学胡佛研究所档案馆藏。
③ 《包兰亭会谈备忘录》,王建朗主编:《中华民国时期外交文献汇编》第8卷,中册,北京:中华书局2015年版,第795页。

独抗战时代所未有料及者也"。① 因为美国奉行先欧后亚的战略，将主要资源投入欧洲战场，所以中国的战略地位未获得应有的重视，以至于国民政府内部对于战后能否获得平等地位也产生了疑虑。胡适在给翁文灏、王世杰等人的电报中指出："我们的国际地位是五年苦撑的当然结果，并非赵孟之所贵，故赵孟亦不能贱之。今日我们所受困难，只是因为英美自己也受更大困难，更大耻辱。他们顾不到我们，他们的领袖心理实在认为最大耻辱。但他们日夜图谋雪耻，嘴里说不出，只是咬牙苦干。我们必须体谅他们的苦衷，才够得上患难朋友。"②胡适在意识形态上太过偏向英美，而未看透其帝国主义的本质。

3. 理性看待中国国际地位的提升

太平洋战争的爆发确实使中国的国际环境获得了极大的改善，毕竟盟国需要中国扮演好战略配合的角色。1941年12月12日，美国国务院远东司司长汉密尔顿在给国务卿的备忘录中表示：站在美国政府的立场，要促使中国发动对日全面攻势，就应该立即采取措施表示对中国的尊重，并将中国视作相对平等的合作伙伴。③ 此前是中国有求于英美苏等国，希望它们不要与日本妥协，以及尽量援助中国抗日；此后则因双方互有需求，而处于相对平等的地位。时论指出："当前的东方战局，中国在大陆上缠着日本的泥足，美国撑着海上的砥柱，英国掌握着印度洋。中国需要英美的海上策应，也需要英美的物质援助；美国不能无中国以反攻日本，

---

① 《蒋介石日记》(手稿)，1944年7月14日，斯坦福大学胡佛研究所档案馆藏。
② 胡颂平编：《胡适之先生年谱长编初稿》第5册，台北：联经出版事业公司1984年版，第1776—1777页。
③ Memorandum by the Chief of the Division of Far Eastern Affairs(Hamilton) to the Secretary of State, FRUS, 1941, Vol. 4, pp744-745.

英国需要中国共保印度,反攻缅甸;而最后一个目标,就是中英美共同反攻日本。"①

蒋介石力图利用有利的国际局势来促使各国满足中国在领土主权问题上的正当诉求:其一,对英国,"要求其承认西藏、九龙为中国领土之一部";其二,对苏联,"要求其外蒙、新疆为中国领土之一部";其三,对各国,要求其承认"东四省、旅大、南满"为"中国领土之一部";其四,取消列强在华特权,"凡各租借地及治外法权与各种特权及东交民巷等,皆须一律交还中国,与取消一切不平等条约"。②

太平洋战争后,中国成为名义上的四强之一,而蒋介石也成为盟军中泰越战区最高统帅,中国的国际地位获得了很大的提高。虽然说美国在其中扮演了推手的角色,但归根到底还是中国在战时及战后的战略地位决定的。没有中国的持久抗战,其他国家将付出更大的代价;而战后世界和平的维护,也离不开中国的配合。时论表示:"中英美不仅战时需要相依为命,在战后尤其需要亲密的合作。中国战后的经济复员,守势国防的建设,绝对少不得英美的援助;而英美欲保持亚洲与欧美合作的关系,必须强健的中国看守住日本。"③这种情势下,中国的民族自信心在一定程度上随之膨胀,进而导致过高估计对自身在战时及战后的作用。时论表示:"太平洋大战爆发之后,中国的抗战已成世界反侵略战争的核心"④,"在未来的远东盟国会议中,中国自亦为主要分子"⑤。孙科

---

① 《我们强在那里?》,《大公报(桂林版)》,1943年11月4日,第2版,社评。
② 《蒋介石日记》(手稿),1941年12月20日,斯坦福大学胡佛研究所档案馆藏。
③ 《先解决日寇!》,《大公报(桂林版)》,1942年10月2日,第2版,社评。
④ 《健全自己贡献世界》,《大公报(桂林版)》,1941年12月19日,第1版,社评。
⑤ 《论战后问题的重心》,《大公报(桂林版)》,1943年10月6日,第2版,社评。

也表示:"中国是反侵略的先锋,在现阶段上,正与反侵略各国并肩作战,将来战后重建世界和平,当然还是居于领导的地位。"①

然而国际政治是现实的,中国要想维持崇高的国际地位,一方面必须在对日抗战中显示出强大的力量,为世界反法西斯战争的胜利作出重大贡献;另一方面也要努力充实自身的国力,缩小与其他国家的差距,"不仅在科学工业国防上要埋头努力,迎头赶上别人,在政治气象社会风气上,更应痛下功夫,脚踏实地,培养进步的基础,实行民主,改善民生,真正造成一个三民主义理想的国家"。"假使因为看到四强这个名词,便沾沾自喜,虚骄狂妄,以为我们的确已成为世界的柱石,那便真悲哀而无可救药了。"②蒋介石也表示:"不问国际形势如何,总要忍苦茹艰,充实我们的国力,巩固我们的国基,要预想到在任何恶劣的形势下,我们都要有所以自立之道,然后我们能有力量,击败敌寇,求取胜利;然后我们能有资格,取得独立平等的地位。"③在当时的大国中,美国对华态度相对友好,"美国的远东政策应以中美两国政府密切的工作关系为基础",而英苏两国则根本不认为中国有资格与其平起平坐。在处理战后问题上,"丘吉尔先生的想法是,这次工作应该由英语国家来做。虽然很勉强,他还是愿意退一步,让俄国参与这项工作。"罗斯福则认为不能无视中国的立场,称:"西方世界为自身安全计,应该断然放弃把亚洲人民视为劣等民族的观念,从此以后应该全心全意与中国合作,这才是防止

---

① 孙科:《抗战最后胜利中　国内外同胞应有的努力》,《大公报(重庆版)》,1942年1月1日,第3版。
② 《我们强在那里?》,《大公报(桂林版)》,1943年11月4日,第2版,社评。
③ 蒋介石:《中华民国三十一年元旦告全国军民同胞书》(1942年1月1日),秦孝仪主编:《"总统"蒋公思想言论总集》第31卷,第275—282页。

西方和东方在未来岁月里彻底分裂的最好办法。"①

综上,太平洋战争爆发后,中国应该正确认识自己在世界反法西斯同盟的位置,庄敬自强,对于该争取的国家利益要尽量争取,而不该有的盲目自大也应该极力摒弃。

对中国抗战与世界反法西斯战争进程之间的关系,孙科有过这样一段叙述,称:"导源于一九三一年九一八事变的这二次世界大战,经过'七七'以后,我展开全面抗战,以至一九三九年九月,德国发动欧洲战争,去年六月德国进攻苏联,年底日本侵袭英美,这几个主要阶段之后,世界战争的体系已具体完成。此后再没有欧亚战争之分,世界只有一个侵略与反侵略,文明与野蛮的战争。这一大决战,为人类光明与黑暗之所系。"②孙科对于第二次世界大战进程的叙述基本符合历史实际。中国是最早起来抵抗法西斯侵略的国家,而日本则是将世界拖入战争悲剧的祸首。中国抗战与世界反法西斯战争的前途息息相关。

第二节　对国际新体系的基本构想

世界反法西斯同盟正式形成后,中国抗战成为世界反法西斯战争的重要组成部分。在国民政府看来,抗日战争的胜利结局基本注定,而接下来所要考虑的主要问题则是维护国民党政权和争取中国的国际地位。如果不能在对日作战中发挥关键性的作用,那么中国短时间内所获得的国际地位是不稳固的。对国民政府来

---

① 《罗斯福与韦尔斯的一次谈话》,王建朗主编:《中华民国时期外交文献汇编》第8卷,中册,第791—794页。
② 孙科:《抗战最后胜利中　国内外同胞应有的努力》,《大公报(重庆版)》,1942年1月1日,第3版。

说,在新的国际体系当中,首先必须处理好与大国的关系。其次,应该提出符合自身利益诉求的国际关系原则主张。最后,号召建立一个强有力的国际组织来维护新的国际体系。本节将以国民政府对国际新体系的基本构想为中心展开论述,除了揭示其内容,将着重分析国民政府如此主张背后的原因。

一、以中美合作为外交的立足点

太平洋战争后,国民政府将对美外交作为战时及战后最重要的双边关系来加以处理。国民政府做此选择,与其说是主观的喜好,不如说是客观形势使然。一方面美国在抛弃孤立主义外交之后,挟其强大的国力,积极参与国际事务,逐渐成为最具影响力的大国之一。对于美国战时的对外政策,学者表示:"罗斯福及其同僚期待美国从战争中崛起,进而成为世界上最强大的国家。与第一次世界大战不同,在此次战争之后,他们决心领导世界。这一次,他们要创建一种可以增进美国利益的世界秩序,使美国不仅能够提升自己的财富和权势,也可以将其价值观推广到世界的任何角落。"[①]太平洋战争后,美国成为对国民政府的内政外交影响最大的国家。另一方面,相较于英苏两国,中国与美国的国家利益冲突相对较少。

当然,国民政府外交战略的选择,也与蒋介石个人认识密切相关。1938年2月6日,蒋介石在给行政院长孔祥熙的电报中吐露了他对英美苏三国的不同观感,称:"现在外交情势,英国老谋深算,说之非易;俄亦自有国策,求援无效;惟美为重视舆论之民主国

---

① [美]孔华润主编:《美国对外关系史》下,第221页。

家,较易引起侠义之感。"① 蒋介石对美国的好感,由此可见一斑。虽然后来在中美实际合作过程中,蒋介石对美国也有诸多不满,但是总体上以好感居多。1941 年 5 月 5 日,蒋介石在为美国驻华大使詹森离职举办的宴会致辞时表示:"我中美两国不仅在太平洋上有共同利害关系,应共同担负太平洋和平正义的责任,而且中美两国的民族性之重信义,爱和平,以及其立国之主义,亦完全相同","因此,中美两国实为东西两半球维护世界永久和平与人类永久幸福之两大柱石"。② 1942 年 10 月初,蒋介石对来访的威尔基明确表示:中国对英、苏两国之信任"实已丧失无余","中国人民视美国为诚意愿使各民族取得平等地位之惟一国家,故愿受美国之领导",甚至希望能由中美两国单独解决太平洋问题。③

与美国协调一致是太平洋战争以来国民政府处理战时及战后问题的重要原则。蒋介石曾在多个场合表示中国在国际政治问题上愿唯美国马首是瞻,"凡美国不参加之事,则中国亦不愿单独参加,如美国参加之事,则中国亦必须共同参加"。④ 1944 年 5 月 8 日,蒋介石致电中国驻美大使魏道明,请其向罗斯福表示国民政府对中美合作的基本态度,"凡其所定国际有关之政治、经济与军事

---

① 《电香港孔院长祥熙注重对美宣传勿吝惜经费》,政治大学人文中心主编:《民国二十七年之蒋介石先生》,台北:政治大学人文中心 2016 年版,第 67 页。
② 蒋介石:《宴别美国约翰逊大使致词》(1941 年 5 月 10 日),秦孝仪主编:《"总统"蒋公思想言论总集》第 18 卷,第 179—181 页。
③ 《蒋委员长在重庆接见威尔基先生听其报告对中国发展工合运动之意见及交换有关战后问题之意见谈话纪录》(1942 年 10 月 4 日),秦孝仪主编:《中华民国重要史料初编——对日抗战时期》第 3 编,战时外交(一),第 756—759 页。
④ 《蒋中正电宋子文请转达罗斯福有关国际政策我国唯美国马首是瞻及为永久共同利害计中美两国似有进一步缔结同盟之必要》(1942 年 6 月 21 日),台北:"国史馆"藏,蒋中正"总统"文物档案,002-080106-00023-006。

等之大方针,中国无不与之协同一致,追随其后"。另外,蒋也盼望美国支持中国的合理诉求,"但中国有关局部之小问题,凡在合理之要求与可能之援助,且于美国无损而于中国有益,甚望其能主持一切,勿使中国延长困难,以免其有无法挽救之虞"。①

在蒋介石看来,中国是大陆国家,而美国是海洋国家,两国的合作空间甚大,而这是应该首先决定的基本方针。蒋认为战后中国将以大陆为国防的基础,而国防的重心应该放在西北,"故对海防与海军应取守势,并与美国共同合作,且避免与美有军备竞争之趋向"。蒋还表示:"今后国防方针与国际政策,必须与美积极合作及互助,万不可与美作海洋竞争。"如果战后世界和平无法维持,则在太平洋方面,"中国负陆空军之责,而美国负海空军之责","如美国能同意于此,则东方和平或可无虑"。② 正是出于上述考虑,蒋介石多次向美方表示战后愿将中国沿海港口提供给美国使用。1942年10月7日,蒋介石对来访的美国特使威尔基表示:"战后我沿海要塞,如旅顺、大连以及台湾必返诸中国,予欢迎美国参加在该各要塞建筑海军根据地,我两国共同维持而应用之。"③后来,宋美龄在访美时也向罗斯福表达了类似的意见,"东三省、旅顺、大连与台湾、琉球须归还中国,惟此等地方海空军根据地,准许美国共同使用"。④ 可见,蒋介石为了争取美国的支持,已经到了不惜牺牲国家主权的地步。

---

① 《蒋中正电魏道明晤罗斯福明告其国际大方针与之一致予中国援助望主持》(1944年5月8日),台北:"国史馆"藏,蒋中正"总统"文物档案,002-020300-00029-027。
② 《蒋介石日记》(手稿),1943年12月7日,杂录,斯坦福大学胡佛研究所档案馆藏。
③ 《蒋委员长在重庆接见威尔基先生商谈战后稳定太平洋局势问题谈话纪录》(1942年10月7日),秦孝仪主编:《中华民国重要史料初编——对日抗战时期》第3编,战时外交(一),第777页。
④ 《蒋介石日记》(手稿),1943年10月24日,杂录,斯坦福大学胡佛研究所档案馆藏。

此外,美国在殖民地独立问题上的立场,也是蒋介石颇为欣赏的。国民政府不愿看到战后殖民秩序得到恢复,而期待亚洲殖民地半殖民地国家都能够获得独立。在这个问题上,美国的态度相较于英国,则显得更为开明。罗斯福表示:"丘吉尔先生不愿看到在世纪之交存在过的大英帝国失去往日的荣光","在战后英国是战胜国之一的情况下,要说服丘吉尔先生或任何一届英国政府,英国应在和平条约中放弃她已统治百年之久的一块殖民地是非常困难"。① 对当时的美国来说,只要实行自由贸易,它便可凭借自身强大的经济能力占领市场,进而通过正当的贸易手段就可获取巨大的经济利益,而非传统的殖民掠夺。因此,在这个问题上,中美两国领导人的理念是一致的。1944 年元旦,蒋介石在告全国军民同胞书中,不吝惜对美国的称赞,表示:"美国国民发挥其自由民主的传统精神,对全世界各民族抱着一视同仁的态度,仗义慷慨,扶弱抑强,使美国政府伟大光明的世界政策,得到顺利的执行和正确的领导,来挽回全世界的战局,而为联合国奠定了胜利的基础,使轴心寇盗在正义公理的权威面前,先从心理上解除了武装。"蒋还称赞罗斯福个人,表示:"他的根本主张完全在求得世界真正的和平,在求得人类真正的平等,他更以为我们中国非在未来世界上作一个和平有力的支柱不可。他这种精神是根于主义出于内心的;他这个政策,是建立于一百六十年来中美两大民族信义和平的基础之上的。"②蒋的这些公开言辞当然是为了赢得美国的好感,有些确

---

① 《罗斯福与韦尔斯的一次谈话》,王建朗主编:《中华民国时期外交文献汇编》第 8 卷,中册,北京:中华书局 2015 年版,第 791—794 页。
② 蒋介石:《中华民国三十三年元旦告全国军民同胞书》(1944 年 1 月 1 日),秦孝仪主编:《"总统"蒋公思想言论总集》第 32 卷,台北:中国国民党中央委员会党史委员会 1984 年版,第 47—53 页。

实是言过其实。

与对美国的好感不同,蒋介石对英国可谓恶感连连。① 首先,蒋介石认为英国自私顽固,不肯为世界反法西斯战争的大局而稍作让步,"宁让倭寇占印而不容印人自由,以为其战后同盟国胜利时,仍可无条件统治印度,而不愿印度自由参战,以增加同盟各国之实力也,此种自私之心毒极矣!"②其次,蒋认为英国种族主义思想根深蒂固,从来不以平等国家态度对待中国。1940年10月14日,蒋介石在接见英国驻华大使卡尔时批评英国"素以半殖民地国家估计中国","以为中国自卫尚无充实力量",但欲求远东的长久和平,必须要有中国陆军的协助。蒋介石还表示:"英国与土耳其间在近东之关系即以平等为基础,中英两国在云南、缅甸、新加坡之关系,未始不可建立于同样基础之上","须知中国人为具有自尊心之民族"。③ 但是事与愿违,太平洋战争后,中英两国在联合作战过程中,矛盾不断出现,有时甚至很突出。1942年初,英缅当局在未征得中国同意的情形下,以地利之便,强行扣留美国援华物资,"英人之贪诈自私,毫无协同作战之诚意,对我国之轻视诬蔑,尤为可痛"。④ 蒋介石甚至认为英国还不如德日等国,"英人之盗行与自私,实驾于德、倭而上,至其蔑视中国、贱视有色人种更甚"。⑤ 再次,蒋认为英国完全左右了美国的战略选择。经过开罗会议与英国最高层的实际接触后,蒋介石对英国的观感更加恶劣。他说:

---

① 参见王建朗《从蒋介石日记看抗战后期的中英美关系》,《民国档案》2008年第4期。
② 《蒋介石日记》(手稿),1942年4月12日,斯坦福大学胡佛研究所档案馆藏。
③ 《蒋中正接见卡尔讨论两国合作英国欲与中国合作先改变其对华态度》(1940年10月14日),台北:"国史馆"藏,蒋中正"总统"文物档案,002-020300-00039-041。
④ 《蒋介石日记》(手稿),1941年12月23日,斯坦福大学胡佛研究所档案馆藏。
⑤ 《蒋介石日记》(手稿),1941年12月25日,斯坦福大学胡佛研究所档案馆藏。

"开罗会议之经验,无论军事经济与政治,英国决不肯牺牲丝毫之利益,以济他人。对于美国之主张,亦决不肯有所迁就,作报答美国救英之表示。其于中国之存亡生死,则更不值顾矣","英国之自私与害人,诚不愧为帝国主义之楷模矣"。①

蒋介石对英观感的产生与英国本身的实际作为是分不开的。英国在对华交往中,完全未将中国作为平等国家对待。太平洋战争前,英国为了自身利益,多次背着中国与日本达成妥协,签订了"有田—克莱琪"协定,封闭滇缅路,严重损害中国的抗战利益。太平洋战争后,接连发生英缅当局利用地利之便,抢夺中国美援物资的事件。就连美国驻华大使高斯也批评英国的举动是霸道和愚蠢的。即使英方真的急需物资,也应该先与中方商议,并取得同意。②

英国的一些无礼之举确实激怒了蒋介石。蒋介石在给宋子文的电报中表示:"英当局对中国所取之态度,实非一友邦官吏对其为共同目的而贡献人力,并牺牲物资之同盟国所应取之态度。然察该英方官吏之行动,正表现其根本不愿承认中英两国有平等往来必要之心理态度,此种心理所造成之行动与态度,实授敌人以最锋利之宣传武器,俾得收奇效于亚洲各处。"蒋还表示:"中国人民不顾牺牲一切,而抗战四年半来,其基本动机,实只求民族自由与争取国际间平等地位。今英方官吏一再有此举动,则中国人民势必视之无异出诸敌方,绝不类出之于同盟国方面者矣。"③后来,在

---

① 《蒋介石日记》(手稿),1943 年 11 月 30 日,本月反省录,斯坦福大学胡佛研究所档案馆藏。
② The Ambassador in China (Gauss) to the Secretary of State, FRUS, 1941. Vol. 4, pp767 - 768.
③ 政治大学人文中心主编:《民国三十一年之蒋介石先生》(上),台北:政治大学人文中心 2016 年版,第 7 页。

中英废约谈判过程中,英国又坚持不肯将香港主权交还中国,"要求我方先书面声明九龙在不平等条约以外问题,不在新约谈判之列,此可忍孰不可忍"。①

凡此种种加深了蒋介石对英国的不满,自然无法对其产生信任,以至于宋美龄在访美期间拒不会见丘吉尔,更遑论与其加强合作。② 因此,对顾维钧以中英美为"核心之外交基础"以免英日战后"合作以制华"的建议,蒋介石并未接受。

蒋介石从始至终都对苏联抱持高度疑虑。蒋不仅认为苏联是中国"最后最大的敌人"③,而且还对苏联及其背后的意识形态充满敌视。④

此外,蒋介石还判断战后苏联将与英美发生冲突,甚至爆发第三次世界大战,而国民政府必须要加以防范。1942 年 11 月 17 日,蒋介石的政治顾问拉铁摩尔对蒋表示:"战后之俄国政策,如其仍用各国共产党,在停战之初即在欧西各国窃取各国政权,而对各国现驻英伦之亡命政府不予承认,则英美必与俄对抗。若其共产主义仅限于俄国范围之内,则英美自与其继续合作。"蒋对拉铁摩尔的意见深以为然。⑤ 蒋还在日记中写道:"苏俄今后如不彻底改变其阴谋世界革命之侵略政策,则彼与英美之矛盾必日甚一日,愈趋愈烈。"⑥苏联与英美的矛盾,蕴藏着第三次世界大战的危

---

① 《蒋介石日记》(手稿),1942 年 12 月 20 日,斯坦福大学胡佛研究所档案馆藏。
② 《宋美龄电宋蔼龄告知不赴华府与邱吉尔见面意见》(1943 年 5 月 19 日),台北:"国史馆"藏,蒋中正"总统"文物档案,002 - 020300 - 00037 - 107。
③ 蒋介石:《中国之外交政策》(1934 年 3 月 7 日),秦孝仪主编:《"总统"蒋公思想言论总集》第 12 卷,第 101 页。
④ 《蒋介石日记》(手稿),1941 年 6 月 12 日,杂记,斯坦福大学胡佛研究所档案馆藏。
⑤ 《蒋介石日记》(手稿),1942 年 11 月 17 日,斯坦福大学胡佛研究所档案馆藏。
⑥ 《蒋介石日记》(手稿),1943 年 8 月 25 日,杂录,斯坦福大学胡佛研究所档案馆藏。

机,"我国在此二十年之内,仍在此矛盾中寻觅出路,而且运用得当,亦必可获得出路"。① 在蒋介石的设想当中,中国战后国防建设主要以苏联为对象。"战后最初五年至十年之中,一面不使俄国对我防备,一面充实本部建设,即为西北国防建设之准备也。"②

只是在内政以及外交问题上,国民政府又不能完全离开苏联的配合。正是看到了苏联的重要影响力,军事委员会参事室才会建议蒋介石尽力维持与苏联之间的友好关系。参事室在报告中表示:"战后之中苏邦交,吾人应设法推行善邻政策,使两国间之友谊状态继续存在。盖在战争结束之初,我国重要之工作将为恢复损失,并使建国大业得以顺利推动。吾人务须设法维持长期和平,俾于十年或二十年之内不得再有任何对外战争发生。"③蒋介石认为参事室的建议脱离了实际,因为苏联对华政策目标明确,且又恰恰是国民政府无法满足的,因而很难取得进展。蒋表示:"殊不知俄国绝无外交可言,政府对俄国忍受已极,迁就亦云已极,而不知俄国对华政策非消除英美关系,完全受其单独支配不可。否则,无论如何外交方式,决无入手之法。"④因此,蒋介石始终秉持友苏而不亲苏的态度,基本上能利用一天就利用一天。

蒋介石在处理大国关系上,完全偏向美国,并不完全符合中国的国家利益。美国也并未真正将中国视为平等的盟友,所以对美国的决策,"中国不能予以任何影响"。据中国驻美军事代表团团长熊式辉观察所见,美国官员普遍存在视中国为"无足轻重之错误

---

① 《蒋介石日记》(手稿),1943年8月30日,杂录,斯坦福大学胡佛研究所档案馆藏。
② 《蒋介石日记》(手稿),1943年8月15日,杂录,斯坦福大学胡佛研究所档案馆藏。
③ 《军事委员会参事室调整战后中国与苏联关系方案》,中国第二历史档案馆藏,军事委员会档案,761/128,第2—7页。
④ 《蒋介石日记》(手稿),1945年3月10日,杂录,斯坦福大学胡佛研究所档案馆藏。

心理","在此种错误心理支配之下,故其当局者只着意在以维持中国不致崩溃或与日本妥协为止"。熊建议国民政府应该善用外交资源,不可无条件地向美方献媚,"加之既无可一再重,则宜减之,以使其觉轻,亦自重之道也"。① 宋子文也在给蒋介石的电报中,指出美方对华援助"似出乎情义居多","此后应使其更加明了中国之抗战,在国际上有莫大关系,尤其中美两国之间,利害与共,不可分离,供给我军械,系为我达到一种任务,非关于情面交谊"。否则的话,中国将永远处于"请求之地位","焉得谓之平等合作"。② 蒋介石希望罗斯福在印度问题上对丘吉尔施压,也并未有结果。③ 罗斯福对蒋明确表示:"英国为同盟好友,印度之事,中、美若被邀请出面斡旋,自当尽其友谊上之责任,否则似有未便,故余意此时以缄默为是。"④毕竟在罗斯福看来,丘吉尔比蒋介石重要得多。

对国民政府而言,尽量维持与其他国家的友好关系,方为上策。1942年7月,张忠绂起草了关于中国外交政策的说帖。张忠绂认为中国在战后的处境与英美有别,其中缘由有三点:第一,中国实力有限,"各国若不能完全放弃功利主义与歧视政策,则届时中国单方之主张与意见,究能发生若何效力,殊不能无疑";第二,中国邻近日本,将直接面临日本战后复兴所造成的威胁;第三,"中

---

① 《熊式辉呈分析对中美外交军事关系应采取方针及日本进攻苏俄时机中国在外交资源上运用对策等情》(1943年),台北:"国史馆"藏,蒋中正"总统"文物档案,002-080106-00002-011。
② 《宋子文致蒋介石报告此间各事函稿》(1941年9月18日),吴景平、郭岱君主编:《宋子文驻美时期电报选(1940—1943)》,第115页。
③ 《蒋中正电罗斯福以大西洋宪章为基础此将为中国等共同作战之一大贡献》(1942年1月7日),台北:"国史馆"藏,蒋中正"总统"文物档案,002-020300-00029-005。
④ 《宋子文致蒋介石报告罗斯福关于印度问题谈话电》(1942年8月13日),吴景平、郭岱君主编:《宋子文驻美时期电报选(1940—1943)》,第177—178页。

国之经济基础迄今仍未巩固"。有鉴于此,张忠绂建议采取下列行动:(1)"努力增进中国与同盟国之友谊",除了英美苏等大国,还应该增进与其他小国间的友谊,"对于战后若干问题,吾人不妨与此等国家非正式交换意见,逐渐成立一种了解,俾此等国家于战后自愿支持中国对于若干问题之意见与立场";(2)趁着战时就设法与英美苏三大国缔结盟约,将同盟关系维持到战后;(3)在经济上,加强与美国的合作。① 张忠绂的意见是颇为中肯的。《大公报》也认为中国的外交理想是"协和万邦",称:"我们不但应该与美英苏三国做好朋友,与一切联合国家做好朋友,与一切中立国家做好朋友,就连日本,当它代表侵略性的皇室军阀财阀的政权崩溃之后而和平人民建设起一个民主的日本之后,我们也与它做好朋友。协和万邦的外交,积极的是与一切国家都做朋友,消极的不与任何国家为敌。我们要尽量做到广交朋友,而不树敌;必不得已时,也只有一个世界的公敌,而不要有自己一国的敌人。"②

对于蒋介石过分倒向美国,国民政府内部是有不同意见的。戴季陶向蒋介石表示:"我国外交应在国际整个机构与全世界各国为友合作,而不与任何一国单独同盟。"但是蒋介石认为中国作为弱国处境困难,想要"中立不倚""不屈不挠","谈何容易"。③ 蒋介石虽然对美国的一些政策及行为也多所不满④,但是在美苏两极格局逐渐显现的局势下,为维护国民政府的统治而明显选择站到了

---

① 张忠绂:《现时中国外交政策说帖》,中国第二历史档案馆藏,军事委员会档案·军事委员会参事室经办要案录存(有关国际案件),761/20,第12—17页。
② 《外交的理想与实际》,《大公报(桂林版)》,1944年4月27日,第2版,社评。
③ 《蒋介石日记》(手稿),1945年4月19日,斯坦福大学胡佛研究所档案馆藏。
④ 参见王建朗《信任的流失:从蒋介石日记看抗战后期的中美关系》,《近代史研究》2009年第3期。

美国一边。

二、以平等作为国际关系的主要诉求

国民政府希望新的国际关系能够摒弃以往大国欺凌小国的陋习,建立以平等为核心的新秩序。站在国民政府的立场,这包括两个方面的内容:其一,中国无意寻求在亚洲建立新的霸权,"我们要求自己的独立生存,同时要协助东亚各民族的自由解放;扫除奴隶式的'新秩序',而由东亚各民族共同携手合作,建立真正平等和平的正义秩序"①;其二,西方国家尤其是英国能够顺应殖民地人民的意愿,让其获得独立。

在很长的历史时期,中国都是东方国际秩序的主导者。只是到近代以后才因为国力衰弱而无法维持传统的体系,甚至逐渐沦为连自身命运都无法主宰的半殖民地国家。太平洋战争后,随着中国国际地位的提高,以及日本失败命运的注定,英美等西方国家开始担心中国取日本而代之。"纽约时报则自认美英有对华在战后建立平衡力量,不使中国独自强大,成为世界新威胁"。蒋介石表示:"可知美国对华之防范顾忌,不亚于英国。子文昔以为美国无此顾忌,是太不知美国对我国与独霸太平洋之政策矣。观其来华之军官对中国之轻视与把持之状态,更可知矣。"②美国对中国的猜忌是以西方的眼光来看待中国,"是没有深知中国的民族性,更没有熟谙中国的历史"。"对中国疑惧的人士,除非别有用心,便是昧于中国的国情。"事实上,中国自身国力有限,能维持自

---

① 《奴隶秩序与正义秩序》,《大公报(香港版)》,1939年8月3日,第2版,社评。
② 《蒋介石日记》(手稿),1942年11月30日,本月反省录,斯坦福大学胡佛研究所档案馆藏。

身的独立自主,已属不易,更何况不会成为"日本第二"。站在西方的立场,此时非但不应防范中国,反而应该协助中国,"使具备一切现代国家所应具备的条件,以防杜日本的觊觎",进而确保"远东经久的和平"。①

为了消除西方国家的对华疑虑,国民政府极力否认中国有取代日本成为亚洲领导者的想法。1942年11月17日,蒋介石为美国《纽约先锋论坛报》举行的第十一届时事问题讨论会撰文,表示国民政府奉行孙中山的三民主义,不会寻求不平等的权利,"对亚洲沉沦的国家,自来无限的同情,但对此种国家的自由和平等,我辈只有责任,并无权利"。蒋还号召以"全世界整个的合作"来消弭任何形式的帝国主义。②"必须如此,才能创立真正的和平秩序,才能消灭国际间仇恨报复的因素,挽救同归于尽的厄运。"③蒋介石认为他的文章确实起到了一定的作用。"美国先锋论坛报登载余之论文后,英美各重要报纸皆特加颂扬,推崇不置,此又一不虞之誉,惟自信为刚大无绥之气所成耳。"④后来,蒋还表示:"自余否认领导亚洲之政策,在美报发表否认中国为亚洲之领导者以后,英美对我之心理与观念全变,皆一致表示好意。"⑤蒋介石的想法不太符合实际,毕

---

① 《建立远东经久和平——为太平洋学会报告书进一解》,《大公报(桂林版)》,1943年4月12日,第2版,社评。
② 蒋介石:《孙中山先生的革命理想与战后世界》(1942年11月17日),秦孝仪主编:《"总统"蒋公思想言论总集》第35卷,台北:中国国民党中央委员会党史委员会1984年版,第202—205页。
③ 《美国与战后问题》,《大公报(桂林版)》,1942年11月20日,第2版,社评。
④ 《蒋介石日记》(手稿),1942年11月21日,上星期反省录,斯坦福大学胡佛研究所档案馆藏。
⑤ 《蒋介石日记》(手稿),1942年11月30日,本月反省录,斯坦福大学胡佛研究所档案馆藏。

竟英美的对华政策与态度不太可能因为他的一篇文章就发生改变。

此外,蒋介石还告诫国民党高层不可盲目自大,"我国为四强之一,系与国所称,反躬自省,多所未符,今日只须努力苦干,不应以此自豪,外人闻之,诸多未称也"。更不可有领导东亚之念,"绝不作任何领袖土地之觊觎,只切望能以共同和平协力发展而已"。①时论也表示:"我们抗战的目的就是要恢复领土主权之完整,并以自由独立的地位与盟国合作,致力于世界和平,尤其东方正义秩序的建立。此外,我们别无所求。我们只求恢复失土,而决无任何领土野心;我们只求东方各民族,都能获得自由解放,彻底消灭日寇的侵略暴力,使东方不再有侵略祸根的存在,而自身决无任何控制的意图。"②

鉴于中国缺乏专门讨论战后问题的机构,孙科特别在中山教育文化馆名下创设战后世界建设研究会,集合专家,"依照一定的计划,来研究战后世界建设的一般问题"。内部组成人员大都是孙科领导的立法院成员。在该会的成立大会上,孙科发表演说称:"我们诚恳地希望战后同英美苏各大盟邦永久保持团结一致,无保留地应用大西洋宪章的精神来树立远东各国的和善关系。"他还提出战后世界建设的两个原则:其一,"战后的世界必须建立在民族平等的基础上","必须彻底清除轴心各国的种族理论,必须彻底实现大西洋宪章中民族自由平等的原则";其二,"战后的世界必须建立在人类普遍的幸福生活的基础上"。③ 后来,孙科将上述两个原

---

① "中央研究院"近代史研究所编印:《王子壮日记》第 9 册,1944 年 3 月 20 日,台北:"中央研究院"近代史研究所 2001 年,第 115 页。
② 《三国会议的收获》,《大公报(桂林版)》,1943 年 12 月 3 日,第 2 版,社评。
③ 孙科:《战后世界建设之研究》,《大公报(重庆版)》,1943 年 2 月 14 日,第 2 版,星期论文。

则加以补充发挥,形成"改造世界的十大原则"。具体内容为:(1)"以民主精神为建设新世界的基础";(2)"各国家各民族一律平等";(3)"解放殖民地";(4)"各国绝对不干涉它国的内政";(5)"各国不以战争或武力以解决彼此间纠纷的工具";(6)"各国普遍裁军";(7)"以增进全人类生活幸福为目的,各国在经济上互助合作";(8)"以培养'天下一家'的思想,'四海之内皆兄弟'的友爱为目的,各国在文化上、社会福利事业上互助合作";(9)"各国一律严格遵守国际公法";(10)"各国共同参加国际政治组织"。①

国民政府自身不作领导亚洲之想,并始终倡导以平等作为处理国际关系的基本准则,但是不愿看到旧殖民秩序恢复的局面。因此,国民政府坚决支持印度正当的独立诉求,为此甚至不惜得罪英国。国民政府的这一政策也获得了社会舆论的支持。《大公报》社评表示:"所谓合作,决不是把自己的命运完全寄托在别人身上,也不是抛弃自己固有的立场,盲目跟着别人跑;明白说,我们在整个反侵略阵线中,是一个重要的单位,负有绝对正义的历史任务;我们要打倒侵略者的'新秩序'——企图宰割亚洲民族的奴隶秩序,同时,也决不能盲目的拥护亚洲过去的所谓旧秩序。否则,我们的奋斗便成为倒退,而决非前进。"②

全面抗战时期,中国各界特别关注印度问题的原因主要有三:其一,印度人口众多,"她立在联合国家阵营方面,当然是反侵略战争的一个有利的条件"③;其二,印度是战时东西方交通中转地,"假使这个地方不平静,对联合国家不能为积极之助,其影响已是很

---

① 孙科:《改造世界的十大原则》,《孙科文集》第3册,台北:台湾商务印书馆1970年版,第944—952页。
② 《把握领导地位》,《大公报(桂林版)》,1942年2月28日,第2版,社评。
③ 《关怀印度问题》,《大公报(重庆版)》,1942年8月7日,第2版,社评。

大,假使由不平静而弄出意外的岔子,那就更不堪设想了"①;其三,饱受殖民侵略之苦的中国对印度人民有切身的同情,"中国过去曾受外力之压迫,故对印度独立之期望,自具同情之至诚"②。

全面抗战爆发后,"因抗战的影响从事西南的开发",中印两国关系日益密切,"在精神方面,大家全要站在同一条的阵线上"。③ 1939年8月,国大党领袖尼赫鲁访华,"尤使中印邦交多添了一层认识","我们对印度的态度,至少已不像以前毫不关切"。④ 尼赫鲁访华期间,多次与蒋介石会谈,一方面表达对中国抗战的支持,另一方面也寻求中国对印度独立的支持。⑤ 1940年10月,蒋介石派遣考试院长戴季陶回访印度。从历史、人口以及国土面积等方面来看,印度是亚洲举足轻重的国家。印度人民在国大党的领导下,长期以来不懈争取独立自由。国民政府同情印度人民的独立诉求。不管从意识形态,还是从国家利益考量,印度如能实现独立,自然是国民政府所乐见的。蒋介石在日记中写道:"中国与印度两国人口合计为九万万之员名,占全世界人口十分之六以上,必使此二国能完全独立与平等,然后世界与人类方得真正之和平,中国革命必以此为目的。"⑥后来,蒋还表示:"中国得到独立解放以后,第

---

① 《关怀印度问题》,《大公报(重庆版)》,1942年8月7日,第2版,社评。
② 《蒋委员长在重庆接见英国驻华大使薛穆讨论关于印度政府拘禁国民大会领袖及和平解决英、印纠纷等问题谈话纪录》(1942年8月12日),秦孝仪主编:《中华民国重要史料初编——对日抗战时期》第3编,战时外交(三),第478页。
③ 《战氛中的印度》,《大公报(重庆版)》,1940年8月17日,第2版,社评。
④ 《战氛中的印度》,《大公报(重庆版)》,1940年8月17日,第2版,社评。
⑤ 《蒋介石日记》(手稿),1939年8月26日、8月28日,斯坦福大学胡佛研究所档案馆藏。
⑥ 《蒋介石日记》(手稿),1941年8月29日,斯坦福大学胡佛研究所档案馆藏。

一要务为协助印度之解放与独立","否则不足谈中国之国民革命矣"。①

太平洋战争后,东南亚地区迅速被日军攻占,而印度则成为中国获取美援物资的重要基地。因此,印度的情势会对中国抗战产生巨大的影响。如果印度因仇视英国而转向日本,那么中国西南国际通道将被完全封锁。1942年2月,蒋介石亲自前往印度,希图调解英印关系,促使双方互相让步,以利于世界反法西斯战争大局。

2月21日,蒋介石决定"不计一切利害"发布《告印度国民书》,"完全协助印度之解放"。② 首先,表示中印关系特殊,"两国不仅利害攸关,实亦命运相同",但是世界和平已被法西斯国家破坏,"因此我两大民族,惟有共同一致积极参加反侵略阵线,并肩作战,以实现真正之和平世界"。在世界格局截然两分的情势下,"凡为国家与人类求自由者,皆必毅然站在反侵略阵线,其间决无中立旁观之可能"。其次,劝告印度积极参与世界反法西斯同盟,"联合中英美苏等各同盟国,携手同登此争取自由世界之战场,以求获得最后之胜利","此时实为全体人类祸福之总关键,决非一国一人之争,亦非某一国与某一国间各别之利害关系"。最后,劝说英国对印度作出让步,给予印度政治实权,"英国将不待人民有任何之要求,而能从速赋予印度国民以政治上之实权,俾能发挥精神与物质无限之伟力"。③ 蒋介石事前就知道发表这种言论可能会激怒英国,但

---

① 《蒋介石日记》(手稿),1941年8月30日,斯坦福大学胡佛研究所档案馆藏。
② 《蒋介石日记》(手稿),1942年2月21日,斯坦福大学胡佛研究所档案馆藏。
③ 蒋介石:《告印度国民书》(1942年2月21日),秦孝仪主编:《"总统"蒋公思想言论总集》第31卷,第289—392页。

是蒋认为从长远来看,主动给予印度独立对英国有利。①

蒋介石期待英国在处理印度问题上能以美国主动给予菲律宾独立之事为榜样。蒋介石表示:"如果英国能够以美国待菲律宾者来待印度,那印度将来对英国不仅可以做今日的菲律宾,效忠美国,共同抵抗倭寇到底;而且我相信他将来必会做今日的美国对英国一样的与之同生死、共存亡;更不愿意完全脱离与英国在政治上的关系,这是必然的趋势。"在蒋介石看来,东方民族在太平洋战争后的世界格局中的地位和责任"格外重大","英、美各盟邦对于东方各民族的问题,必须从新考虑其态度,尽速决定其方略"。②

蒋介石同情印度人民的处境和诉求,同时也对英国顽固坚守殖民主义传统痛心疾首。1942年7月28日,国民党机关报《中央日报》发表《论印度问题》的社论,希望国大党不要发起不合作运动,但是并未同时要求英国也作出让步。③ 这引起了蒋介石对宣传部部长王世杰很大的不满,"此种人只知英国为不可开罪,一意奉承其宣传,而对于我中央最大最重之政策,则不加注意,甚至党国前途被其一言牺牲,亦所不惜。此种根本不知革命为何物,而故弄其小智,以市惠于外人,可痛之至"。④ 蒋认为王世杰中了英国宣传之毒,称:"英国宣传与阴谋并进,其魔力之大实无孔不入,无微不至,王宣传部长中其毒计之深,而犹不自知,诚险恶极矣。"⑤为求补

---

① 《蒋介石日记》(手稿),1942年2月21日,斯坦福大学胡佛研究所档案馆藏。
② 蒋介石:《访问印度的感想与对于太平洋战局的观察》(1942年3月9日),秦孝仪主编:《"总统"蒋公思想言论总集》第19卷,台北:中国国民党中央委员会党史委员会1984年版,第52—61页。
③ 《论印度问题》,《中央日报》,1942年7月27日,第2版,社论。
④ 《蒋介石日记》(手稿),1942年7月28日,斯坦福大学胡佛研究所档案馆藏。
⑤ 《蒋介石日记》(手稿),1942年7月29日,斯坦福大学胡佛研究所档案馆藏。

救,蒋介石要求陈布雷当即起草《再论印度问题》一文,作为7月29日的《中央日报》社论发表。社论主旨是劝说英国政府作出让步,表示:"我们恳切希望英国政府以远大的见解、诚挚的精神,在国民议会下月举行执行委员会以前,对印度有准备商讨坦白的表示,总要使印度国民在复杂而沉闷的情绪下发现新的希望,知道英印问题的合理解决、印度自由的获得,不是空洞渺茫、漫无头绪之事。"①蒋希望该文能澄清误会,"印人见此,或可不致悲愤误会,仍能贯彻我对印度政策,而不致为其阴谋所被坏"。②

为了防止《中央日报》的社论影响中印关系,蒋介石还专门致电中国驻印专员沈士华,询问有关情况。7月29日,蒋介石致电沈士华表示:"我中央日报廿七、廿九两日社论,印度各派报纸有否全部全文转载,其舆论与印民对此之心理与感想如何,希随时用最快方法逐日电告。"③7月31日,沈士华回电称印度各报反响颇佳。这才给蒋介石一个定心丸。④ 由此可见,蒋介石对中印关系的重视,"重开中印之新局面,奠定亚洲民族亲善合作之基业"⑤。

国民政府希望能够争取美国支持中方在印度问题上的立场,但是罗斯福为了维护与英国的合作关系,不愿介入英印纠纷,并劝说蒋介石也不介入。1942年8月13日,罗斯福明确对宋子文表示:"英国为同盟好友,印度之事,中、美若被邀请出面斡旋,自当尽

---

① 《再论印度问题》,《中央日报》,1942年7月29日,第2版,社论。
② 《蒋介石日记》(手稿),1942年7月28日,斯坦福大学胡佛研究所档案馆藏。
③ 《蒋中正电询沈士华印度各报有否转载中央日报社论及印民之心理感想》(1942年7月29日),台北:"国史馆"藏,蒋中正"总统"文物档案,002-010300-00049-058。
④ 《沈士华电陈布雷中央日报社论在各报刊登反响佳》(1942年7月31日),台北:"国史馆"藏,蒋中正"总统"文物档案,002-090105-00005-092。
⑤ 《蒋介石日记》(手稿),1942年2月28日,上星期反省录,斯坦福大学胡佛研究所档案馆藏。

其友谊上之责任,否则似有未便,故余意此时以缄默为是。"①在这种情势下,国民政府自然站到了英国的对立面。同日,丘吉尔致电罗斯福称:"蒋介石在我们之间制造难题,并干涉那些他本人不甚了解且影响我们主权的事情,这是很不妥当的。"②8月26日,丘吉尔致电蒋介石称:"盟国之间最好遵守不干涉内部事务的原则",就如同英国不介入国共纷争一样,中国最好不要介入印度事务。丘吉尔表示:"如果阁下与国大党或那些致力于削弱印度政府作战能力和破坏这个重要地区的内部和平和秩序的人进行政治联系的话,我将十分遗憾。"③国民政府为了在印度问题上坚持立场而承受了英国巨大的压力。

三、呼吁创建强有力的国际组织

从九一八事变以来的切身经历中,国民政府深刻体认到国联的虚弱无力,根本无法严格按照盟约来维护世界和平。当然与国家的历史相比,国际组织的历史要短得多,"世界各国政府,都是有深长之历史,多者数千年,少者亦一百数十年,而国联则自呱呱坠地到今年,只有十二岁"④。要想让以民族国家为主体的国际社会短时期内接受一个高于国家的新权威,基本不现实。"在国联成立以前,无论在理论和实践上,大家都认为每个国家都是判断自身行

---

① 《宋子文致蒋介石报告罗斯福关于印度问题谈话电》,吴景平、郭岱君主编:《宋子文驻美时期电报选(1940—1943)》(1942年8月13日),第178页。
② 《丘吉尔致罗斯福》,王建朗主编:《中华民国时期外交文献汇编》第8卷,上册,北京:中华书局2015年版,第182页。
③ 《英国外交部致英国驻华使馆》,王建朗主编:《中华民国时期外交文献汇编》第8卷,上册,第190页。
④ 《伍朝枢谈国联》,《申报》,1931年11月19日,第4张第13—14版。

动的唯一和最高的裁判,因为国家再不服从任何更高的权力,对于其他国家的批评甚或质问都有权表示愤慨。"①国联的失败并不代表人类社会不需要国际组织,毕竟国联只是"人们为组织一个世界性的政治和社会秩序而采取的第一个有效步骤"。② 人类不能因噎废食,因为"第一个有效步骤"失败就裹足不前,而要吸取教训,继续前进,毕竟国际组织的存在有其相当大的必要性。著名学者钱端升表示:"威尔逊总统等创设国联时所根据的情势大体上至今未变,而他们期望国联所能获成的目的也是战后我们急须获成的目的。"③站在国民政府的立场,当然期待建立强有力的国际组织,以有效维护国际秩序,因为集体安全制度的实施有助于保障中国的国家权益。

在国际社会未提出另创新的国际组织之前,国民政府力主对国联体系进行结构性改造,以适应国际现实的需要。悟已往之不谏,知来者之可追。首先必须明了国联的缺陷,才能有的放矢,提出针对性的改造方案。1931年11月19日,外交耆宿伍朝枢在接受记者访谈时就指出国联结构性的缺陷,称:其一,国联经费全靠会员国供给,"本身无一个兵,甚且无一个钱","各国不独不听国联之命令,国联还要仰各国之鼻息";其二,国联被少数强国操纵,"国联虽有大会,有行政院,但背后尚有一个秘书厅,暗中有操纵左右之权,而秘书厅之势力,则在二三强国之手"。因为这两个缺陷,从而导致出现这样的局面:"如两个弱国有纠纷,诉诸国联,国联或可

---

① [英]华尔脱斯著,汉敖、宁京译:《国际联盟史》上,北京:商务印书馆1964年版,第5页。
② [英]华尔脱斯:《国际联盟史》上,第4页。
③ 钱端升:《战后世界之改造》,陈夏红主编:《钱端升全集》第10卷,北京:中国政法大学出版社2017年版,第273页。

主持公道；两个强国有纠纷，则国联已觉左右为人难，但或尚可主持公道；一强一弱有纠纷，则难望其主持公道矣。"①1933年1月7日，时为西南五省外交专员的甘介侯指出国联有三大缺点：第一，"国联并非一组织单纯意旨之团体，乃系一性质迥异之集合团体，是以其行动与主张，颇难以事理为标准，而各以本国之政策及利害为出发点"；第二，"国联会章，本由调剂各国之利害所凑合而成，故其处理事件之程序，复杂特甚，既不彻底，又复迟缓"；第三，"国联缺乏实力，以制裁会员国，实行其决议"。②

虽然国联存在上述缺陷，但是国民政府并不主张将其完全舍弃，甚至始终将国联路线作为外交政策的重要选项。因为国联即便无力对侵略者做出制裁，但还是可以在国际政治中发挥不可替代的作用。在伍朝枢看来，国联是三大不可取代的作用。第一，从宣传的角度来看，国联是"世界之最大播音台"。因为国联是国际瞩目的机关，世界重要媒体云集于此，"有不平之事，在国联申诉，全球都听见，可以对于世界舆论下动员令"。第二，从外交活动的角度来看，国联是"最好之谈话室"。因为在国联重要会议召开时，"世界各国大政治家、大外交家，纷纷到此，各国代表，可以朝夕过从，互相接洽，小可以订私交，大可以解决国际悬案"。第三，从国际合作的角度来看，国联是"世界之连锁"。因为国联可以为解决各国共同关注的现实问题，如毒品防制、公共卫生、科学、保护妇女儿童等，提供最好的协商平台。③

正因为国联可以发挥上述功用，所以国民政府支持对国联进

---

① 《伍朝枢谈国联》，《申报》，1931年11月19日，第4张第13—14版。
② 《各界对于榆变意见》，《申报》，1933年1月7日，第4张第14版。
③ 《伍朝枢谈国联》，《申报》，1931年11月19日，第4张第13—14版。

行合理改造,以便其可以更好地发挥作用。虽然国联改造论是意大利法西斯首脑墨索里尼首先提出的,但是立刻在中国获得巨大反响。墨索里尼的主张主要有以下三点:第一,"减少小国的发言权","凡仅与小国有一部分关系之诸问题,应限制小国的投票权";第二,"工作程序简单化",以避免无限的讨论及层出不穷的委员会;第三,"国联与《凡尔赛和约》分离","国联不应拥护《凡尔赛和约》及其他同样条约"。对于墨索里尼的三点主张,国际法学者周鲠生做出了针锋相对的回应:第一,主张国联民主化,"限制小国的发言权,将见国联化为少数大国的寡头政治,形成压制小国的一种神圣同盟;这决不是国联组织的本旨";第二,主张国联程序化,"决不可因噎废食的否认一切委员会长期工作的必要与价值";第三,主张国联法治化,"国联要实现尊重条约义务的规条,则势亦不能特别将《凡尔赛和约》除外,而不予维持"。周鲠生自己则提出了另外两点改造意见:其一,修改盟约第十九条,增加盟约修改的弹性,以避免产生僵化;其二,将全体一致原则改为多数同意原则,以便国联能够有效行使职权。①

随着意大利侵略埃塞俄比亚、德国实行普遍义务兵役制并进军莱茵非军事区,凡尔赛体系面临更大的冲击,而国联改造的声音更加高涨,甚至长期以来力主维持现状的英国都赞成此议。综合国内外的各种意见,改造国联的方案主要有以下五种。《大公报》总结如下:

(一)改强的方案。例如主张设立国际空军,使其隶属于国联,以便实行武力制裁;主张设立常设国际警察,使其当实际的纷争之调查、警备及缓冲之任;主张改国联大会或行政院

---

① 周鲠生:《国联改组问题之另一观察》,《外交评论》第3卷第3期,第11—15页。

会议所用各种全体同意制的议事方法为多数决制；主张加强盟约第十六条之制裁规定等等是。(二)改弱的方案。例如主张废止第十六条之制裁规定及主张废止与凡尔赛和约有关之条文,使国联超出于凡尔赛体制之上,以便欧战战败国不致因欲解除和约上种种限制束缚而牵连国联之存在等等是。(三)改小范围的方案。例如主张按照事实,改一般的国联为欧洲的国联,以便减小纠纷而增加实际作用；主张于欧洲国联之外,添设美洲国联及亚洲国联；主张先须成立各种区域的国联如亚洲国联及美洲国联之类,然后方能集合各区域的国联而为全世界的国联等等是。(四)扩大范围的方案。例如一方面认定国联为有阻止国际战争与和平不断反复之有力工具,一方面主张须先使现在国联改变为包含全世界各国在内之国联,使其决议能被一切国家接受并能适用于一切国家,然后始能真正发挥国联作用之类是。(五)区域的国联与一般的国联并存方案。例如主张一面维持并努力扩大现有之国联,一面在国联机构之内,根据集体安全之精神,进行小区域的联合如互助协定及安全公约,以补国联实力之不足之类。[1]

国民政府自然支持国联"改强的方案",因为这就意味着国联可以强力遏制日本的对华侵略行径,而中国的领土主权也可以获得更好的保障。

国联的创立象征着国际政治由无政府状态走向法治化,符合历史发展的潮流。只是由于成员国缺乏拥护盟约的诚意和支持制裁的热忱,尤其是英法两国利用国联机制把持国联的运作,却又不

---

[1] 《国际联盟改造问题》,《大公报(天津版)》,1936年6月4日,第2版,社评。

作为,最终导致国联"萎靡不振"。① 最终国联作为一个国际组织不可避免地走进了历史,但是其精神却保留在了后来的联合国当中。学者表示:"联合国在目的和原则方面、在制度和方法方面,处处都有国联经验的特征。"②世界反法西斯同盟舍弃国联,而另创联合国,或许与美苏两大国的态度有关。毕竟美国从未参加过国联,而苏联更是被国联开除会籍,因此美苏两大国自然对此前由英法所控制的国联毫无眷恋,从而决定另起炉灶。而美苏当时已然取代英法成为国际关系新的主导者,它们的决心一定,其他国家也只好接受。

那么,国联失败的原因究竟在哪里？王世杰简明扼要地指出了三点:其一,"若干大国未参加";其二,"各项问题之解决皆拘守全体一致同意原则";其三,"各国对军缩缺乏诚意"。③ 王宠惠则具体指出导致国联失败的四点原因。第一,将性质不同的和约与盟约牵连在一起。"国联盟约俱载在凡尔赛和约以及其他和约之中,因此当时有些国家对于集体安全制度本无信心与诚意,只因签订和约,故当然加入国联。"第二,《国联盟约》本身存在巨大的缺陷:(1)"并非绝对禁止战争";(2)"决议需要全体一致之通过";(3)"无侵略之定义";(4)"执行制裁之自由"。第三,"国联本身之不健全","美国之未曾加入国联,即因此失了国际的重要力量,而苏联与德意志诸国之未能立即参加,亦减弱国联之地位与力量"。第四,"世界各国人民对于集体安全信仰心之缺乏"。④

---

① 星:《国际联盟应有之自决》,《申报》,1935年9月18日,第2张第5版,时评。
② [英]华尔脱斯:《国际联盟史》下,第404页。
③ 《"重建世界和平" 王部长昨发表演说》,《大公报(重庆版)》,1942年1月10日,第3版。
④ 王宠惠:《战后世界之集体安全》,《大公报(重庆版)》,1942年11月7日,第3版。

"战后的一切,无疑的将为新时代的开始。"①为了避免重蹈国联的覆辙,建立"一个强有力的国际组织",王宠惠提出了十项原则:

㈠和约与集体安全公约应完全分开,并应由两个会议分别订定。㈡种族平等,应为公认之原则。㈢全体一致通过之规定必须放弃,亦即各国之主权应受相当限制。㈣国际间一切武力之使用,皆在禁止之列,皆属非法,实行自卫则为仅有之例外,但实行时,应即报告常设之制裁机关,得其承认。㈤凡国际争议不论任何性质,因何发端,应用和平方法解决。㈥侵略之定义应规定得明白详细。㈦国际警察应当设置。㈧各国军备以足供自卫之程度为标准,逾此则应逐渐裁减,由一经常机关主持。凡违犯军缩公约者,应按其违法程度,分别加以各项制裁。㈨道义军缩应设法推行。㈩经济合作,应为国际全体及区域组织之主要任务,由经常机关主持其事。②

王宠惠时任国防最高委员会秘书长,位居国民政府决策的中枢。因此,他的十点主张后来基本转变成为国民政府的外交政策,进而向国际社会提出,为创建联合国提供了重要参考,并且确有部分被采纳,成为国际准则。"建立战后的世界组织,不难在方案的制定,而难在参与国家的是否具备彻底的革命精神,是否有扬弃过去弊害的勇气。换句话说,是否彻上彻下,有建立国际制度的真正诚意。"③后来建立的联合国,面临霸权主义和强权政治的威胁,在维护世界和平问题上同样也力不从心。

---

① 《论英美联合宣言》,《大公报(香港版)》,1941年8月16日,第2版,社评。
② 王宠惠:《战后世界之集体安全》,《大公报(重庆版)》,1942年11月8日,第3版。
③ 《组织战后和平难点何在?》,《大公报(桂林版)》,1943年4月5日,第2版,社评。

第三节　实际参与构建国际新体系

世界反法西斯同盟建立后,盟国在联合对法西斯轴心国集团作战的同时,也开始着手构建新的国际体系。中国作为世界反法西斯同盟的重要成员自然参与其中。国际新体系的构建是由一系列国际会议所推动的,国民政府只是参与了其中的部分会议。国民政府在实际参与的会议中作为如何? 在缺席的会议中,中国又遭受了什么损失? 本节将围绕这些问题展开论述,以期更加深入地理解中国战时国际地位提高的实质。

一、参加开罗会议

在世界反法西斯同盟内部,中美英苏是影响力最大的四大国。苏联并未对日宣战,故不便出席中美英商讨远东及太平洋问题的会议。在这种情势下,四国首脑便相继召开了两次国际会议,其一为开罗会议,另一为德黑兰会议。为了向中方解释会议安排,美国总统罗斯福还特别派遣前陆军部长赫尔利作为特使来华访问,以免蒋介石产生误会。蒋介石判断美国的态度是由中英据理力争,"不稍迁让","而彼则立于第三者地位,从中调解"。①

国防最高委员会秘书长王宠惠在给蒋介石的报告中表示:"今日太平洋方面,一般舆论所要求者不外三点:第一,摧毁暴日;第二,民族自决;第三,种族平等。"②

---

① 《蒋介石日记》(手稿),1943 年 11 月 12 日,斯坦福大学胡佛研究所档案馆藏。
② 《国防最高委员会秘书长王宠惠呈蒋委员长报告大西洋宪章之缺点及拟具补充大西洋宪章联合宣言文稿》,叶惠芬编:《中华民国与联合国史料汇编——筹设篇》,第 6 页。

第五章　全面抗战后期国民政府参与构建国际新体系　　449

中国作为东方国家的代表,自然要尽量满足舆论的要求。对国民政府来说,参加开罗会议所希望解决的主要有三个问题。第一,协调对日作战,中国作为抗击日军的主要力量,理应参加在华盛顿的英美联合参谋团。[1] 第二,决定战后对日处置[2],争取在战后对日索赔中,占据最大份额,"日本在华所有之公私产业,应完全由中国政府接收","战争停止后,日本残存之军械、军舰、商船与飞机,应以大部分移交中国"。[3] 第三,协商战后国际秩序,支持朝鲜、泰国独立[4],以及尽快成立国际联合机构[5]。

蒋介石以及中国政府都是首次参加国际首脑会晤,确实欠缺相关经验。蒋介石决定"本无所求无所予之精神","与之开诚交换军事政治经济之各种意见,勿存一毫得失之见"。[6] 蒋还表示:"余此去与罗、邱会谈,应以淡泊自得、无求于人为惟一方针,总使不辱其身也。对日处置提案与赔偿损失等事,当待英美先提,切勿由我主动自提,此不仅使英美无所顾忌,而且使之畏敬,以我乃毫无私心于世界大战也。"[7]蒋介石决定与丘吉尔只谈"与中美英有共同关系之问题","如美国从中谈及港九问题、西藏问题、南洋华侨待遇问题等,则照既定原则应之,但不与之争执,如其不能同意,暂作悬案"。[8] 由此可见蒋态度之消极,欠缺积极主动为国家争取合法利

---

[1]《蒋介石日记》(手稿),1943年11月2日,斯坦福大学胡佛研究所档案馆藏。
[2] 参见彭敦文《抗战胜利前后国民政府对日处置的基本思考述论》,《民国档案》2016年第1期。
[3]《蒋介石日记》(手稿),1943年11月14日,斯坦福大学胡佛研究所档案馆藏。
[4]《蒋介石日记》(手稿),1943年11月14日,斯坦福大学胡佛研究所档案馆藏。
[5]《蒋介石日记》(手稿),1943年11月12日,斯坦福大学胡佛研究所档案馆藏。
[6]《蒋介石日记》(手稿),1943年11月13日,斯坦福大学胡佛研究所档案馆藏。
[7]《蒋介石日记》(手稿),1943年11月17日,斯坦福大学胡佛研究所档案馆藏。
[8]《蒋介石日记》(手稿),1943年11月15日,斯坦福大学胡佛研究所档案馆藏。

益的思想准备。蒋介石以中国传统文化精神来处理现代国际关系是不合时宜的,毕竟西方社会提倡为本国在国际场合争取利益的行为。

国民政府最关心的当然还是对日处置问题。11月16日,王宠惠向蒋介石提出对日处置方案,从军事、政治、经济等方面着手:

> 关于军事者 一、日本一切军舰与商船、飞机、军器以及作战物资,应即听候联合国处置,其中一部分应交与中国;二、日本应自其在九一八所占领之中国及其他联合国之地区撤退其全部陆海空军部队,在未撤退以前,日本应负责保存其占领地区内一切公私财产(包括交通运输制度在内),并不得加以毁坏;三、联合国指定日本若干地点派兵驻扎,以保证本文件及合约各条款之切实施行;四、日本应完全解除武装。
>
> 关于政治者 一、日本应依照联合国指定之名单,将其战事犯及各地伪组织官吏交付联合国,听候审判;二、日本应将旅顺、大连、南满铁路与中东铁路、台湾及澎湖列岛、琉球群岛等领土归还中国;三、承认朝鲜独立;四、日本应解散其国内一切从事侵略之团体,并取缔一切侵略主义之思想与教育。
>
> 关于经济及其他者 一、日本应将其文武人员或私人所运走之一切金银货钞、有价证券、重要书籍公文及其他有历史性之物品,分别归还联合国;二、日本应赔偿中国自九一八起一切公私损失;三、联合国应设一监督委员会,以保证日本如实履行本文件所列各条款。①

---

① 《王宠惠呈于开罗会议我方应提出问题》(1943年11月16日),台北:"国史馆"藏,蒋中正"总统"文物档案,002-080106-00016-002。

方案的目的是制裁日本的侵略行为以及防止日本战后再起。此外,蒋介石后来放弃了方案中将琉球归还中国的主张。蒋认为琉球与台湾在中国历史上的地位不同,琉球是一个王国,"其地位与朝鲜相等",因此决定不提上述主张。① 而在与罗斯福会谈时,蒋介石主动提议由国际机构委托中美两国共管琉球,一则"安美国之心",二则"琉球在甲午以前已属日本",三则"此区由美国共管,比归我专有为妥"。② 方案中提到的"联合国",是指签署了联合国家宣言的国家,而非后来的国际组织。

自11月21日抵达开罗,到11月27日离开,蒋介石率领中国代表团,与英美两国进行了为期一周的磋商。③ 11月24日,中国代表团向会议提交了关于远东问题的节略,内分四个方面:

甲、远东委员会问题　中、英、美三国应成立远东委员会,以考虑一切因远东方面战事进展而发生之诸种政治问题,此委员会欢迎苏联随时参加。

乙、统一作战指挥问题　为统一联合国在远东方面共同作战之战略及指挥,应将现时设于华盛顿之英美联合参谋会议,扩充为中、英、美联合参谋会议,或成立中美联合参谋会议,以指挥远东之中美军队。

丙、日本领土暨联合国领土被占领或克服时之临时管理问题:(一)敌人土地被占领时,由占领军队暂负军事及行政责任,但占领军队如非中、英、美三国联合军队,凡关于该地区之

---

① 《蒋介石日记》(手稿),1943年11月15日,斯坦福大学胡佛研究所档案馆藏。
② 《蒋介石日记》(手稿),1943年11月23日,斯坦福大学胡佛研究所档案馆藏。
③ 《商震林蔚等随节参加开罗会议日记》(1943年11月21日),台北:"国史馆"藏,蒋中正"总统"文物档案,002-080106-00022-001。

政治问题,应组织联合机构,而此三国中无军队参加之国,亦均派员参加管制;(二)中、英、美领土被收复时,由占领军队暂负军事责任,该地之行政由该地原主权国负责,彼此相关事项由占领军与行政机构协商行之;(三)其他联合国领土被收复时,由占领军暂负军事责任,由该地原主权国负行政之责,但仍受占领军事机关之节制。

丁、日本溃败时对日处置问题:(一)由中、英、美三国议定一战后处置日本之基本原则,类似莫斯科会议所确定对意大利之政策;(二)由中、英、美三国议定一惩处日本战争祸首暨战事发生后日本暴行负责人员之办法,同于莫斯科会议对纳粹暴行负责人员之惩处办法;(三)由中、英、美三国约定承认朝鲜于战后得重建自由独立,并欢迎苏联随时参加此项之约定;(四)日本自九一八事变后自中国侵占之领土东北(包括旅大租界地)及台湾、澎湖应归还中国;(五)关于太平洋方面其他领土之处置问题,应由三国议定若干原则并设立一专门委员会,考虑具体解决方案,或交由拟设之远东委员会拟具具体办法;(六)日本在华之公私产业,应完全由中国政府接收,以补充中国政府及私人所受损失之一部,战争停止后,日本残存之军械、商船及飞机应交由中、英、美联合参谋会议或远东委员会处置之。[①]

这个节略比较全面地反映了国民政府在对日处置问题上的基本立场和政策主张。与王宠惠11月16日所提方案相较,这个节略所呈现的内容更加全面、具体。有些部分直接反应到了开罗

[①] 政治大学人文中心主编:《民国三十二年之蒋介石先生》(下),台北:政治大学人文中心2016年版,第476—478页。

宣言当中,另一部分则为今后联合国的对日处置提供了重要参考。

12月1日,中美英三国联合发表宣言,主要内容如下:第一,表达对日作战到底的决心,"以不松弛之压力,从海陆空各方面加诸残暴之敌人";第二,宣示正义的作战目的,不寻求自身的领土扩张,而只求"制止及惩罚日本之侵略";第三,公布战后对日本领土的安排。其中,对于日本领土决定:其一,"剥夺日本自从1914年第一次世界大战开始后在太平洋上所夺得的或占领之一切岛屿";其二,"使日本所窃取于中国之领土,例如满洲、台湾、澎湖群岛等,归还中华民国";其三,其他日本"以武力或贪欲所攫取之土地",亦务将其驱逐;第四,决定在战后适当时间,"使朝鲜自由与独立"。①

对中国来讲,宣言最大的意义是战后收复失土获得了国际保证,"开罗公报东三省与台湾归还中国,加之战后朝鲜独立之声明以后,我国次殖民地之地位与百年来所受之国耻与污辱已一笔勾销,扫除尽净"②。蒋介石将宣言视为"胜利重要之保障"及"国家百年来外交上最大之成功"。③ 在宣言起草过程中,中英两国发生了巨大的分歧,"三国代表提出讨论时,以英国贾德干辩难最多,尤以对于朝鲜独立问题,坚主不提,而其对东北问题,亦只言日本应放弃满洲为度,而不明言归还中国",后经中国代表王宠惠的争取,以及美国代表的支持,基本上按照中国的意愿,决定宣言的措辞。④

---

① 《中美英三国开罗宣言》(1943年12月1日),世界知识出版社编:《国际条约集(1934—1944)》,北京:世界知识出版社1961年版,第407页。
② 《蒋介石日记》(手稿),1943年12月31日,本年反省录,斯坦福大学胡佛研究所档案馆藏。
③ 《蒋介石日记》(手稿),1943年12月31日,本月反省录,斯坦福大学胡佛研究所档案馆藏。
④ 《蒋介石日记》(手稿),1943年12月23日,杂录,斯坦福大学胡佛研究所档案馆藏。

蒋介石对国民政府在开罗会议取得的成果相当满意,甚至认为超出预期,"东三省与台湾、澎湖岛为已经失去五十年或十二年以上之领土,而能获得美英共同声明,归还我国,而且承认朝鲜于战后独立自由。此何等大事,何等提案,何等希望,而今竟能发表于三国共同声明之中,实为中外古今所未曾有之外交成功也"。蒋认为此次会议解决了中国在战后和平会议中"最艰难之问题",并为战后东亚秩序奠定了"最重大之基础"。①

开罗会议对中国战后收复固有领土的保证确实对中国各界产生了很大的鼓舞。近代以来,中国东北处在日俄两大强权之间,多次引发国际纷争,乃至战争。因此,开罗会议前国际上不时有人主张由国际共管中国东北,以免未来引发新一轮的冲突,这不能不引起国人的忧虑。宣言公布后,东北籍宿耆莫德惠对来访的中央社记者表示:"三大领袖决定迫使日本以东北四省及台湾澎湖等地归还我国一事,余以为一方面固属国际间正义与公理伸张之表现,但同时亦为我国七年来坚决抗战正确国策应获得之结果","此项声明发表后,弥感兴奋。过去昧于东北问题之少数国际人士,此后亦必能将其疑虑一扫而空"。② 1944 年元旦,蒋介石在《告全国军民同胞书》中表示:在甲午战争五十年后,开罗会议对日本的侵略扩张进行了总清算,"英美两国和我们中国一致同意要剥夺日本第一次大战后所夺得或占领的太平洋上一切岛屿,要将日寇逐出于其以武力贪欲所攫取的土地,要归还东北四省和台湾澎湖等岛与我们中华民国,要使朝鲜自由独立",而中国抗战的目的"这一回是得

---

① 《蒋介石日记》(手稿),1943 年 11 月 28 日,上星期反省录,斯坦福大学胡佛研究所档案馆藏。
② 《莫德惠吁请东北人士努力》,《大公报(桂林版)》,1943 年 12 月 4 日,第 2 版。

到了一个坚强的保证"。①

自开罗宣言提出将台湾及其澎湖列岛归还中国后,在内地的台籍人士立刻行动起来,向国民政府提议设立台湾省政府,以统筹处理对台接收问题。毕竟台湾自甲午战争后被日本占据长达近五十年,而今将其重归中国版图,会面临复杂的问题。后来,国民政府虽然未设立台湾省政府,但是在中央设计局下设立了台湾调查委员会,并在中央训练团训练台湾党政干部。经过中央党部、组织部等部门会商,制定了《台湾党政干部训练办法》,有意识地培养台籍精英,以供战后接收之用。②

蒋介石出席开罗会议及《开罗宣言》的公布,极大地提高了蒋本人以及国民政府在国内的声望。中国由在巴黎和会上被列强宰割的国家,变成了最起码表面上能与英美等世界强权平起平坐的大国,甚至获得参与决定战后重大事务的机会,"以我们的外交,影响世界百年的动态,还是史无前例的盛举"③。其间角色的转换,简直不可以道里计。王子壮表示:"吾国领袖得与世界列强共集一室,讨论世界大事,在我国数千年之史乘上不得不谓之空前,国际地位之增高,自无待言。是因领袖之决策正确,领导得宜,益以六年余军民之热血牺牲,乃获有此果。"④

虽然中国从开罗会议中获益颇多,但是也有可批评之处。王

---

① 蒋介石:《中华民国三十三年元旦告全国军民同胞书》(1944年1月1日),秦孝仪主编:《"总统"蒋公思想言论总集》第32卷,第47—53页。
② 《东北与台湾党政干部训练办法及有关文书》,中国第二历史档案馆藏,中央设计局档案,171/2596。
③ 《三国会议的收获》,《大公报(桂林版)》,1943年12月3日,第2版,社评。
④ "中央研究院"近代史研究所编印:《王子壮日记》第8册,1943年11月30日,本月反省录,台北:"中央研究院"近代史研究所2001年版,第465页。

子壮认为国民政府出席开罗会议的幕僚人员非第一流人才,故未能充分利用良机以争取国家利益,甚至还"贻笑国际"。他在日记中写道:"开罗会议,各国均属第一流人才,而宋子文身为外长,不仅不能参加,且竟不能与闻,随行者除王宠惠外,余如董显光、黄仁霖之流均为蒋夫人所亲信,毫无国际知识,军事只商震、杨宣诚,亦非一流专家,贻笑国际,不得不谓我国一大损失也。"①

此外,就在蒋介石因开罗会议的成果而志得意满时,看不见的危机也在逼近。毛泽东指出:"开罗会议打击了日本诱降(但未最后放弃),堵塞了蒋介石寻求妥协之门,给与澎湖、台湾、满洲支票,可能招致日寇正面进攻之祸。"②果不其然,开罗会议后不久,日军在中国战场集结了最大规模的兵力,发动了"一号作战",沿着平汉路、粤汉路以及湘桂路对国民党军队展开进攻,最后甚至直逼陪都重庆。这一场大溃退严重打击国民政府的威信,甚至可以说是国民政府统治的重要转折点。正所谓福祸相依,蒋介石后来在检讨中表示:"开罗会议成功之后,即伏去年一年间内外夹击奇耻大辱之祸因。"其中最重要的一点是错误信任史迪威,以为史迪威是"协助中国之有力者",故决定由其代表中国参与盟国军事会议,"因余未到会,引起美方将领之失望,认余为骄矜"。③ 蒋介石将责任完全推给史迪威是不切实情的,也无助于改善国民政府的处境。

---

① "中央研究院"近代史研究所编印:《王子壮日记》第9册,1944年1月8日,第14页。
② 《毛泽东、彭德怀关于目前国际形势及对中国时局的影响给邓小平的电报》(1943年12月16日),中共中央文献研究室、中央档案馆编:《建党以来重要文献选编(一九二一——一九四九)》第20册,北京:中央文献出版社2011年版,第673页。
③ 《蒋介石日记》(手稿),1945年5月4日,杂录,斯坦福大学胡佛研究所档案馆藏。

二、参与创建联合国

1943年10月,中美英苏四国发表《关于普遍安全的宣言》,其中提出:"有必要在尽速可行的日期,根据一切爱好和平国家主权平等的原则,建立一个普遍性的国际组织,所有这些国家无论大小,均得加入为会员国,以维持国际和平与安全。"[1]此后,国民政府就积极筹划,并参与其中。国民政府先后形成多个方案,但是基本原则是一致的。那就是战后的国际组织必须是强有力的,能够对侵略者真正做出经济及军事制裁的;不能完全由强国主导,而必须重视弱小国家的意见。这当然与中国自身的惨痛经验是分不开的。国民政府的方案及建议透过国际会议向英美苏等国做了表达,其中确有部分内容被接受,进而成为《联合国宪章》的重要组成部分。

1944年8月至10月,中美英苏四大国在美国顿巴敦橡树园召开会议,并于10月9日通过国际组织建议案,决定创建联合国。[2]联合国的宗旨主要有四项:第一,"维持国际和平与安全,采取有效及集体步骤,以防止并消除对于和平之威胁,并制止侵略行动或其他破坏行动,并以和平方法解决足以破坏和平之国际争端";第二,"发展国际友谊关系,并采取其他适当步骤,以加强普遍和平";第三,"在国际、经济、社会、人道等问题方面,求国际之合作";第四,"在一定期间内,应以本组织为中心,协调各国行动以达成上述的

---

[1] 《中苏英美四国关于普遍安全的宣言》(1943年10月30日),世界知识出版社编:《国际条约集(1934—1944)》,北京:世界知识出版社1961年版,第403页。

[2] 关于中国代表参与顿巴敦橡树园会议的具体情形,参见宗成康《论中国与联合国的创建》,《民国档案》1995年第4期。

目的"。① 中国在顿巴敦橡树园会议上想方设法缓和苏联与英美的矛盾。

要想使联合国成为现实,就必须召开全体成员国会议,而雅尔塔会议决定召开旧金山会议。有别于一战后召开的巴黎和会,旧金山会议是大战尚未结束,就以中美英苏四大国名义邀请反法西斯同盟各国参与创建世界和平机构的国际会议。而与过去"以欧洲为重心"的国联相比,"这次的和平机构,有中美英苏四大国积极参加,已形成一个以全世界为单位的广大组织"。② 蒋介石认为旧金山会议如期召开,"实世界一佳兆,亦为中国之一成就"。③

旧金山会议中国代表团的组成历经了一番周折。会议召开前,在世界法西斯战争胜利在望之时,国民政府却遭遇了豫湘桂大溃败,丧师失地,进而导致其在国内外的威信降到了低点。《大公报》社评表示:"到处胜利纷纷,而我们独败;世界反侵略战大大好转,而我们反濒临危机。这事实,太现实了;这经验,太可贵了。"④ 包括中共在内的其他政治势力纷纷质疑国民政府的代表性,倡议改组国民党一党训政的政府为联合政府,因此反对由国民政府单方面决定代表团的组成。1945年3月7日,周恩来致函王世杰主张出席旧金山会议的中国代表团必须由中国国民党、中国共产党、中国民主同盟等三方面的代表组成,"绝不应单独由国民党政府人员代表出席",因为中国现状不统一,由国民党一党包办,"不但不

---

① 《顿巴敦橡树世界和平结构组织会议公布中美英苏筹设国际组织建议案》,叶惠芬编:《中华民国与联合国史料汇编——筹设篇》,第277页。
② 《和平机构的症结与剖视》,《大公报(重庆版)》,1944年10月12日,第2版,社评。
③ 《蒋介石日记》(手稿),1945年4月30日,本月反省录,斯坦福大学胡佛研究所档案馆藏。
④ 《今年应为新生之年!》,《大公报(重庆版)》,1945年1月1日,第2版,社评。

公平,不合理,而且表示了分裂的立场"。① 起初,蒋介石还很坚持所谓的法统,表示:"此次国际会议乃为各国政府会议,而非各国之党派会议。如果中共参加此会议,则各国自置其于何地,如我政府不予参加,则此会其能有效乎。"②但是在国内外压力下,尤其是美国总统的来电,促使蒋介石作出让步。罗斯福在给蒋介石的电文中表示:"如阁下之代表团容纳共产党或其他政治结合或政党在内,余预料不致有任何不利情形,实则此种办法有显著之利益。若能容纳此类代表,在会议中必能产生良好印象,而阁下对于统一中国之努力,势将因阁下此种民治主义之表示,而获得实际援助。"③最终国民政府除选派外交官员外,还特别指定具有国民参政员身份的各党派人士参与,才算化解了僵局。

在旧金山会议召开前,国民政府就已经形成了对战后问题的一整套理念及政策。1944年11月,为了因应太平洋国际学会的召开,国民政府起草了对中国代表团的指示案。其中提出国民政府对战后问题所持的四项原则:第一,以大西洋宪章为基础,支持自由与进步思想,反对完全恢复战前殖民原状;第二,战后和平机构应当着眼于现实,"并应着重于采取有效方法,使世界机构能于国际社会间执行法律维持秩序";第三,中国欢迎合理的外国投资,"惟此种投资不应以榨取中国人为目的,应以与中国合作为基础,而谋实业之发展";第四,中国不求充当亚洲的领导者,"更无意统

---

① 《周恩来关于出席旧金山会议代表等问题致王世杰信》(1945年3月7日),中央统战部、中央档案馆编:《中共中央抗日民族统一战线文件选编》中,北京:档案出版社1986年,第798—799页。
② 《蒋介石日记》(手稿),1945年2月20日,斯坦福大学胡佛研究所档案馆藏。
③ 《罗斯福电蒋中正中国参加旧金山会议代表团可容共党及其他政党人士》(1945年3月15日),台北:"国史馆"藏,蒋中正"总统"文物档案,002-020300-00047-085。

治亚洲","中国认为其国力增强与国际地位之提高,只使之与其他联合国家合作以图实现全世界和平安全自由正义与繁荣诸共同理想之责任加重"。在战后对日处置中,指示案主要提出了六点主张:

> 一、战后日本解除武装必须彻底办理,并且联合国对其将来再兴军备,尤须定出有效的办法,切实执行。二、为防止日本再兴军备,亦须管制其重工业及军用原料之进口。三、为执行和约及防制日本再兴军备,战后相当期间必须驻军日本本土,此当为联合国之共同责任,中国自当参加。四、关于日本帝国属地及占领地之处置,依照开罗会议之宣言。五、关于日本国体及其他纯粹内政问题,当然依照蒋委员长在开罗对美总统之谈话,即联合国对于此种问题,在原则上可采不干涉政策,听由日本人自决。六、日本侵略行动所予中国一切公私产业之损害,应以日本在华之一切公私产业抵偿其一部。①

此外,国防最高委员会下辖的国际问题讨论会第三组草拟了《解决中日问题之基本原则草案》。《草案》提出了两项主旨:其一,"对于既往之清算以恢复甲午以前状态为标准,期我领土之真正完整,并维持太平洋之和平";其二,"对于未来之规定,在不使军阀政治复活为条件下,尊重日本固有领土主权之完整"。② 上述内容构成了国民政府对战后问题的基本主张。

1945年4月25日,旧金山会议正式开幕。历时近两月,旧金

---

① 《出席太平洋国际学会代表团之指导方针及太平洋学会会议指示案》(1942年11月),台北:"国史馆"藏,蒋中正"总统"文物档案,002-080107-00002-006。
② 《国际问题讨论会的讨论资料、发言记录等》,中国第二历史档案馆藏,国民政府档案,43/773,第88—96页。

山会议最后通过了《联合国宪章》①,奠定了战后国际体系的制度基础。② 蒋介石表示:"最近旧金山会议,世界大宪章的通过,奠立了五十国协力合作确保正义和平的基础,实现了我们渴望已久成立国际和平机构的初步愿望","从此世界上爱好和平的人类,国家无分强弱,种族不分肤色,皆将有共同的国际法律秩序可资遵循,更将有国际机构力量以保证其安全"。③

那么新创立的联合国与国联有什么区别呢? 黄药眠指出了联合国的七个特点:第一,有专门职司维护世界和平的安全理事会,"也就是五大强国负有着维持和平与安全的责任";第二,除了五大常任理事国拥有否决权外,联合国在表决程序上"采取有限制的多数表决的办法",而非国联所采取的"一致表决的办法";第三,联合国拥有决定权,而"过去的旧国联对于各会员国只能提出建议";第四,联合国在争端之初就有权作出决定,"而不是像过去的国联一样,须等到侵略国有了军事行动以后,才能够加以制裁";第五,联合国拥护自己的维和武装;第六,"这次的安全机构和前一次的国联不同,它承认区域之存在";第七,联合国更加着重于"积极的增进全世界各国的社会和经济的福利"。④ 也就说,联合国比国联更加强而有力,更能有效地维护世界和平,同时放弃对侵略者姑息妥协的政策,"以往国际联盟的失败,便是它皂白不分,牛马同槽,任

---

① 关于中国对《联合国宪章》的具体贡献,参见刘少华《中国与联合国的创建》,《世界历史》1996 年第 3 期。
② 关于中国代表团在旧金山会议期间的具体活动,参见金光耀《国民政府与联合国的创建》,《中国社会科学》2003 年第 6 期。
③ 蒋介石:《抗战建国八周年纪念告全国军民书》(1945 年 7 月 7 日),秦孝仪主编:《"总统"蒋公思想言论总集》第 32 卷,第 114—115 页。
④ 黄药眠:《旧金山会议与世界和平》,张春丽、黄大地编:《黄药眠政论集》上,北京:群言出版社 2012 年版,第 162—175 页。

令德意日等法西斯侵略国家进退如意,予取予求"。① 不可否认,联合国依然赋予了大国部分特权,未能实现国家不分大小强弱一律平等的理想。但是国际政治是现实的,大国在享有特权的同时,也将相应承担更多的国际责任。黄药眠认为与主导国联时期的大国相比,新的大国具有本质的不同,一方面中美苏三大国是新加入的,另一方面英法两国内部也发生了革新,所以不必担忧强权政治的复活。这当然是过于理想化了。

可以看出,在联合国创建之初,包括国民政府在内,中国各界都对其寄予了厚望。后来的历史发展表明,当初的部分设想是不切实际的。霸权主义和强权政治会破坏国际协调与合作,并对以联合国为中心的国际体系产生威胁。人类历史的发展永远不会终结,联合国体系也不可能完美无缺,而需要国际社会从现实出发,不断地进行改革,以趋更加进步有效。

三、无奈接受《雅尔塔协定》

1943年7月中旬,《伦敦新闻纪事报》针对英美两国的民众进行了一项民意调查,题目为"依君之意见,在联合国家中,迄今何国对战争之胜利贡献最大"。调查结果为:在英国方面,答苏联者百分之五十,答英国者百分之四十二,答中国者百分之五,答美国者百分之三;在美国方面,答美国者百分之五十五,答苏联者百分之三十二,答英国者百分之九,答中国者百分之四。② 由此可见,绝大多数英美民众都不认为中国对战争胜利贡献最大。虽然只是对民

---

① 孙科:《未来国际和平机构的两种积极使命——旧金山会议展望》,《孙科文集》第3册,第953—955页。
② 《由英美民意测验说起》,《大公报(重庆版)》,1943年8月5日,第2版,社评。

众的调查，但是也能在一定程度上反映英美政府的认知。或许它们心中也认为中国对战争胜利的贡献是无足轻重的。国际政治是现实的，既然中国贡献不大，那么话语权自然也不大。事实上，中国是最早抵抗法西斯侵略的国家，也是作战最久的国家，为世界法西斯战争的胜利作出了力所能及的贡献，这是任何强权都抹杀不了的。

1945年2月初，英美苏三国首脑在苏联克里米亚半岛的雅尔塔召开会议。雅尔塔会议是第二次世界大战时盟国召开的最重要的一次国际会议，对战后重大问题作出了安排，而中国却无缘与会，甚至在很长时间内连会议内容都不知晓。这种结果恰恰印证了蒋介石在太平洋战争初期就存在的担忧，即中国骤然获得的国际地位名实不副，得虚名而受实祸。①

综观雅尔塔会议期间的会谈纪录，可以发现会议的焦点完全摆在欧洲及联合国等问题上，对远东问题着墨甚少，毕竟当时苏联并未对日宣战。2月8日，罗斯福与斯大林的会谈是决定战后远东问题的关键。罗斯福对斯大林说："他不希望让部队登陆日本，如果可以不登陆的话。只有在极其必要的情况下，他才会让部队登陆日本。日本人在列岛上有400万大军，登陆势必带来巨大损失。"斯大林则表示："重要的是有一项由总统、丘吉尔和他签署的文件，上面写上苏联参加对日战争的目的"，如此苏联才会参加对日作战。②

2月11日，罗斯福、丘吉尔及斯大林三巨头在雅尔塔会议上达

---

① 《蒋介石日记》(手稿)，1942年1月31日，本月反省录，斯坦福大学胡佛研究所档案馆藏。
② 《斯大林和罗斯福的谈话记录》(1945年2月8日)，沈志华主编：《苏联历史档案选编》第18卷，北京：社会科学文献出版社2002年版，第484—489页。

成关于远东问题的协定。其中与中国有关的主要有两部分：其一，"外蒙古（蒙古人民共和国）的现状须予维持"；其二，恢复苏联在中国东北自日俄战争后丧失的权益。因为事涉中国主权，所以必须获得国民政府的认可才能真正落实。为此，协定特别规定："三强领袖同意，苏联之此项要求须在击败日本后毫无问题地予以实现。"更加离谱的是，还规定由美国总统出面"采取步骤"取得蒋介石对协定的同意，并通过中苏友好同盟协定加以确认。① 显然，斯大林也知道对一个战胜国提出这样的非分要求是"不合世界潮流"的，所以才要求由对国民政府有巨大影响力的罗斯福出面迫使中国接受这一既成事实。② 而苏联的无理要求，英美两国竟然同意，"由此可见在三巨头心目中，从无四强一念，四强云云者，仅为转移公众视听之口号而已"。③

虽然中国未能参加雅尔达会议，但是蒋介石始终密切关注会议的进展，并担心美国出卖中国的利益。毕竟此前不久，蒋介石与美国的关系才因史迪威事件而极度恶化。2月4日，蒋介石在日记中写道："据报，俄已组织德国临时政府。如果属实，则继波兰临时政府之又一问题。此次三头会议之结果如何，当为决定联合国前途之光明与黑暗也。"④2月7日，蒋写道："俄国延展子文访期，可知罗邱史会议已毕，俄国参加对日战争又延至五月以后矣。"⑤2月10日，蒋介石还写道："罗邱史会议宣言尚未发表，未知

---

① 《苏美英三国关于日本的协定》(1945年2月11日)，世界知识出版社编：《国际条约集(1945—1947)》，北京：世界知识出版社1959年版，第8—9页。
② 《宋子文电蒋中正研讨对苏俄应付方案及与斯大林为东三省谈话情形》(1945年5月26日)，台北："国史馆"藏，蒋中正"总统"文物档案，002-020300-00048-012。
③ 《雅尔达协定 牺牲我基本权利》，《申报》，1946年2月19日，第2版。
④ 《蒋介石日记》(手稿)，1945年2月4日，斯坦福大学胡佛研究所档案馆藏。
⑤ 《蒋介石日记》(手稿)，1945年2月7日，斯坦福大学胡佛研究所档案馆藏。

其结果究竟如何,惟此会对我国之影响必大,罗或不致与英俄协以谋我乎?"①会议宣言公布后,蒋研究后表示:"俄国独得实利,美国惟得虚名,而英国毫无所得,余以为其惨遭失败矣。波兰原有之亡命政府完全被英美出卖,可痛孰甚。"他还从美国军人的态度转变中觉察到部分端倪,"近来美国军人对余之态度,由轻侮而变为敬畏矣,而此敬畏之中存有疑惧之意,是比轻侮之心更足为虑。故今日心神突增忧戚,岂黑海会议果已成立卖华密约乎!"②

此外,蒋介石还积极透过中国驻外使节探听会议内情。3月15日,中国驻美大使魏道明向蒋介石报告他与罗斯福会谈的内容,其中提到斯大林对远东的三项要求,即维持外蒙古现状、共同管理东北铁路、获得远东不冻港。③ 4月14日,顾维钧向蒋介石报告,从美国海军上将李海处探得的内幕消息,称:"据其所闻,苏联希望不奢,仅欲租界不冻港旅顺及商港大连,与使用通达二港之铁路。"李海甚至蒙骗顾维钧,表示美国未答应苏联任何条件,称:"败日之举,美国一国军力已足应付。"④事实上,他们所探得的消息也只是一鳞片爪的。因为协定达成后,美苏两国以所谓保密为由而拒不向中国透露任何信息。罗斯福对斯大林说:"他觉得同中国人讲话的困难之一是,同他们讲的任何事情二十四小时内全世界就都会

---

① 《蒋介石日记》(手稿),1945年2月10日,上星期反省录,斯坦福大学胡佛研究所档案馆藏。
② 《蒋介石日记》(手稿),1945年2月14日,上星期反省录,斯坦福大学胡佛研究所档案馆藏。
③ 《魏道明电蒋中正谒罗斯福询其在雅尔达与斯大林所谈远东局势内容》(1945年3月14日),台北:"国史馆"藏,蒋中正"总统"文物档案,002-020300-00048-006。
④ 《顾维钧电蒋中正访美李海谈苏俄对太平洋战争态度及其所持条件》(1945年4月14日),台北:"国史馆"藏,蒋中正"总统"文物档案,002-020300-00048-007。

知道。"斯大林则回应称:"现在还没有必要同中国去讲。"①

直到5月21日,美国驻华大使赫尔利违背本国政府的意志,私自向蒋介石透露了协定的内容,蒋才得悉《雅尔塔协定》的大致内容。赫尔利明确对蒋表示:"予今日之报告纯属私人性质,意在请委员长速为准备,但非受史达林或美政府之嘱托,而向委员长报告,故甚盼委员长不向苏联方面或美政府方面说出。"②

事前,赫尔利曾向美国总统杜鲁门请示过是否向蒋介石通报协定内容,但是遭到了杜鲁门的否决。5月10日,赫尔利致电杜鲁门表示:"在恰当的时刻美国应以其特有的坦率作风正式通知最关切此事的国家元首——委员长。若不是因为中国的保密工作不完善,此事大概老早已经告诉他了。现在似乎是你和联合参谋部与国务卿讨论这个局势,以决定我在什么时候去请斯大林同意我去正式通知蒋介石的适当时刻了。"③5月12日,杜鲁门回电赫尔利,认为尚未到向蒋介石通报的时机,称:"当适当的时刻,对共同目标有利的时候,将会通知你把那时可能实行的具体安排的细节照会中国政府。"④而直到6月15日,美国官方才正式将协定的完整内容告知蒋介石。但蒋还担心尚有秘而未宣的内容。⑤

获悉协定内容后,蒋介石相当气愤,批评对苏妥协的罗斯福

---

① 《罗斯福—斯大林会晤》,本书编译组编:《德黑兰雅尔塔波茨坦会议记录摘编》,上海:上海人民出版社1974年版,第160—163页。
② 《王世杰电宋子文苏俄对东北及外蒙古等问题态度蒋中正代致详电》(1945年5月22日),台北:"国史馆"藏,蒋中正"总统"文物档案,002-020300-00048-010。
③ 《美国驻华大使赫尔利致美国总统杜鲁门电》,李嘉谷编:《中苏国家关系史资料汇编(1933—1945年)》,北京:社会科学文献出版社1997年版,第527—528页。
④ 《美国总统杜鲁门致美国驻华大使赫尔利电》,李嘉谷编:《中苏国家关系史资料汇编(1933—1945年)》,第529页。
⑤ 《蒋介石日记》(手稿),1945年6月15日,斯坦福大学胡佛研究所档案馆藏。

"昏庸老朽",认为"已足置中华民族于万劫不复之境","美国今后百年内对东亚亦无安定和平之日"。① 蒋虽然对罗斯福不满,"自去年以来,罗外交之政策显转为亲英惧俄而侮华,尤其对于旅顺主张让俄之一着,更为痛心",但是更担心罗斯福逝世后的美国对华政策,"将比现在更坏,以罗对俄国姑息与对中共袒护,但其尚有限度与一定之主张,而且彼有理想、有抱负,亦有情理可言,并非徒恃强权之霸者"。②

起初,蒋介石准备断然拒绝苏联的要求,称:"关于旅顺问题,宁可被俄强权占领,而决不能以租借名义承认其权利。"即使苏联以武力占领中国领土,蒋也决定以"不承认"和"不签字"的态度应对,不给苏联"法律之根据",保留中国"独立自主之光荣","深信将来后世之子孙亦必有完成其领土行政主权之一日"。③ 后来,蒋还表示:"如俄强占我东三省与新疆,则我始终不加承认,以待日后之收复。只要固守此一原则,不改变决心,不为其一时利害所屈服,则彼俄不能不重视我中国之地位与力量,亦不惧其强权压迫也。"④ "今日之道,惟有发愤自强,或可冲破此一最黑暗之时代也。"⑤ 蒋还希望借助英美的力量来抗衡苏联的压力,以中美英苏四国共同使用旅顺军港的方案,来取代苏联的租借方案。⑥ 美国并未接受蒋的建议。美国代理国务卿格鲁在给赫尔利的电报中表示:杜鲁门完全支持实现《雅尔塔协定》,并且苏联也不会接受,所以美国无法支

---

① 《蒋介石日记》(手稿),1945 年 6 月 15 日,斯坦福大学胡佛研究所档案馆藏。
② 《蒋介石日记》(手稿),1945 年 4 月 13 日,斯坦福大学胡佛研究所档案馆藏。
③ 《蒋介石日记》(手稿),1945 年 4 月 5 日,斯坦福大学胡佛研究所档案馆藏。
④ 《蒋介石日记》(手稿),1945 年 4 月 17 日,斯坦福大学胡佛研究所档案馆藏。
⑤ 《蒋介石日记》(手稿),1945 年 6 月 15 日,斯坦福大学胡佛研究所档案馆藏。
⑥ 《蒋介石日记》(手稿),1945 年 6 月 15 日,斯坦福大学胡佛研究所档案馆藏。

持这个方案。①

在英美表态将遵循《雅尔塔协定》关于中国东北的安排后,蒋介石还力图能以中苏共同使用来代替苏联的租借方案。蒋认为租借方案将带来三大恶果:(1)伤害中国民众的感情,"租借地名称为我整个民族全体人民所认为最大之羞辱与污点,今后决不愿此名词再见于中国之历史";(2)有损国民党的革命立场,"租借地为我国民革命最大之对象,如旅顺再被俄租借,则我五十年革命与此次抗战之无上牺牲,皆尽为泡影";(3)威胁未来的世界和平,"如果我政府承认租借,则不仅造成中俄国世代之仇恨,而且为造成第三次世界大战之基因"。作为替代方案,蒋介石甚至建议"朝鲜各港中可指定一港为俄国专用"。②

蒋介石积极劝说苏联打消租借的想法,而接受中苏共同使用的方案。6月3日,蒋介石在会见苏联驻华大使彼得罗夫时表示:"如苏联能帮助我国恢复东三省领土主权完整及行政独立,以后东三省的铁路与商港当与苏联以便利,如有军港需要,则军港亦可为苏联共同使用,决不致于苏联有不利之措施。"③6月12日,蒋还对彼得罗夫表示:"租借一类的名义,我中国人民认为是国家的耻辱,我们不好再用这种名义,中苏友谊互助条约是一种光荣的条约,如有租借一类的名义,则将失去条约的原意。"④蒋介石确实很难接受在抗战胜利后还将土地重新租借给他国,"为中国立场计,不得不

---

① The Acting Secretary of State to the Ambassador in China (Hurley), FRUS, 1945, Vol. 7, p. 907.
② 《蒋介石日记》(手稿),1945年4月3日,杂录,斯坦福大学胡佛研究所档案馆藏。
③ 《与彼得罗夫大使谈话纪要》,政治大学人文中心主编:《民国三十四年之蒋介石先生》(上),台北:政治大学人文中心2016年版,第481—482页。
④ 政治大学人文中心主编:《民国三十四年之蒋介石先生》(上),第520—521页。

第五章　全面抗战后期国民政府参与构建国际新体系　　469

谋自保主权之道,只允其使用,而不允其租借"。① 英美两国既然已经答应了苏联的要求,就不会为了中国而推翻,故而蒋的意图最终还是落空了。6月15日,赫尔利在给蒋介石的备忘中表示:"余愿向主席说明罗斯福总统在雅尔达时,曾应允苏参加对日作战之时,支援以上所述苏联要求,杜鲁门总统亦表赞同。"②

　　后来,蒋介石出于多方面的考虑,同意与苏联签订《中苏友好同盟条约》,全盘接受了《雅尔塔协定》的内容。③ 总结起来,其中的缘由主要有四点。其一,在美英苏三大强国已经达成共识的情况下,国民政府如果选择拒绝的话,那么将付出巨大的代价。其二,蒋介石希望苏联能够支持国民政府解决国内问题,以维护国民党政权。④ 其三,抗战结束的时间比蒋介石预计的要早很多,因此对很多问题措手不及。在1945年4月时,蒋介石预计还需要一年时间抗战才会结束,"在此一年之中,国际之变化与人事之转移,以及其生死成败不可测度之自然变迁,谁亦不能预知也"。⑤ 其四,在中苏谈判时,罗斯福已经去世,"世界形势与国际组织已失去重心"⑥,而斯大林则掌握了雅尔塔会议有关远东问题密约的解释权,进而在谈判中占据了主动,甚至获得了条约外的权益。杜鲁门在给蒋介石的电报中表示:"余曾请阁下执行雅尔达协定,但余未曾请阁下作超过该协定之让步。"⑦杜鲁门电报的语气可说毫无对蒋的尊

---

① 《蒋介石日记》(手稿),1945年6月14日,斯坦福大学胡佛研究所档案馆藏。
② 政治大学人文中心主编:《民国三十四年之蒋介石先生》(上),第532—533页。
③ 参见王永祥《雅尔达密约与中苏日苏关系》,台北:东大图书公司2003年版。
④ 《蒋介石日记》(手稿),1945年4月26日,杂录,斯坦福大学胡佛研究所档案馆藏。
⑤ 《蒋介石日记》(手稿),1945年4月20日,斯坦福大学胡佛研究所档案馆藏。
⑥ 《蒋介石日记》(手稿),1945年4月26日,杂录,斯坦福大学胡佛研究所档案馆藏。
⑦ 《杜鲁门电蒋中正望设法使宋子文返莫斯科继续努力以达谅解》(1945年7月24日),台北:"国史馆"藏,蒋中正"总统"文物档案,002-020300-00048-070。

重之意,"侮辱已极","视中国为附庸"。①

《雅尔塔协定》真正在中国社会引发巨大的波澜,是在协定签订一周年的时候。1946年2月11日,英美苏三国同时对外公布协定内容。国民政府已经与苏联签订《友好同盟条约》,事实上已经接受协定的内容,自不好再公开反对。蒋介石表示:"此事已成过去,且中俄同盟条约已成,则此秘密约已无效用,况我国并未参与其间,更未经我同意,我国自不能承认也,故可置之不理。"②2月20日,在外交部记者招待会上,情报司司长何凤山表示:"中国因未参预,故不受其约束。中苏关系,将仅以中苏友好条约为依据。"③与官方的低调相比,中国民间的反应极为激烈。2月24日,以傅斯年、任鸿隽、陈衡哲、储安平等人为代表的中国自由主义知识精英,联名发表抗议书,指出雅尔塔协定是"近代外交史上最失道义的一个记录","这一秘密协定,违背了联合国共同作战的理想和目标,开创今后强力政治与秘密外交的恶例;影响所及,足以破坏今后世界的和平,重踏人类罪恶的覆辙"。④加上当时国民政府因接收东北不顺,也确实有意放纵民间的反苏运动,"各地学生对东北问题游行示威,实为俄国在华廿五年来未有之教训"。⑤

英美苏三国企图通过雅尔塔体系来建构稳定的战后秩序,但

---

① 《蒋介石日记》(手稿),1945年7月28日,上星期反省录,斯坦福大学胡佛研究所档案馆藏。
② 《蒋介石日记》(手稿),1946年2月16日,上星期反省录,斯坦福大学胡佛研究所档案馆藏。
③ 《外记者招待会何司长答复询问》,《申报》,1946年2月21日,第1版。
④ 《我们对于雅尔达秘密协定的抗议》,《大公报(天津版)》,1946年2月24日,第2版,星期论文。
⑤ 《蒋介石日记》(手稿),1946年2月24日,斯坦福大学胡佛研究所档案馆藏。

其实孕育了新的危机。中国在雅尔塔体系中所遭受的屈辱与损失，最终因中国共产党领导新民主主义革命成功而得到扭转。

小　　结

中国是最早遭受法西斯侵略的国家，因此一直期盼世界上所有反法西斯国家能够团结合作，以抵抗侵略。随着太平洋战争的爆发，世界反法西斯同盟正式形成，从而结束了中国孤军奋战的局面。虽然在合作过程中，中国与英美苏等盟国也产生了不少矛盾分歧，但是始终为世界反法西斯战争的大局而保持克制。与第一次世界大战不同，联合国家并未等到战争完全结束后才着手构建新的国际体系，而是在战时就紧锣密鼓地进行了。在这个过程中，国民政府积极参与，一方面尽力维护自身的国家利益和国际地位，另一方面也为构建公平合理的国际新体系而贡献理念和力量。当然由于自身国力有限，中国不仅未能在过程中发挥主要作用，而且正当的国家利益还遭到漠视及牺牲。全民族对日抗战使中国在国际体系中的地位发生了巨大的变化，但是要实现完全的平等尚有待于后继者的不懈努力。

结　论

通过上述五章的考察,我们可以发现中国抗战是在复杂及变动的国际环境下进行的,其面貌是国内外因素共同塑造的,并呈现出国际化的特征。中国抗战与国际体系的变化相互作用、相互影响,"中国是国际全貌的一环,它本身的对敌抗战,固然在国际间起着一定的影响,同时国际关系的演化,也无疑的给予中国以多少的波动"。[①] 抗战时期,国民政府因应国际体系变化的最终目的是要从中寻求助力,"其国家与我利害相同的,当与之为友;其利害相反的,当使之不至与我为敌"[②],以争取抗战的全面胜利。下文拟探讨国际体系变化对中国抗战历程的影响、国民政府战时因应国际体系变化的总体特征以及在国际新体系构建过程中的参与等问题,并作为全文的结论。

一、国际体系变化对中国抗战历程的影响

由于资本主义政治经济发展不平衡,建立在实力基础上的

[①] 《德意日同盟与中国》,郑洪泉、常云平主编:《中国战时首都档案文献·战时外交》上,重庆:西南师范大学出版社2017年,第29页。

[②] 王宠惠:《抗战一年来之外交》,《蒙藏旬刊》第151—152期,第25页。

凡尔赛—华盛顿体系极其脆弱,甚至自形成之日起,就一直处在正反两方势力的较量中。从国际体系的角度来看,凡尔赛体系未能满足日本的侵略野心,而华盛顿体系更是对日本进一步的对华侵略扩张构成相当程度的制约。遭受了资本主义经济大危机重创的日本选择了以战争作为推行国家政策和扩张国家利益的工具,相继发动了九一八事变、一·二八事变,不但侵犯了中国的领土主权,而且也打破了远东均势和破坏了世界和平。日本军国主义在东方率先向凡尔赛—华盛顿体系发起挑战。西方列强虽然对日本破坏国际体系的行为不满,但是并未进行强力制止。日本的侵略野心因为国民政府的妥协退让和国际社会的姑息纵容而更加膨胀,在七七事变后发动全面侵华战争。

在九一八事变和七七事变发生后,国民政府都向国联进行了申诉。国联在介入调处后,确实通过了针对日本侵华的决议,但是或者无力迫使日本接受,或者无法强制英法等成员国执行,实际效果相当有限。国联虽然号称以维护世界和平为宗旨,但是缺乏履行使命的工具和力量。美国虽然有维护《九国公约》的意愿,但是并无决心和实际行动,导致九国公约会议也无果而终。因此,国民政府虽然倾注了很大的心血在国际组织和国际公约上,但是根本没有达到预期的目标。国民政府坚持在国际体系内解决中日问题,客观上达到的效果是打破了日本排除第三方介入的图谋,并使中日问题始终成为国际瞩目的问题。国民政府积极利用国际体系当中的有利方面,一方面反对英美等国为对日妥协而牺牲中国主权和利益,另一方面争取国际社会的同情与支持。蒋介石表示:国民政府拥护《国联盟约》和《九国公约》,并将其"作为外交武器来使用","正为保存我们的力量"。①

由于国际体系的整体性,世界和平不可分割,"一部分之利害,即全体之利害,故每一国家谋世界之安全,即所以谋自国之安全,不可不相与戮力,以致力于保障和平,制裁侵略",故国民政府极力宣扬中国抗战的国际意义,"为维护条约之尊严,对于破坏条约甘为戎首者予以坚决之抵抗",以期形成大国联合制日的局面,结果并未获得期待的回应,从而只能"苦撑待变"。② 国民政府虽然缺乏依靠自身力量战胜日本的信心和决心,但是坚信随着日本侵略范围的扩大,终会获得共同对日作战的盟友。蒋介石也以此信念鼓励民众,称:"我为世界和平正义而战,所以我国抗战,使世界和平的力量增强了许多,一切爱好和平的国家,没有一个不同情我国抗战。"③国际政治终究是以维护自身国家利益为导向的。在日本的侵略矛头未直接指向西方列强之前,它们为了维护自身的现实利益,非但不会主动开罪日本,反而不时牺牲中国以图拉拢日本。凡尔赛—华盛顿体系毕竟是帝国主义列强主导的,当然不会将维护国际正义放在首要位置。历史学者余协中表示:"国际间的援助,大抵须根于彼此相互利害关系,不是完全基于道义。"④

中国抗战的国际环境获得改善,一定程度上是中日两国不同外交战略选择的结果。日本出于自身的国家利益考虑,最终选择

---

① 蒋介石:《外交趋势与抗战前途》,《五届五中全会速纪录》,台北:中国国民党文化传播委员会党史馆藏,馆藏号:5.2/159.1。
② 《临时全国代表大会宣言》(1938年4月1日),荣孟源主编,孙彩霞编辑:《中国国民党历次代表大会及中央全会资料》下,第465—466页。
③ 蒋介石:《"八一三"周年告战地民众书》(1938年8月13日),秦孝仪主编:《"总统"蒋公思想言论总集》第30卷,第287页。
④ 余协中:《外交环境的分析与运用(二)》,《大公报(香港版)》,1940年8月5日,第4版。

与对凡尔赛体系不满的德意两国结盟,企图彻底推翻凡尔赛—华盛顿体系,以建立由它们主导的"世界新秩序"。英美等国眼看与日本的矛盾趋向无法调和,才开始真正重视中国抗战的战略价值。政治学者钱端升指出:"德意日三国缔结同盟以前,我们虽百般求助于人,而人之助我,或则吝啬无比,或则代价甚高。在三国同盟以后,则英美二大国,不特开始予我以大量的助力,且能以益友视我,而不以倚赖者视我。"①

太平洋战争后,中国终于摆脱了孤军奋战的局面,而国际地位也随之获得提高。只是英美实行先欧后亚的战略,对中国战场的资源投入相当有限,加上苏联以《苏日中立条约》为由推迟对日宣战,从而导致中国仍然是主要依靠自身的力量抵抗强敌。英美加入对日作战后,中国抗战并没有在短期内扭转不利局面,反而因主要国际通道被日军封锁而陷入相当艰困的处境。经过中国人民的艰苦抗战,以及美苏等盟国的共同对日作战,最终彻底战胜了日本侵略者,迫使其无条件投降。

中国抗战是世界反法西斯战争的重要组成部分,为世界反法西斯战争的胜利作出了不可磨灭的贡献。中国人民为支撑世界反法西斯战争的东方主战场付出了巨大的代价,对亚洲其他地区和欧洲的反法西斯战争起到了战略配合的重要作用。

二、国民政府战时因应国际体系变化的总体特征

历时十四年的中国抗战是在国际体系变化的环境中进行的。国民政府在整个抗战时期的外交决策都受到国际体系变化的影响,甚至制约。可以说,国民政府的战时外交主要是围绕因应国际

---

① 钱端升:《民国三十年度的工作》,《今日评论》第5卷第1期,第5页。

体系变化而展开的。综合来看,国民政府战时因应国际体系变化具有依赖性、主动性、整体性、道义性、慎重性等五个总体特征。

第一,依赖性。在对日抗战过程中,国民政府始终缺乏依靠自身力量战胜强敌日本的信心、决心以及能力,因此对国际体系极为依赖。国民革命失败后,国民政府放弃了孙中山"联俄""联共"以及"扶助农工"的三大政策,也不再寻求以革命方式打破凡尔赛—华盛顿体系的束缚,整个统治政策都向右转。1928年国民政府形式上统一全国后,在对外政策上倾向英美等西方国家,基本接受现有的国际秩序。从政权属性上看,国民政府代表的是大地主大资产阶级的利益,脱离中国绝大多数民众,阶级基础薄弱,加上国民政府中央能够实质掌控的地方有限,从而根本无法从动员群众、组织群众中获得力量支持。对于群众与抗日战争的关系,毛泽东指出:"反对日本帝国主义侵略的战争而不带群众性,是决然不能胜利。"①另外,国民党内部派系斗争不断,从早期的蒋介石、汪精卫与胡汉民三足鼎立,到后来的政学系、黄埔系与CC系争权夺利,无法完成政治整合,长期陷入内耗当中,进而导致根本无力承担领导抗日救亡运动的使命。行政院参事陈克文表示:"战争中始终看不见国民党的活动……到处都是彷徨,到处一团糟。好比蚂蚁窝子破,纷扰忙乱,无以复加。"②在国民政府看来,中日两国实力对比相差悬殊,单靠中国自身力量不足以战胜日本侵略者,所以必须努力寻求国际力量的支持。九一八事变、七七事变后,国民政府都向国联展开了申诉,并不断派遣军政大员出访美苏等国。在太平洋战

---

① 毛泽东:《和英国记者贝特兰的谈话》(1937年10月25日),《毛泽东选集》第2卷,第375页。
② 陈方正编辑校订:《陈克文日记》上,1937年12月9日,第148页。

争爆发前,国民政府始终希望依靠国际压力迫使日本让步,或者以国际会议的方式解决中日问题,而缺乏持久抗战的决心。在加入世界反法西斯同盟后,国民政府在对日作战中相对消极,希望借助盟军的力量战胜日本,而将注意力集中在巩固自身的统治上。国民政府未能在对日反攻中发挥关键作用,在一定程度上影响了中国在国际新体系中的地位。

第二,主动性。九一八事变后,国民政府积极主动地利用现有的国际组织、国际公约,甚至国际规则,将日本的对华侵略行径诉诸国际,寻求国际主流社会的支持。即使一时未达到目的,也始终不放弃国际路线。国民政府选择这么做的原因大致有三点:(1)尽可能从国际上获得同情与支持,并制造对日方的压力;(2)避免在不利情况下与日本进行直接交涉;(3)让国联分担部分责任,以对国内民众作出一定的交代,进而维护自身的统治。此外,对于国际体系的变化,国民政府并未被动承受结果,而是在变化过程中主动作出反应,以趋利避害。比如欧战爆发后,英法两国因深陷战争旋涡而无暇东顾,倾向对日本作出妥协让步之时,国民政府极力争取美苏两国的支持。太平洋战争前夕,美日两国进行谈判时,国民政府联合荷兰、澳大利亚、新西兰等国向美国政府表达诉求,劝阻其对日本作出过大的让步。弱国在抵抗强国的过程中,理应积极主动地争取国际支持。中国作为一个弱国,想要在外交上"自造形势"或"操纵环境"自属不易,但是也不能"俯仰因依",被动等待国际形势的演变,而应该主动出击,"改造环境,变被动为自动"。[①] 当日本侵占中国华南后,国民政府便积极寻求与之利害最相关的英国的合作。毛泽东认为如果中国能在外交上促成太平洋反日阵

[①] 《倚赖外交与自主外交》,《大公报》,1932年4月21日,第2版,社评。

线,"把中国作为一个战略单位,又把苏联及其他可能的国家也各作为一个战略单位,又把日本人民运动也作为一个战略单位,形成一个使法西斯孙悟空无处逃跑的天罗地网,那就是敌人死亡之时了"。① 要形成各国联合对日的态势,自然需要国民政府开展积极主动的外交活动。与以前相比,国民政府的战时外交在主动性上确实有所增强。②

第三,整体性。两次世界大战之间的国际关系客观上受到凡尔赛—华盛顿体系的制约。即使凡尔赛—华盛顿体系在德意日法西斯的不断冲击下,逐渐走向瓦解,但是主要国家的对外行为还是会对整个国际局势产生深刻影响。苏德签订互不侵犯条约,不仅影响了苏德两国间的关系,而且对中、日、英、法、美等国的对外政策都产生了影响。在国际关系相互联系、相互作用及相互影响的环境下,国民政府在外交决策上通常都是从整体着眼,通盘筹划。1937年8月30日,国防最高会议通过的《抗战期间外交方略》指出:"此次中国对日抗战结果,不仅影响东亚局面,并有牵动世界大势之可能",因此"势必从世界大局上寻求出路"。③ 1938年3月,国民党临时全国代表大会通过的《抗战建国纲领决议案》,对于外交方面的规定也是从整体着眼,以达到最大限度争取国际支持的目的,称:"本独立自主之精神,联合世界上同情于我之国家及民族,为世界之和平与正义共同奋斗""对于国际和平机构,及保障国际和平之公约,尽力维护,并充实其权威""联合一切反对日本

---

① 毛泽东:《论持久战》(1938年5月),《毛泽东选集》第2卷,第473页。
② 王建朗、黄克武主编:《两岸新编中国近代史·民国卷》上,北京:社会科学文献出版社2016年,第472—473页。
③ 政治大学人文中心主编:《民国二十六年之蒋介石先生》,台北:政治大学人文中心2016年版,第570页。

帝国主义侵略之势力,制止日本侵略,树立并保障东亚之永久和平""对于世界各国现存之友谊,当益求增进,以扩大对我之同情"。① 虽然国民政府战时外交政策是从国际体系变化的整体脉络着眼,但是会根据各国的实际利害关系而推行有针对性的具体外交政策。在当时的历史条件下,英法美等国竭力避战,在与日本的矛盾彻底激化前,无意为了中国而开罪日本。因此,想要其单独对日强硬或者制裁更加不现实,而在国际体系之内以集体行动的名义进行,则尚有一定的可行性。毛泽东指出:"日本的侵略不但是中国的大祸,也是世界的大祸,如像德国是世界的大祸一样。何况这两个侵略国现在已经联合起来了。我以为中、英、美、法、苏五国应该赶快地联合一致,否则有被敌人各个击破之虞。"②

第四,道义性。蒋介石认为道义"就是人类的正义,世界的公理,亦就是条约的义务和国际的信用"。③ 第一次世界大战以后,战胜国为了维护自身的既得利益,积极倡导遵守国际公约、和平解决国际争端、"废弃战争作为实行国家政策工具"等进步理念。④ 国民政府为了争取国际同情与支持,极力强调中日问题不仅仅是中日两国间的问题,而且是关系整个世界前途命运的问题。中国抗战一方面是为了争取国家独立和民族解放,另一方面也是为了世界

---

① 《抗战建国纲领决议案》(1938年4月1日),荣孟源主编,孙彩霞编辑:《中国国民党历次代表大会及中央全会资料》下,第485页。
② 毛泽东:《中日问题与西安事变——与史沫特莱的谈话》(1937年3月1日),《毛泽东文集》第1卷,第487页。
③ 蒋介石:《战时外交原则和青年的责任》(1938年5月8日),秦孝仪主编:《"总统"蒋公思想言论总集》第15卷,第264页。
④ 《非战公约》(1928年8月27日),世界知识出版社编:《国际条约集(1924—1933)》,北京:世界知识出版社1961年版,第373—374页。

捍卫《国联盟约》《九国公约》《非战公约》等一系列国际公约的尊严。要想靠国际公理正义来影响英美等国的外交政策自然是不现实的。在日本侵略者未直接将侵略矛头指向它们之前，它们不但不会接受国民政府联合抗日的主张，反而不时牺牲中国的利益以绥靖日本。国民政府强调抗战外交的道义性，一方面是为了鼓励国内民众争取抗战胜利的信心，毕竟得道多助失道寡助乃古之名训，深入人心；另一方面争取国际舆论及各国民众的同情。蒋介石在会见美国记者时，总是强调美国是《九国公约》《非战公约》等国际公约的倡导者，理应承担起维护其权威的责任。胡适在担任驻美大使期间，将大量的精力花在了对美国民间的宣传上，期间发表了大量的演说，强调中国抗战的正义性。在卸任大使之职后，他在给友人的信函中表示："总要使这一万三千万人复认识我们这个国家是一个文明的国家，不但可与共患难，还可与共安乐。四年成绩，如斯而已。"①国民政府强调中国外交的道义性虽然短期效果不显，但是从长远来看确曾发挥了一定的作用。

第五，慎重性。从九一八事变到太平洋战争爆发，国际局势扑朔迷离，不时发生事先完全没有预料到的国际变局，客观上考验着国民政府决策层的智慧。"在这侵略盛行的世界，国际演变，反复无常。欲借某某条约，以束缚各国间的行动，是极不可恃的。在侵略者的心目中，条约本无尊严的性质。只可暂时利用，不能长期遵守。"②要在国际体系变化的过程中"寻求与国"和"孤立敌人"，国民政府就必须从复杂的国际矛盾关系中，发现并利用有利于中国抗

---

① 《致王世杰、傅斯年、钱端升、翁文灏、周炳琳、张忠绂》，耿云志、宋广波编：《胡适书信选》，第309页。

② 程经远：《日苏中立条约的面面观》，《外交季刊》第1卷第2期，第59页。

战的因素。为了争取抗战胜利,"凡是国际局势的变化,有害于我们抗战的,我们必须设法防止或避免,反之,凡有利于我国抗战的,就必须从外交上多方努力,以促其成"。① 蒋介石因其敏感多疑的性格特点,在处理对内关系时,经常乾纲独断,甚至刚愎自用,但是在处理关乎国家命运的外交大计时,他则相当慎重。蒋介石曾表示:"刚愎自用为余对外政策失败之总因,戒之勉之。……大无畏精神在所宝贵,而冒险精神亦不可失却,但以国家为冒险则太危矣。"② 平时,军事委员会下辖的参事室、国际问题研究所等幕僚机构会针对国际形势以及中国的外交政策等问题不时向蒋介石提供研究报告,供其决策时参考。每逢遭遇国际重大变局,蒋总会密集召开党政军高层会议,并广泛征询各军政大员的意见。例如武汉会战结束后,蒋介石曾征询党政高层以及对外使节有关对日宣战问题的意见。苏德两国签订互不侵犯条约、欧战爆发等国际变局出现后,他都采取了类似的做法。抗战时期,蒋介石在政治、军事等方面确实犯了不少错误,但是在总体外交战略上未出现重大失误。特别是与对手方日本相比,国民政府战时外交的成就更加明显。

世界上的事物都是矛盾统一的整体。上述五个特征之间确实有些矛盾之处,但是它们共同构成了抗战时期国民政府因应国际体系变化的总体特征,并分别或组合体现在具体的外交政策及活动当中。

---

① 蒋介石:《战时外交原则和青年的责任》(1938年5月8日),秦孝仪主编:《"总统"蒋公思想言论总集》第15卷,第265页。
② 《蒋介石日记》(手稿),1938年1月11日,斯坦福大学胡佛研究所档案馆藏。

三、国民政府并未完全实现在国际新体系中的平等诉求

如何处理中国与世界的关系是近代中国的重要问题。第一次世界大战以后,废除不平等条约,寻求在国际体系当中的平等地位,成为中国朝野的共同诉求。中国抗战对世界反法西斯战争的重要意义,使中国的国际地位获得了很大的提高,同时也为中国在国际新体系当中争取平等地位提供了机遇。中国战场是世界反法西斯战争的东方主战场。为了战胜日本法西斯,中国人民付出了艰辛的努力,也付出了巨大的牺牲。"国际地位的提高是由抗战而来的。如果不抗战,英美必不能重视我,也不能以友相待。"①国民政府在抗战时期也采取了积极主动的外交,以尽力维护国家利益和实现国家目标。虽然反法西斯同盟将战略重点放在欧洲,但是迫切需要中国军民牵制日军。中国的战略价值为国民政府赢得了参与创建国际新体系的机会。

国民政府对国际新体系的主张主要有以下四点。(1)对日处置问题。中国应在对日索赔中占据最大份额,并且战后要对日本进行全面改造,铲除其军国主义的土壤,防止它如一战后的德国那样再起。(2)大国关系问题。国民政府将对美关系作为战时及战后最重要的对外关系来处理,希望在远东及太平洋地区构建以中美为核心的国际秩序。在二战后期,传统欧洲强权明显衰弱,以美苏两极为核心的国际体系渐趋成型,而国民政府明显选择了倒向美国。(3)国际关系基本原则问题。国民政府倡导建立以平等为基础的国际新秩序。长期以来,中国作为一个半殖民地国家,在国际舞台上深受不平等待遇之苦,甚至在成为所谓"四大国"之一后,

---

① 钱端升:《民国三十年度的工作》,《今日评论》第5卷第1期,第5页。

仍然未被平等对待,因此对亚洲殖民地半殖民地国家的处境可谓感同身受。国民政府或公开或暗中支持韩国、越南、印度等地的民族独立势力,并在重要的国际场合倡导国家不分大小强弱一律平等的主张,反对恢复战前殖民旧秩序。(4)国际组织问题。国民政府呼吁创建强有力的国际组织,但是不能任由强国主导,以真正能够维护战后和平。

抗战使中国在国际体系中的地位和角色发生了一定的变化。中国实现了废除不平等条约的目标,并在构建国际新体系的过程中发挥了一定的作用。国民政府对国际新体系的上述主张只有部分因获得美苏等强国的认同而变成了现实,其余的主张被束之高阁,尤其是没有实现在国际新体系中的平等诉求。主权国家在国际政治当中的影响力是以国家综合国力为基础的,而与美苏等强国相比,中国的国力相差悬殊。外交是内政的延续,"无论处于怎样有利的外交环境之下,弱国总得低首下心,而受人之鄙视与掣肘"。[①] 此外,国民政府坚持维护一党训政的体制,反对建立联合政府,排斥以中国共产党为代表的其他政治势力,不利于国内力量的整合和团结一致对外。因此,中国战时国际地位的提高和对国际新体系创建的实际参与都是有限度的,也不可能超越时代的局限。抗战是中华民族伟大复兴历程中的一个重要阶段。中国要在国际体系当中获得真正的平等地位,归根到底还是要以自身的国力作支撑,而这需要后继者的不懈努力。

大国力量对比的改变,将推动国际体系的调整。以联合国为中心的国际体系遭遇许多挑战,成为当前国际政治当中的焦点问

[①]《前事不忘,后事之师——日本退出国联十一周年》,《大公报(重庆版)》,1943年3月27日,第2版,社评。

题。中国旗帜鲜明地站在拥护以联合国为中心的国际体系的立场上,如果能从历史当中汲取经验教训,当可更好地因应国际变局和维护国家利益。"当今世界是一个变革的世界,是一个新机遇新挑战层出不穷的世界,是一个国际体系和国际秩序深度调整的世界,是一个国际力量对比深刻变化并朝着有利于和平与发展方向变化的世界。我们看世界,不能被乱花迷眼,也不能被浮云遮眼,而要端起历史规律的望远镜去细心观望。"[①]

[①] 习近平:《中国必须有自己特色的大国外交》(2014 年 11 月 28 日),《习近平著作选读》第 1 卷,人民出版社 2023 年版,第 318 页。

参考文献

一、未刊史料

[美]斯坦福大学胡佛研究所档案馆藏:《蒋介石日记》(手稿)。

台北"国史馆"藏:《蒋中正"总统"文物·筹笔》。

台北"国史馆"藏:《蒋中正"总统"文物·革命文献》。

台北"国史馆"藏:《蒋中正"总统"文物·特交文电》。

台北"国史馆"藏:《蒋中正"总统"文物·特交文卷》。

台北"国史馆"藏:《蒋中正"总统"文物·特交档案》。

台北"国史馆"藏:《国民政府档·党国名人上蒋中正函》。

台北"国史馆"藏:《国民政府档·中国国民党中央政治会议函国民政府》。

台北"国史馆"藏:《国民政府档·张群、蒋鼎文、朱绍良等呈德苏开战后之国际局势及我国因应方针及日寇动向之管见》。

台北"国史馆"藏:《行政院档·国联关于芦沟桥事变以后中日争议所通过之决议案及报告书》。

台北"国史馆"藏:《陈诚"副总统"文物·陈诚言论集》。

台北"国史馆"藏:《汪兆铭史料·汪兆铭与各方首要往返函电》。

台北"国史馆"藏:《汪兆铭史料·蒋中正致汪兆铭等函电》。

台北"国史馆"藏:《汪兆铭史料·汪兆铭致蒋中正函电》。

台北"国史馆"藏:《汪兆铭史料·国际各有关方面致汪兆铭函电》。

台北"国史馆"藏:《汪兆铭史料·各军事首长与汪兆铭之函电(二)》。

台北"国史馆"藏:《外交部档·国际联合会理事会席位(三)》。

台北"国史馆"藏:《外交部档·国际联合会理事会席位(五)》。

台北"国史馆"藏:《外交部档·中日争议(三)》。

台北"国史馆"藏:《外交部档·义日协定交换承认阿比西尼亚与"满洲国"案等》。

中国国民党文化传播委员会党史馆藏:《中央执行委员会第386次政治会议议事录》,馆藏号:中央0386。

中国国民党文化传播委员会党史馆藏:《第一期庐山谈话会第二次共同谈话纪录》,馆藏号:政10/8.2。

中国国民党文化传播委员会党史馆藏:《庐山谈话会案》,馆藏号:政10/8。

中国国民党文化传播委员会党史馆藏:《国防最高委员会31—40次会议纪录》,馆藏号:会00.9/17。

中国国民党文化传播委员会党史馆藏:《五届五中全会速纪录》,馆藏号:5.2/159.1。

中国国民党文化传播委员会党史馆藏:《五届七中全会速纪录》,馆藏号:5.2/161.1。

中国国民党文化传播委员会党史馆藏:《五届八中全会速纪录》,馆藏号:5.2/162.13。

中国第二历史档案馆藏:《军事委员会参事室经办要案录存(有关国际案件)》,档号:七六一—20。

中国第二历史档案馆藏:《军事委员会参事室所拟中国应如何利用九国公约及对于中国要求召开九国公约会议的意见》,档号:七六一—118。

中国第二历史档案馆藏:《军事委员会参事室调整战后中国与苏联关系方案》,档号:七六一—128。

中国第二历史档案馆藏:《关于苏日签订中立条约之说帖》,档号:七六

——133。

中国第二历史档案馆藏:《日本未加入德意同盟对于中国之影响》,档号:七六一——218。

中国第二历史档案馆藏:《军事委员会参事室拟欧洲局势之分析与对策》,档号:七六一——178。

中国第二历史档案馆藏:《军事委员会参议萧希贤密呈战时经济、军事、外交意见》,档号:七六一——477。

中国第二历史档案馆藏:《国际形势与我国抗战国策演讲大纲》,全宗号:七一八,目录号:4,案卷号:352。

中国第二历史档案馆藏:《东北与台湾党政干部训练办法及有关文书》,全宗号:一七一,目录号:1,案卷号:2596。

中国第二历史档案馆藏:《国际问题讨论会的讨论资料、发言记录等》,全宗号:四三,目录号:1,案卷号:773。

二、已刊史料

1. 资料汇编

"中华民国"外交问题研究会编:《中日外交史料丛编(四)·卢沟桥事变前后的中日外交关系》,台北:中国国民党中央委员会党史委员会,1995年。

本书编译组编:《德黑兰雅尔塔波茨坦会议记录摘编》,上海:上海人民出版社,1974年。

复旦大学历史系日本史组编译:《1931—1945日本帝国主义对外侵略史料选编》,上海:上海人民出版社,1985年。

复旦大学历史系中国近代史教研组编译:《中国近代对外关系史资料选辑(1840—1949)》,第2分册,上海:上海人民出版社,1977年。

高素兰编注:《蒋中正"总统"档案·事略稿本》,第26册,台北:"国史馆",2006年。

李嘉谷编:《中苏国家关系史资料汇编(1933—1945年)》,北京:社会科学文献出版社,1997年。

李巨廉、王斯德主编:《第二次世界大战起源历史文件资料集(1937·7—1939·8)》,上海:华东师范大学出版社,1985年。

刘维开编:《国民政府处理九一八事变之重要文献》,台北:中国国民党中央委员会党史委员会,1992年。

美国国务院编:《美国外交文件·日本,1931—1941年(选译)》,张玮瑛、张友云、杜继东译,北京:中国社会科学出版社,1998年。

秦孝仪主编:《中华民国重要史料初编——对日抗战时期》绪编、第3编、第6编,台北:中国国民党中央委员会党史委员会,1981年。

荣孟源主编:《中国国民党历次代表大会及中央全会资料》,北京:光明日报出版社,1985年。

沈志华主编:《苏联历史档案选编》,第11、16、18卷,北京:社会科学文献出版社,2002年。

世界知识出版社编:《国际条约集(1917—1923)》,北京:世界知识出版社,1961年。

世界知识出版社编:《国际条约集(1924—1933)》,北京:世界知识出版社,1961年。

世界知识出版社编:《国际条约集(1934—1944)》,北京:世界知识出版社,1961年。

世界知识出版社编:《国际条约集(1945—1947)》,北京:世界知识出版社,1959年。

世界知识出版社编:《中美关系资料汇编》,第1辑,北京:世界知识出版社,1957年。

王建朗主编:《中华民国时期外交文献汇编1911—1949》,第6、7、8卷,北京:中华书局,2015年。

王正华编注:《蒋中正"总统"档案·事略稿本》,第16册,台北:"国史馆",2007年。

王正华编注:《蒋中正"总统"档案·事略稿本》,第17册,台北:"国史馆",2005年。

王志昆、曾妍、袁佳红主编:《中国战时首都档案文献·战时外交》,重庆:西南师范大学出版社,2017年。

吴景平、郭岱君主编:《风云际会——宋子文与外国人士会谈记录(1940—1949)》,复旦大学出版社,2010年。

吴淑凤编注:《蒋中正"总统"档案·事略稿本》,第15册,台北:"国史馆",2006年。

薛月顺编注:《蒋中正"总统"档案·事略稿本》,第44册,台北:"国史馆",2010年。

叶惠芬编:《中华民国与联合国史料汇编——筹设篇》,台北:"国史馆",2001年。

叶惠芬编注:《蒋中正"总统"档案·事略稿本》,第46册,台北:"国史馆",2010年。

章伯峰、庄建平主编:《抗日战争》第1卷,"从九一八至七七",成都:四川大学出版社,1997年,

章伯锋、庄建平主编:《抗日战争·外交(上)》,成都:四川大学出版社,1997年。

政治大学人文中心主编:《民国二十六年之蒋介石先生》,台北:政治大学人文中心,2016年。

政治大学人文中心主编:《民国二十七年之蒋介石先生》,台北:政治大学人文中心,2016年。

政治大学人文中心主编:《民国二十八年之蒋介石先生》,台北:政治大学人文中心,2016年。

政治大学人文中心主编:《民国二十九年之蒋介石先生》,台北:政治大学人文中心,2016年。

政治大学人文中心主编:《民国三十年之蒋介石先生》,台北:政治大学人文中心,2016年。

政治大学人文中心主编:《民国三十一年之蒋介石先生》,台北:政治大学人文中心,2016年。

政治大学人文中心主编:《民国三十二年之蒋介石先生》,台北:政治大学人文中心,2016年。

政治大学人文中心主编:《民国三十三年之蒋介石先生》,台北:政治大学人文中心,2016年。

政治大学人文中心主编:《民国三十四年之蒋介石先生(上)》,台北:政治大学人文中心,2016年。

中共中央文献研究室、中央档案馆编:《建党以来重要文献选编(一九二一——一九四九)》,第10、16、20册,北京:中央文献出版社,2011年。

中央档案馆编:《中共中央文件选集》,第13册,北京:中共中央党校出版社,1991年。

中央统战部、中央档案馆编:《中共中央抗日民族统一战线文件选编》,中,北京:档案出版社,1986年。

周美华编注:《蒋中正"总统"档案·事略稿本》,第12册,台北:"国史馆",2006年。

2. 日记、回忆录、年谱、文集、书信及电文

北京师范大学、上海市档案馆编:《蒋作宾日记》,南京:江苏古籍出版社,1990年。

蔡德金编注:《周佛海日记全编》,北京:中国文联出版社,2003年。

曹伯言整理:《胡适日记全编》,第7册,合肥:安徽教育出版社,2001年。

陈方正编辑校订:《陈克文日记》,台北:"中央研究院"近代史研究所,2012年。

陈天锡主编:《戴季陶先生文存》,台北:"中央"文物供应社,1959年。

陈夏红:《钱端升全集》,第10卷,北京:中国政法大学出版社,2017年。

陈训慈:《美苏复交》,上海图书馆整理:《申报丛书捌》,上海:上海科学技术文献出版社,2012年。

陈正茂、黄欣周、梅渐浓编:《曾琦先生文集》,台北:"中央研究院"近代史研究所,1993年。

程天放:《使德回忆录》,台北:正中书局,1967年。

参考文献

冯玉祥选集编辑委员会:《冯玉祥选集》上,北京:人民出版社,1985年。

傅秉常:《傅秉常日记》,傅锜华、张力校注,北京:社会科学文献出版社,2017年。

耿云志、宋广波编:《胡适书信选》,北京:外语教学与研究出版社,2012年。

公安部档案馆编注:《在蒋介石身边八年——侍从室高级幕僚唐纵日记》,北京:群众出版社,1991年。

关在汉编译:《罗斯福选集》,北京:商务印书馆,1982年。

何智霖编:《陈诚先生书信集:与蒋中正先生往来函电》,台北:"国史馆",2007年。

胡颂平编著:《胡适之先生年谱长编初稿》,第4、5册,台北:联经出版事业公司,1984年。

胡愈之:《胡愈之文集》,第4卷,北京:生活·读书·新知三联书店,1996年。

黄郛著、任育德主编:《黄郛日记(1931—1932)》,台北:民国历史文化学社,2019年。

黄自进、潘光哲编:《蒋"总统"五记·困勉记》,台北:"国史馆",2011年。

[保]季米特洛夫:《季米特洛夫日记选编》,马细谱、杨志杰、葛志强等译,马细谱统校,桂林:广西师范大学出版社,2002年。

季羡林主编:《胡适全集》,合肥:安徽教育出版社,2003年。

金光耀、马建标选编:《顾维钧外交演讲集》,上海:上海辞书出版社,2006年。

林美莉编辑校订:《王世杰日记》上,台北:"中央研究院"近代史研究所,2012年。

林秋敏、叶惠芬、苏圣雄编辑校订:《陈诚先生日记(一)》,台北:"国史馆""中央研究院"近代史研究所,2015年。

吕芳上主编:《蒋中正先生年谱长编》,第3、4、5、6、7、8册,台北"国史馆""国立"中正纪念堂管理处、财团法人中正文教基金会,2014年。

欧阳哲生编:《傅斯年全集》,第4、7卷,长沙:湖南教育出版社,2003年。

欧阳哲生编:《胡适文集》,第11、12卷,北京:北京大学出版社,1998年。

潘公弼:《时事新报评论集(1932年)》,上海:四社出版部,1934年。

秦孝仪主编:《"总统"蒋公思想言论总集》,台北:国民党中央委员会党史委员会,1984年。

孙大光:《孙大光文选》,上海:上海文艺出版社,2001年。

孙科:《孙科文集》,第3册,台北:台湾商务印书馆,1970年。

陶英惠辑注:《蒋介石冯玉祥交往实录》,上海:上海三联书店,2013年。

王汎森、潘光哲、吴政上主编:《傅斯年遗札》,第2卷,北京:社会科学文献出版社,2015年。

王仰清、许映湖标注:《邵元冲日记(1924—1936年)》,上海:上海人民出版社,1990年。

吴景平、郭岱君编:《宋子文驻美时期电报选(1940—1943)》,上海:复旦大学出版社,2008年。

吴学昭整理注释:《吴宓日记》,第6册,北京:读书·生活·新知三联书店,1998年。

习近平:《习近平著作选读》,第1卷,北京:人民出版社,2023年。

徐永昌:《徐永昌回忆录》,北京:团结出版社,2014年。

颜惠庆:《颜惠庆自传》,姚崧龄译,北京:中华书局,2015年。

[美]约瑟夫·C.格鲁:《使日十年——1932年至1942年美国驻日大使格鲁的日记及公私文件摘录》,蒋相泽译,陈宏志、李健辉校,北京:商务印书馆,1983年。

[日]重光葵口述,天津市政协编译委员会译:《重光葵外交回忆录》,北京:知识出版社,1982年。

张春丽、黄大地编:《黄药眠政论集》,北京:群言出版社,2012年。

张季鸾著、张竞无编:《张季鸾集》,北京:东方出版社,2011年。

张力编辑校订:《金问泗日记1931—1952》,台北:"中央研究院"近代史研究所,2016年。

张群口述、陈香梅笔记:《张岳公闲话往事》,台北:传记文学出版社,

1978年。

张宪文、武青主编:《宋美龄文集》,台北:苍壁出版有限公司,2015年。

"中央研究院"近代史研究所编:《王子壮日记》,台北:"中央研究院"近代史研究所,2001年。

"中央研究院"近代史研究所编:《徐永昌日记》,台北:"中央研究院"近代史研究所,1991年。

中共中央党史研究室第一研究部译:《联共(布)、共产国际与抗日战争时期的中国共产党》,第18册,北京:中共党史出版社,2012年。

中共中央文献编辑委员会编:《毛泽东选集》,第1、2、3卷,北京:人民出版社,1991年。

中共中央文献研究室编:《毛泽东文集》第1卷,北京:人民出版社,1993年。

中国第二历史档案馆编:《国民政府抗战时期外交档案选辑》,重庆:重庆出版社,2016年。

中国第二历史档案馆编:《中华民国史档案资料汇编·外交》,第5辑第2编,南京:凤凰出版社,2010年。

中国国民党中央委员会党史委员会编辑:《王宠惠先生文集》,台北:"中央文物供应社",1981年

中国社会科学院近代研究所译:《顾维钧回忆录》,第2、3、4、5分册,北京:中华书局,2013年。

中国社会科学院近代史研究所中华民国史研究室编:《胡适往来书信选》,北京:社会科学文献出版社,2013年。

中国社会科学院近代史研究所中华民国史组编:《胡适任驻美大使期间往来电稿》,北京:中华书局,1978年。

周鲠生:《万国联盟》,上海:商务印书馆,1922年。

3.《民国档案》《近代史资料》等杂志刊载的史料及其他中文史料

鲍德澄编译:《国联处理中日事件之经过》,南京:南京书店,1932年。

李玉贞、李嘉谷译:《中苏外交文件选译(1932—1938年)》,庄建平主编:《近代史资料文库》第3卷,上海:上海书店出版社,2009年。

刘显忠选译:《中苏关系档案选译(1924—1932)》,中国社会科学院近代史研究所《近代史资料》编辑部编:《近代史资料》,总138号,北京:中国社会科学出版社,2018年。

求实杂志社编:《国联调查团报告书与各方言论》,南京:正中书局,1933年。

全国政协文史资料委员会编:《中央文史资料文库·政治军事篇》,第5卷,北京:中央文史出版社,1996年。

中国第二历史档案馆编:《九一八事变后顾维钧等致张学良密电选(上)》,《民国档案》1985年第1期。

中国第二历史档案馆编:《九一八事变后顾维钧等致张学良密电选(下)》,《民国档案》1985年第2期。

中国第二历史档案馆编:《芦沟桥事变后国民党政府军事机关长官会报第一至十五次会议记录》,《民国档案》1987年第2期。

中国第二历史档案馆卞岩选辑:《1932年中苏复交档案史料》,《民国档案》2006年第2期。

中国第二历史档案馆任骏选辑:《抗战初期军委会参事室周鲠生拟〈外交方略〉》,《民国档案》2010年第3期。

中国第二历史档案馆孙武选辑:《中国出席九国公约布鲁塞尔会议代表与外交部等来往文电》,《民国档案》2008年第3期。

中国第二历史档案馆杨斌编:《九国公约签字国布鲁塞尔会议期间外交部与各方来往文电选》,《民国档案》1989年第2期。

中国人民抗日战争纪念馆编:《中国人民抗日战争纪念馆文丛第三辑》,北京:北京燕山出版社,1992年。

4. 英文史料

W. N. Medlicott and Douglas Dakin ed., *Documents on British Foreign Policy*(1919—1939) Second Series, Vol. 21(London, 1978).

E. L. Woodward and Rohan Buter ed., *Documents on British Foreign Policy*(1919—1939) Third Series, Vol. 8, Vol. 9(London, 1978).

United States Department of State, *Papers Relating to the Foreign Relations of the United States*, 1937, Vol. 3, Vol. 4;1938, Vol. 3;1939, Vol. 3;1941, Vol. 4.

三、报纸杂志

1. 报纸:《大公报》《解放日报》《申报》《新华日报》《中央日报》等。

2. 杂志:《安徽政治》《北方公论》《不忘》《独立评论》《高中学生》《国闻周报》《今日评论》《抗战半月刊》《抗战三日刊》《蒙藏旬刊》《平明杂志》《青年界》《日本评论》《日本研究》《申报月刊》《苏俄评论》《生活周刊》《世界知识》《时代公论》《社会与教育》《三民主义月刊》《世界政治》《文化战线》《心力杂志》《外交季刊》《外交评论》《外交月报》《艺芳季刊》《中央周刊》《中国青年(重庆)》《中央党务月刊》等。

四、论著

1. 著作

陈兼:《走向全球战争之路——二次大战起源研究》,上海:学林出版社,1989年。

曹艺:《〈苏日中立条约〉与二战时期的中国及远东》,北京:社会科学文献出版社,2012年。

曹胜强:《现代国际关系历史:世界体系的视阈》,北京:人民出版社,2011年。

崔海波:《九一八事变期间中国、日本与国联的交涉》,长春:吉林大学出版社,2016年。

邓野:《蒋介石的战略布局:1939—1941》,北京:社会科学文献出版社,2019年。

胡德坤主编:《反法西斯战争时期的中国与世界》,北京:人民出版社,2015年。

洪岚:《南京国民政府的国联外交》,北京:中国社会科学出版社,2010年。

韩永利:《第二次世界大战与中国抗战地位研究》,北京:商务印书馆,2010年。

黄自进:《蒋介石与日本:一部近代中日关系史的缩影》,台北:"中央研究院"近代史研究所,2012年。

李滨:《国际体系研究:历史与现状》,南京:南京大学出版社,2000年。

李君山:《蒋中正与中日开战(1935—1938):国民政府之外交准备与策略运用》,台北:政大出版社,2017年。

李少军等:《国际体系——理论解释、经验事实与战略启示》,北京:中国社会科学出版社,2012年。

罗志刚:《中苏外交关系研究》,武汉:武汉大学出版社,1999年。

牛军主编:《历史的回声:二战遗产与现代东亚秩序》,北京:人民出版社,2015年。

彭敦文:《国民政府对日政策及其变化——从九一八事变到七七事变》,北京:社会科学文献出版社,2007年。

祁怀高:《战争与秩序:中国抗战与东亚国际秩序的演变研究》,上海:复旦大学出版社,2010年。

秦亚青等:《国际体系与中国外交》,北京:世界知识出版社,2009年。

齐锡生:《剑拔弩张的盟友——太平洋战争期间的中美军事合作关系(1941—1945)》,北京:社会科学文献出版社,2012年。

齐锡生:《从舞台边缘走向中央:美国在中国抗战初期外交视野中的转变1937—1941》,台北:联经出版事业股份有限公司,2017年。

石源华:《中华民国外交史新著》,北京:社会科学文献出版社,2013年。

陶文钊、杨奎松、王建朗:《抗日战争时期中国对外关系》,北京:社会科学文献出版社,2015年。

吴湘相编著:《第二次中日战争史》,台北:综合月刊社,1973年。

王建朗:《抗战初期的远东关系国际》,台北:东大图书公司,1996年。

王绳祖主编:《国际关系史》,第4、5、6卷,北京:世界知识出版社,1996年。

王永祥:《雅尔达密约与中苏日苏关系》,台北:东大图书公司,2003年。

王真:《抗日战争与中国的大国地位》,北京:团结出版社,2015年。

魏格林、朱嘉明主编:《一战与中国》,北京:东方出版社,2015年。

徐国琦:《中国与大战:寻求新的国家认同与国际化》,马建标译,上海:上海三联书店,2013年。

徐蓝:《英国与中日战争1931—1941》,北京:首都师范大学出版社,2010年。

夏立平:《当代国际体系与大国战略关系》,北京:时事出版社,2008年。

肖如平:《南京国民政府与"一·二八"淞沪抗战研究》,杭州:浙江大学出版社,2016年。

杨天石、傅高义主编:《中日战争国际共同研究》,第3卷,北京:社会科学文献出版社,2015年。

中国社会科学院近代史研究所民国史研究室、四川师范大学历史文化学院编:《一九三〇年代的中国》,下卷,北京:社会科学文献出版社,2006年。

中国社会科学院近代史研究所编:《纪念七七事变爆发七十周年学术讨论会论文集》,北京:中国社会科学文献出版社,2009年。

张力:《国际合作在中国——国际联盟角色的考察,1919—1946》,台北:"中央研究院"近代史研究所,1999年。

左双文:《抗日战争时期国民政府外交政策研究》,北京:人民出版社,2015年。

左双文等:《民众、公众舆论与国民政府外交研究》,北京:北京师范大学出版社,2011年。

张祖癸:《蒋介石与战时外交研究(1931—1945)》,杭州:浙江大学出版社,2013年。

周锡瑞、李皓天主编:《1943年:中国在十字路口》,北京:社会科学文献出版社,2016年。

臧运祜:《近代日本亚太政策的演变》,北京:北京大学出版社,2009年。

2. 论文

陈海懿、郭昭昭:《国际性与主体性:中日冲突和国际联盟代表团的产生》,《抗日战争研究》2017年第3期。

陈海懿:《国联调查团的预演:九一八事变后的中立观察员派遣》,《抗日战争研究》2019年第2期。

陈海懿、徐天娜:《九一八事变后的英国与国联调查团组建——基于英国档案文献的考察》,《史林》2019年第4期。

陈海懿:《九一八事变后美国的因应和国联调查团产生》,《民国档案》2019年第4期。

陈海懿:《日本因应国联调查团的动机及其异化》,《民国档案》2023年第1期。

陈海懿:《调查与调停的互斥:李顿调查团与九一八事变再研究》,《日本侵华南京大屠杀研究》2023年第2期。

陈海懿:《李顿调查团进入伪满洲国受阻事件研究》,《史学月刊》2024年第1期。

陈谦平:《开罗会议与战后东亚国际秩序的重构》,《近代史研究》2013年第6期。

胡德坤:《中国抗战与日本对华政策的演变(1941—1945)》,《世界历史》1985年第9期。

胡德坤:《中国与世界反法西斯战争》,《世界历史》2005年第3期。

胡德坤:《中国在世界反法西斯联盟建立中的地位和作用》,《世界历史》2007年第3期。

韩永利:《"先欧后亚"战略与太平洋战争爆发前的美国远东政策》,《武汉大学学报(人文科学版)》1996年第5期。

韩永利:《美国"先德后日"战略调整与中国抗日战场》,《世界历史》2002年第3期。

韩永利:《中国抗日战争与美国远东政策的演变》,《武汉大学学报(人文科学版)》2005年第4期。

韩永利、张愿:《中国抗战与世界反法西斯战争格局的形成》,《武汉大学学报(人文科学版)》2008年第4期。

韩永利:《二战时美国对中国抗战地位的认知轨迹考察》,《武汉大学学报(人文科学版)》2012年第1期。

黄自进:《拥抱国际主流社会:蒋介石的对日外交战略》,《抗日战争研究》2014年第2期。

黄自进:《诉诸国联公论:国际联盟对九一八事变的讨论(1931—1933)》,《"中央研究院"近代史研究所集刊》第70期。

侯中军:《论全面抗战爆发后国民政府的对日宣战》,《湖北社会科学》2019年第7期。

侯中军:《二战爆发前后国民政府的中法英军事结盟计划》,《近代史研究》2019年第3期。

侯中军:《九一八事变后国联外交与国民政府对日政策》,《历史研究》2022年第1期。

金光耀:《1932年中苏复交谈判中的何士渠道》,《近代史研究》1999年第2期。

金光耀:《国民政府与联合国的创建》,《中国社会科学》2003年第6期。

贾烈英:《国际体系、国际联盟与集体安全》,《中共中央党校学报》2010年第5期。

金卫星:《凡尔赛—华盛顿体系与中国外交方略的转变》,《苏州大学学报(哲学社会科学版)》2006年第3期。

李铁城:《中国的大国地位及对创建联合国的贡献》,《中国社会科学》1992年第6期。

李铁城:《联合国宪章与国联盟约的历史比较》,《世界历史》1992年第5期。

刘建武:《有关日本侵占东北后国际联盟调处的几个问题》,《抗日战争研究》1992年第1期。

刘建武:《一二八事变后国际联盟的调处活动评析》,《抗日战争研究》1994年第3期。

刘少华:《中国与联合国的创建》,《世界历史》1996年第3期。

鹿锡俊:《蒋介石对〈苏德互不侵犯条约〉的反应》,《近代史研究》2011年第3期。

鹿锡俊:《蒋介石对1940年夏季国际危机的反应》,《"国史馆"馆刊》(台北)2011年第29期。

鹿锡俊:《蒋介石对德意日三国同盟的反应》,《近代史研究》2013年第3期。

鹿锡俊:《蒋介石对苏德战争的预测及因应——蒋介石抗日外交个案研究之四》,《近代史研究》2014年第1期。

彭敦文:《抗战胜利前后国民政府对日处置的基本思考述论》,《民国档案》2016年第1期。

彭敦文:《不抵抗命令与不抵抗政策》,王建朗、栾景河主编:《"近代中国、东亚与世界"国际学术讨论会论文集》下卷,北京:社会科学文献出版社2008年,第393—419页。

齐世荣:《中国抗日战争在第二次世界大战中的地位和作用》,《历史研究》1985年第4期。

齐世荣:《中国抗日战争与国际关系(1931—1941)》,《世界历史》1987年第4期。

齐世荣:《中国抗日战争在世界反法西斯战争中的重要地位》,《首都师范大学学报》2015年第6期。

史桂芬:《第一次世界大战前后日本对外扩张与东亚格局的变化——以华盛顿体系为中心的考察》,《世界历史》2012年第4期。

史桂芬:《从华盛顿体系到东亚新秩序——日本对外扩张政策的演进》,《抗战史料研究》2015年第2期。

沈予:《抗日战争前期蒋介石对日议和问题再探讨》,《抗日战争研究》2000

年第 3 期。

王建朗:《二战爆发前国民政府外交综论》,《历史研究》1995 年第 4 期。

王建朗:《大国意识与大国作为——抗战后期的中国国际角色地位与外交努力》,《历史研究》2008 年第 6 期。

王建朗:《欧洲变局与国民政府的因应——试析二战爆发前后的中国外交》,《历史研究》2004 年第 4 期。

王建朗:《从蒋介石日记看抗战后期的中英美关系》,《民国档案》2008 年第 4 期。

王建朗:《信任的流失:从蒋介石日记看抗战后期的中美关系》,《近代史研究》2009 年第 3 期。

王立新:《华盛顿体系与中国国民革命:二十年代中美关系新探》,《历史研究》2001 年第 2 期。

王真:《现实大国与虚幻大国——抗战时期中国大国地位的二律背反》,《抗日战争研究》2001 年第 2 期。

徐蓝:《布鲁塞尔会议与中日战争》,《民国档案》1990 年第 1 期。

徐蓝:《凡尔赛—华盛顿体系与两次世界大战之间的国际关系》,《历史教学问题》2000 年第 3 期。

徐蓝:《试论第二次世界大战后国际秩序的建立与发展》,《世界历史》2003 年第 6 期。

徐蓝:《国际联盟与第一世界大战后的国际秩序》,《中国社会科学》2015 年第 7 期。

萧李居:《国民政府对德意日三国同盟的观察》,《抗日战争研究》2016 年第 3 期。

萧李居:《国民政府对德日〈防共协定〉的因应》,《"国史馆"馆刊》2018 年第 58 期。

杨奎松:《蒋介石抗日态度之研究—以抗战前期中日秘密交涉为例》,《抗日战争研究》2000 年第 4 期。

杨天石:《抗战前期日本"民间人士"和蒋介石集团的秘密谈判》,《历史研究》1990年第1期。

杨天石:《蒋介石对孔祥熙谋和活动的阻遏》,《历史研究》2006年第5期。

杨天石:《珍珠港事变前夜的中美交涉》,《近代史研究》2015年第2期。

俞辛焞:《九一八事变后国联与中日的外交二重性评析》,《抗日战争研究》1993年第3期。

宗成康:《九·一八事变后南京政府依赖国联制日外交析评》,《民国档案》1997年第3期。

郑大华、王敏:《欧战后中国知识界对建立国际联盟的思考——以〈太平洋〉杂志为中心的考察》,《安徽大学学报(哲学社会科学版)》2012年第1期。

赵德生:《中美在战后世界秩序构建中的博弈与合作》,林立伟译,《二十一世纪》2018年4月号。

张皓、叶唯唯:《1937年7月至1938年1月关于对日宣战问题的论争》,《晋阳学刊》2015年第2期。

郑会欣:《强国还是大国?——中国在第二次世界大战中的地位》,《贵州社会科学》2016年第5期。

左双文:《德国承认伪满问题与国民政府的外交方针》《史学月刊》2008年第11期。

左双文:《转向联德,还是继续亲英美?——滇缅路事件后国民党内曾谋划调整外交路线》,《近代史研究》2008年第2期。

周天度:《从七七事变前后蒋介石日记看他的抗日主张》,《抗日战争研究》2008年第2期。

赵晓红、王倩:《七七事变后中日两国在国际舞台上的外交博弈——以1937年九国公约会议为中心》,《党史研究与教学》2017年第4期。

臧运祜:《卢沟桥事变前夕日本对华政策的演变》,《抗日战争研究》1998年第1期。

臧运祜:《20世纪前半期的中日美三角关系述论》,《北京大学学报(哲学社会科学版)》2000年第6期。

臧运祜:《七七事变以前的日本对华政策及其演变》,《抗日战争研究》2007

年第 2 期。

臧运祜：《中日战争可以避免吗？——兼论"从九一八到七七"的连续性问题》，《抗日战争研究》2011 年第 2 期。

3. 外文著作及译著

Akira Iriye, *After Imperialism: The Search for a New Order in the Far East*, Cambridge, Mass.: Harvard University Press, 1965.

Immanuel C. Y. Hsu, *China's Entrance into the Family of Nations*, Cambridge, Mass.: Harvard University Press, 1965.

John k. Fairbank, *The Chinese World Order: Traditional China's Foreign Relations*, Cambridge, Mass.: Harvard University Press, 1973.

Taylor Jay, *The Generalissimo: Chiang Kai-shek and the Struggle for Modern China*, Cambridge, Mass.: Harvard University Press, 2009.

［美］孔华润主编：《美国对外关系史》，下册，王琛等译，北京：新华出版社，2004 年。

［美］柯博文：《走向"最后关头"——中国民族国家构建中的日本因素（1931—1937）》，北京：社会科学文献出版社，2004 年。

［美］易劳逸：《1927—1937 年国民党统治下的中国流产的革命》，陈红民等译，北京：中国青年出版社，1992 年。

［美］易劳逸：《毁灭的种子：战争与革命中的国民党中国（1937—1949）》，王建朗、王贤知、贾维译，南京：江苏人民出版社，2009 年。

［美］费正清、费维恺主编：《剑桥中华民国史》下卷，杨品泉等译，北京：中国社会科学出版社，2007 年。

［美］入江昭：《第二次世界大战在亚洲及太平洋的起源》，李响译，北京：社会科学文献出版社，2016 年。

［美］柯伟林：《德国与中华民国》，陈谦平等译，南京：江苏人民出版社，2006 年。

［美］卡伦·明斯特、伊万·阿雷奎恩-托夫特：《国际关系精要》，潘忠岐译，上海：上海人民出版社，2018 年。

［美］小约瑟夫·奈、［加拿大］戴维·韦尔奇:《理解全球冲突与合作》,张小明译,上海:上海人民出版社,2012年。

［美］伊曼纽尔·沃勒斯坦:《现代世界体系(第一卷)——16世纪的资本主义农业和欧洲世界经济的起源》,郭方、刘新成、张文刚译,郭方校,北京:社会科学文献出版社,2013年。

［美］韦罗贝:《中日纠纷与国联》,邵挺等译,上海:商务印书馆,1937年。

［英］巴里·布赞、［英］理查德·利特尔:《世界历史中的世界体系——国际关系研究的再构建》,刘德斌等译,北京:世界知识出版社,2015年。

［英］华尔脱斯:《国际联盟史》,封振声等译,北京:商务印书馆,1964年。

［英］赫德利·布尔:《无政府社会——世界政治秩序研究》,张小明译,北京:世界知识出版社,2003年。

［英］E. H. 卡尔:《两次世界大战之间的国际关系1919—1939》,徐蓝译,北京:商务印书馆,2010年。

［英］拉纳·米特:《中国被遗忘的盟友:西方人眼中的抗日战争全史》,蒋永强、陈逾前、陈心心译,聂洪萍审校,北京:新世界出版社,2014年。

［英］A. J. P. 泰勒:《第二次世界大战的起源》,潘人杰、朱立人、黄鹏译,上海:上海辞书出版社,2013年。

［日］信夫清三郎编:《日本外交史》,下册,天津社会科学院日本问题研究所译,北京:商务印书馆,1981年。

［日］绪方贞子:《满洲事变》,李佩译,胡连成校、李廷江检修,北京:社会科学文献出版社,2015年。